L'Abbé AUGUSTE LEMASSON 

Ex-Aumônier Titulaire de la Place de Metz

LES ACTES

des

PRÊTRES INSERMENTÉS

de

L'ARCHIDIOCÈSE DE RENNES

guillotinés en 1794

PUBLIÉS D'APRÈS LES DOCUMENTS ORIGINAUX

par ordre de

Son Éminence le Cardinal CHAROST

Archevêque de Rennes, Dol et Saint-Malo.

« Honor quippe martyris est custodia fidei »
(SAINT JEAN CHRYSOSTOME)

RENNES

AUX BUREAUX DU SECRÉTARIAT DE L'ARCHEVÊCHÉ

1927

LES ACTES

des

PRÊTRES INSERMENTÉS

de

L'ARCHIDIOCÈSE DE RENNES

guillotinés en 1794.

DU MÊME AUTEUR

Yvignac - Autrefois. Epuisé. — *Trégon - Autrefois*. Epuisé.

Lancieux - Autrefois : La Haute-Justice de la Roche et ses Seigneurs.

La Châtellenie de la Touche-à-la-Vache, en Créhen. Epuisé.

La Châtellenie du Plessis-Balisson, bannière de Bretagne. Epuisé.

La Paroisse du Plessis-Balisson - Autrefois. Epuisé.

Saint-Jacut, son histoire, son culte, ses légendes, ses vies anciennes.

Histoire du Royal Monastère de Saint-Jacut de l'Isle-de-la-Mer. Epuisé.

Les derniers jours de l'Abbaye de Saint-Jacut et de la paroisse de N.-D. de Landouar. — En vente à l'Abbaye de Saint-Jacut-de-la-Mer.

Documents pour servir à l'Histoire de l'Abbaye de Notre-Dame de Beaulieu, au diocèse de Saint-Malo.

L'Obituaire du Couvent des Cordeliers de Dinan (publication).

Les Origines du Sanctuaire et du Pèlerinage de N.-D. de Nazareth, près Plancoët. Epuisé.

Les Réformations et Montres de la Noblesse à Ploubalay, de 1448 à 1535. Epuisé.

Les Gentilshommes à pied de la Juridiction de Lamballe l'an 1554 (publication).

La Défense du Littoral de Dinard au Guildo l'an 1730 (publication).

La Descente des Anglais à Saint-Briac et leur défaite à Saint-Cast, l'an 1758. — En vente à la cure de Saint-Cast (C.-du-N.).

Vie de M. Cormeaux, curé en Bretagne et zélé missionnaire (publication). Epuisé.

Les Actes des Prêtres insermentés du diocèse de Saint-Brieuc, guillotinés en 1794 ou déportés, 2 volumes in-8°, quelques exemplaires en vente chez Plihon et Hommais, à Rennes.

Les Prêtres Bretons déportés à Jersey en 1796, d'après les comptes de Mgr de Cheylus, in *Association bretonne, 1921.*

Les Prêtres de l'Ancien diocèse de Saint-Brieuc déportés en Angleterre ou à Jersey à la suite de la loi du 26 août 1792. *Idem, 1925.*

Histoire du Pays de Dinan, tome 1er, grand in-8° raisin, de XXII-532 p. orné de 70 gravures et d'une carte. Le second volume est sous presse.

Manuel pour l'histoire de la Persécution religieuse dans les C.-du-N., 2 grands in-8° raisin, le 1er volume seul est paru, grand in-8° raisin de XVI-350 p. En vente chez l'auteur, à Lancieux (C.-du-N.).

Episodes de la Chouannerie à Saint-Briac, en publication dans le *Bulletin paroissial* de cette localité.

MARIE-MADELEINE DESCLOSNE DE RENAC,
exécutée à Rennes le 13 août 1794 pour avoir donné asile à un prêtre réfractaire.

(D'après une photographie d'un portrait de famille communiqué par Mme Vaguair,
château de la Forétrie, par Allonnes, Sarthe.)

L'Abbé AUGUSTE LEMASSON ✳ ✠

Ex-Aumônier Titulaire de la Place de Metz

LES ACTES

des

PRÊTRES INSERMENTÉS

de

L'ARCHIDIOCÈSE DE RENNES

guillotinés en 1794

PUBLIÉS D'APRÈS LES DOCUMENTS ORIGINAUX

par ordre de

Son Éminence le Cardinal CHAROST

Archevêque de Rennes, Dol et Saint-Malo.

« Honor quippe martyris est custodia fidei »
(SAINT JEAN CHRYSOSTOME)

RENNES

AUX BUREAUX DU SECRÉTARIAT DE L'ARCHEVÉCHÉ

—

1927

1*

DÉCLARATION

LETTRE

de Monseigneur SERRAND, Evêque de Saint-Brieuc et Tréguier, à l'auteur des *Actes des Prêtres insermentés*.

MON CHER AMI,

VERS *la fin de ce mois de décembre, un livre sortira, sous votre nom, des presses de la Maison Oberthur. Il portera comme titre :* Les Actes des prêtres insermentés de l'archidiocèse de Rennes, *recueillis et publiés par ordre de Son Eminence le Cardinal Charost, lequel témoigne ainsi de façon si nette l'intérêt qu'il porte à la cause de nos Martyrs.*

C'est bien volontiers que je vous adresse mes félicitations pour avoir mené à bonne fin cet important travail, d'abord parce que vous êtes un de mes prêtres et ensuite parce que votre œuvre porte sur des faits qui sont éminemment à l'honneur de mon diocèse d'origine.

Condamné par les infirmités que vous avez rapportées du front, à ne plus exercer le saint ministère, vous consacrez les répits que vous laisse la maladie à relever dans nos archives tout ce qui se rapporte au clergé breton pendant la Révolution.

Ce n'est pas le seul terrain sur lequel vous poursuivez vos recherches et déjà votre œuvre est considérable, mais c'est celui auquel vous revenez avec véritable prédilection. Et voilà pourquoi, après avoir publié les Actes des prêtres insermentés du diocèse de Saint-Brieuc, *vous publiez aujourd'hui les* Actes des prêtres insermentés de l'archidiocèse de Rennes.

Avec quel soin et quel succès vous vous acquittez de votre tâche, les témoignages les plus flatteurs que vous avez obtenus des maîtres que sont en ces matières MM. Jean Guiraud, Pierre de la Gorce ou Mgr de la Villerabel, archevêque de Rouen, le disent assez. Tous louent à l'envi et la richesse de votre documentation et la vigueur de votre méthode et la sûreté de votre critique.

On est à l'aise pour recommander un auteur qui se présente avec le suffrage de pareilles autorités et j'espère bien que prêtres et fidèles rennais ne manqueront pas de se procurer votre travail. Pas un ne saurait demeurer indifférent à l'histoire de son pays durant les jours sanglants de la Terreur. Tous voudront connaître les « Actes » de ces 17 prêtres et de ce frère des Ecoles chrétiennes, guillotinés en 1794 à Rennes et à Saint-Malo.

Vous méritez toute notre reconnaissance en tirant de l'oubli, pour la mettre en pleine lumière, la splendide page d'histoire écrite par ces vaillants.

Un corps comme celui du Clergé a le droit d'être fier de l'éclat que de pareils hommes ont fait rejaillir sur lui. Et quelle force ne trouve-t-il pas à prendre contact avec leur héroïsme! En tout temps, il y a profit à regarder vers les grandes âmes. Aux heures que nous vivons, ce n'est pas seulement chose utile, c'est chose nécessaire. Si elle ne comporte pas le même risque de vie qu'en 1794, la lutte que nous menons, demande en effet la même foi profonde et la même abnégation totale, et, près de qui aller prendre leçon, que près de ceux-là, qui n'ont pas reculé devant le martyre.

Lisons-donc les Actes des prêtres insermentés de l'archidiocèse de Rennes, *et donnons à l'auteur qui les publie, la seule joie qu'il ambitionne, celle de faire passer sous le plus grand nombre d'yeux possible, une belle, grande et réconfortante lumière.*

Veuillez croire, mon cher Ami, à mes bien affectueux et dévoués sentiments.

✝ FRANÇOIS-JEAN-MARIE,

Evêque de Saint-Brieuc et Tréguier.

Saint-Brieuc, le 4 novembre 1926.

AVERTISSEMENT

APRÈS avoir édité en 1916 et 1919 les *Actes des prêtres insermentés du diocèse de Saint-Brieuc guillotinés en 1794*, voici que nous faisons paraître aujourd'hui les *Actes des prêtres insermentés de l'archidiocèse de Rennes* qui périrent sur l'échafaud en 1794, à la suite d'un procès juridique.

Ce nouvel ouvrage est composé sur le plan de son aîné et nous nous sommes inspiré de la même méthode : des maîtres de la critique l'ont jugée excellente, témoin Jean Guiraud qui écrivait dans le journal *La Croix* du 16 décembre 1916 : « Il est de toute nécessité que ces sortes de » travaux soient rédigés avec l'exactitude rigoureuse qu'exigent les » méthodes scientifiques. C'est exactement cela qu'a entrepris M. l'abbé » Lemasson : il a relevé dans les fonds d'archives le texte exact des lois, » des décrets et des arrêtés qui vouaient les prêtres insermentés à l'exil » ou à la mort, les interrogatoires que subirent les quatorze ecclésias- » tiques des C.-du-N. condamnés à périr à la suite d'un jugement juri- » dique, les sentences capitales, les actes d'état civil constatant leur » décès. Il a mis en tête de ces documents des notices sobres, sur la vie » de chacun de ces prêtres et il les fait suivre parfois de documents » éclairant leur carrière et leur zèle. Les critiques les plus rigoureux » s'inclineront devant le caractère scientifique de cette publication. Aussi » souhaitons-nous que dans un grand nombre de diocèses, des érudits, » fidèles aux vrais principes de la critique historique, éditent ainsi les » actes officiels des Martyrs de la Révolution. »

Le vœu du très distingué rédacteur en chef de *La Croix* est sur le point d'être réalisé pour les diocèses bretons avec le présent volume. Déjà, sous le titre : *Les prêtres morts pour la Foi au diocèse de Quimper pendant la Révolution*, M. le chanoine Peyron, en 1919, a publié sur les 14 prêtres du Finistère qui furent guillotinés tant à Quimper, qu'à Brest et à Lesneven, de bonnes notices auxquelles il ne manque que peu de chose pour être complètement au point. Deux ans plus tard, le R. P.

Le Falher éditait son bel ouvrage intitulé : *Les prêtres du Morbihan victimes de la Révolution*, dans lequel figurent les biographies, suivies des pièces officielles, des 24 prêtres de ce département qui trouvèrent la mort sur l'échafaud à cette époque néfaste.

Notre présent travail vient lui aussi à son heure. Les victimes religieuses de la Révolution, cette armée du sacrifice, à laquelle depuis douze ans nous consacrons le meilleur de nos labeurs, voient enfin s'approcher le moment du triomphe. Les martyrs de septembre seront demain proclamés bienheureux par le Chef de l'Eglise universelle. La cause des martyrs du tribunal révolutionnaire de Paris est depuis quatre ans introduite à Rome. Angers vient d'obtenir la béatification de l'admirable Noël Pinot. A Laval, on s'occupe des 14 prêtres mis à mort dans cette ville le 21 janvier 1794. Enfin, la Normandie tout entière s'ébranle et NN. SS. les Evêques de cette province ont constitué un tribunal unique pour étudier les causes de leurs prêtres et de leurs fidèles mis à mort en haine de la Foi.

Pourquoi donc, selon le mot de Mgr Gouraud, nous autres Bretons, devant un tel mouvement, « ne nous laisserions-nous pas, nous aussi, aller à l'espérance qu'un jour la sainte Eglise procurera pareillement à nos prêtres bretons l'honneur des autels ». Est-ce que les paroles de Pie VII : « *De sancta religione nostra, optime sunt meriti* », ne s'appliquent pas tout autant à eux qu'à ceux des autres régions de la France ?

Sans doute, il est beau de voir la Bretagne tout entière ériger à ses morts, victimes de la Grande Guerre, un monument dont les dimensions imposantes rappelleront aux foules qui viendront prier à Sainte-Anne combien héroïques furent nos compatriotes, mais nos dettes envers les disparus ne se bornent pas à cet acte de reconnaissance. Si nos soldats bretons sont tombés pour sauver notre indépendance, les martyrs de la Révolution se sont sacrifiés pour nous conserver la Foi et, suivant la parole de l'éminent cardinal Charost, « notre religion est assise sur leurs tombeaux ». Nous leur sommes de ce chef infiniment redevables et nous ne leur aurons acquitté nos obligations que l'instant où Rome, à nos prières, leur aura reconnu officiellement les titres auxquels ils peuvent prétendre.

C'est afin de hâter ce jour béni que nous avons entrepris notre publication. Aussi ne sera-t-on pas surpris, si parmi les 31 prêtres qui furent guillotinés en Ille-et-Vilaine en 1794, nous avons fait un choix, après avoir pris des conseils autorisés.

Trois de ces victimes, MM. Chênu, Després et Racapé, ont été éliminées, faute d'avoir pu retrouver les pièces de leurs procès. MM. de Rengervé, Le Mercier de Montigny, Denoual, Bouttier, Cottier et Restif l'ont été parce que leurs réponses devant les juges révolutionnaires ne présentent pas toujours la prudence et la fermeté désirables. Enfin, MM. Bougerie, Emery, Crosson et Gautier, parce qu'il y a connexion entre leurs arrestations et les affaires de la chouannerie ; non pas que nous prétendions le moins du monde condamner l'insurrection des Bretons à cette époque, mais la cause des prêtres victimes de la haine des anticatholiques révolutionnaires est assez belle, sans qu'il soit besoin d'y introduire nul alliage, si respectable soit-il.

Bien que nous ayons à peu près renouvelé dans notre travail la partie historique des *Confesseurs de la Foi de l'archidiocèse de Rennes*, publiée en 1900 par le chanoine Guillotin de Corson, on ne sera pas surpris cependant si nous avons fait de larges emprunts à sa publication. Cet auteur, qui n'avait pas travaillé sur les sources originales, a reproduit en effet dans ses biographies une foule de détails, dont l'abbé Carron dans ses *Confesseurs de la Foi de l'Eglise gallicane* (4 in-8°, Paris, 1820) et Guillon dans ses *Martyrs de la Foi durant la Révolution Française* (4 in-8°, Paris, 1821), lui avaient fourni un certain nombre d'éléments. Il les avait complétés avec Tresvaux du Fraval : *Histoire de la Persécution révolutionnaire en Bretagne* (2 in-8°, Paris, 1845), ainsi qu'avec Mgr Bruté de Rémur : *Souvenirs de la Persécution révolutionnaire à Rennes* (in *Revue de Bretagne et Vendée*, années 1860 et 1861, t. VIII, p. 284-97, et t. IX, p. 49-59 et 206-230).

Ces relations, quoique parfois inexactes, sont précieuses cependant parce qu'elles ont été rédigées par des personnes contemporaines des événements qu'elles racontent, et qui avaient pu consulter des témoins oculaires. Aussi contiennent-elles bien des renseignements que l'on chercherait en vain dans les documents officiels, émanant uniquement des autorités révolutionnaires. C'est pourquoi nous avons inséré, le plus souvent textuellement, tout ce que Guillotin de Corson avait extrait de ces vieux auteurs, toutes les fois que leurs récits ont cadré avec les pièces que nous avons trouvées dans les archives.

Ajoutons que les dossiers des prêtres qui comparurent devant le tribunal criminel d'Ille-et-Vilaine sont loin d'être complets. Un document précieux : le réquisitoire de l'accusateur public, y fait toujours défaut. Une partie des pièces concernant MM. Chilou, Oresve, Delaunay, Martinet sont absentes. Peut-être les retrouvera-t-on un jour mélangées parmi d'autres dossiers conservés à la série B, sous les combles du palais de justice de Rennes, car le dépouillement de ce fonds n'est pas encore achevé. Cependant ce que nous avons retrouvé de ces textes, d'un navrant réalisme, présente assez d'intérêt pour que nous éprouvions une vive satisfaction à les faire passer sous les yeux du public.

On voudra bien ne pas s'étonner si bien peu des Actes des prêtres mis à mort par les colonnes mobiles figurent dans ce volume. Les documents authentiques concernant les assassinats de ces ecclésiastiques sont très rares. Nous prions les personnes qui posséderaient sur ces prêtres des renseignements précis de bien vouloir nous les communiquer.

Avant d'achever ce travail, c'est pour nous un devoir très doux de témoigner ici notre plus respectueuse gratitude à Son Eminence le Cardinal Charost qui a bien voulu nous charger de ce travail destiné à glorifier les confesseurs de la Foi de son archidiocèse, auquel nous rattachent des liens déjà anciens. Nous tenons aussi à remercier M. le chanoine Groult, qui a eu l'amabilité de nous accorder à Saint-Vincent une gracieuse hospitalité, durant tout le temps qu'ont duré nos recherches aux Archives d'Ille-et-Vilaine. MM. les abbés Arsène Leray, ancien recteur de Moutiers, et Julien Hervé, ancien aumônier à Montfort, ont eu la bienveillance de nous communiquer plusieurs renseignements fort utiles, qu'ils veuillent bien trouver ici, ainsi que M. de la Rogerie, archiviste d'Ille-et-Vilaine et ses chefs de bureau, MM. Jouin et Pénard, l'expression de notre meilleure reconnaissance.

AUGUSTE LEMASSON.

La Croix-Cohinac, en Lancieux.

En la fête de l'apparition de l'archange saint Michel sur le Mont-Tombe, le 16 octobre 1926

DOCUMENTS

qu'il est nécessaire de se procurer concernant les serviteurs de Dieu
dont on désire faire proclamer le martyre
à la suite d'un procès canonique devant la S. C. des Rites.

1º Copie de l'acte de baptême authentiquée par le curé ou le maire.

2º Date et motif de leur arrestation ; texte du mandat d'arrêt. — Par quelle autorité.

3º Emprisonnement (lieu, date, durée). — Interrogatoires devant les différentes autorités.

4º Elargissement ou condamnation. — Textes des jugements. — Procès-verbal des exécutions.

5º Pour l'époque du Directoire (1795-1799) et ceux qui n'ont pas été condamnés par jugement, donner les renseignements consignés dans les archives des justices de paix des cantons d'alors (souvent, mais pas toujours les cantons actuels). — S'ils ont comparu devant une Commission militaire, l'indiquer et donner les textes des décisions des tribunaux militaires. — Actes de décès *in extenso*.

Renseignements à donner *en outre* sur les Ecclésiastiques susdits.

1º Renseignements fournis par les registres des maisons où ils ont fait leurs études.

2º Par les registres d'ordinations, pour les divers ordres et la tonsure (y compris les noms des parents et de la paroisse d'origine qui peuvent y être mentionnés).

3º Par les registres de catholicité des lieux où ils ont vécu avant et après leur ordination sacerdotale (leurs signatures avec les titres qui les accompagnent, leurs fonctions, dates du commencement et de la fin de leur ministère, etc.).

4º Leur fonction exacte à la fin de 1790 ?

5º Ont-ils fait partie des assemblées électorales pour les élections du clergé aux Etats généraux de 1789 ? — Leur rôle dans les diverses assemblées ?

6º Etaient-ils fonctionnaires publics en 1790, autrement dit, étaient-ils du nombre des ecclésiastiques dont les fonctions ont été conservées en 1791, curés, vicaires, aumôniers d'hôpital ou de prison, professeurs, instituteurs ?

7º Ont-ils, à ce titre, demandé à prêter serment et l'ont-ils prêté ? (Voir dans les registres de la municipalité de leur résidence.)

8º Sont-ils restés dans leurs paroisses et ont-ils continué leurs fonctions ? — Jusqu'à quelle époque ?

9º Se sont-ils retirés à l'arrivée du constitutionnel ou ont-ils continué à faire du ministère (baptêmes, enterrements, mariages, etc.), ce qui peut se constater à l'aide des registres de catholicité.

10º Ont-ils émigré ? — Se sont-ils déportés ? — A quelle époque sont-ils rentrés ?

Outre les précisions fournies par les documents *officiels et absolument contemporains*, on devra indiquer les *relations des témoins oculaires ou auriculaires*, et aussi rapporter ce que donnent les *traditions locales*, qui, malgré leurs erreurs possibles, gardent souvent le souvenir persistant de la croyance au martyre. — On signalera les *écrits* des serviteurs de Dieu, le *culte privé* qui peut leur être rendu, les *faveurs attribuées* à leur intercession.

Chanoine Grente,
de la Métropole de Paris,

vice-postulateur des Causes des Martyrs de Septembre,
des Martyrs du Tribunal révolutionnaire de Paris
et des Martyrs de la Province de Normandie.

LA PERSÉCUTION

RELIGIEUSE RÉVOLUTIONNAIRE

Voici de cela 136 ans écoulés : le vote d'une loi soi-disant destinée par l'Assemblée Constituante à réformer l'Eglise de France, s'apprêtait à déchaîner sur celle-ci la plus effroyable persécution.

Les textes élaborés ne visaient rien moins en effet qu'à modifier profondément la discipline catholique. Ils aboutissaient en dernière analyse à séparer l'Eglise gallicane de l'Eglise romaine, pour faire de la première un rameau schismatique, dont les chefs n'auraient plus possédé aucune juridiction réelle.

Sommée par le décret du 26 décembre 1790, de reconnaître par un serment solennel, ces dispositions comme loi constitutionnelle du royaume de France, la majorité du clergé se refusa à adhérer à une législation qui blessait ses convictions les plus sacrées.

Dix-huit mois durant, le pouvoir civil mit tout en œuvre pour obtenir des ecclésiastiques français le serment qu'il leur prétendait imposer. Il incorpora même insidieusement aux réformes nécessaires, dont l'Assemblée Constituante venait de décréter l'application, la charte nouvelle qu'elle avait élaborée à l'usage du Clergé. Si bien que le refus de la seconde entraînait légalement le rejet des premières et classait les récalcitrants parmi les individus honnis comme contre-révolutionnaires.

On n'hésita pas à priver successivement les prêtres insermentés, qualifiés de « réfractaires » de leurs postes, de leurs traitements, de leurs pensions. On les contraignit à s'éloigner de leurs ouailles, on les condamna à subir l'exposition au poteau d'infamie, on les mit en prison où ils eurent à souffrir la faim.

Rien n'y fit cependant et les trois-quarts du clergé breton, inébranlables comme le roc de leurs falaises, résistèrent à toutes les sollicitations comme à toutes les menaces.

Ce voyant, on prit alors contre eux une mesure absolument inouïe. On décréta leur déportation en masse sur la terre étrangère. A la suite de la loi du 26 août 1792, les quatre cinquièmes du clergé breton demeurés fidèles à la Foi catholique, furent exilés soit à Jersey, soit en Angleterre, soit en Espagne. Puis, sans tarder, la chasse aux prêtres commença contre ceux qui s'étaient soustraits à cette déportation, afin de ne pas priver leurs ouailles des secours de la religion sainte.

Bientôt une prime de 100 francs vint récompenser toute personne qui ferait arrêter un prêtre réfractaire. Enfin, la loi du 18 mars 1793, renforcée par celle des 23 et 30 vendémiaire de cette même année (20-21 octobre), punit de mort tout prêtre insermenté non sexagénaire que l'on découvrait en France. Des comités de surveillance, des sociétés populaires furent créés dans chaque commune, avec mission de dénoncer et de faire arrêter les personnes suspectes. On traqua les prêtres insermentés comme des « outlaw », on multiplia pour les découvrir les visites domiciliaires, on vota la peine capitale contre ceux qui leur donneraient asile.

Aux termes de la loi, les proscrits fussent-ils archevêques ou simples frères lais étaient l'objet d'une procédure d'exception : pour eux, point de jury, point d'appel à un tribunal supérieur. Un simple interrogatoire d'identité où se posait la question fatidique : « Avez-vous prêté serment ? » — Et sur la réponse négative, les juges prononçaient une condamnation toujours la même, irrévocable : la mort.

Aucun recours en grâce n'était possible ; la victime devait être livrée dans les vingt-quatre heures au bourreau, « le vengeur du peuple » et nous connaissons un cas, où le prêtre capturé à Rennes, à 3 heures du matin, expirait à 5 heures du soir, sur l'échafaud, le crime irrémissible de n'avoir pas voulu accommoder sa conscience aux élucubrations des Pères de l'Eglise, déistes et francs-maçons, qui s'étaient, en 1790, arrogé le droit de légiférer sur l'Eglise de France.

Plus de trente prêtres ont ainsi péri dans la seule ville de Rennes, quelques autres à Redon, ainsi qu'à Saint-Malo, tous victimes d'une législation atroce, inspirée par la haine du christianisme romain. Qu'a-t-on fait jusqu'ici pour honorer leur mémoire ? — La plupart ne méritent-ils pas davantage que l'oubli dans lequel on a enseveli leurs noms ? N'ont-ils pas péri pour sceller de leur sang la conservation de nos croyances et n'avons-nous pas, à ce titre, une grosse dette de reconnaissance à acquitter envers eux.

Que fût devenue l'Eglise de France, si, à la suite des Constituants, elle eût versé tout entière dans le schisme comme l'Eglise d'Angleterre à la suite d'Henri VIII ? On a déjà béatifié bon nombre des Anglais qui souffrirent alors le martyre ; mais n'avons-nous pas nous aussi des martyrs à glorifier ?

Sans doute, quelques esprits chagrins prétendront qu'il y a des tâches plus urgentes à l'heure actuelle que de travailler à magnifier enfin ceux auxquels nous devons tant : Est-ce bien certain ? — La France par son long silence, ne s'est-elle pas privée des grâces les plus précieuses ? — Travailler à faire béatifier les victimes religieuses de la Révolution Française, n'est-ce pas vouloir offrir comme exemples ceux qui, à l'heure de la plus affreuse tourmente, sont demeurés courageusement à leurs postes ? N'est-ce pas vouloir célébrer ceux dont la devise fut abnégation, dévouement, sacrifice. N'est-ce pas enfin, suivant l'expression de Sa Sainteté Pie XI mettre à l'ordre du jour cette consigne qui fait les héros et les saints : « Pour l'accomplissement du devoir, il faut au besoin savoir mourir ». « *Sanguis Martyrum*, a écrit Tertullien, *semen Christianorum* », oui vraiment, la Bretagne trouvera dans le sang de ses fils sacrifiés en haine du Christ un renouveau de vertu et de vie, elle luttera avec plus de force et de générosité encore pour la conservation de ses croyances et plus que jamais elle s'attachera à la réalisation de sa magnifique devise « *plutôt la mort que la souillure* ».

Les raisons pour lesquelles on persécuta les Prêtres catholiques.

(Extrait d'un *Catéchisme à l'usage des Fidèles de la Campagne* conservé aux Archives d'Ille-et-Vilaine, série L.)

Maximes de l'Eglise catholique, apostolique et romaine,

A L'USAGE DES FIDÈLES, DANS LES TEMPS DE SCHISME ET DE PERSÉCUTION (1).

Aux hommes tu obéiras, mais à Dieu préférablement,
Une foi tu professeras, celle de Rome uniquement.
Au Pape tu te soumettras, aux Evêques pareillement.
En eux seuls tu reconnoîtras l'Eglise et son gouvernement.
Aux vrais Pasteurs tu montreras un inviolable attachement.
D'eux seuls toujours tu recevras les sacremens, l'enseignement.
Des Schismatiques tu fuiras Messes, Sermons également.
A eux ne te confesseras qu'au cas de mort uniquement.
Et même alors ne le feras qu'à défaut d'autres absolument.
Devant eux ne te marieras, tu n'aurois pas de sacrement.
Et dans ta maison tu prieras, si tu ne le peux autrement.
Des Intrus tu déploreras le pitoyable aveuglement.
Avec soin tu te garderas de te souiller par leur serment.
Pour tes persécuteurs n'auras ni haine, ni ressentiment.
Mais à Dieu tu demanderas leur conversion sincèrement.
Pour ta foi te glorifieras d'endurer tout patiemment.
A sa perte préféreras les fers, la mort et son tourment.
Dans tes souffrances tu prieras un Dieu courroucé justement.
Et par tes pleurs détourneras de tes péchés le châtiment.
Ces maximes enseigneras à tes enfans soigneusement.

---

(1) Il ne faut pas oublier que c'est pour avoir enseigné ces maximes que les prêtres catholiques furent emprisonnés, exilés et guillotinés au cours de la Révolution. C'était là le crime irrémissible dont ils s'étaient rendus coupables.

Adresse des prêtres non assermentés à MM. les administrateurs du département d'Ille-et-Vilaine (1).

(Arch. I.-et-V., série L, non cotée.)

S'il ne nous est pas permis, MM., d'exposer à vos yeux publiquement la cause des chrétiens attachés à la foi de leur père ; *si votre autorité ne se déploie que pour leur fermer la bouche*, lorsqu'ils cherchent à se justifier, ou plutôt à montrer l'évidence et la vérité des principes qu'ils professent ; si leur grand nombre semble tellement obstruer les voies de la justice, qu'ils ne puissent parvenir jusqu'à son sanctuaire, pour se prouver une juste défense, permettez-nous au moins, aux termes de la loi que vous avez juré de maintenir de tout votre pouvoir, de vous faire parvenir par nos écrits l'exposé de nos principes. Nous disons avec Tertulien :

« Notre religion ne demande rien pour elle-même ; elle n'est point étonnée du sort qu'elle éprouve ; elle sait qu'elle est étrangère sur la terre, et que parmi des étrangers, on trouve facilement des ennemis. Elle sait que son origine, sa patrie, son espérance, sa grâce et sa grandeur est dans le ciel. Elle ne désire qu'une seule chose dans certaine circonstance ; c'est de n'être pas condamnée sans être entendue.

» Eh ! qu'avez-vous à craindre pour les loix dominantes dans le royaume, si vous l'entendez ? Croyez-vous les faire respecter en condamnant la vérité, que vous ne voulez pas connoître ? Eviterez-vous, sous le manteau de la loi, le soupçon de jalousie et les remords de votre conscience ?

» Qu'est-il de plus injuste en effet que de haïr ce que l'on ne connoit pas, quand même l'objet haï seroit vraiment digne de haine ?

» Cependant on nous fait un crime de faire connoître la justice de notre cause, parce qu'on la haït d'avance ; on juge ce qu'on ne connoît pas, et ce qu'on n'auroit garde de blâmer et de condamner, si on le connoissoit.

» Le crime se cache ; il fuit la lumière : les malfaiteurs palissent lorsqu'ils sont surpris. S'ils sont accusés, ils nient leurs forfaits, et l'on parvient difficilement à les leur faire avouer quelquefois par les tortures. Ils sont dans la douleur lorsqu'ils sont condamnés. Voyez-vous rien de semblable parmi les vrais fidèles ? Ils ne rougissent point des affronts qu'on leur fait, ils ne se repentent que lorsqu'ils ont eu le malheur de trahir leur Foi : ils se glorifient d'être dénotés comme chrétiens. Si on les accuse, ils ne se défendent pas ; si on les interroge, ils confessent hautement la foi quils professent ; s'ils sont condamnés, ils en rendent graces à Dieu et à leurs juges.

» Quel est donc ce crime qu'on leur impute, puisque l'action que l'on suppose coupable, ne présente aucune des suites naturelles du crime, la crainte, la confusion, la dissimulation, le regret, les gémissements ? Quel est donc ce crime dont le prétendu coupable se réjouit d'être accusé, pour lequel son vœu le plus ardent est d'être accusé, et condamné au supplice ? »

---

(1) Il nous a paru intéressant, avant d'insérer tous les décrets et arrêtés qui organisèrent la persécution religieuse dans l'Ille-et-Vilaine, de faire connaître un plaidoyer des victimes et leur réponse aux accusations que l'on formulait contre elles. Elle éclaire d'un jour nouveau la mentalité de ces soi-disant « fanatiques ». La brochure que nous reproduisons a paru sans nom d'auteur, ni d'imprimeur vers le mois de mai 1792.

Nous déclarons, suivant votre expression, MM., que nous sommes prêtres *non assermentés* ou *non conformistes*. « Ce nom seul que vous nous donnez est notre crime. » Cette déclaration semble suffire pour nous faire passer dans votre esprit pour réfractaires à la loi, pour suspects de trahison, de conspiration contre l'Etat. Vous nous accusez d'empêcher les peuples de payer les impôts, de suggérer l'esprit de révolte contre la constitution de l'Etat, etc.

« Mais un criminel prévenu d'homicide, de sacrilège, d'inceste, de tout autre crime, n'est pas condamné sur sa seule confession. Vous ne manquez pas, MM., de vous enquérir de la qualité et des circonstances du crime, du nombre, du lieu, du temps et des complices. Vous lui permettez de se défendre par lui-même, ou par le ministère d'un avoué ; vous admettez à sa décharge tous les témoins, toutes les preuves justificatives qu'il peut produire. Et votre humanité vous porte à vous réjouir, lorsqu'il s'est justifié. Vous ne lui faites subir qu'à regret les rigueurs de la loi, lorsque vous ne pouvez en adoucir les expressions. » Il n'est donc que des chrétiens, fidèles aux engagements de leur baptême, que vous vous croyez en droit de poursuivre, de préjuger comme coupables des plus grands crimes, sans preuves, sans témoins d'aucuns faits qui les chargent, sans information, sans leur permettre de justifier leur conduite.

Vous avez *vu*, dîtes-vous, *des procès-verbaux et autres pièces qui constatent que les troubles ne font que se prolonger ou s'accroître chaque jour ; vous avez entendu des commissaires envoyés sur les lieux, le compte rendu par le directoire des mesures prises sans succès, les pétitions d'un grand nombre de citoyens, etc.*

Ce sont, ajoutez-vous, *le fanatisme, les manœuvres secrettes, les suggestions, l'audace impunie des prêtres qui ont refusé la soumission aux loix, qui en sont notoirement et presque exclusivement la cause, etc.*

Eh bien ! MM., montrez au public ces procès-verbaux, ces pièces de conviction, ces rapports de commissaires, ces pétitions des citoyens. Ce n'est pas aux yeux de nos ennemis que vous devez nous montrer comme coupables ; c'est aux yeux de ceux que, selon vous, nous avons séduits et trompés. Mais montrez des faits incontestables, et ne rejettez pas les moyens que nous avons de confondre la calomnie. Jugez alors et condamnez ; nous applaudirons nous-mêmes à votre justice.

Mais puisque nous n'avons aucune connoissance des faits qu'on nous impute, permettez du moins que nous rappellions ici ceux que vous-mêmes, MM., ne pouvez contester.

« Nous en appellons à vos registres, vous, MM., qui présidiez à la garde des prisonniers, qui examiniez les pièces sur lesquelles ils doivent être jugés.

» Parmi le grand nombre de criminels détenus, qui sont ceux qui se trouvent accusés de meurtres, de sacrilèges, d'incendie, de dévastations, de vols, de corruptions ? Qui sont ceux que vous condamnez aux galères ou aux derniers supplices ? »

Voici, MM., un fait incontestable. « Vous ne trouvez pas un prêtre non assermenté dans vos prisons, pour de tels crimes. S'il en étoit, punissez-les, MM., parce qu'ils seroient indignes de leurs caractères, et nous serions les premiers à les désavouer. »

Un autre fait non moins palpable : une multitude de gens sans aveu de différentes paroisses, se réunissent pour aller porter la désolation dans les maisons des recteurs d'Arbresec, de Domalin, de Moussé, d'Acigné et de nombre d'autres paroisses ; en poursuivent les prêtres de villages en villages ; maltraitent les personnes qui paroissent gémir des brigandages ; pillent les églises, et s'arrogent le droit de les fermer. Ces recteurs et ces prêtres ; bien loin *de s'échauffer par le fanatisme, et de le soutenir*, comme vous le supposez, fuient dans le silence, cherchent un asyle auprès de vous-mêmes, MM. Ils ne forment pas même de plaintes contre les atrocités qu'ils éprouvent.

C'est néanmoins contre eux seuls que vous dirigez toutes les rigueurs de la loi, tandis que vous laissez à un *parti inquiet et fatigué des fourberies* que vous leur imputez, la liberté de persécuter, d'exercer ses violences contre un parti qui n'a d'autre défense que la fuite, d'autre arme que la patience, d'autre désir que la mort.

Comparez, MM., ces désordres qui désolent les districts de la Guerche, Vitré, Châteaubriand, où tous les recteurs ont été remplacés, avec la paix et la tranquillité qui règnent dans le district de Redon, et dans tous les cantons où les remplacemens n'ont point eu lieu ; et jugez par les œuvres des uns et des autres, si l'on doit attribuer cette *fermentation alarmante*, dont vous avez tant de raison de vous plaindre, aux manœuvres, aux suggestions des prêtres non assermentés.

Nous ne voulons pas, dites-vous, nous soumettre à la loi, qui nous ordonne de prêter le serment civique. Quelle est cette loi, MM. ? J'en vois une au contraire qui vous défend de regarder comme réfractaires à la loi, ceux auxquels leur conscience ne permet pas de le prêter. Une autre déclare seulement que le défaut de prestation de serment, les prive de la qualité de citoyen actif. Mais une autre encore exclut les ecclésiastiques de toutes charges et fonctions civiles. Il leur est donc inutile de prêter ce serment. Je dis plus ; il ne leur est pas permis de le faire, d'après le commandement du Dieu dont ils sont les ministres : *Vous ne prendrez point le nom de Dieu en vain ; vous ne jurerez, ni par le ciel qui est le trône du très-haut, ni par la terre qui est l'escabeau de ses pieds, ni par votre tête, puisque vous ne pouvez en rendre un cheveu blanc ou noir.*

Vous exigez de nous une déclaration souscrite et affirmée par le serment, de ne rien entreprendre contre la constitution, de vivre soumis à la loi, et de ne détourner par conseils, suggestion ou autrement, aucun citoyen de l'obéissance qui lui est due.

Mais, 1° est-il libre à des administrateurs de ternir, par des soupçons injurieux, la réputation de citoyens honnêtes, contre lesquels vous n'avez cité jusqu'ici que des dénonciations vagues, dépourvues de preuves, et même de probabilités ?

2° Ce serment s'étendant généralement à la soumission, à la loi et à la constitution, n'est-il pas implicitement le même que le serment civique ? Et vous n'ignorez pas que nous ne pouvons souscrire, dans notre conscience, à plusieurs des principes contenus dans l'acte constitutionnel, notamment à ce qui regarde la Constitution civile du clergé, dont il ordonne l'exécution comme loi.

Or, MM., vous ne pouvez exiger de nous une soumission que la loi ne nous commande pas. La Constitution du clergé ne regarde que ceux qui, dans leur opinion religieuse, croient pouvoir s'y conformer ; et tout ce que la loi exige de nous, MM., c'est que nous quittions les places qui ne doivent être remplies que par des ministres attachés à cette constitution. Nous avons obéi ; nous avons quitté dans le silence, lorsque nous avons été remplacés. Mais la loi n'exige point que nous adoptions les règles d'un *culte religieux* qui n'est pas le nôtre, *qui est absolument contraire aux principes de la foi que nous professons.* Pouvez-vous, MM., nous commander d'agir, en matière de religion, contre notre pensée? L'an quatrième de la Liberté, enchaînerez-vous la nôtre, lors même que les décrets de l'Assemblée Constituante, que vous avez juré vous-même de maintenir, garantissent à chaque citoyen la liberté de son opinion religieuse, et la liberté d'exercer le culte religieux auquel il est attaché?

Vous imputez à notre opinion les troubles qui existent dans le royaume. Entendez-vous, MM., et vous vous épargnerez la plus injuste calomnie. Pendant que nous avons occupé les places que l'église nous avoit confié, dans quelle paroisse du département dont vous êtes les administrateurs, avez-vous connu des troubles? Avez-vous entendu dire que nous ayons été les armes à la main, à la tête des soldats armés, amener les chrétiens à la messe, les forcer de recevoir les sacremens de l'église qu'ils ne demandoient pas? Nous avez-vous entendu, et vous a-t-on même porté quelques plaintes de violences que nous avons excité contre ceux qui ne vouloient pas suivre notre opinion? Nous leur avons annoncé les vérités révélées par le maître du ciel et de la terre; nous leur avons rappellé l'obligation d'accomplir ses commandemens; nous leur avons enseigné les règles du culte religieux que lui-même a prescrit; nous leur avons représenté que tout hommage rendu à la divinité contre ces règles, ne pouvoient être à ses yeux qu'un holocauste abominable qu'il rejettoit.

Si nous avons été écouté, nous n'avons dû la docilité des peuples qui nous étoient confiés, qu'à la force de la persuasion et de la vérité, mais non à la force des armes et à la violence. Ils étoient libres de nous croire et de nous suivre; et le zèle qu'on nous reproche aujourd'hui comme un crime, comme une conspiration violente, n'étoit au contraire que l'effet des instances de ces mêmes peuples, qui réclamoient de nous les secours dont nous étions les dépositaires.

Le peuple est aveugle, dites-vous, et suit en aveugle les impulsions qu'on lui suggère. Mais, MM., croyez-vous flatter le peuple en le supposant assez grossier ou assez stupide pour être incapable de connoître la vérité? Pour se laisser entraîner aux impulsions fanatiques du mensonge, l'ignorance est le partage de tous les hommes; les connoissances ne s'acquièrent que par l'étude et l'instruction. Celles que vous possédez vous-mêmes, MM., vous ne les devez qu'au genre d'éducation que vous avez reçu de vos parens. Pourquoi nous faites-vous un crime aujourd'hui de ce que, consacrés par état à l'instruction du peuple, nous remplissons à leur égard les devoirs que vos parens ont rempli envers vous avec tant de succès? Pourquoi voulez-vous laisser dans l'ignorance des vérités les plus importantes, des hommes qui sont vos frères? Ils ne sont pas capables de discerner la vérité d'avec le mensonge. Plus que vous ne pensez, MM., parce que, plus rapprochés par leurs pénibles travaux de l'état de pénitence auquel Dieu condamne l'homme pécheur, ils sont plus dégagés des vues d'ambition, de jalousie, de haine particulière, d'intérêt, etc., et par conséquent plus susceptibles des lumières de la vérité, qu'aucun voile n'obscurcit à leurs yeux.

Par nos suggestions, dites-vous encore, nous les portons à la révolte contre la loi, au refus des impôts. Eh bien! MM., telle est la doctrine que nous leur avons enseigné, et que nous ne cesserons de leur répéter. « C'est Dieu lui-même qui vous commande d'être soumis à toute créature qu'il a proposé pour vous conduire, soit au roi occupant la première place, soit aux chefs envoyés par lui pour punir les coupables et récompenser les bons. Telle est la volonté de Dieu ; et en faisant le bien, vous réduirez au silence l'ignorance des hommes imprudens et téméraires qui cherchent à nous calomnier. Obéissez enfin à vos maîtres, non-seulement quand ils sont bons et justes, mais quand même ils s'écarteroient de leur devoir. Rendez à tous ce que vous leur devez. Payez les tributs et les impôts aux princes, parce qu'ils sont les ministres de Dieu, et le servent en cet état auquel il les appelle. Craignez ceux que vous devez craindre ; honorez ceux qui le doivent l'être. Ne demeurez redevables à personne, sinon de l'amour réciproque que vous devez à vos frères. Celui qui aime le prochain a accompli toute la loi. Aimez vos ennemis, ajoute J. C. lui-même ; pardonnez a ceux qui vous offensent ; faites du bien à ceux qui vous persécutent. C'est à ces caractères que l'on connoîtra que vous êtes nos disciples. Pardonnez, et l'on vous pardonnera à vous-mêmes ; car si vous ne pardonnez pas vous-mêmes, votre père qui est aux cieux ne vous pardonnera pas non plus. Si vous jugez les autres sans miséricorde, vous serez vous-mêmes jugés sans miséricorde.

» La charité chrétienne est bienveillante, patiente, douce, prévenante, ne cherche point ses propres intérêts. Elle se réjouit du bonheur de ses frères ; elle ne se permet jamais de nuire à personne ; en un mot, MM., notre foi, notre religion défend non-seulement la vengeance, elle appartient à Dieu seul ; il rendra justice à chacun de nous, mais encore elle défend jusqu'à la pensée du crime. » Telle est, MM., la doctrine enseignée de tous temps dans l'église de J. C. Telle est celle que nous professons au milieu de vous. Ah ! rendez-nous donc enfin justice, MM., comme nous vous la rendons à vous-mêmes. Non, sans doute, il n'est point de ville dans le royaume, où l'ordre, la paix, la tranquillité publique ait été maintenue avec autant de zèle ; et jusqu'à ce moment nous avons trouvé auprès de vous seuls un asyle assuré, dans les persécutions continuelles que nous avons éprouvées au dehors. Cependant on a assuré que nous nous sommes trouvés parmi vous plus de mille prêtres. Vous n'avez pas ignoré que nous n'avons pas refusé notre ministère aux fidèles qui se sont trouvés dans les mêmes principes que nous. Si nous avions été inspirés par cet esprit fanatique que vous nous imputez, n'étoit-ce par le moment de le déployer avec toute la fureur du désespoir qu'on nous suppose ?

Et cependant avez-vous vu parmi ceux qui ont suivi nos conseils, aucun mouvement de violence ? « Ils sont néanmoins au milieu de vous ; plusieurs partagent avec vous les emplois publics ; ils sont dans vos sociétés ; ils sont unis à vos commerces, à vos travaux ; par-tout ils vous accompagnent ; ils ne vous laissent que vos temples, parce qu'ils n'y trouvent plus cette unité, qui est le lien de l'église universelle. » S'ils étoient inspirés par l'esprit de révolte ; s'ils n'étoient pas soumis aux lois, auroient-ils recours à votre justice, à vos tribunaux ? Et souffriroient-ils avec tant de patience les outrages que leur attirent la différence de leur opinion ? Cette paix, cette tranquillité dont vous jouissez, cette patience, cette soumission que vous témoignent le grand nombre de citoyens attachés à l'ancienne foi de leurs pères, n'est-elle pas une justification pleine et entière des calomnies dont on nous noircit à vos yeux ? Nous n'avons donc pas suggéré la désobéissance, le mépris de la loi ; nous n'avons pas animé les citoyens les uns contre les autres ; nous n'avons pas excité la sédition, la révolte ; nous n'avons pas répandu une doctrine incendiaire, capable de subvertir le royaume entier. Nous ne sommes donc pas des hommes dangereux, ennemis de la société, dont nous resserrons les nœuds au contraire, par les principes de cette charité divine, qui seule a pu maintenir la paix et l'union dont vous jouissez. Puisse-t-elle être maintenue au milieu de vous aussi long-temps que nous le desirons !

Vous demandez de nous un serment de ne pas troubler l'ordre : MM., si nous étions capables de le troubler, nous ne serions pas retenu par un serment que la religion seule que nous professons peut faire respecter. Cette religion seroit éteinte dans notre cœur, et alors le parjure ne nous coûteroit rien. Capables d'oublier la loi de Dieu dont nous sommes les ministres, les liens d'un serment, qui ne peut être fondé que sur cette loi, pourroit-il mettre un frein à notre impiété ?

Mais encore, quelle est donc cette différence que vous mettez de vous-mêmes entre vos concitoyens, Vous ne vous êtes point cru en droit d'exiger aucun serment des laïcs, auxquels la conscience n'a pas permis de le prêter ; et, parce que nous sommes prêtres, vous nous traitez comme des réfractaires à la loi, parce que nous n'avons pas cru pouvoir le faire ! Cependant *les hommes sont nés libres et égaux en droits*, dites-vous, avec l'acte constitutionnel. Nous devons donc être maintenus libres, et nous avons, également que tous nos concitoyens, le droit de ne pas prêter un serment contraire à nos sentimens et à notre conscience. La loi vous défend de nous traiter comme réfractaires, si nous ne le voulons pas faire. Vous ne pouvez nous accuser, nous punir ni nous infliger aucune peine, *lorsqu'elle n'a pas été prononcée par la loi, et hors les cas déterminés par elle.*

Vous ne pouvez donc gêner notre liberté d'exister dans le lieu de notre demeure, ni nous renfermer, soit dans un lieu d'arrêt, soit même dans l'enceinte d'une ville, pour des cas arbitraires. Vous convenez vous-mêmes que la différence *d'opinions religieuses*, notre attachement à des principes que nous ne suivons que par la conviction de l'évidence, n'est pas une raison *de nous inquiéter.* Vous en faites une *défense expresse à tous les citoyens.* Il reste donc, pour justifier la rigueur que vous exercez envers nous, à prouver que, par l'exercice de notre culte, nous avons troublé l'ordre public.

Hé ! MM., nous vous avons abandonné nos temples et nos églises ; nous ne paroissons dans aucune assemblée publique. Renfermés dans nos foyers, nous gémissons dans le secret et dans la douleur, non des maux qui nous accablent, ils sont notre consolation, mais parce que nous ne pouvons plus réunir nos voix aux vôtres, pour chanter les cantiques du Seigneur, et offrir avec vous sur nos autels la victime sans tache. Vous craignez nos assemblées particulières, parce que vous nous regardez comme une faction dangereuse. « Eh ! que peut-on craindre d'une faction qui ne présente aucun des inconvénients des attroupemens illicites ? Ces attroupemens ont pour but de se procurer des biens temporels ou mercénaires. Pour nous, dépouillés des avantages que nous ne pouvions nous conserver que par un crime, nous ne nous réunissons, lorsque nous le pouvons sans inquiéter l'ordre public, que pour adresser à Dieu nos prières et nos vœux ; c'est une violence qui lui est agréable. Nous prions pour le prince, pour ses ministres, pour les dépositaires de l'autorité suprême, pour la conservation de l'état, pour la pacification des affaires, et pour qu'elle soit durable. Nous rejettons, comme contraires à nos principes et aux maximes de l'Evangile, tout esprit de murmure et d'indocilité, toute plainte, et plus encore *cet esprit de fanatisme* que vous semblez craindre de nous, tandis que nous l'avons en horreur. »

Ah ! MM., de tels principes, une telle conduite est-elle donc propre *à alarmer les consciences des faibles, à séduire les ignorans, à semer la haine et la division dans les familles*, comme vous nous le reprochez ?

Vous nous demandez, MM., la soumission à la loi ; et nous, nous réclamons l'exécution de la loi, « Liberté d'opinion, liberté du culte ; c'est un droit personnel, dit le Ministre de la Justice, que la société nous garantit, ainsi que la propriété et la liberté dont il fait partie essentielle. Notre code punit la désobéissance à la loi, la révolte, j'ajouterai encore la persécution. Des atteintes continuelles portées contre les citoyens à leurs droits réciproques, constitueroient le corps politique dans un état de crise et de fermentation intestine, qui nécessiteroient sa dissolution. Tout homme donc qui trouble un autre dans l'exercice de son culte, attente contre les droits du genre humain et contre les droits de l'état. »

Au reste, MM., *la libre communication des pensées, des opinions, est un des droits les plus précieux de l'homme. Tout citoyen peut donc parler, écrire, imprimer librement, sauf à répondre de l'abus de cette liberté, dans les cas déterminés par la loi.*

Une foule de citoyens use contre nous de cette liberté, et s'efforce de nous imputer les intentions les plus absurdes et les plus criminelles. Nous avons le droit de leur répondre ; et puisqu'ils ne sont pas punis lorsqu'ils ternissent, sur de simples soupçons, la réputation de leurs concitoyens ; puisqu'ils ne sont pas même responsables des fureurs populaires qu'ils excitent contre eux par des écrits remplis de calomnies, nous ne devons pas non plus être blâmé, si nous confondons ces calomnies, lorsque nous ne nous écartons pas des bornes d'une juste défense.

Nous déclarons de même avec liberté notre opinion, selon votre expression, MM. ; (car des vérités de fait, dont on ne peut contester l'évidence, ne permettent pas de se borner à une simple opinion. La vérité est une, et l'évidence ne laisse point lieu au doute de l'opinion.) Nous disons donc avec les apôtres, que nous ne pouvons taire ce que nous avons vu, ce dont nous sommes convaincus, ce que nous devons annoncer sur les toits.

Mais, ministres d'un Dieu de paix, nous nous efforçons de marcher sur ses traces. Il n'a contraint personne par la violence à l'obéissance à sa loi ; il a laissé à chacun la liberté de choisir entre le bien et le mal, la vérité et le mensonge. Il nous commande d'enseigner *les vérités de la foi qu'il a révélées à son église, et les règles qu'il lui a prescrites*. Mais il se réserve à lui seul la vengeance du mépris que l'on fera de sa loi, et la récompense due à ceux qui lui seront fidèles.

Dieu nous l'ordonne, et *nous devons obéir à Dieu préférablement aux hommes.*

La loi nous le permet ; c'est l'art. 10 et 11 de la déclaration des droits de l'homme, contenus dans l'acte constitutionnel.

Le roi, dans sa proclamation du 28 septembre 1791, veut « que les opinions religieuses ne soient plus une source de persécution et de haine ; que chacun, en observant les loix, puisse, à son gré, pratiquer le culte auquel il est attaché ; et que, de part et d'autre, on n'outrage plus ceux qui, en suivant des opinions différentes, croient obéir à leur conscience. »

Nous observons la loi, MM. ; vous en êtes les administrateurs. C'est donc à vous à nous faire jouir des droits et de la protection qu'elle nous doit.

La Législation Religieuse Révolutionnaire

dans le Département d'Ille-et-Vilaine

de 1791 à 1794.

OBSERVATIONS PRÉLIMINAIRES

La connaissance de la législation religieuse révolutionnaire est absolument indispensable pour bien comprendre les périls et les souffrances de toutes sortes qu'eurent à endurer les prêtres et les fidèles qui voulurent demeurer indéfectiblement attachés à la Foi catholique.

Mais, en 1791 et 1792, les lois générales s'appliquant à l'ensemble du territoire français, furent le plus souvent précédées d'*arrêtés particuliers*, pris par les administrations départementales, sous la pression des clubs et des « sociétés de pensée », lesquels organisèrent systématiquement la persécution. L'Ille-et-Vilaine n'échappa pas à cette règle et ses administrateurs prirent, à quelques mois d'intervalle, six arrêtés successifs, qui rendirent bien difficile la situation des ecclésiastiques insermentés dans ce département.

Chacun de ces ukases locaux marque en effet une étape dans la voie de la violence. Du reste, tous ces arrêtés, illégaux dans leur teneur, n'avaient d'autre but que d'user l'énergie du clergé insermenté et de pousser ses membres, en plus grand nombre possible, à chercher à l'étranger une sécurité qu'ils ne trouvaient plus dans leur patrie, en attendant que les lois sanguinaires des 29 et 30 vendémiaire an II (20-21 octobre 1793) vinssent ne leur donner d'autre alternative que l'exil ou la mort.

Toutes les pièces reproduites ci-dessous, le plus souvent avec l'orthographe de l'époque, à moins d'indications contraires, sont extraites des *Archives d'Ille-et-Vilaine*, série L.

2

ARRÊTÉS DÉPARTEMENTAUX

ARRÊTÉ DU DIRECTOIRE D'ILLE-ET-VILAINE DU 14 JUIN 1791,
*prescrivant que les curés insermentés remplacés devront se retirer
à une distance d'au moins trois lieues de leur ancienne paroisse.*

Les Administrateurs composant le Directoire du département d'Ille-et-Vilaine ; après avoir entendu le procureur général syndic : considérant que la plupart des curés et vicaires qui ont été remplacés, faute d'avoir prêté le serment prescrit par la loi du 26 décembre dernier, notoirement coalisés avec le ci-devant Evêque de Rennes, abusant de la simplicité et de la confiance des habitants des campagnes, cherchent à les éloigner de leurs nouveaux pasteurs, en alarmant leurs consciences, et continuant même secrètement auprès d'eux leurs anciennes fonctions, dont ils sont déchus par la loi.

Arrêtent, sous le bon plaisir de l'Assemblée nationale et du Roi, que les curés qui ont refusé de prêter le serment prescrit par la loi du 26 décembre dernier, et qui ont été remplacés, et les vicaires non assermentés, tant dans les paroisses dont les curés ont été remplacés, que dans celles des anciens curés qui se sont conformés à la dite loi, dans le délai de huitaine, à compter de la publication du présent arrêté, *sont obligés de se retirer dans le lieu de leur naissance, ou à trois lieues de distance des limites des paroisses qu'ils desservaient*, jusqu'à ce que l'effet de la raison et l'établissement de la tranquillité puissent permettre de révoquer cet éloignement sans danger pour la chose publique ;

Chargent expressément les municipalités de surveiller les curés et vicaires non assermentés, qui se seront retirés dans leurs territoires, de dresser procès-verbal des troubles qu'ils apporteraient au culte public, et de l'envoyer sur le champ au Directoire du District, pour être remis à l'accusateur public ;

Enjoignent au surplus aux dites municipalités et aux gardes nationales d'employer tous les moyens qui sont en leur pouvoir pour empêcher qu'il ne soit fait aucune insulte ou mauvais traitement aux ecclésiastiques non assermentés, et de leur accorder la protection due à tout citoyen qui ne trouble point l'ordre de la société ;

Et sera le présent arrêté imprimé à la diligence du procureur général syndic, publié et affiché dans toutes les villes et paroisses du département, à ce que personne n'en ignore.

Pour expédition, signé : JACQUES JAN, vice-président ;
LE GRAVEREND, secrétaire.

(Imprimé à Rennes, en 1791.)

ARRÊTÉ DU CONSEIL GÉNÉRAL D'ILLE-ET-VILAINE CONTRE LES PRÊTRES INSERMENTÉS *en date du 14 décembre 1791.*

(Archives personnelles.)

Présents : MM. *Berlin*, président ; *Gautraye, Régnier, Chauvin, Bouvier, Rouxin, Marvides, Roumain, Desbois, Guillemoys, Couasnier, Chaillou, P.-V. Varin, Le Poitevin de Chanel, Le Poitevin de Villenoël,*

Gaucher, Jubault, Le Roy, Martin, Jambin, Demeaux, Longueville, Varin le jeune, Hévin, Faisant, Jan, Thomas et *Malherbe*, procureur général **syndic.**

... Le Conseil général du département d'Ille-et-Vilaine considérant que la tranquillité publique est menacée plus que jamais... approuve les arrêtés pris par le Directoire, les 16 juin et le 1er août 1791, et, y ajoutant, arrête sous le bon plaisir de l'Assemblée nationale et du Roi, que dans huitaine à compter de la publication du présent, les curés et vicaires qui ont été et qui seraient remplacés, faute d'avoir prêté le serment prescrit par la loi du 26 décembre 1790, seront tenus de s'éloigner à la distance de trois lieues des limites des paroisses qu'ils desservaient, *quand même ils seraient natifs des dites paroisses;* et que les ci-devant vicaires généraux des anciens diocèses, dont les chefs-lieux se trouvent compris dans le territoire du département d'Ille-et-Vilaine, ou, dont dépendaient quelques portions de ce territoire, seront tenus de se retirer hors des limites du dit département.

Arrête, en outre, que ces ecclésiastiques ne pourront rentrer dans les limites de leurs anciennes paroisses ou du département que sur des permissions par écrit du Directoire, d'après l'avis des districts, lesquelles permissions, ils seront tenus de faire viser par le maire ou le procureur de la commune du lieu.

Charge les districts et municipalités de tenir la main à l'exécution du présent arrêté, de surveiller les curés et vicaires non assermentés qui se seront retirés dans leur territoire, de dresser procès-verbal des troubles qu'ils apporteraient à l'exercice du culte ou à la tranquillité publique et de l'envoyer sur le champ au Directoire du district pour être remis à l'accusateur public.

... Charge le Directoire d'écrire circulairement aux districts, municipalités et juges de paix pour les inviter à se procurer des renseignements sur les troubles qui peuvent être excités dans leur territoire par les ennemis de la Constitution, de constater les faits par des procès-verbaux et de faire toutes autres suites requises.

Charge au surplus le Directoire de faire une adresse à l'Assemblée nationale pour lui exposer la nécessité d'apporter le plus prompt remède aux maux incalculables que causent les manœuvres des prêtres non assermentés.

(Extrait du *procès-verbal des séances* de la deuxième session du Conseil général du département d'Ille-et-Vilaine, in-4°, Rennes, 1792, p. 111-114.)

LE 14 AVRIL 1794, L'AN IV° DE LA LIBERTÉ, LES BOURGEOIS JACOBINS QUI COMPOSENT LE CONSEIL GÉNÉRAL D'ILLE-ET-VILAINE DÉCIDENT DE RÉUNIR A RENNES *par mesure répressive, tout ecclésiastique qui se refusera à reconnaître à l'œuvre religieuse des députés de la Constituante la même valeur qu'aux décrets d'un concile œcuménique* (1).

(Extrait du registre des séances du Conseil général du département d'Ille-et-Vilaine.)

Présents : MM. *Bertin*, président; *Gauttraye; Jacques Jan; Hévin; Chaillou; Le Poitevin-Villenoël; Marvides; Demeaux; Varin; Anger;*

---

(1) Le texte du présent arrêté a déjà été publié, sans indication de référence aisée à consulter, par P. DELARUE : *Le District de Dol*, documents inédits, etc., 6 in-8, Rennes, 1903-1910, t. I", p. 58-64.

Guillemois; Desprès; Roumain; Le Roy; Michel; Bouvier; Desbois; Gaucher; Couasnier; Thomas; Régnier; Varin le jeune; P.-A. Le Poitevin-Chasnel; Faisant et *Malherbe*, procureur général syndic :

« Lecture faite du procès-verbal de la séance d'hier, M. Michel (de la Morvonnais), a présenté, au nom du Comité, un projet de mesures répressives des désordres dont les opinions religieuses sont la cause ou le prétexte..., le Conseil général sous le bon plaisir de l'Assemblée nationale et du Roi, arrête provisoirement ce qui suit, attendu l'urgence des circonstances, jusqu'à ce qu'il n'y ait été autrement pourvu, sans néanmoins déroger à son arrêté du 14 décembre dernier :

ARTICLE PREMIER. — Il est enjoint à tout prêtre insermenté étranger au département et qui s'y serait retiré, *d'en sortir dans les huit jours* de la publication du présent arrêté et dans le cas où il n'y satisferait pas, les Directoires de districts et les municipalités sont chargés de réquérir la gendarmerie et les gardes nationales pour les y contraindre à leurs frais.

ART. 2. — Dans la huitaine, à compter de la publication du présent arrêté, tous les ecclésiastiques originaires ou domiciliés depuis un an, qui voudront résider dans ce département, autres que ceux qui se sont conformés au décret du 27 novembre 1790, seront tenus de se présenter au Directoire du district dans lequel ils résident, et d'y souscrire leur déclaration par serment, de ne rien entreprendre contre la Constitution, la paix et la tranquillité publique ; de vivre soumis à la loi, et de ne détourner par conseils, suggestion ni autrement, aucun citoyen de l'obéissance qui lui est due.

ART. 3. — A l'expiration du délai ci-dessus, chaque Directoire de district fera parvenir au Directoire du département, un tableau des ecclésiastiques résidans dans son arrondissement, en distinguant ceux qui auront fait et souscrit la déclaration ci-dessus, et ceux qui l'auront refusé.

ART. 4. — Les ecclésiastiques qui n'auront pas fait ladite déclaration, seront par cela même *réputés suspects* de mauvaise intention contre la Patrie, et comme tels, plus particulièrement soumis et recommandés à la surveillance des autorités constituées : leurs noms seront remis à la gendarmerie nationale, et la liste en sera imprimée, pour être envoyée aux juges de paix de chaque canton et aux municipalités.

ART. 5. — Pour rendre la surveillance plus sûre et plus facile, tous les ecclésiastiques qui auront refusé de faire la déclaration ci-devant, *seront tenus de se rendre au chef-lieu du département dans les trois jours qui suivront l'expiration du délai de huitaine* porté à l'article 1er, et d'y constater de leur présence, en s'inscrivant au Secrétariat du département dans les vingt-quatre heures de leur arrivée, d'y déclarer les maisons où ils demeurent ; et ils ne pourront s'absenter sans une permission du Directoire du département.

ART. 6. — Quant aux ci-devant curés et vicaires de Rennes, qui ne feroient pas la déclaration ci-devant prescrite, la ville de Fougères leur est désignée pour retraite, et ils ne pourront s'en absenter sans la permission du Directoire du district.

ART. 7. — Demeurent exceptés des dispositions de l'article 5, seulement les curés, vicaires, aumôniers d'hôpitaux, et chapelains de religieuses non encore remplacés, et ce jusqu'à ce qu'ils le soient, pourvu toutefois que leur conduite n'excite aucun trouble ; auquel cas leurs municipalités sont

expressément chargées d'en informer leurs districts, et ceux-ci le département, pour être ensuite pris contre eux telles voies de rigueur qu'il
appartiendra ; et il est fait défense à tous citoyens d'exercer contre eux
aucuns excès ni violence.

Sont également exceptés les ecclésiastiques *âgés de soixante-dix ans
et plus, ou qui seroient infirmes ou malades,* en prouvant par leurs extraits
d'âge et des certificats de chirurgiens ou médecins, dont les causes seront
vérifiées par leurs municipalités et par les Directoires de leurs districts,
qu'ils sont dans le cas de l'exception portée par le présent article.

ART. 8. — Ceux des ecclésiastiques non exceptés par l'article précédent qui n'auront pas constaté de leur présence à Rennes dans le délai
prescrit, seront contraints d'obéir : à l'effet de quoi les Directoires de
districts et les municipalités, sont autorisés à requérir la gendarmerie et
les gardes nationales dans tel nombre qu'ils jugeront convenable, pour
les arrêter et conduire à leurs frais au chef-lieu du département.

....

ART. 11. — Charge le procureur de la commune de Rennes et son
substitut, de poursuivre ou dénoncer dans les formes prescrites, tous ceux
desdits ecclésiastiques qui occasionneroient des troubles.

Charge également les districts et les municipalités où il restera des
ecclésiastiques dispensés de se rendre à Rennes, par le présent arrêté,
de les surveiller, et de dénoncer tous ceux qui, par leurs manœuvres,
chercheroient à détourner le Peuple de l'obéissance à la loi.

Charge, enfin, le procureur-général-syndic, les Directoires de districts
et les municipalités de tenir la main à ce que le présent arrêté soit exécuté. »

....

(Les imprimés de cet arrêté portent la date du 15 avril.)

Signé · BERTIN, président ; LE GRAVEREND, secrétaire général.

ARRÊTÉ DU CORPS MUNICIPAL DE LA VILLE DE RENNES,
*concernant les prêtres insermentés réunis en cette localité, du 30 juin 1792,
l'an IVᵉ de la Liberté.*

Le corps municipal, autorisé par la loi à prendre les mesures locales
de police qu'il juge nécessaires au maintien de l'ordre et de la tranquillité publique, a délibéré ce qui suit relativement aux ecclésiastiques insermentés, religieux ou autres, résidents dans le territoire de la municipalité
de Rennes.

« ARTICLE PREMIER. — Il est défendu aux dits ecclésiastiques, à peine
de détention de police municipale, dans le dit territoire, de se rassembler
en aucun lieu, public ou privé, au nombre de plus de trois, sans pouvoir
être excusés de contravention, sous prétexte de commensalité.

Seront punis de la même peine les dits ecclésiastiques qui seront jugés
auteurs ou complices de rassemblements illicites de citoyens en quelque
lieu que ce soit.

ART. 2. — Il leur est défendu de sortir de la ville au delà des anciennes
barrières et en cas de contravention, ils seront saisis et amenés devant un
juge de paix, soit par les gendarmes, soit par les gardes nationales qui
se trouveront de service, soit par les gardes messiers.

ART. 3. — Ceux d'entre les dits ecclésiastiques qui résideraient maintenant hors les anciennes barrières, sont tenus de venir demeurer sous un mois, du jour de la publication de la présente dans l'intérieur des dites barrières.

ART. 4. — Il leur est enjoint de se présenter à la maison commune deux fois par jour, provisoirement à 8 heures du matin et à 6 heures du soir.

Le matin, ils s'inscriront et le soir leur présence sera constatée par un appel, auquel ils seront tenus de répondre et qui sera fait par un officier municipal. Lors de la première inscription ils écriront après leur signature leur domicile actuel et dans la suite, ils seront tenus d'écrire leur demeure à chaque changement de domicile.

ART. 5. — Il est défendu aux religieux qui mènent la vie commune de recevoir ou de garder en leur maison les religieux qui ne voudraient pas mener la vie commune et prétendraient à la commensalité avec les dits religieux en la qualité de simples pensionnaires ; il leur est également défendu de prendre ou de garder chez eux aucun pensionnaire.

....

ART. 6. — Les contraventions aux articles 2 et suivants de la présente délibération, seront punis d'amende et en cas de récidive de détention par voie de police municipale. »

Fait et arrêté en la maison commune, à Rennes, les jours, mois et an que dessus.

Signé au délivré : F.-L. LE MARCHAND, secrétaire greffier.

ARRÊTÉ DU DÉPARTEMENT D'ILLE-ET-VILAINE PRESCRIVANT D'ARRÊTER, PUIS DE DÉPORTER LES PRÊTRES INSERMENTÉS QUI SE SONT REFUSÉS A PRÊTER LE SERMENT D'ALLÉGEANCE, *des 12, 13, 16, 18 et 20 août 1792, l'an IVe de la Liberté.*

L'Assemblée, considérant que le salut de la chose publique exige qu'il soit pris les mesures les plus promptes pour que les démarches des ecclésiastiques insermentés ne puissent plus troubler la tranquillité des citoyens, ni favoriser les projets des ennemis de la Patrie...

A arrêté :

1° D'admettre la *déportation* comme mesure générale contre les prêtres insermentés, et d'y soumettre tous ceux qui n'ont pas prononcé le serment civique depuis l'acceptation de la Constitution, ou qui n'ont pas fait jusqu'à ce jour le serment d'allégeance, porté par l'arrêté du Conseil général du département, du 15 avril dernier.

2° D'employer la *réclusion provisoire* pour parvenir à la déportation : qu'en conséquence il sera procédé, dans le plus bref délai, à la réclusion provisoire des dits ecclésiastiques insermentés, dans les maisons du Grand et du Petit Séminaire de Rennes.

Invite et charge la municipalité de cette ville de prendre toutes les mesures et de faire toutes les dispositions nécessaires pour le bon ordre de la translation et l'établissement des dits ecclésiastiques dans les maisons ci-dessus désignées.

Autorise la dite municipalité à fixer leur dépense sur le pied de quinze sous par jour pour chaque individu : laquelle dépense sera prise en masse sur les traitements dont ils jouissent.

3° Que le lieu de déportation sera provisoirement choisi dans le territoire français ; mais qu'il sera délivré des passeports à ceux des dits ecclésiastiques qui offriraient d'effectuer volontairement leur déportation ou émigration permanente en pays étranger, parce qu'il sera pris par l'administration les mesures nécessaires pour assurer l'effet de cette émigration, lesquelles mesures seront déterminées par le présent arrêté.

La maison du Mont-Saint-Michel servira de local pour la déportation provisoire des dits ecclésiastiques : à l'effet de quoi le Directoire du département nommera aujourd'hui un ou deux commissaires, qui se rendront, dans le plus bref délai, auprès de l'administration du département de la Manche, pour se concerter avec elle sur l'établissement des dits ecclésiastiques dans la maison du Mont-Saint-Michel, et aviser aux différentes dispositions nécessaires à ce sujet.

Il sera fait une adresse à l'Assemblée nationale pour l'informer de cette mesure provisoire, et la prier d'accélérer la mesure générale qu'elle se propose de décréter sur cet objet.

Il sera payé par l'Administration à chacun des ecclésiastiques déportés dans la dite Maison la somme de 15 sous par jour, laquelle dépense sera une prise en masse sur les traitements dont ils jouissent.

Arrête néanmoins d'excepter de la déportation les vieillards âgés de 70 ans et les malades ou infirmes, dont l'état, ainsi que les ménagements qu'il exigera, seront constatés : savoir, pour la ville de Rennes, par MM. Blin père, Guyot, Douët et Lanjuinais, chirurgiens et médecins ; et, pour les autres lieux, par les médecins et chirurgiens qui seront désignés à cet effet par les Directoires de districts ; sauf l'exécution, à l'égard de ces ecclésiastiques, des dispositions de l'arrêté du Conseil général du département du 15 avril dernier, dans le cas où leur conduite tendrait à semer la dissension parmi les citoyens, et à troubler l'ordre public.

Les curés insermentés qui desservent encore leurs paroisses seront exceptés de la déportation jusqu'à leur remplacement, ou jusqu'à ce que le Directoire du département ait jugé convenable de prononcer la suppression provisoire des dites paroisses, après avoir pris l'avis de M. l'Evêque ou de son Conseil.

Il sera pareillement fait exception provisoire en faveur de quelques vicaires insermentés, parce qu'il ne pourra y en avoir dans les paroisses au-dessous de 4.000 âmes, à moins que le besoin du service, résultant de la localité ou autre cause indispensable, n'exige le secours d'un vicaire : l'Assemblée déclarant s'en référer à cet égard à la prudence du Directoire du Département.

Les vicaires insermentés, les plus anciens dans le sacerdoce, auront la préférence pour être provisoirement conservés dans les paroisses auxquelles ils sont actuellement attachés.

Tous les ecclésiastiques insermentés, non compris dans les exceptions portées par le présent arrêté, seront tenus de se rendre sur le champ à Rennes, et de se présenter à la municipalité pour être mis en état de réclusion ou de déportation provisoire dans les maisons désignées à cet effet : faute de quoi, il est enjoint aux districts et municipalités, et aux officiers de Gendarmerie nationale, de les faire arrêter et conduire, à leurs frais, au chef-lieu du département, pour être soumis à la réclusion ou à la déportation provisoire.

Les passeports pour le pays étranger ne pourront être accordés aux ecclésiastiques insermentés que par les officiers municipaux d'une ville chef-lieu de district, et pour s'embarquer par le port de Saint-Malo...

Les municipalités qui auront délivré à des ecclésiastiques insermentés des passeports d'émigration en pays étranger seront tenues d'en adresser la note au Directoire du département, dans huitaine au plus tard.

Toutes personnes qui, après la publication du présent, auront recélé un ecclésiastique insermenté, ou favorisé son recélement ou son évasion, s'il était détenu, seront punies par voie de police correctionnelle, à la diligence des procureurs de commerce ou de leurs substituts, *comme coupables de trouble à l'ordre public.*

Signé : BERTIN, président.

LE GRAVEREND, secrétaire général.

ARRÊTÉ DU CONSEIL GÉNÉRAL D'ILLE-ET-VILAINE DU 5 SEPTEMBRE 1792, *prescrivant de faire réunir au couvent de la Trinité, à Rennes, tous les prêtres sexagénaires ou infirmes, qui tombent sous le coup de l'article 9 de la loi du 26 août 1792, et ordonnant le départ des prêtres sujets à la déportation.*

« Les administrateurs composant le Conseil général du département d'Ille-et-Vilaine après avoir entendu le procureur général syndic, arrêtent :

....

ART. 5. — Que pour assurer d'une manière plus efficace l'exécution de la loi, le départ des dits ecclésiastiques sera fixé au même jour par le Directoire du district qui les fera accompagner dans les différents ports où ils devront se rendre par une escorte suffisante pour bannir toute inquiétude ; que néanmoins, il sera accordé à ceux qui demanderont à devancer l'époque de la translation commune de partir individuellement, sous l'escorte toutefois de deux gardes nationaux et à leurs frais.

ART. 6. — Que rendus au lieu de leur destination, ils seront remis à la garde du district ou de la municipalité, qui sera chargé de prendre les mesures nécessaires pour leur embarcation et qui en rendra compte au Directoire du département.

ART. 7. — Que les ecclésiastiques contre lesquels la déportation n'est pas prononcée par la loi, jouiront néanmoins de la faculté de sortir du Royaume s'il le demandent, et qu'en ce cas, ils seront conduits avec les autres dans le port de leur embarcation, parce qu'ils seront soumis comme les autres, en cas qu'ils rentrent dans le Royaume, après en être sortis, à la peine de la détention pendant dix ans, prononcée par l'art. 5 de la loi : que le délai fixé contre ceux qui exercèrent des fonctions publiques, ne courra point contre ceux qui n'en avoient aucunes et qu'en tous tems, ils seront admis à demander à sortir du Royaume ; mais toujours aux conditions ci-dessus.

ART. 8. — Que les ecclésiastiques infirmes ou sexagénaires qui doivent, aux termes de la loi, être réunis au chef-lieu du département dans une maison commune, sous l'inspection de la municipalité, seront réunis avec les ecclésiastiques qui n'ont exercé aucune fonction publique et qui n'auroient pas demandé à se déporter eux-mêmes, dans la maison dite de la *Trinité*, aussitôt qu'elle aura été évacuée par les religieuses qui l'occupent encore, et qui aux termes de la loi du 17 août dernier doivent en sortir d'ici au premier octobre : qu'en conséquence le district sera chargé de donner les ordres nécessaires pour que cette maison soit vidée le plus promptement possible.

Art. 9. — Que les ecclésiastiques, une fois renfermés dans la maison commune qui leur est désignée, ne pourront, même sur la pétition individuelle de six citoyens actifs, être déportés, à moins qu'ils ne le demandent eux-mêmes, sauf à être soumis légalement aux peines établies par le code pénal.

Art. 10. — Enfin que les ecclésiastiques, sortans du Royaume et qui jouissent d'un traitement ou pension, seront exactement payés, conformément à l'esprit de la loi, du quartier commencé, sauf la retenue sur le traitement de ceux qui se trouvent actuellement dans la maison de Saint-Melaine, de ce qui a été payé par la caisse du district pour leur nourriture à raison de quinze sous par chaque jour de leur détention. »

Signé : Bertin, président.

Le Graverend, secrétaire général.

Arrêté du Conseil général d'Ille-et-Vilaine du 26 décembre 1792, *prescrivant de séquestrer les biens des prêtres qui n'ont pas obéi à la loi du 26 août précédent, accordant une prime à ceux qui les feraient arrêter et punissant leurs recéleurs; le tout porte le texte : « Afin d'arrêter les progrès du fanatisme ».*

Présents : les citoyens *Gilbert*, président; *Lanjuinais, Bécheu, Roumain, Amiral, Courné, Valeray, Elias, Bertin, Le Nicolais, Vanier, Rouxin, Rouessart, Kogé, Martin, Dreuslin, Jouin, Villerco,* l'évêque *Le Coz, Loychon, Malherbe,* procureur général syndic.

....

« Art. 5. — Ceux de ces ecclésiastiques assujettis au serment par les lois du 26 décembre 1790 et 17 avril 1791, dont la sortie du territoire français n'est pas constatée ou qui ne sont pas réunis dans la maison de réunion, sont dès à présent dans le cas de la coutumace. En conséquence, tout citoyen est tenu d'indiquer le lieu de leur retraite. Leurs immeubles seront séquestrés et régis par les préposés à l'enregistrement, qui en verseront le revenu à la caisse du district où il en sera tenu un compte particulier, sans préjudice des peines ultérieures de l'émigration contre ceux de ces Ecclésiastiques auxquels elles se trouveroient applicables.

Art. 6. — Toute personne prévenue d'avoir recélé ou retiré un ou plusieurs de ces Ecclésiastiques, sera, comme complice de la désobéissance à la loi, traduite à la police correctionnelle, par le procureur de la commune, sous la surveillance du procureur syndic du district, pour subir telle peine correctionnelle qu'il appartiendra.

Tout fonctionnaire public coupable du même délit, ou d'avoir favorisé ou toléré la présence de ces ecclésiastiques, sera poursuivi extraordinairement sur la dénonciation du procureur général syndic du département, suite et diligence du procureur syndic du district.

Art. 7. — Les districts et les municipalités sont tenus, sous leur responsabilité, de faire usage de tous les moyens que la loi met à leur disposition pour arrêter ces ecclésiastiques. Tout citoyen est invité à les arrêter ; mais aucunes perquisitions ne pourront être faites dans les maisons des particuliers, que par la gendarmerie nationale ou les gardes nationales, sur la réquisition par écrit du Directoire du district, ou de la Municipalité du lieu ou du juge de paix du canton, et de jour seulement et non pendant la nuit.

Art. 8. — A mesure que ces ecclésiastiques seront arrêtés, ils seront remis à la gendarmerie la plus voisine, qui les conduira à la maison de réclusion.

Art. 9. — Il sera accordé aux gendarmes, gardes nationaux ou particuliers une indemnité de cinquante livres pour l'arrestation de chacun de ces ecclésiastiques. Cette somme sera prise provisoirement sur les sous additionnels du département ; l'avance en sera faite par le Directoire du district, et le remboursement sera poursuivi par le procureur général syndic, suite et diligence du procureur syndic du district, tant contre l'ecclésiastique arrêté, que contre les personnes qui l'auront recélé ou retiré.

Art. 10. — Quant aux ecclésiastiques non assujettis au serment par les lois des 26 décembre 1790 et 17 avril 1791, ils seront tenus par les districts, les municipalités et les juges de paix, sous une surveillance sévère ; mais ils ne pourront être arrêtés que sur la réquisition par écrit des Directoires du département ou de district, de la municipalité du lieu ou du juge de paix du canton.

Art. 11. — Aux termes de la loi du 26 août dernier, ils seront arrêtés de suite et conduits à la maison de réclusion, lorsque leur éloignement sera demandé par six citoyens domiciliés dans le département. Et lorsque par quelque acte extérieur ils occasionneront des troubles, les municipalités en rendront compte au Directoire de district, et ceux-ci au Directoire du département, qui ordonnera, s'il y a lieu, l'arrestation de ces ecclésiastiques.

Art. 12. — Les directoires, municipalités et juges de paix, feront arrêter et conduire à la maison de réclusion ces ecclésiastiques, lorsqu'ils abandonneront leur maison, et seront errants, ou se tiendront cachés.

Art. 13. — Indépendamment des circonstances ci-dessus, lorsque dans une communauté *il se manifestera des troubles tenant au fanatisme*, le Directoire du département pourra, après avoir pris l'avis du Directoire du district, appeler et faire venir à la maison de réclusion les ecclésiastiques non conformistes résidant dans la même communauté ou dans les communautés voisines, dont la présence seroit présumée avoir occasionné ces troubles, et les y retenir jusqu'à ce que les circonstances permettent de leur rendre la liberté.

Il pourra employer la même mesure, lorsqu'elle sera jugée nécessaire pour l'établissement ou la tranquillité des curés assermentés.

Art. 14. — Les Directoires de district sont autorisés à fermer provisoirement les églises, chapelles ou oratoires non desservies par des prêtres assermentés, lorsqu'elles donneront lieu à des rassemblemens dangereux, tendant à fomenter le fanatisme et à exciter des troubles... »

Signé : GILBERT, président.

DANNEL, pour le secrétaire général.

Les lois de déportation de l'Assemblée législative et de la Convention.

LOI CONDAMNANT A L'EXIL LES ECCLÉSIASTIQUES *qui n'ont pas prêté les serments prescrits ou qui après les avoir prêtés, les ont rétractés et ont persisté dans leur rétractation, du 26 août 1792, l'an IV de la Liberté.*

(Imprimé, Arch. personnelles ; Arch. C.-du-N., reg. L 25, imprimé et L⁰ 5, 32.)

ARTICLE PREMIER. — Tous les ecclésiastiques qui étant assujettis au serment prescrit par la loi du 26 décembre 1790 et celle du 17 avril 1791, ne l'ont pas prêté, ou qui, après l'avoir prêté, l'ont rétracté et ont persisté dans leur rétractation, *seront tenus de sortir sous huit jours hors des limites du district et du département de leur résidence, et dans quinzaine, hors du royaume;* ces différents délais courront du jour de la publication du présent décret.

ART. 2. — En conséquence, chacun d'eux se présentera devant le Directoire du district ou la municipalité de sa résidence, pour y *déclarer le pays étranger* dans lequel il entend se retirer et il lui sera délivré sur le champ un passeport qui contiendra son signalement, la route qu'il doit tenir et le délai dans lequel il doit être sorti du royaume.

ART. 3. — Passé le délai de quinze jours ci-devant prescrit, les ecclésiastiques non sermentés qui n'auraient pas obéi aux dispositions précédentes, seront déportés à la *Guyane Française.* Les Directoires de district les feront arrêter et conduire de brigade en brigade aux ports de mer les plus voisins qui leur seront indiqués par le Conseil Exécutif provisoire, et celui-ci donnera en conséquence des ordres pour faire équiper et approvisionner les vaisseaux nécessaires au transport des dits ecclésiastiques.

ART. 4. — (Traite des frais de route.....)

ART. 5. — Tout ecclésiastique qui serait resté dans le royaume après avoir fait sa déclaration de sortir et obtenu passeport ou qui rentrerait après être sorti, *sera condamné à la peine de détention pendant dix ans.*

ART. 6. — Tous autres ecclésiastiques séculiers ou réguliers, prêtres, simples clercs, minorés ou frères lais, sans exception ni distinction, quoique n'étant point assujettis au serment par les lois du 26 décembre 1790 et 17 avril 1791, seront soumis à toutes les dispositions précédentes, lorsque par quelques actes extérieurs, ils auront occasionné des troubles venus à la reconnaissance des corps administratifs, ou que *leur éloignement sera demandé par 6 citoyens actifs domiciliés dans le même département.*

ART. 7. — (Application de l'article précédent.)

ART. 8. — Sont exceptés des dispositions précédentes, *les infirmes*, dont les infirmités seront constatées par un officier de santé, qui sera nommé par le conseil général de la commune du lieu de leur résidence, et dont le certificat sera visé par le même conseil général. Sont pareillement exceptés *les sexagénaires*, dont l'âge sera aussi dûment constaté.

ART. 9. — Tous les ecclésiastiques du même département qui se trouveront dans le cas des exceptions portées par le précédent article, *seront réunis* au chef-lieu du Département *dans une maison commune*, dont la municipalité aura l'inspection et la police.

Art. 10. — L'Assemblée nationale n'entend pas par les dispositions précédentes soustraire aux peines établies par le code pénal les ecclésiastiques non sermentés qui les auraient encourues ou pourraient les encourir par la suite.

Art. 10 et 11. — (Comptes rendus à fournir sur l'application de la loi par les diverses administrations des départements.)

Au nom de la Nation, le Conseil Exécutif provisoire mande et ordonne que les présentes... ils fassent exécuter comme loi du Royaume, etc....

A Paris, le vingt-sixième jour du mois d'août mil sept cent quatre-vingt douze.

Signé : Servan.
Contresigné : Danton.

Et scellées du sceau de l'Etat.

LA CONVENTION PRÉCÉDÉE DU RESTE EN CELA PAR LE DIRECTOIRE DE L'ILLE-ET-VILAINE, *organise la chasse aux prêtres et, par son décret du 14 février 1793, vote une prime de 100 livres à toute personne qui arrêtera un prêtre insermenté susceptible d'être déporté.*

« La Convention Nationale décrète qu'il sera accordé à titre d'indemnité et de récompense, la somme de 100 livres à quiconque découvrira et fera arrêter une personne rangée par la loi dans la classe des émigrés ou *dans la classe des prêtres, qui doivent être déportés.* Autorise les commissaires par elle envoyés dans les différens départemens de la république, à suspendre les fonctionnaires publics qui n'ont pas fait exécuter ponctuellement les loix relatives aux émigrés & aux prêtres dont la déportation devoit être faite; ordonne que le Conseil exécutif provisoire rendra compte sous les trois jours des mesures qu'il a prises pour faire exécuter lesdites loix ».

DÉCRET DE LA CONVENTION NATIONALE *des 21 et 23 avril 1793, l'an second de la République française, n° 775, portant que les ecclésiastiques séculiers et réguliers, frères convers et lais, qui n'ont pas prêté le serment de maintenir la Liberté et l'Egalité, seront transférés à la Guyane française.*

(Arch nat. A. D. + 1134, n° 109, et Arch. C.-du-N., Lⁿ 5, 42.)

La Convention Nationale décrète ce qui suit :

ARTICLE PREMIER. — Tous les ecclésiastiques séculiers, réguliers, frères convers et lais qui n'ont pas prêté le serment de maintenir la Liberté et l'Egalité, conformément à la loi du 15 août 1792, seront embarqués et transférés sans délai à la Guïane française.

Art. 2. — Seront sujets à la mesme peine ceux qui seront dénoncés pour cause *d'incivisme* par six citoyens dans le canton. La dénonciation sera jugée par les directoires de département, sur l'avis des districts.

Art. 3. — Le serment qui auroit esté prêté postérieurement au 23 mars dernier, est déclaré comme non avenu.

Art. 4. — Les vieillards âgés de plus de soixante ans, les infirmes, les caducs, seront renfermés sous huitaine dans une maison particulière dans le chef-lieu du département.

Art. 5. — Ceux des déportés en exécution des articles 1 et 2 ci-dessus, qui rentreroient sur le territoire de la République, seront punis de mort dans vingt-quatre heures.

Les lois de sang.

Décret relatif au jugement des émigrés et des prêtres déportés arrêtés sur le territoire français, *des 18-22 mars 1793.*

(Arch. C.-du-N., reg. 1 L 34, n° 601, imprimé, à Paris, de l'Imprimerie nationale, exécutive du Louvre.)

Article premier. — « Huitaine après la publication du présent décret, tout citoyen est tenu de dénoncer, arrêter ou faire arrêter les émigrés et *les prêtres dans le cas de la déportation*, qu'il saura être sur le territoire de la République.

Art. 2. — « Les émigrés et *les prêtres dans le cas de la déportation*, qui auront été arrêtés dans le délai ci-dessus fixé, seront conduits de suite dans les prisons du district, jugés par un jury militaire, et punis de mort dans les vingt-quatre heures ».

Décret de la Convention du 17 septembre 1793, *qui déclare dans un article unique que les dispositions des lois relatives aux émigrés, sont en tous points applicables aux déportés.*

(Arch. C.-du-N., reg. 1 L 42, imprimé, loi, n° 1719.)

Loi relative aux prêtres sujets a la déportation, aux ecclésias- tiques séculiers et réguliers, aux frères convers ou lais, *qui n'ont pas satisfait aux décrets des 20 et 30 vendémiaire an II (20-21 oc- tobre 1793).*

(Arch. C.-du-N., reg. 1 L 43, imprimé, loi, n° 1760.)

Article premier. — Les prêtres sujets à la déportation, pris les armes à la main, soit sur les frontières, soit en pays ennemi.

Ceux qui auront été ou se trouveront saisis de congés ou passeports délivrés par des chefs français émigrés, ou par des commandants des armées ennemies, ou par les chefs des rebelles.

Et ceux qui seront *munis de quelques signes contre-révolutionnaires* (1) seront, dans les vingt-quatre heures, livrés à l'exécuteur des jugements criminels, et mis à mort, après que le fait aura été déclaré constant par une Commission militaire formée par les officiers de l'état-major de la division dans l'étendue de laquelle ils auront été arrêtés.

Art. 2. — Ceux qui ont été ou seront arrêtés sans armes dans les pays occupés par les troupes de la République, seront jugés dans les mêmes formes et punis des mêmes peines, s'ils ont été précédemment dans les armées ennemies ou dans les rassemblements d'émigrés ou de révoltés, ou s'ils y étaient à l'instant de leur arrestation.

Art. 3 et 4. — Sans intérêt actuel.

Art. 5. — Ceux de ces *ecclésiastiques qui rentreront*, ceux qui seront *rentrés* sur le territoire de la République, seront envoyés à la maison de

---

(1) Un scapulaire rentrait dans cette catégorie.

justice du Tribunal criminel du département dans l'étendue duquel ils auront été ou seront arrêtés ; et après avoir subi interrogatoire, dont il sera tenu note, ils seront dans les vingt-quatre heures livrés à l'exécuteur des jugements criminels, et *mis à mort,* après que les juges du Tribunal auront déclaré *que les détenus sont convaincus d'avoir été sujets à la déportation.*

ART. 6. — Les moyens de conviction contre les prévenus, en cas de dénégation de leur part, résulteront de la déposition uniforme de deux témoins que les détenus étaient dans le cas de la déportation.

ART. 7. — Si les accusés demandent à justifier de l'extrait du procès-verbal contenant leur prestation de serment, et qu'ils n'en soient pas porteurs, les juges pourront leur accorder un délai strictement nécessaire, ou le leur refuser, suivant les circonstances : si le délai est accordé, les juges seront tenus d'en rendre compte au ministre de la justice, qui en instruira sur-le-champ le Comité de sûreté générale de la Convention Nationale.

ART. 8. — *Si les prévenus ne justifient de leur prestation de serment dans le délai accordé par le Tribunal, ils seront livrés à l'exécuteur des jugements criminels.* Les juges en instruiront pareillement le ministre de la justice, et celui-ci le Comité de sûreté générale.

ART. 9. — Dans le cas où ils produiraient le procès-verbal de leur serment de liberté et égalité, conformément au décret du 14 août 1792, l'accusateur public est autorisé à faire preuve, tant par pièces que par témoins, que les accusés *ont rétracté leur serment,* ou qu'ils ont été *déportés pour cause d'incivisme,* aux termes de l'art. 2 du décret du 21 avril dernier, et cette preuve acquise, ils seront mis à mort ; dans le cas contraire, ils seront mis en liberté.

ART. 10. — *Sont déclarés sujets à la déportation,* jugés et punis comme tels, les évêques, les ci-devant archevêques, les curés conservés en fonctions ; les vicaires de ces évêques, les supérieurs et directeurs de séminaires, les vicaires des curés, les professeurs de séminaire et de collèges, les instituteurs publics et ceux qui ont prêché dans quelques églises que ce soit, depuis le décret du 5 février 1791, qui n'auront pas prêté le serment prescrit par l'art. 39 du décret du 24 juillet 1790, et réglé par les articles 21 et 38 du même mois, et l'article 2 du décret du 27 novembre de la même année, ou qui l'auront rétracté, quand bien même ils l'auraient prêté depuis leur rétractation.

Tous les ecclésiastiques séculiers ou réguliers, frères convers et lais, qui n'ont pas satisfait aux décrets des 14 août 1792 et 21 avril dernier, ou qui ont rétracté leur serment.

Et enfin, tous ceux qui sont dénoncés pour cause d'incivisme, lorsque la dénonciation aura été jugée valable, conformément au décret dudit jour 21 avril.

ART. 11. — Les dispositions de l'art. 2 dudit décret ne sont point applicables aux vieillards âgés de plus de soixante ans, aux infirmes et caducs qui se trouveront dans les cas prévus par les art. 2 et 5 du présent décret.

ART. 12. — Les ecclésiastiques qui ont prêté le serment prescrit par les décrets des 24 juillet et 27 novembre 1790, ainsi que celui de liberté et égalité dans le temps déterminé, et qui seront dénoncés pour cause d'incivisme, seront embarqués sans délai, et transférés à la côte de l'ouest de l'Afrique, depuis le vingt-troisième degré sud jusqu'au vingt-huitième.

ART. 13. — La dénonciation pour cause d'incivisme sera faite par six citoyens du canton, et jugée par le directoire du département, sur l'avis du district (Idem, art. 2).

ART. 14. — Les ecclésiastiques mentionnés en l'art. 10, qui, *cachés en France*, n'ont point été embarqués pour la Guiane française, seront tenus dans la décade de la publication du présent décret, de se rendre auprès de l'administration de leurs départemens respectifs, qui prendront les mesures nécessaires pour leur arrestation, embarquement et déportation en conformité de l'art. 12.

ART. 15. — Ce délai expiré, *ceux qui seront trouvés sur le territoire* de la République, seront conduits à la maison de justice du Tribunal criminel de leur département, pour y être jugés conformément à l'art. 5.

ART. 16. — La déportation, la réclusion et la peine de mort prononcées d'après les dispositions du présent décret, emporteront confiscation des biens.

ART. 17. — Les *prêtres déportés volontairement* et avec passeport, ainsi que ceux qui ont préféré la déportation à la réclusion, sont *réputés émigrés*.

ART. 18. — *Tout citoyen est tenu de dénoncer l'ecclésiastique* qu'il saura être dans le cas de la déportation, de l'arrêter ou faire arrêter, et conduire devant l'office de police le plus voisin ; il recevra cent livres de récompense.

ART. 19. — Tout citoyen qui recélerait un prêtre sujet à la déportation sera condamné à la même peine.

DÉCRET DE LA CONVENTION NATIONALE DU 27 PLUVIÔSE AN II, *relatif aux jugements rendus ou à rendre contre les ecclésiastiques en exécution de la loi du 30 vendémiaire.*

(Arch. C.-du-N., 1 L 45, imprimé, loi 2185.)

La Convention Nationale après avoir entendu son Comité de législation, décrète que les jugemens rendus ou à rendre en execution de la loi du 30 vendémiaire dernier, contre les ecclésiastiques, seront exécutés sans appel, ni recours au tribunal de cassation.

Le présent décret sera inséré au bulletin et envoyé sans délai au tribunal de cassation

DÉCRET DE LA CONVENTION DU 22 GERMINAL AN II (11 AVRIL 1794), *relatif aux recéleurs d'ecclésiastiques sujets à la Déportation.*

(Arch. C.-du-N., 1 L 46, imprimé,, n° 2304.)

ARTICLE PREMIER. — A compter de la promulgation de la loi du 30 vendémiaire concernant les ecclésiastiques sujets à la déportation et en exécution de l'art. 17 de cette loi, celui qui aura recelé un ecclésiastique sujet à la réclusion ou la déportation ou ayant encouru la peine de mort, *sera puni de la déportation.*

ART. 2. — A compter de la publication de la présente loi, le receleur d'ecclésiastiques soumis aux peines énoncées en l'art. 1er, sera regardé et puni comme leur complice (*c'est-à-dire condamné à mort*).

Décret de la Convention nationale du 22° jour de floréal an II (11 MAI 1794), *relatif à la réclusion des ecclésiastiques infirmes ou sexagénaires.*

(Arch. C.-du-N., reg. L 46, loi, n° 2347.)

La Convention Nationale... décrète :

ARTICLE PREMIER. — A compter de la publication du présent décret, tous ecclésiastiques infirmes ou sexagénaires, sujets à la réclusion, sont tenus dans deux décades de se transporter au chef-lieu de leurs départements respectifs pour être reclus dans des maisons destinées à cet effet.

ART. 2. — Tous ceux infirmes ou sexagénaires qui seront trouvés sur le territoire de la République et hors des maisons de réclusion, ce délai expiré, *seront jugés et punis suivant les termes des articles 5 et 6 de la loi du 30 vendémiaire dernier (id est* guillotinés).

ART. 4. — Dans le cas où les officiers de santé nommés par le département jugeraient que les certificats sont inexacts ou faux, ils donneront leur avis par écrit et d'après l'arrêté du Département, la déportation sera prononcée et effectuée.

Pierre-Jean-Baptiste BESNARD

Né à Sens, le 11 janvier 1754, chapelain de l'Hôpital général de Rennes, saisi à Combourg, le 26 mars 1793. Exécuté à Rennes, le 5 février 1794.

(Dossier n° 188 des actes du tribunal criminel d'Ille-et-Vilaine, série B, Parlement, aux archives d'Ille-et-Vilaine.)

PIERRE-JEAN-BAPTISTE BESNARD naquit à Sens, dans l'ancien diocèse de Rennes, le 11 janvier 1754, du mariage d'honorable homme Pierre Besnard et de demoiselle Renée-Mathurine Bertrand.

« La jeunesse de ce vertueux ecclésiastique, écrit l'abbé Guy Carron, son premier biographe, dont le témoignage a d'autant plus de prix qu'il l'*avait personnellement connu*, fut fort édifiante.

» Longtemps avant d'être élevé au sacerdoce, il témoignait un zèle actif et soutenu pour le salut des âmes. Plusieurs ordinands réunissaient, dans une chapelle à une demi-lieue de Rennes, un certain nombre de familles indigentes, auxquelles ils distribuaient du pain et d'autres secours, après leur avoir fait une instruction touchante et familière. Le jeune Besnard se distingua dans cette espèce d'association par une charité expansive et pour l'âme et pour les besoins corporels de ces infortunés.

» Aimé et estimé de tous ses confrères, il offrait une physionomie ouverte et riante, un caractère prévenant, une humeur aimable et un empressement toujours également vif à obliger et à servir les autres. » Tonsuré à Saint-Malo par dimissoire en date du 16 septembre 1772, à l'âge de 18 ans, M. Besnard reçut la prêtrise à Rennes, le 16 septembre 1778. Il avait alors 24 ans.

« Jouissant près de ses supérieurs d'une considération méritée », l'abbé Besnard fut presque aussitôt son ordination placé vicaire à Melesse, où il demeura jusqu'au commencement de 1784. Il fut alors transféré à Pléchâtel, où il séjourna jusqu'en janvier 1790. « Dans l'une et l'autre de ces paroisses, observe l'abbé Carron, il fut généralement goûté et les fidèles témoignaient pour ses avis autant de confiance que de docilité. »

3

Nommé au mois de janvier 1790 l'un des chapelains de l'Hôpital général de Rennes, *il y refusa l'année suivante de s'assermenter*, malgré l'exemple du supérieur ecclésiastique de cet établissement. Bien plus, nous fait savoir l'abbé Carron, il s'efforça de mettre en garde les pensionnaires de cette maison contre la situation fausse dans laquelle s'était placé au point de vue catholique le directeur religieux de cet hospice, du fait de son adhésion à une constitution éminemment schismatique. Aussi celui-ci, le rendant responsable de l'attachement inviolable de ses pensionnaires aux bons principes, le dénonça-t-il aux autorités, et M. Besnard dut quitter cette maison au bout d'un mois et dix jours seulement de présence.

Devenu libre, raconte encore M. Carron, l'abbé Besnard, de concert avec quelques autres ecclésiastiques qui partageaient son zèle, s'occupa dès lors « de parcourir la banlieue rennaise, pour catéchiser, soit en secret, soit publiquement, les fidèles des paroisses gouvernées soit par des intrus, soit par des prêtres jureurs, et leur faire toucher du doigt les dangers que la Constitution civile du Clergé faisait courir à l'Eglise de France ». L'abbé Besnard, toujours d'après le même auteur, « fut comme l'âme de ces périlleuses missions que l'on étendait jusqu'à deux lieues de la ville ». Cet apostolat mit en fureur les « patriotes » rennais.

Après avoir quitté l'Hôpital général aux débuts de février 1791, à la suite de sa non-prestation de serment, M. Besnard résidait à Rennes, rue Saint-Guillaume, avant l'arrêté pris par le Conseil général d'Ille-et-Vilaine, le 14 avril 1792. Il ne s'y soumit pas et ne fit pas inscrire son domicile à la municipalité, ainsi que le prescrivaient les administrateurs de ce département ; aussi figure-t-il, le 15 juin suivant, parmi les ecclésiastiques pour lesquels les révolutionnaires rennais réclamaient au district « *la déportation, ou tout au moins la réclusion provisoire* », tant et si bien qu'à partir du mois de juillet, ce prêtre dut se soumettre chaque jour à l'appel nominal et ne put plus s'écarter de la ville de Rennes (Cf. p. 3 et 5).

Arrêté à son domicile le 14 du mois d'août 1792, M. Besnard fut incarcéré à Saint-Melaine, puis déporté d'office à Jersey, par Saint-Malo, le 14 septembre suivant (Cf. p. 6 et 11).

Son passage aux îles anglo-normandes fut marqué par la plus effroyable tempête : « Placé près de lui sur le même bâtiment, où, pendant une nuit entière, nous nous voyions souvent à l'instant de périr, raconte M. Carron, son compagnon d'infortune, nous étions en présence de ce juste et nous eûmes occasion d'admirer sa paix, sa sérénité, son sang-froid, au milieu d'un tumulte et de cris occasionnés par la frayeur, par l'entassement des passagers dans un espace étroit et nous l'étudiâmes durant ces heures si longues de ténèbres et d'effroi : jamais une seule parole de plainte ne sortit de sa bouche. Il ne se permettait de rompre le silence que pour nous préparer à tous les événements, pour nous animer à la confiance en Dieu, pour nous montrer cette aimable Providence, notre ineffable ressource, sans la permission de laquelle nous ne perdrons jamais un cheveu de nos têtes. »

Ce bon prêtre ne put se résoudre à demeurer inactif sur la terre étrangère, alors que tant de catholiques fidèles manquaient de ministres pour leur administrer les secours de la religion. Deux mois environ après son arrivée à Jersey, M. Besnard affronta de nouveau, sur une barque fragile, les rigueurs de la traversée, vers la fin de novembre 1792. Il mit pied à terre sur le déclin du jour aux environs de Cancale, ne s'y arrêta pas et gagna l'intérieur du pays. Il séjourna entre autres à l'Hermitage-Mordelles, où il se faisait passer pour ouvrier agricole, travaillant le jour, à l'instar de saint Paul, pour s'assurer son pain, et la nuit accomplissant son saint ministère auprès des âmes. Afin de lui permettre de circuler plus librement, il prit même un passeport, le 16 mars 1793, auprès de la municipalité de l'Hermitage. Nous y relevons le signalement suivant : « Taille 5 pieds 1 pouce, cheveux, sourcils et barbe châtains, yeux bleus, nez aquilin, bouche moyenne, menton court et fourché, front carré, visage ovale et plein, marqué de petite vérole. »

S'étant mis en route, nous ne savons au juste dans quel but, M. Besnard fut arrêté le 26 mars 1793, vers les 8 heures du soir, par une patrouille, alors qu'il cheminait aux environs de Combourg. Le dossier de M. Besnard conservé aux *Archives d'Ille-et-Vilaine*, série B, sous le n° 188, parmi les actes du tribunal criminel d'Ille-et-Vilaine, bien qu'assez complet, ne contient plus cependant certains documents, qui ont été copiés autrefois par un abbé Guihard et partiellement reproduits par M. le chanoine Guillotin de Corson. Nous croyons que parmi ceux-ci figure l'interrogatoire que subit alors M. Besnard, soit devant la municipalité de Combourg, soit devant les administrateurs dolois. En tout cas, voici cette pièce dont nous n'avons aucune raison de douter de la véracité, car elle rentre admirablement dans le ton et la manière des réponses de M. Besnard que nous publierons plus loin :

« A lui demandé quels étaient les lieux où il s'est retiré depuis son débarquement ? — A répondu que la loi sacrée de la reconnaissance ne lui permettait pas de le dire.

A lui demandé où il a été arrêté et d'où il venait au moment ? — A répondu qu'il avait été arrêté à Combour par le factionnaire du corps-de-garde de la garde nationale, environ les 8 heures du soir, et qu'il venait d'un endroit assez éloigné qu'il ne pouvait également nommer sans manquer à la reconnaissance ; que, pour lors, il tenait à-peu-près la route d'Aubigné à Combour.

A lui demandé s'il ne portait pas quelques effets ? — A répondu qu'il était porteur d'un bissac où il y avait quelques effets à son usage, tels que deux boîtes d'étain renfermant des saintes huiles, un petit portefeuille contenant un linge qu'on nomme corporal, quelques feuilles de papier timbré,..... l'*Imitation de Jésus* en latin et un rituel.

A lui demandé s'il ne portait pas d'autres effets ? — A répondu qu'il avait un mouchoir de poche, une tabatière, une paire de chaussons, un habit de la Vierge, un crucifix, un reliquaire, un chapelet, un couteau et quelqu'argent ou pièces de monnaie faisant à-peu-près la somme de trois livres.

A lui demandé quelle route il comptait tenir lors de son arrestation ? — Répond qu'il comptait passer par Dol, Saint-Meloir et s'en retourner ensuite à Saint-Hilaire-des-Landes, voir sa sœur qui y réside.

A lui demandé quelle conduite il tenait depuis sa rentrée en France ; s'il n'y était point venu pour continuer ses fonctions, s'il ne disait pas la messe, et ne confessait pas çà et là nuitamment ? — A répondu qu'il s'était occupé de manière à se croire irrépréhensible devant les hommes et, autant qu'il avait pu, irrépréhensible devant Dieu ; et quant aux fonctions sacerdotales, que l'interrogateur outrepassait ses droits en lui faisant cette question.

Interrogé quelles étaient ses intentions en rentrant en France ? — A répondu qu'il avait les intentions les plus pures et telles qu'on pouvait les désirer.

Représenté audit Besnard qu'il est sous le coup de la loi qui punit de mort les prêtres réfractaires, soit émigrés, soit déportés, qui rentrent dans la République française ? — A répondu qu'il ignorait la punition portée par la loi, et que d'ailleurs sa rentrée en France était antérieure à cette loi ; qu'en cas qu'il fut soumis à la peine de mort, il ferait volontiers à Dieu le sacrifice de sa vie, qu'il bénirait la main qui devrait le frapper, et que son dernier soupir serait pour demander que les Français ne fissent plus qu'un peuple de frères ; que tels avaient toujours été ses sentiments et qu'il espérait les conserver jusqu'au tombeau.

A lui demandé s'il savait qu'il y eût d'autres prêtres comme lui rentrés en France, et s'il avait connaissance du lieu qu'ils habitaient ? — A répondu qu'il était étonné de ce que son interlocuteur voulût le forcer d'être le dénonciateur de ses confrères (1). »

Aux termes de l'article XVI de la loi du 26 août 1792, la peine qu'encourait M. Besnard en rentrant à cette époque sur le territoire français était celle de dix ans de détention. Il était justiciable, à cette occasion, du tribunal criminel et nous connaissons plusieurs prêtres dans son cas, qui furent jugés et condamnés à cette peine par le tribunal voisin des Côtes-du-Nord.

Un ecclésiastique, auquel nous avons consacré les pages 439-441 du tome Ier de notre *Histoire du Pays de Dinan*, l'abbé Julien Margely, lors de son arrestation à Saint-Briac le 5 mars 1793, à son retour de Jersey, ne connut même pas un traitement aussi rigoureux, car, après que l'on eut quelque temps discuté sur son cas, il fut enfermé à Rennes, le 21 juillet de cette année, à la maison de réclusion de la Trinité. Aussi avouons-nous ne pas comprendre pourquoi l'on tint vis-à-vis de M. Besnard une conduite toute différente ? — Faut-il croire que l'apostolat que ce zélé ecclésiastique exerça auprès de ses compagnons

(1) Manuscrit de l'abbé Guihard. — Certaines des réponses de M. Besnard nous inclineraient à croire que l'auteur, dont nous reproduisons le texte, aurait extrait une partie de celui-ci de l'interrogatoire que subit M. Besnard devant le juge de paix Laisné. Cf. p. 24 et sq.

de captivité irrita au plus haut point les révolutionnaires rennais et les détermina à chercher par tous les moyens l'occasion de le perdre ?

En tout cas, l'abbé Carron nous a conservé la teneur d'un billet, rédigé à Rennes par M. Besnard dans la prison de la Porte-Marat où on l'avait incarcéré le 1er mai 1793. On y verra combien sont édifiants les sentiments qui l'animaient : « J'ai enlevé, dit-il, les noms de l'atlas. Ne m'envoyez rien, ni personne, jusqu'à ce que je ne vous écrive moi-même. Ne venez point voir vos amis ici ; dans ce moment, qui est de fureur, ne vous compromettez pas, ménagez-vous pour le strict nécessaire. La prudence l'est aussi. Faites-en usage, mais ne devançons point les moments marqués par la Providence. Que ces trois vertus marchent de front. Je suis condamné pour quinze jours au secret le plus inviolable, *pour avoir épargné un sacrilège à un (prêtre) intrus.*

» On a, dit-on, opiné pour le « bloc ». Dieu m'a épargné cette épreuve. Je lui rends grâces, car on assure que M. Picot a eu les doigts des mains et les talons rongés des rats pendant qu'il était au « bloc ». Le Seigneur connaît ce qui nous est le plus utile ; il ne me l'est pas sans doute d'être mutilé par les rats avant ma mort. La maladie fait des progrès rapides. Beaucoup meurent là où il ne peut pénétrer de prêtres. *Adorons les desseins de notre Maître* et faisons ce que nous pouvons pour le salut de nos frères, en le priant que, par sa grâce, il supplée à celle des sacrements dont ils sont privés. »

Le 2 mai 1793, après avoir décidé que le cas de M. Besnard ne pouvait tomber sous l'application de la loi du 18 mars précédent, laquelle n'avait été promulguée à Rennes que le 1er avril suivant, le tribunal criminel d'Ille-et-Vilaine renvoya cet ecclésiastique devant l'un des juges de paix rennais, magistrats dont la compétence était alors beaucoup plus étendue qu'aujourd'hui. Ce dernier laissa passer presque six mois entiers avant d'interroger le prisonnier. Seule l'annonce de la loi fatale des 20-21 octobre 1793 le fit sortir de sa passivité.

C'est le 24 octobre 1793 que M. Besnard comparut devant le juge de paix Lesné. Son interrogatoire, que nous reproduisons intégralement aux pièces officielles, est à lire d'un bout à l'autre. Le confesseur de la Foi affirma hautement sa qualité de prêtre catholique romain, son droit à jouir de la liberté de conscience garantie par la Constitution et refusa de répondre, au nom de cette même liberté de conscience, à toute question qui pouvait intéresser le ministère qu'il avait exercé depuis sa rentrée en France. Il se garda également de tout ce qui aurait pu dans ses réponses compromettre des tiers, et son interrogateur, n'en pouvant tirer aucun renseignement vraiment intéressant, prit le parti de le faire reconduire en son cachot ; puis il dressa son rapport et le fit parvenir au directeur du jury d'accusation du district de Rennes, — nous dirions aujourd'hui le président de la chambre de mises en accusation.

Celui-ci fit subir le 25 novembre un nouvel interrogatoire à l'abbé Besnard, lequel ne nous apprend rien de nouveau concernant cet ecclésiastique ; puis le 10 décembre, le jury d'accusation, réuni au complet, décida de renvoyer ce prêtre devant le tribunal criminel. Sans doute, les textes n'étaient pas très clairs à son égard, mais les juges révolutionnaires étaient hommes de ressources, et donner à une loi un effet rétroactif n'était pas pour les effrayer, quand il s'agissait de se débarrasser d'un « prêtre fanatique ».

Après avoir subi pour la forme un nouvel interrogatoire d'identité, fort bref du reste, M. Besnard, dont le mauvais état de santé avait retardé, au dire de l'abbé Carron, la comparution devant le tribunal criminel d'Ille-et-Vilaine, se présenta enfin devant ces juges de sang. On lui reprocha, rapporte l'abbé Carron, d'avoir porté sur lui des « signes de rebellion et de fanatisme prohibés par la Loi », qui consistaient en l'image du *Cœur de Jésus* et l'image du *Cœur de Marie* (1) : « Je rends grâces à Dieu, répondit-il à ses juges, de mourir pour avoir porté ces signes de ma foi et de ma confiance. »

M. Besnard fut condamné à mort comme convaincu d'avoir été (en qualité d'insermenté) légalement déporté sans espoir de retour, et d'être depuis rentré sur le territoire de la République. On eut l'audace de lui faire l'application rétroactive des articles V et VI de la loi des 29 et 30 vendémiaire an II (20-21 octobre 1791) pour justifier la peine capitale qu'on voulait lui faire subir.

« Il avoit encore les jambes enveloppées de vésicatoires lorsqu'on l'entraîna au supplice; et son extérieur calme et recueilli recelait, à son insu, rapporte M. Carron, l'ineffable paix dont jouissait sa sainte âme. Jusqu'à son dernier moment, il s'entretint du ciel avec une digne fille de Saint-Vincent-de-Paul, et elle nous a montré, dit l'abbé précité, le crucifix qu'il portait souvent à ses lèvres, en exprimant les sentimens d'amour dont son cœur étoit consumé pour Jésus-Christ. Comme il avançait vers le théâtre de ses dernières souffrances, il rencontra deux habitans de la paroisse de Pléchâtel; il leur dit, mais avec un sentiment difficile à rendre, qu'il allait mourir pour la foi de Jésus-Christ. »

Nous n'avons pu retrouver l'acte de décès de cet admirable confesseur de la Foi, qui ne figure pas sur les registres de l'état civil de Rennes, mais il nous suffit, pour justifier sa mort, de reproduire ici l'inscription qui figure en marge de son registre d'écrou, mentionnant sa sortie de prison. La voici : « *J.-B. Besnard, exécuté le 17 pluviôse an II républicain, ou le 5 février 1794.* »

Pièces officielles.

ACTE DE BAPTÊME DE M. BESNARD,
relevé sur le registre de catholicité de la paroisse de Sens pour l'année 1754, conservé aux Archives d'Ille-et-Vilaine.

« *Pierre-Jean-Baptiste*, fils de Hon. homme Pierre Besnard et de demoiselle Renée-Mathurine Bertrand, son épouse, né le 11 du présent

---

(1) L'inventaire des effets de M. Besnard, p. 31, signale en effet deux cœurs entrelacés surmontés d'une couronne.

et baptisé par moy, soussigné curé, et tenu sur les saints fonts par noble Maistre J. B. Pierre, sieur de la Poulmierre, advocat en Parlement, accompagné de demoiselle Anne Brochard, qui signent avec nous le 13 janvier 1754. »

Signé : P. GODEFROY, curé,

Jane BROCHARD,   Anne GIFFARS,   HERPE (le reste déchiré).

DATES DES ORDINATIONS DE M. BESNARD.

Pierre-J.-B. Besnard reçut un dimissoire pour se faire tonsurer à Saint-Malo, le 16 septembre 1772. On l'y dit natif de Sens et fils de Pierre et de Renée-Mathurine Bertrand.

Minoré à Rennes, le 6 mars 1776.

Sous-diacre à Rennes, le 20 septembre 1776.

Diacre à Rennes, le 20 septembre 1777.

CERTIFICAT DE DÉPORTATION DE M. BESNARD.

(Extrait, ainsi que les pièces suivantes, de son dossier conservé aux archives d'Ille-et-Vilaine, série B, Parlement, n° 188, des actes du tribunal criminel d'Ille-et-Vilaine.)

Je certifie que Besnard est compris dans la liste des ecclésiastiques qui sont partis, le 8 septembre 1792, pour Saint-Malo, laquelle liste, certifiée par Toullier, conforme à celle qui a été déposée chez Sauveur, en tête du mandat de 1.146 l., laquelle liste, contenant 186 ecclésiastiques, a été reçue du commandant du détachement de la Garde nationale de Rennes par les officiers municipaux de la commune de Saint-Malo, laquelle est signée *Bd Théhouard, Perruchot, Bonnissent.*

Rennes, le 21 frimaire, l'an II de la R. F. (11 décembre 1793).

Signé : LANGUEDOC, secr. général.

PROCÈS-VERBAL DE L'ARRESTATION DE L'ABBÉ BESNARD A COMBOURG, *le 26 mars 1793.*

« L'an second de la R. F., le 26 mars 1793, aux 9 heures du soir.

Nous, maire et officiers municipaux de la commune de Combourg, soussignés, en permanence à la chambre commune, attestons que le citoyen Jacques Etasse, accompagné de quatre fusiliers détachés du corps de garde et de service pour la nuit, nous a amené deux particuliers, qu'il dit avoir arrêtés. Sur ce que, les ayant fait entrer au corps de garde, et après leur avoir demandé s'ils avaient des passeports, l'un d'eux, portant un bissac sur son épaule, a déclaré n'en point avoir, disant qu'il portait ce bissac, renfermant quelques effets, chez le sieur *Duplessix-Garnier,* habitant de cette ville. L'autre lui ayant déclaré qu'il avait un passeport, led. Etasse lui a demandé s'il n'avait pas d'autres papiers. A répondu qu'il n'avait rien autre chose que deux chaussons qu'il a représentés, dans l'un desquels était un *crucifix;* que ledit Etasse, prenant ces particuliers inconnus comme des gens suspects, demande que, par nous et en sa présence, il soit fait vérification des objets renfermés dans le bissac; et y procédant, en présence des deux particuliers et de l'escouade de notre garde nationale, ouverture faite du bissac, nous y avons trouvé *deux boîtes d'étain fin*, étiquetée l'une S. C., dans lesquelles il nous paraît du coton imbibé de *sainte huile* ou de tout autre fluide gras; deux linges en forme de purificatoire, une bourse en taffetas cramoisi, dans laquelle il y a un purificatoire, et un voile pour mettre sous un calice, un étui à canif dans le haut duquel il y a du coton imbibé d'huile, deux livres (l'un intitulé *Rituel Romain*, et l'autre *De Imitatione Christi*, dans lequel sont renfermées plusieurs parcelles de pain à chant); une petite boîte en bois, en forme de Relique, sur le vitrage de laquelle il s'est trouvé deux petits morceaux de bois; et, dans le fond, on aperçoit, en miniature, *deux cœurs se tenant*, une croix au milieu, et une couronne autour; un mouchoir de Cholet avec des barres roses et blanches, marqué d'un P. et d'un B., un couteau à manche blanc, un serre-tête, un bonnet de coton blanc; une serviette et un autre petit morceau de coton blanc; un rasoir et une pierre à repasser, enveloppée dans un morceau de papier; les noms de différents particuliers à nous inconnus; un peigne; trois feuilles de papier-timbré minute. Et sont tous les effets trouvés dans le susdit bissac, dans lequel nous les avons renfermés.

Attestons de plus que nous venons de trouver, en ramassant lesd. effets, 20 billets en cartes, de différents n⁰ˢ, portant l'inscription de *Loterie des Pauvres*, au-dessous de laquelle il y a, à chacun, un paraphe en forme de lacs d'amour; enveloppés dans deux morceaux de papier écrits de la même main. Tout quoi nous les avons renfermés avec les autres effets dans le susdit bissac.

Parlant au particulier porteur du passeport nous indiqué par ledit Etasse, et lui en demandant la représentation, également que du *crucifix* et des chaussons, il nous les a représentés; et nous les avons de suite renfermés dans led. bissac avec les autres effets.

Toutes ces choses nous paraissant très suspectes, nous avons fait fouiller l'un et l'autre, pour nous assurer s'ils n'étaient point porteurs de quelques effets ou papiers nuisibles à la sûreté, et contre-révolutionnaires. La fouille faite, nous n'avons trouvé autre chose sur eux que leurs mouchoirs et leurs tabatières, si ce n'est, sur celui qui avait le crucifix et le passeport, vêtu d'un petit gilet brun, un mouchoir rouge à son col et un chapeau rong (*sic*), et avait, en argent monnayé, 4 l. 14 sols 9 deniers, que nous avons enveloppés dans un morceau de papier et remis dans le susdit bissac.

Demandé aux deux particuliers leurs noms; ont gardé le silence. Et, comme l'un d'eux avait annoncé à la garde qu'il portait le bissac chez le sieur *Duplessix-Garnier*, nous avons fait venir ledit sieur Duplessix-Garnier, qui, en nos présences, a déclaré ne les pas connaître; si ce n'est l'un d'eux qu'il a dit qu'il croyait qu'il s'appelait Primaux, mais que pour l'autre (porteur du crucifix), il a déclaré ne pas le connaître.

En conséquence, nous, maire et officiers municipaux, suspectant ces particuliers pour l'intérêt de l'Etat et la sûreté publique, les avons fait conduire par la susdite escouade de notre garde nationale à la maison d'arrêt de cette ville, pour, demain, les faire conduire à celle du District de Dol par un détachement de notre garde nationale, commandé par le citoyen Pierre Lemé, sous-lieutenant d'une de nos Cies de notre garde nationale.

Tel est notre Rapport, que nous avons arrêté à la chambre commune, à Combourg, lesd. jour et an que devant. »

Signé : MET,   ROBIOU,   G^{me} GUILLOT,
maire.   off^r municipal.   off^r municipal.

ROBERT, off^r municipal.   RAMARD, procureur de la commune,

ORDRE D'ÉCROU DU PRÊTRE BESNARD A LA PRISON DE LA PORTE-SAINT-MICHEL (1), *le 1er mai 1793.*

« Gardien de la maison de justice criminelle, vous êtes par nous soussigné, Jean François Charles Nicolas Gautier et Pierre Joseph François Barbe, huissiers au dit tribunal du district de Dol et y demeurant séparément, paroisse Saint-Samson, chargé de la personne du nommé J. B. Besnard, originaire de Sens, prêtre, prévenu d'émigration, duquel vous ferez bonne et sûre garde et le nourrirez au pain de la Nation. »

Rennes, ce 1er mai 1793, an II de la R. F.

Signé : BARBE, GAUTIER.

En marge est écrit : « *J.-B. Besnard, exécuté le 17 pluviôse, l'an II républicain, ou le 5 février 1794* » (sic).

LE TRIBUNAL CRIMINEL D'ILLE-ET-VILAINE DÉCIDE, *le 2 mai 1793, que la loi du 18 mars 1793 n'est pas applicable à l'abbé Besnard et le renvoie devant le juge de paix de son canton.*

(Extrait des minutes du greffe du tribunal criminel du département d'Ille-et-Vilaine.)

Vu par le tribunal criminel du département d'Ille-et-Vilaine, les pièces déposées au greffe, le jour d'hier, par les citoyens Gaultier et Barbe, huissiers du Tribunal du *district de Dol*, relativement à Pierre-Jean-Baptiste Besnard, prêtre, déporté, et rentré sur le territoire de la République, consistant dans le procès-verbal de capture faite dud. Besnard, et d'un autre particulier, par la garde nationale de Combourg, l'interrogatoire subi par le même Besnard devant deux officiers municipaux de

---

(1) La prison de la Porte-Saint-Michel, dite plus tard prison de la Porte-Marat ou Grande-Prison, était située à l'est de la rue Rallier. La duchesse Ermengade avait fondé là un prieuré l'an 1140. Sa chapelle avait été établie dans une vieille tour, dite *Tour au Comte*, que l'on transforma en prison.

la commune de Dol, présents deux administrateurs du Directoire du district de ce lieu, le commandement fait par le citoyen commissaire national près le Tribunal du district de Dol, aux citoyens Gaultier et Barbe, huissiers, de conduire dans la maison de Justice du département le dit Besnard, et de déposer au greffe de ce Tribunal les pièces relatives à son affaire, avec un bissac renfermant les effets saisis sur lui ; et l'écrou du même Besnard délivré aux huissiers de Dol par le concierge de la maison de Justice.

Le Tribunal, après avoir entendu le citoyen accusateur public en ses conclusions, qu'il a verbalement déduites ; considérant que la Loi du 18 mars dernier, concernant les Emigrés, porte au n° 3 de l'article 8, section 4, des exceptions :

« *Ne sont pas réputés émigrés ceux qui ont été nominativement déportés, en exécution de la Loi du 26 août 1792, ou par l'effet des arrêtés des corps administratifs*, sans déroger néanmoins à ladite Loi, ni auxdits arrêtés, en ce qui concerne la déportation ou les peines prononcées contre les déportés.

Considérant aussi que le décret du 18 mars dernier, qui soumet à un Jury militaire, pour être condamné à mort dans 24 heures, *les prêtres déportés qui rentreront sur le territoire de la République*, n'a été enregistré que le 1ᵉʳ avril, aussi dernier, postérieurement à l'arrestation de Pierre-Jean-Baptiste Besnard ; que, conséquemment, ledit Besnard, prévenu d'avoir été déporté et d'être rentré sur le territoire de la République, *ne se trouve que sous les dispositions de la Loi du 26 août 1792* (10 ans de fers). »

Le Tribunal a renvoyé Pierre-Jean-Baptiste Besnard par-devant l'officier de police de Sûreté de la section ou du canton sous lequel led. Besnard était domicilié avant sa déportation, pour la procédure être instruite contre lui, conformément à la Loi sur la Justice criminelle.

Fait et arrêté dans le Temple de la Loi, à Rennes, le 2 mai 1793, l'an II de la R. F.

Signé sur la minute : Bouaissier, Beziel, Lefeuvre,
Varin, le jeune.

INTERROGATOIRE SUBI PAR M. BESNARD DEVANT LE JUGE DE PAIX LAISNÉ, *le 24 octobre 1793.*

« L'an second de la R. F. U. et I., le 3ᵉ jour de la première décade du second mois, devant nous, *Julien Laisné*, juge de paix, de police et de sûreté du canton de Rennes, nous étant transporté de notre demeure, que nous faisons près Toussaint, paroisse de Toussaint, à la prison de la Porte-Saint-Michel, a comparu devant nous le nommé *Besnard*, prêtre, renvoyé par jugement du Tribunal du district de Rennes, en date du 2 mai dernier, devant les juges de paix du canton où il faisait son domicile, avant sa déportation, pour être instruit par ledit juge de paix de tout ce qui doit régler le jugement dudit Besnard, en vertu de quoi nous avons procédé à son interrogatoire comme suit.

Savoir :

Interrogé ledit Besnard de ses nom, surnom, etc. ? — A répondu se nommer *Pierre-Jean-Baptiste Besnard*, originaire de la paroisse de Sens, âgé de 39 ans 9 mois, *prêtre de l'Eglise catholique, apostolique et romaine*, simple chapelain provisoire à l'Hôpital général de Rennes.

Interrogé combien il y avait de temps qu'il était audit hôpital et s'il n'était pas auparavant curé de quelque paroisse ? — Répond qu'il y avait un an qu'il était audit hôpital, et qu'auparavant il était vicaire à Pléchâtel, où il avait été 6 ans.

Interrogé pourquoi il avait quitté le vicariat de Pléchâtel ? — Répond que c'était par obéissance aux ordres de M. Fageolle, grand-vicaire de Rennes, son supérieur.

Interrogé s'il connaît la raison qui avait porté M. Fageolle à le faire quitter son vicariat ? — Répond qu'il ne la connaissait pas et qu'il ne s'en est jamais informé.

Interrogé si c'est par ordre de M. Fageolle qu'il était entré à l'Hôpital général ? — Répond qu'il n'a pas eu d'autre ordre pour y entrer. Enfin a répondu que c'était par l'ordre de M. Fageolle, qui, probablement, était d'accord avec le bureau d'administration.

Interrogé si, depuis qu'il était aud. hôpital, il n'exerçait pas les fonctions sacerdotales hors dudit hôpital ? — Répond que, selon les usages de la ville, il les exerçait partout où il était requis : ce qui arrivait rarement.

Interrogé à quelle époque il était entré audit hôpital et si ce n'était pas d'après les décrets qui réglaient la Constitution Civile du Clergé ? — Répond que c'était antérieurement et à l'époque du 10 janvier 1790.

Interrogé si, d'après la connaissance de la règle de la Constitution Civile du Clergé, il a continué à exercer les mêmes fonctions ? — Répond avoir continué à exercer les mêmes fonctions, parce qu'elles étaient autorisées et libres.

Interrogé s'il confessait et administrait les sacrements dans l'intérieur de l'hôpital et au dehors ? — A répondu s'en tenir aux précédentes réponses sur les fonctions sacerdotales.

Représenté à l'interrogé qu'il devait savoir que l'administration des sacrements n'était permise qu'aux fonctionnaires publics qui préalablement avaient prêté le serment qu'exigeait la Loi ; et interpellé de répondre à ladite représentation ? — Répond qu'il pourrait garder un silence profond sur la question proposée ; que, jusqu'à présent, il n'avait répondu que par complaisance sur ledit objet, et pour montrer sa bonne foi ; qu'actuellement il priait l'interrogateur de lui assigner les décrets qui lui défendaient le culte de la Religion catholique.

Enfin, voyant que l'interrogé était décidé à ne pas répondre aux interrogats que nous lui faisions sur tous les faits antérieurs à sa déportation, nous lui avons fait les questions suivantes :

Interrogé à quelle époque, après avoir été déporté, il était repassé en France ? — **A répondu** que, préalablement à la réponse à la question antérieure, il observait que l'interrogateur outrepassait ses pouvoirs en demandant des réponses sur un objet spirituel, tandis qu'il a été reconnu que la puissance civile ne voulait pas toucher au spirituel. Répond ensuite directement à la dernière question : qu'il est repassé en France vers la fin du mois de novembre 1792.

Interrogé où il a passé le laps de temps intermédiaire entre cette époque et celle de son arrestation ? — A répondu qu'il avait passé son temps partout où il avait pu trouver refuge.

Interrogé s'il ne connaissait pas les décrets lancés contre tous les prêtres qui repasseraient en France ? — A répondu qu'il n'en connaissait aucuns contre lui lorsqu'il se détermina au retour ; qu'il espérait des mesures défavorables, d'après les décrets portés ; qu'il n'a eu connaissance des peines décrétées depuis le 18 mars qu'assez longtemps après son incarcération.

Interrogé s'il n'avait pas connaissance d'une loi antérieure, et qui fut promulguée avec celle qui ordonnait la déportation, portant peine de *10 ans de fers* à tout prêtre déporté qui rentrait en France ? — A répondu qu'il avait entendu lire la loi citée, par M. Gilbert, lors de sa détention à Saint-Melaine ; qu'il ne s'en était jamais fait l'application ; cependant qu'il avait eu quelques soupçons qu'elle le regardait, soupçons qui s'étaient réalisés en certitude depuis sa détention dernière.

Interrogé à quoi il s'était occupé depuis sa rentrée en France jusqu'à son arrestation, et s'il n'a pas continué les fonctions sacerdotales ? — A répondu qu'il s'était occupé de manière à se croire irrépréhensible devant les hommes, et, autant qu'il avait pu, *irrépréhensible devant Dieu ; et qu'il ne craignait que la calomnie*. Quant aux fonctions sacerdotales, il s'en tenait aux précédentes réponses, c'est-à-dire que l'interrogateur outrepassait ses pouvoirs en lui faisant cette question.

Représenté à l'interrogé que notre ministère est de lui faire des questions sur tout ce qui contrevient à la Loi, et que sa rentrée en France et l'exercice des fonctions sacerdotales sont des contraventions à la Loi ; et l'avons sommé de nous répondre plus précisément. — A répondu que son ministère lui défendait de répondre autrement, et qu'en cela il croyait suivre sa Religion et la Constitution.

Interrogé si, lorsqu'il a été arrêté, il n'était pas accompagné d'un particulier, appelé Guillaume Primault, chargé d'un bissac contenant plusieurs effets, et si lesdits effets n'appartenaient pas à lui ? — Interrogé, a répondu qu'il était accompagné d'un particulier dont il ne savait pas le nom, qu'il l'avait appris dans la commensalité de prison, que ledit particulier n'avait été que momentanément chargé du bissac, que les effets, y contenus, appartenaient à luy interrogé, quoiqu'il eût pu le nier en se fondant sur le défaut de formalités.

Interrogé quelles étaient ses intentions en rentrant en France ? — A répondu qu'il avait les intentions les plus pures, et telles qu'on pouvait les désirer.

Représenté à l'interrogé qu'il savait contrevenir à la Loi en rentrant dans un pays dont il avait été banni par cette Loi, qu'il ne pouvait pas s'imaginer faire ce que l'on désirait dans ce pays ? — A répondu que la Constitution républicaine lui avait présenté la France sous un autre aspect et qu'il espérait enfin jouir d'une Liberté, si longtemps promise.

Interrogé sur quel navire il a passé pour rentrer en France, et s'il connait le capitaine et les matelots ? — A répondu qu'il avait passé sur une très fragile barque, qu'il ne nommerait pas le batelier ni les matelots, qui l'avaient reçu sur leur bord sans le connaître ; qu'il ne voulait pas compromettre des gens qui avaient agi par simplicité.

Interrogé quels étaient les autres passagers qui ont fait ce trajet avec lui ? — A répondu qu'il ne les connaissait pas, à l'exception d'un seul, que la reconnaissance lui défendait de nommer.

Interrogé dans quel parage il a débarqué, à sa rentrée en France ? — A répondu qu'il croyait que c'était sur les côtes de Cancale.

Interrogé quelle heure il était, lors de son débarquement ? — A répondu qu'il était environ 6 h. 1/2 du soir et que c'était vers le déclin du jour.

Interrogé où il a logé après son débarquement, et surtout la nuit qui a suivi son débarquement ? — A répondu qu'il connaissait les devoirs de la reconnaissance, quoiqu'il ne connût pas son hôte, et qu'il n'en fût pas connu.

Interrogé si, lorsqu'il fut arrêté, il n'était pas muni d'un passeport, et qui lui avait délivré ce passeport ? — A répondu qu'il avait un passeport et qu'il l'avait reçu de ceux dont il était signé.

Interrogé dans quelle commune ce passeport lui fut délivré, et à quelle époque ? — A répondu que c'était à la commune de l'Hermitage, le 16 mars, environ 7 heures du matin.

Interrogé quel nom il avait déclaré pour obtenir ce passeport, et s'il avait déclaré son état et profession ? — A répondu qu'il avait donné les noms de Pierre-Jean qu'il portait communément, lesquels sont ses noms de baptême, qu'il aurait déclaré la profession d'ouvrier qu'il professait dans le pays.

Interrogé quel ouvrage il faisait dans cedit pays et chez qui il travaillait ? — A répondu qu'il faisait tout ouvrage compatible avec sa complexion, et même quelquefois au-delà ; que le nom des personnes n'était point nécessaire, parce que la Loi défendait de chercher des coupables, et qu'en nommant quelques particuliers, ce serait abuser de leur bonne foi.

Représenté à l'interrogé que notre dessein n'est pas de tendre des embûches, mais que nous désirions seulement savoir qui étaient ceux qui avaient répondu de lui pour lui faire obtenir un passeport ; sans quoi les officiers municipaux se compromettraient indispensablement, puisqu'il n'était pas connu d'eux, et qu'il ne déclarait que des nom et profession vagues ? — A répondu que les officiers municipaux avaient eu, plusieurs fois, l'occasion de le voir travailler dans ledit endroit, et que, pouvant le regarder comme un homme ordinaire, ils n'avaient fait que les informations dont les gens de campagne sont susceptibles, et que, s'il y avait un coupable, le seul interrogé devait passer pour tel.

Interrogé sous quels vêtements il a été saisi et arrêté ? — A répondu qu'il était vêtu conformément à sa bourse et à sa sûreté.

Interpellé de nous déclarer plus précisément quels étaient les vêtements dont il était couvert ? — A répondu que l'inventaire de son accoutrement était relaté dans son premier interrogatoire.

Interrogé de qui il tenait les nouveaux vêtements dont il était couvert ? — A répondu qu'aucune loi n'obligeait les marchands ni les acheteurs à la déclaration demandée; de plus, que la bonne foi des vendeurs les rendait excusables.

Telles sont les questions que nous avons faites et les réponses que nous a faites ledit Besnard, auxquelles il déclare n'avoir rien à ajouter ni à retrancher; et, sur l'invitation que nous lui avons faite, a signé avec nous.

Terminé en la prison dite Porte-St-Michel, aux environs de 7 h. 1/2 du soir, même jour et an que dessus. »

(Ratures, retouche, ligne pressée, interligne approuvés.)

Signé : BESNARD, prêtre.   J. LAISNÉ.

Nous, susdit juge de paix, n'avons pu nous procurer d'autres renseignements relatifs à l'affaire dudit Besnard. Pourquoi nous sommes décidé à la déposer dans l'état au greffe du Tribunal de district, pour y être statué selon la Loi.

L'an II de la R. F. U. et I., le 4e jour de la 1re décade du second mois.

Signé : LAISNÉ, juge de paix.

NOUVEL ORDRE D'ÉCROU POUR M. BESNARD, *le 25 octobre 1793.*

De par la Loi, n°....., Nous, Julien Laisné, juge de Paix et Officier de police du canton de Rennes, district de Rennes, département d'Ille-et-Vilaine, mandons et ordonnons à tous exécuteurs de mandemens de Justice de conduire en la maison d'arrêt du *District de Rennes* le nommé Pierre-Jean-Baptiste Besnard, prestre déporté et rentré en France, demeurant au ci-devant Hôpital général, paroisse de Toussaint, prévenu d'estre rentré en France.

Mandons au gardien de ladite maison d'arrêt de le recevoir, le tout en se conformant à la Loi; requérons tous dépositaires de la force publique, auxquels le présent mandat sera notifié, de prêter main-forte pour son exécution, en cas de nécessité.

Fait à Rennes, ce 4e jour de la 1re décade du deuxième mois de l'an II de la R. u. et ind. (25 octobre 1793).

Signé : LAISNÉ.

Soussigné, gardien de cette maison de Justice, près les portes Saint-Michel, certifie que le dénommé au mandat d'autre part est détenu en cette prison. En foi de quoi, j'ai signé le présent.

A Rennes, ce 25 octobre 1793, l'an II de la R. u. et ind.

Signé : LEGRAND.

INVENTAIRE DU DÉPÔT *que fait le citoyen Laisné, juge de paix du canton du Sud-Sud-Ouest de Rennes, au greffe du Tribunal du District de Rennes des pièces concernant la procédure criminelle de Pierre-J.-B. Besnard,* prêtre déporté et rentré sur le territoire de la R. F.

& Premier : Un *procès-verbal du 26 mars 1793,* rapporté par les maire & officiers municipaux de la commune de Combourg.

2° *Autre procès-verbal d'interrogatoire,* rapporté par Jean-Charles Tallon et Fr. Métivier, officiers municipaux de la commune de Dol, en présence des citoyens Portal et Lodin, administrateurs du *Directoire du District de Dol.*

3° Le *jugement de renvoi* par le Tribunal criminel du District de Rennes au Juge de paix du canton du dernier domicile du prévenu, pour être informé par led. Juge de paix, conformément à la Loi.

4° Procès-verbal d'interrogatoire qu'a fait subir audit Besnard nous, susdit Juge de paix, en date du jour d'hier.

5° La reconnaissance du cit. Legrand, d'être chargé de la garde du nommé J.-B. Besnard, prêtre réfractaire, en date du 1er mai 1793.

6° Un bissac contenant plusieurs effets appartenant audit Jean Besnard, et relatés au procès-verbal des officiers municipaux de Combourg, et dans l'état qu'il nous a été remis par le cit. Legué, ci-devant juge de paix, notre prédécesseur. Le tout déposé au greffe du Tribunal du District par nous, Julien Laisné, juge de paix du canton de Rennes, le 4° jour de la 1re décade du deuxième mois de l'an II de la R. F. u. et ind.

Signé : LAISNÉ, juge de paix.

INTERROGATOIRE DU PRÊTRE BESNARD
DEVANT LE DIRECTEUR DU JURY D'ACCUSATION *du district de Rennes, le 5 frimaire an II* (25 novembre 1793).

« Interrogé de son nom, etc. ? — Répond se nommer *Pierre-Jean-Baptiste Besnard,* prêtre chapelain provisoire du cy-devant Hôpital général de Rennes, y demeurant rue de la Psallette, paroisse Saint-Pierre, et être âgé de 40 ans ou environ.

Interrogé sur les motifs de sa détention dont nous lui avons donné connaissance ? — Déclare qu'il pense avoir été arrêté à Combourg sur le soupçon qu'il pouvait être suspect. Que cependant il était muni d'un passeport, mais que les effets dont il était saisi purent confirmer cette suspicion. Qu'il fut d'abord conduit au corps de garde. De là devant les officiers municipaux de Combourg, transféré à Dol le lendemain où on le constitua à la maison d'arrêt où il fut interrogé par les officiers municipaux et les administrateurs du district.

Que, de la maison d'arrêt de Dol, on le transféra dans celle de Rennes, qu'il croit que la cause de sa détention vient de ce qu'ayant été déporté, il était rentré sur le territoire de la République. Qu'il l'avait fait avec des intentions pures et dans l'intention de jouir de la liberté. Qu'il ne pensait pas contrevenir à la Loi en rentrant en France, parce qu'il croyait que la prohibition qu'elle contient ne regardait que les fonctionnaires publics, et qu'il n'avait entendu parler du contenu **exprès de** cette loi qu'une seule fois pendant qu'il était détenu en la maison de Saint-Melaine, et qu'au surplus, s'il était habillé en paysan, c'était pour voyager plus commodément et avec plus de sûreté. »

Signé : Le Breton.

Besnard, prêtre.   R. Pigeon, commis juré.

Conclusions prises contre M. Besnard
par le Directeur du Jury d'accusation près le Tribunal criminel d'Ille-et-Vilaine, le 10 décembre 1793.

Le 20 du second mois (frimaire) de l'an second, *Charles-Jean-Louis Le Breton*, Directeur du Jury d'accusation du district de Rennes, ayant procédé à l'examen des pièces relatives au dossier du prêtre Besnard, expose que :

« Pierre-Jean-Baptiste Besnard, prêtre insermenté, fut arrêté à Combourg par une escouade de la garde nationale en patrouille de nuit et conduit comme suspect devant le maire et les officiers municipaux en permanence à Combourg avec un autre particulier portant un bissac sur son épaule.

Vérification faite du dit bissac, il se trouva contenir « *deux boîtes contenant du coton imbibé de saintes huiles*, deux linges en forme de purificatoires, une bourse en taffetas cramoisi contenant un purificatoire, un voile pour mettre un calice, *un rituel romain*, une imitation de Jésus-Christ renfermant plusieurs parcelles de pain à chant, une petite boîte en forme de reliquaire renfermant sous un vitrage deux petits morceaux de bois et dans le fond de laquelle on apercevait *deux cœurs entrelacés surmontés d'une croix et entourés d'une couronne* », et plusieurs autres effets d'habillement (qu'il serait fastidieux d'énumérer ici).

Ledit Besnard était lui-même vêtu, lors de son arrestation, d'un petit gilet brun, d'une culotte de panne bleue, un mouchoir rouge au cou avec un mauvais chapeau rond et des guêtres de toile jaune.

Des réponses du sieur Besnard, il résulte que celui-ci « a été effectivement déporté avec plusieurs autres prêtres et religieux insermentés et qu'il était depuis sa déportation rentré en France, mais qu'en le faisant, il n'avait que des intentions pures et qu'il n'avait, en rentrant sur le sol de la République, contrevenu à aucune loi ».

Les membres du Jury d'accusation, les citoyens Boullemez et J. Sauveur, jugèrent cependant qu'il y avait là matière à traduire le prêtre Besnard devant le tribunal criminel.

Interrogatoire de M. Besnard,
devant un des juges du Tribunal criminel d'Ille-et-Vilaine,
le 30 janvier 1794.

Le onze pluviôse, l'an second de la R. F. u. et ind.....

Nous, juge au Tribunal criminel du département d'Ille-et-Vilaine, commis à cet effet par le citoyen président, nous sommes rendus au Temple de la Loi, où nous avons trouvé le citoyen accusateur public; et, entrés avec lui et le premier commis juré du greffe en la salle d'audience, y avons fait amener le nommé Besnard, prêtre réfractaire déporté et rentré sur le territoire de la République, au mépris de la Loi, lequel Besnard étant à la barre, libre et sans fers, lui avons rappelé l'objet que je propose : la Loi dans son audition. Puis, interrogé, de son nom, surnom, etc.....

Répond se nommer *Pierre-Jean-Baptiste Besnard*, prêtre, ci-devant chapelain provisoire de l'Hôpital général de Rennes, sans domicile fixe avant son arrestation, âgé d'environ 40 ans, et originaire de la paroisse de Sens.

Interrogé sur les causes de sa détention ? — Déclare qu'il présume avoir été arrêté en passant par Combourg comme personne suspecte ou inconnue; qu'il attribue les causes de sa détention à sa rentrée sur le territoire français, dont il avait été déporté, vers le mois de septembre dernier (v. st.); qu'il ne pensait commettre aucune désobéissance à la Loi en repassant en France; qu'il se confirmait d'autant plus volontiers dans cette idée qu'il regardait sa déportation comme illégale; qu'à Jersey, qu'il habitait alors, le bruit s'était répandu que la ci-devant province de Normandie avait réclamé les prêtres qui n'étaient pas fonctionnaires publics; que le changement opéré dans le Gouvernement français lui faisait opérer (*sic*) [espérer] la liberté et la tranquillité. Et, l'accusé nous ayant déclaré ne connaître personne, sur l'interpellation qui lui a été faite de choisir un conseil, lui avons nommé d'office le citoyen Pollet, homme de loi.

De tout quoi nous avons fait et rédigé le présent. Ledit jour et an que devant.

Signé : F.-R. Pigeon.

Hunaut, juge.   Bto Pointel.

Jugement condamnant a mort le prêtre Jean-Baptiste Besnard,
le 4 février 1794.

Audience du 16 pluviôse, an II de la R. F. u. et ind., tenue par le Tribunal complet, présent le citoyen Accusateur public.

4

Au nom du Peuple Français. Le Tribunal criminel du département d'Ille-et-Vilaine a rendu le jugement suivant :

Entre le citoyen Accusateur public, demandeur, pour cause de rentrée sur le territoire de la République, après une déportation légale, et au mépris des Loix.

Pierre-Jean-Baptiste Besnard, prêtre, de la paroisse de Sens, district de Dol, et ci-devant chapelain provisoire à l'Hôpital général de Rennes, ledit Besnard détenu à la maison de Justice près ce Tribunal, défendeur et accusé.

Vu, en la salle d'audience, publiquement et les portes ouvertes, la procédure instruite contre l'accusé sus-dénommé, et tout considéré ;

Ouï le rapport du citoyen Hunaut, juge en ce Tribunal ; et le citoyen Accusateur public, faisant, aux termes de la Loi, fonctions de Commissaire national, en ses conclusions motivées à l'audience,

Le Tribunal, faisant droit sur le tout, a déclaré Pierre-Jean-Baptiste Besnard, prêtre, atteint et convaincu *d'avoir été déporté sans espoir de retour*, par arrêté du Département d'Ille-et-Vilaine du 6 septembre 1792, en conformité de l'article VI de la Loi du 26 août, même année, lequel est ainsi conçu :

« Tous autres Ecclésiastiques non sermentés, séculiers et réguliers, prêtres, simples clercs, minorés et Frères lais sans exception ni distinction, quoique n'étant point assujettis au serment par les Lois des 26 décembre 1790 et 21 avril 1791, seront soumis à toutes les dispositions précédentes, lorsque, par leurs actes extérieurs, ils auront occasionné des troubles, venus à la connaissance des Corps administratifs, ou lorsque leur éloignement sera demandé par six citoyens domiciliés dans le même département » ; déclare en outre ledit Besnard convaincu *d'être rentré* et d'avoir demeuré sur le territoire de la République jusqu'au 26 mars dernier, jour de son arrestation ; et ce, au mépris de la Loi du 26 novembre 1792, dont le second paragraphe est conçu en ces termes (1) :

« Les Emigrés rentrés en France sont tenus de sortir du territoire de la République ; savoir, de Paris et de toute autre ville, dont la population est de 20.000 âmes et au-dessus (dans 24 heures du jour de la promulgation de la présente Loi), et dans quinzaine du même jour, de toutes les autres parties de la République. Après ces délais, ils seront censés avoir enfreint la Loi du bannissement et punis de mort. » — A été, sans la participation des Jurés sur les faits constans et avoués (2), la déposition précise de l'article VI de la Loi des 29 et 30 vendémiaire, duquel article a été donné lecture, et est ainsi conçu :

---

(1) Nous avons vu, p. 26, que le même tribunal avait déclaré, loi en mains, le 2 mai 1793, que la loi contre les émigrés n'était pas applicable à l'abbé Besnard que l'on avait déporté à la suite d'un arrêté administratif ; mais dans la condamnation de ce prêtre tout est un tissu d'illégalités.

(2) Si incorrecte que paraisse cette phrase, elle est textuellement reproduite. La loi de vendémiaire an II recevait en la circonstance une application rétroactive.

« Les moyens de conviction contre les prévenus, en cas de dénégation de leur part, résulteront de la déposition en forme de deux témoins, que les détenus étaient dans le cas de la déportation. »

Pour réparation de quoi, a condamné ledit Pierre-Jean-Baptiste Besnard à la peine de mort, conformément à l'article V de la Loi citée, duquel a été donné lecture et est ainsi conçu :

« Ceux de ces Ecclésiastiques qui rentreront, ceux qui sont rentrés sur le territoire de la République, seront envoyés à la maison de Justice du Tribunal criminel du département, dans l'étendue duquel ils auront été ou seront arrêtés ; et, après avoir subi interrogatoire, dont il sera retenu note, ils seront, dans les 24 heures, livrés à l'exécuteur des Jugements criminels et mis à mort, après que les Juges du Tribunal auront déclaré que les détenus sont convaincus d'avoir été sujets à la déportation. »

Déclare le Tribunal les biens dudit Besnard, acquis et confisqués au profit de la République, conformément à l'art. XVI de la même Loi, lequel article est ainsi conçu (Cf. p. 15).

Ordonne en conséquence que, dans les 24 heures, ledit Pierre-Jean-Baptiste Besnard, prêtre, sera livré au vengeur du Pèuple et mis à mort ; et que le présent jugement sera imprimé, publié et affiché dans tous les chefs-lieux de district et de canton du département.

Fait à Rennes, en l'audience du Tribunal, où étaient présents les citoyens Mancel, Poignand et Hunault, juges, qui, avec le citoyen président, ont signé le présent Jugement, lequel a, sur le champ, été prononcé au condamné.

Ainsi signé sur le registre : Bouaissier, président.

Mancel, Poignand et Hunault, juges.

Au nom de la République Française, il est ordonné à tous huissiers, sur ce requis, de mettre ledit jugement à exécution, à tous commandants et officiers de la force publique de prêter main-forte, lorsqu'ils en seront légalement requis, aux Commissaires du pouvoir national près les Tribunaux d'y tenir la main.

En foi de quoi le présent jugement a été signé par le Président du Tribunal et le Greffier. *(Imprimé à Rennes.)*

Bibliographie. — L'abbé Carron. *Les Confesseurs de la Foi gallicane*, op. cit., t. III, p. 191-201. — G. de Corson, *Les Confesseurs de la Foi sur le territoire de l'Archidiocèse de Rennes*, in-8, Rennes, 1900, p. 10-13. — Tresvaux du Fraval, *Hist. de la Persécution*, etc., op. cit., t. I, p. 521-522.

René-Jean-François CLÉMENT

Né à Retiers, le 26 février 1756, vicaire à Brielles, saisi à Rennes, le 2 avril 1794. Exécuté en cette ville, le 5 de ce même mois.

(Dossier n° 201 des actes du tribunal criminel d'Ille-et-Vilaine, série B, Parlement, aux archives d'Ille-et-Vilaine.)

RENÉ-JEAN-FRANÇOIS CLÉMENT, fils légitime de maître Louis Clément, sieur de la Noë, notaire et procureur de plusieurs juridictions seigneuriales, et de demoiselle Vincente Courtois, naquit au bourg de Retiers, le 26 février 1756, et fut baptisé le jour de sa naissance. Ses parents, qui possédaient une petite aisance, ne négligèrent pas de lui faire faire ses humanités et lorsqu'elles furent achevées avec succès, le jeune Clément, qui se sentait attiré vers l'état ecclésiastique, entra au Grand Séminaire de Rennes. Nous le trouvons recevant dans cette ville la tonsure et les ordres mineurs le 21 septembre 1776, le sous-diaconat le 4 mars 1778, le diaconat le 19 décembre de cette même année. Enfin il fut fait prêtre à Avranches, en vertu d'un dimissoire en date du 3 mars 1784.

Nommé la même année vicaire à Brielles, il y demeura jusqu'en 1791 et contribua beaucoup à affermir dans le droit chemin son propre recteur, Germain Cordé, qui refusa le serment et mourut pendant la tourmente, caché à Gennes, sa paroisse natale.

Lorsque Le Coz envahit le siège épiscopal de Rennes en 1791, en qualité d'évêque constitutionnel, il publia, écrit Guillotin de Corson, une lettre, prétendue pastorale, à l'occasion de son installation, et l'adressa à toutes les paroisses du département d'Ille-et-Vilaine. Le maire de Brielles voulut que M. Clément fît la lecture de cette lettre à la messe paroissiale ; celui-ci promit d'en donner connaissance aux paroissiens. Le dimanche suivant, il monta en chaire, et il s'attacha à faire ressortir l'opposition qui se trouvait entre la doctrine du nouvel évêque et celle qu'enseignait le catéchisme du diocèse, ainsi que l'Eglise catholique tout entière, sur la nécessité de demeurer en étroite communauté avec le Saint-Siège. Nous donnerons à la fin de ce volume le résumé de ce discours.

Dénoncé au district de La Guerche par sa municipalité pour avoir tenu des propos, que ces excellentes gens qualifiaient « d'incendiaires », ainsi que pour avoir traité Le Coz « d'excommunié », l'abbé Clément fut arrêté et traduit devant le tribunal de ce district, qui, le 18 juin 1791, nous a fait savoir M. Arsène Leray, le condamna à 3 livres d'amende et lui fit défense de séjourner durant deux ans dans le district de La Guerche, et même de s'en approcher à une distance de moins de quatre lieues. (Cf. *Journal des Départements*, etc., du 23 juin 1791.)

L'abbé Tresvaux du Fraval prétend même qu'à cette occasion l'abbé Clément dut faire plusieurs mois de prison (1). N'ayant pu nous reporter aux documents originaux, que nous n'avons pas su retrouver, nous nous contentons de signaler cette affirmation. L'auteur précité avance même que M. Clément profita de sa détention pour composer et faire imprimer en secret une brochure, écrite avec talent et dans laquelle l'auteur réfutait les sophismes de l'évêque intrus. Cet opuscule, paru sous le voile de l'anonyme et devenu introuvable aujourd'hui, « mais rédigé dans un style piquant, contribua, dit Tresvaux, à discréditer le schisme et à affermir les catholiques d'Ille-et-Vilaine ».

Banni d'une partie du département, l'abbé Clément se réfugia à Rennes, où sa présence est signalée par les « patriotes » de cette ville, le 15 juin 1792. Dénoncé à cette occasion comme un « perturbateur », cet ecclésiastique sut échapper à toutes les recherches opérées pour le saisir. Quoique directement atteint par la Loi du 26 août 1792 (2), qui l'obligeait à se déporter, il refusa de s'y soumettre, malgré les pénalités qui le menaçaient en cas de désobéissance et continua de demeurer caché à Rennes, où il se dévoua tout entier au salut de ses compatriotes.

« René Clément, écrit Guillotin de Corson, passait les jours et les nuits à entendre les confessions et à procurer les bienfaits de son ministère à tous les fidèles, et particulièrement aux malades. » C'est ce qui explique la vénération qu'on lui portait, au témoignage de Mgr Bruté de Rémur, et le long souvenir qu'il laissa après lui dans la capitale de la Bretagne. « Le faubourg Saint-Hélier et les campagnes environnantes étaient spécialement le théâtre de son zèle. Un habile déguisement lui permettait de parcourir la ville, et plus d'une fois il fut témoin de l'exécution de ses confrères ; c'est là qu'il allait apprendre à bien mourir. »

« Ce fut l'abbé Clément, écrit M. le comte X. de Bellevue, dans son volume intitulé *L'Hôpital Saint-Yves de Rennes*, in-8°, Rennes, 1895, p. 89, qui, au péril de sa vie, confessa et communia les religieuses augustines de cette maison pour leurs Pâques en l'an 1794. » Cet auteur ajoute : « On travaille en ce moment à recueillir des mémoires sur ce prêtre pour donner sa vie au public. » Malheureusement cette vie jusqu'ici n'a pas encore vu le jour.

---

(1) Abbé Tresvaux, *Histoire de la persécution en Bretagne*, II, 19. Guillotin de Corson, d'après l'abbé Guihard, spécifie même que l'abbé Clément paya 60 francs d'amende et fit trois mois de prison dans la circonstance.

(2) Cf. p. 9, 11 et 12.

« Les cachettes où l'abbé Clément se réfugiait étaient aussi multi-pliées que ses déguisements. On cite encore, rapporte l'abbé Guihard, plusieurs maisons de la campagne de Saint-Hélier qui lui servaient d'abri, à lui et à d'autres prêtres, proscrits comme lui et heureux de réchauffer leur âme au foyer de ses lumières et de sa charité. »

Lorsque René Clément fut arrêté, le 2 avril 1794, ainsi que le raconte le procès-verbal que nous publions plus loin, il venait d'admi-nistrer un malade et il portait encore sur lui l'huile des infirmes qu'accom-pagnait une image du Sacré-Cœur de Jésus.

Il fut conduit à la prison de la Porte Saint-Michel, qu'on appelait alors la Porte-Marat, et traduit trois jours après devant le Tribunal criminel. En face de ses juges, il confessa hautement sa foi; il déclara n'avoir point prêté le serment à la Constitution, parce qu'il le regardait comme « un acte répugnant à sa conscience ». Les autres réponses de M. Clément furent aussi fermes que prudentes et ne fournirent à son interrogateur nul détail pouvant lui permettre d'inquiéter quelque catholique.

Bien que ce bon prêtre se fût contenté, d'après ses dires, d'exhorter les personnes qu'il fréquentait « à la patience », bien nécessaire en ces temps malheureux, il avait le tort inexcusable d'être prêtre inser-menté; aussi, le jour même de son interrogatoire, les juges, « dans l'intérêt républicain » (textuel), le condamnèrent-ils à la peine de mort « *comme convaincu d'avoir été sujet à la déportation* (en qualité d'inser-menté) *et d'être resté caché en France*, en contravention avec la loi ». De plus, pour bien montrer l'esprit qui les animait, ces Jacobins for-cenés ordonnèrent qu'au pied de l'échafaud sur lequel l'abbé Clément perdrait la vie, *on brûlerait le reliquaire orné d'un Sacré-Cœur* que ce prêtre portait sur lui lors de son arrestation.

M. Clément fut exécuté sur la Place d'Armes de Rennes, le jour même de sa condamnation, ainsi qu'en fait foi son acte de décès, conservé sur les registres de l'état civil de cette ville pour l'an II :

« Le 19 germinal an II (8 avril 1794), par moi, officier public, soussigné, a été reçue la déclaration par écrit de Le Grand, concierge des prisons de la Porte-Marat, qui porte que René Clément, *prêtre réfractaire*, est mort le *16 germinal* courant, sur la place d'Armes de cette ville. »

Signé : G. Jamet, l'aîné, officier public.

M. Clément était très aimé et très vénéré des catholiques rennais. Longtemps après sa mort, a consigné Mgr Bruté de Rémur dans ses *Souvenirs*, ceux qui l'avaient connu ne parlaient jamais de lui sans ajouter en soupirant : « Ce pauvre M. Clément ! ce digne M. Clé-ment ! » (1)

---

(1) *Revue de Bretagne et Vendée*, année 1860, p. 461.

BIBLIOGRAPHIE. — Guillon, *Les Martyrs de la Foi*, op. cit., t. II, p. 442. — Tresvaux du Fraval, *Histoire de la Persécution révolutionnaire en Bretagne*, op. cit., t. II. p. 19 et 20. — Guillotin de Corson, *Les Confesseurs de la Foi*, etc., op. cit., p. 20-22. — *Revue Bret. et Vendée*, loco citato. — *Arch. Nat.*, AA 42, plaq. 2.

Pièces officielles.

ACTE DE BAPTÊME DE M. L'ABBÉ CLÉMENT.

(Extrait des registres de baptême de la paroisse de Retiers, pour l'année 1756, conservés à la mairie de Retiers. Communication de M. l'abbé Corbes, curé-doyen.)

René-Jan-François, fils légitime de maître Louis Clément, sieur de la Noë, notaire et procureur en plusieurs juridictions, et de demoiselle Vincente Courtois, né dans ce bourg, le vingt-six février mil sept cent cinquante-six et baptisé le même jour. A été parrain : honorable homme René Chailleu, sieur du Plessix, et marraine demoiselle Jeanne-Julienne Courtois, demoiselle Courteille, qui ont signé avec nous, le père présent.

Signé : Jeanne-Julienne COURTOIS, René CHAILLEU,
Clément DELANOË.

PROCÈS-VERBAL DE L'ARRESTATION DE M. CLÉMENT,
le 13 germinal an II (2 avril 1794).

Soussigné Le Grand, gardien en la prison près les Portes Marat de Rennes, certifie qu'environ les sept heures du soir, étant à la poursuite du nommé Paul Laurent, évadé des galères de Brest, et celui-ci s'étant jetté dans la rivière, je m'en revenais lorsque, vers l'ancien petit Séminaire, j'ai aperçu un particulier vêtu d'une Roquelaure grise, duquel m'étant approché et lui ayant demandé son nom, sa qualité et s'il était muny de passeport : il m'a répondu se nommer *René Clément*, cy-devant prêtre et vicaire de Brielles, mais qu'il n'avait pas de passeport.

Lui ayant demandé ensuite où il portait ses pas à l'heure qu'il était et d'où il venait, il s'est contenté de me répondre qu'il allait chez lui, sans autre éclaircissement ; pour quoi je l'ai sommé, au nom de la République, de me suivre jusqu'au grand corps de garde, où étant, d'après les ordres verbales du citoyen accusateur militaire, je l'ai conduit à la dite prison, où l'ayant fouillé, je lui ai trouvé une montre d'argent à chaîne d'acier et une petite boîte en forme de tabatière contenant. entre autres choses, un cœur entouré d'une couronne et surmonté d'une croix, lesquels effets j'ai déposés au greffe du Tribunal criminel du département d'Ille-et-Vilaine.

De tout quoi, etc. Signé : LE GRAND.

ORDRE D'ÉCROU DE M. CLÉMENT A LA PORTE SAINT-MICHEL.

« Gardien de cette maison de justice, vous êtes par moi soussigné, Vigneul, caporal de garde, en vertu des ordres du citoyen Defiennes, accusateur militaire à Rennes, chargé de la personne de René Clément, cy-devant vicaire à Brielles, arrêté par le citoyen Legrand. »

A Rennes, le 13 germinal an II (2 avril 1794).

En marge, on lit : « Exécuté le 16 germinal an II, par jugement du Tribunal criminel. »

INTERROGATOIRE DE M. CLÉMENT DEVANT LE TRIBUNAL CRIMINEL D'ILLE-ET-VILAINE, *le 16 germinal an II* (5 avril 1794).

Interrogé de son nom, etc. ? — Répond se nommer René Clément, âgé de 38 ans, prêtre, cy-devant vicaire de Brielles, district de La Guerche, demeurant, avant son arrestation à Rennes, tantôt dans une maison, tantôt dans une autre, sans vouloir dire ni les rues, ni nommer les personnes où il logeait, crainte de les compromettre.

Interrogé quels sont les motifs de sa détention ? — Répond qu'il en ignore les motifs, si ce n'est qu'il n'avait point de passeport ou autres papiers.

Interrogé s'il n'a pas eu connaissance de la Loi des 29 et 30 vendémiaire, et pourquoi il ne s'est pas conformé à l'article quatorze de cette loi dans le délai prescrit ? — Répond qu'il en a eu connaissance par avoir lu ce manuscrit, mais qu'il n'a pu le lire que rapidement et qu'il ignore si la copie en était exacte.

Interrogé quel pouvait être le motif de sa résidence à Rennes, quelles personnes il fréquentait, et s'il ne fanatisait pas le peuple de cette commune ? — Répond que, n'ayant pas voulu être à charge aux personnes qui lui avaient proposé de lui procurer les moyens de s'expatrier, il restait à Rennes sans aucun mauvais dessein ; qu'il ne veut pas nommer les personnes qu'il fréquentait, parce que la loi prononce des punitions contre elles, *qu'il n'a fanatisé personne* et s'est contenté *d'exhorter à la patience* ceux qu'il a approchés et ajoute au surplus que, s'il ne s'est pas fait déporter, la difficulté d'apprendre une langue nouvelle en a été la cause, également que sa mauvaise santé.

Représenté à l'interrogé une montre à boîte d'argent et une boîte de corne renfermant *un reliquaire* dont le fond est un cœur enflammé surmonté d'une croix, lui demande s'il connait ces effets pour lui appartenir et quel usage il faisait du reliquaire ? — Répond qu'il les connait, qu'ils lui appartiennent, qu'il portait le reliquaire sur lui et n'en faisait aucun usage. Telles sont, etc.

Signé : CLÉMENT, prêtre,
LE SAULNIER, juge, et R. PIGEON, greffier.

Jugement du Tribunal criminel du Département d'I.-et-Vil. qui condamne René Clément, prêtre, ex-vicaire a Brielles, a la peine de mort, *comme convaincu d'avoir été sujet à la déportation et d'être resté caché en France, rendu le 16 germinal an II* (5 avril 1794).

Le Tribunal criminel du département d'Ille-et-Vilaine a rendu le jugement suivant :

Entre l'accusateur public, demandeur pour cause d'infractions aux lois par un prêtre fonctionnaire public *insermenté* et sciemment *réfractaire* à celle des 29 et 30 vendémiaire, et René Clément, prêtre, ex-vicaire de la ci-devant paroisse de Brielles, détenu à la maison de justice près ce tribunal.

Vu en la salle d'audience..... la procédure instruite contre l'accusé sus-dénommé ; —— Ouï le rapport de Le Saulnier, juge en ce tribunal, et le citoyen accusateur public en ses conclusions motivées à l'audience,

Le Tribunal..... vu ce qui résulte du procès-verbal de capture de René Clément et des interrogatoires subis ce jour devant le juge rapporteur, a mis dans la forme le dit René Clément « hors la loi » et, passant au jugement du fond, l'a déclaré atteint et convaincu *d'avoir été sujet à la déportation* et *d'être resté caché* en France, en contravention à la Loi des 29 et 30 vendémiaire an II, de laquelle, de son aveu, il avait connaissance. Pour réparation de quoi et *intérêt républicain*, a condamné le dit René Clément à la peine de mort, conformément aux articles V, X, XIV et XV de la Loi des 29 et 30 vendémiaire ainsi conçus (Cf. p. 13-15) (1).

Ordonne en conséquence le Tribunal que le dit René Clément sera dans les 24 heures livré au vengeur du Peuple et mis à mort..... Ordonne en outre la confiscation des biens et « *que la boîte de corne renfermant un cœur enflammé surmonté d'une croix sera, au moment de l'exécution du dit Clément, brûlée* par le vengeur du Peuple au pied de l'échafaud comme signe de contre-Révolution », et qu'il sera payé 100 l. au citoyen Legrand, s'il le requiert, pour avoir arrêté le dit Clément.....

Fait à Rennes, en l'audience du Tribunal, etc.

Ainsi signé : Bouaissier, président ; Le Saulnier, Demeaux et Huhay, juges.

---

(1) Le 19 thermidor an III, la mère de l'abbé Clément et ses deux sœurs, Angélique et Perrine, faisaient des démarches afin d'obtenir la mainlevée du séquestre sur sa terre de la Robergerie qui avait été confisquée en vertu de la condamnation ci-dessus reproduite. (Cf. Arch. nat., D, III, 108, communication de D. Auger, O. S. B.).

Anne-Guillaume HERBERT DES LONGRAIS

Né·à Saint-Jean-de-Rennes, le 2 juin 1742, précepteur à Louvigné-de-Bais, arrêté à Rennes, le 10 mars 1794 et exécuté dans cette ville, le 1ᵉʳ avril suivant.

(Dossier n° 198 des actes du tribunal criminel d'Ille-et-Vilaine, série B, Parlement, aux archives d'Ille-et-Vilaine.)

Vers le milieu du XVIIIe siècle, écrit Guillotin de Corson, reproduisant une note de l'abbé Paris-Jallobert, Pierre Herbert, sieur des Longrais, d'une famille originaire de Tremblay, exerçait à Rennes les fonctions de procureur au Siège présidial de cette ville. Il avait épousé Yvonne Morel dont il eut plusieurs enfants, notamment Anne-Guillaume auquel nous consacrons cette notice. M. des Longrais mourut avant sa femme, qui se remaria avec Joseph-Jean d'Aubert de Langron. »

Anne-Guillaume Herbert, né le 2 juin 1742, dans la paroisse de Saint-Jean de Rennes, prit comme son père le surnom des Longrais.

Nous le trouvons ordonné sous-diacre, le 6 avril 1776, et diacre, le 20 septembre suivant. L'évêque de Rennes l'éleva au sacerdoce, le *20 septembre 1777*, sans l'attacher à aucune paroisse, ce qui permit à ce ministre des autels de se vouer à l'éducation de la jeunesse vers laquelle il se sentait porté.

« La tradition, continue Guillotin de Corson, veut que M. Herbert ait été chapelain et précepteur au château de Fouesnel, en la paroisse de Louvigné-de-Bais, chez M. de Rosnyvinen, fils du marquis de Piré. Il est toutefois certain qu'au moment de la Révolution la chapellenie de Fouesnel n'était pas entre les mains de l'abbé Herbert ; Pierre Bouthemy en était alors titulaire depuis 1781 (1). Quant au préceptorat qu'on attribue à M. Herbert, rien ne s'oppose à ce qu'il ait été chargé

---

(1) A cette époque le titulaire d'une chapellenie n'en était pas nécessairement le desservant. Tous les actes cités plus loin qualifient M. Herbert de chapelain de la chapelle de Louvigné du Fouesnel et lui-même prend ce titre.

pendant quelque temps de l'instruction de l'enfant que M. de Fouesnel, Pierre-Marie de Rosnyvinen, seigneur de Fouesnel, le Plessix-Raffray, Neuville, la Valette, etc., eut, en 1778, de son union avec Hélène Eon du Vieux-Châtel. Ce fils, Hippolyte-Guillaume de Rosnyvinen, devint plus tard marquis de Piré et l'un des généraux distingués du premier Empire. (*La maison de Poix et la seigneurie du Fouesnel*, par F. Saulnier.)

» L'abbé Herbert put d'autant plus facilement donner des leçons à cet enfant, qu'il se trouvait à cette époque chargé de l'école de Louvigné-de-Bais. Il existait, en effet, dans cette paroisse une fondation faite pour procurer l'instruction aux jeunes garçons et particulièrement aux enfants pauvres. En 1790, une *déclaration* faite à la Municipalité prouve que le général de la paroisse nommait ce maître d'école qui était alors M. Herbert des Longrais, et que celui-ci jouissait à Louvigné « des maisons d'école et d'un revenu de 200 livres, à la charge de dire douze messes par an et d'enseigner les garçons suivant le règlement prescrit par le général. »

« La Révolution vint bouleverser la paisible existence des habitants de Fouesnel et de Louvigné : la famille de Rosnyvinen émigra à l'étranger et ses biens furent confisqués et vendus nationalement. Quant à l'école des garçons, elle fut considérée comme étant une école municipale et l'on voulut obliger l'instituteur, M. Herbert, à prêter, en qualité de *fonctionnaire public, le serment à la Constitution civile du Clergé ;* ce que le digne prêtre refusa énergiquement.

» Avec l'intelligence qui le distinguait, M. Herbert des Longrais avait compris de bonne heure les tendances schismatiques des partisans du nouvel état de choses. Il consacra dès lors toutes ses facultés à sanctifier les âmes, éclairant les unes et fortifiant les autres. « Caché dans le pays de Louvigné, raconte l'abbé Guihard, il rendait aux fidèles, au péril de sa vie, tous les services du ministère sacerdotal. Des révolutionnaires de *Bais* et de *Moulins* le dénoncèrent au Comité de Louvigné, comme troublant les âmes des bons patriotes et se permettant d'administrer les sacrements en dépit des lois nouvelles. L'apôtre fut saisi et traduit à la barre de la municipalité. Ce fut pour lui une bonne occasion de confesser solennellement la foi catholique et de repousser avec indignation le serment schismatique. Son éloquence fut telle que les révolutionnaires n'osèrent pas mettre la main sur sa personne et se contentèrent de le dénoncer au Directoire du district (1). »

Ces poursuites décidèrent sans doute l'abbé Herbert à quitter le pays de Louvigné pour se fixer à Rennes où, le 28 avril 1792, on signale sa présence, rue Reverdiais, chez sa mère. On le qualifie à cette occasion de « non-fonctionnaire public, ci-devant chapelain du Fouesnel

---

(1) M. l'abbé A. Leray dit, beaucoup plus explicitement, que M. Herbert, loin de suivre l'exemple du recteur de Louvigné, fut décrété d'ajournement le 16 février 1791 pour avoir, le 14, « annoncé publiquement à la post-communion de la messe paroissiale un prétendu bref du pape improbatif de la Constitution civile ». Il dut s'éloigner de Louvigné à la suite de cet événement et se réfugia à Vitré, puis au Tremblay, chez son frère, fougueux révolutionnaire, et enfin à Rennes, chez sa mère.

en Louvigné ». Le mois de juillet suivant, nous trouvons cet ecclésiastique pétitionnant, vainement du reste, contre l'arrêté pris le 30 juin précédent par la municipalité rennaise et dont nous avons publié le texte page 5 de cet ouvrage. On constate encore, le 9 août de cette année, la présence de ce prêtre dans la capitale de la Bretagne, puis son nom disparaît des documents officiels. Dès lors, commence pour lui l'existence pleine de périls d'un ecclésiastique proscrit (Cf. 9, 11, 12).

Nous ne pouvons douter qu'il ne fît *beaucoup de ministère* caché durant les deux années qui s'écoulèrent entre cette époque et son arrestation. De nombreux actes de baptêmes et de mariages, célébrés par lui clandestinement et annexés à son dossier conservé aux Archives d'Ille-et-Vilaine, en sont la preuve. Avec eux figure un *ordo* romain imprimé à Fougères pour l'année 1793 : preuve péremptoire qu'aussi longtemps qu'il le put, l'abbé Herbert se conforma, en dépit des difficultés, au grand devoir de la prière publique.

Le 10 mars 1794, M. des Longrais se trouvait depuis quelques jours à peine dans une chambre ignorée sous le porche de la Reverdiais, rue d'Antrain, chez un tailleur nommé Queslavoine, quand un stupide dénonciateur, alléché par la prime de 100 livres attribuée à celui qui livrerait un prêtre réfractaire, le dénonça au Comité révolutionnaire de Rennes, pourvoyeur attitré de la guillotine à cette époque. Arrêté dans la soirée du jour précité, M. des Longrais fut aussitôt incarcéré à la Tour Le Bat et, le surlendemain, les membres du Comité qui l'avaient fait emprisonner l'interrogèrent. Ses réponses, empreintes à la fois de prudence et d'une grandeur d'âme peu communes, remplissent d'admiration et sont dignes des martyrs des premiers siècles. On présenta à M. Herbert, dans la circonstance, plusieurs objets de piété dont il était détenteur et qui avaient été saisis sur sa personne lors de son arrestation ; alors se passa une scène que ne relate pas le procès-verbal officiel, mais que Guillotin de Corson raconte d'après des récits du temps : « Au nombre des objets présentés comme pièces à conviction, se trouvait une boîte d'argent remplie d'hosties consacrées. A cette vue, M. Herbert pâlit soudainement, se jeta à genoux et supplia les révolutionnaires présents de bien vouloir lui rendre ce précieux dépôt. Mais ses instances demeurèrent inutiles et il eut l'inconcevable douleur de voir profaner indignement en sa présence la très sainte Eucharistie. » Ces profanations, nous le verrons tout à l'heure, devaient être poussées bien davantage encore.

Ce fut le 31 mars 1794 que le Tribunal criminel d'Ille-et-Vilaine condamna à la peine capitale Anne-Guillaume Herbert, comme prêtre réfractaire s'obstinant à exercer les fonctions du ministère sacerdotal ; les biens du condamné furent déclarés confisqués au profit de la République (1).

A la lecture de cette sentence, la joie la plus vive se peignit sur le visage du martyr. « Ses compagnons de détention, en le voyant rentrer au milieu d'eux sous cette impression, crurent tout d'abord qu'il était

---

(1) Actes du tribunal criminel d'Ille-et-Vilaine, dossier 198.

acquitté et se mirent à le féliciter. » — « Oui, félicitez-moi, répondit l'abbé Herbert, demain je quitterai ce monde pour un monde meilleur. En attendant, je suis à la disposition des âmes qui désirent profiter une dernière fois de mon ministère. »

« La nuit entière fut consacrée à entendre des confessions et le condamné donnait sa dernière absolution quand les exécuteurs vinrent le prendre pour le conduire au supplice. En y marchant, il chantait des hymnes et des cantiques et la foule pleurait autour de lui. Il gravit les degrés de l'échafaud en regardant le ciel. Sa tête tomba et son âme s'envola dans le sein de Dieu. Ses reliques, ravies à notre vénération, furent jetées dans la fosse commune et recouvertes de chaux vive, mais au dernier jour elles ressusciteront glorieuses (1). » L'abbé Carron, dans ses *Confesseurs de la Foi*, op. cit., ne sait s'il faut ajouter foi au fait que les HOSTIES SAISIES AVEC M. DES LONGRAIS FURENT BRÛLÉES près de lui au pied de l'échafaud. Tout horrible que soit cet acte, qui nous dépeint sous son vrai jour la mentalité des Jacobins, on ne peut le mettre en doute. Le texte du jugement de l'abbé des Longrais est formel et l'huissier qui fut chargé de constater cette opération sacrilège nous en a laissé un procès-verbal, que nous reproduisons plus loin.

BIBLIOGRAPHIE. — Abbé Carron, *Les Confesseurs de la Foi de l'Eglise gallicane*, op. cit., t. II, p. 207-209. — Guillon, *Les Martyrs de la Foi*, etc., op. cit., t. III, p. 290. Cet auteur, à tort, situe à Vitré l'arrestation de M. Herbert des Longrais. — Guillotin de Corson, *Les Confesseurs de la Foi*, etc., op. cit., p. 17-19. — Tresvaux du Fraval, *Hist. de la Persécution*, etc., op. cit., t. I, p. 523, qui reproduit la notice de M. Carron et la confusion que celui-ci établit.

Pièces officielles.

ACTE DE BAPTÊME DE L'ABBÉ HERBERT DES LONGRAIS.

(Extrait des registres d'état civil de Rennes pour l'an 1742, paroisse Saint-Jean, conservé aux archives d'Ille-et-Vilaine.)

Anne-Guillaume, fils de M⁰ Pierre Herbert, sʳ des Longrais, procureur au Parlement, et de Yvonne Morel, son épouse, né d'hier, a été baptisé ce jour, 3ᵉ juin 1742, par moy soussigné, curé de cette paroisse (Saint-Jean de Rennes), et tenu sur les saints fonts de baptême par M. Anne Bertin, premier substitut de M. le Procureur général au Parlement, et demoiselle Guillemette Robert, son ayeule maternelle.

Signé : Jeanne COTANTIER.

HERBERT.   A. BERTIN.   BEAUDOUIN, curé

---

(1) Ms. de l'abbé Guihard.

Procès-verbal de l'arrestation de l'abbé Herbert,
le 10 mars 1794.

Ce jour, vingt ventôse l'an II de la République, nous, commissaires Rolland Blouët, Nouyer et Jary, adjoint, aux environs les 9 heures du soir, avons été requérir le citoyen Maudet, notable, et lui déclarer de nous assister pour faire une dessente ruë Malouine, à l'effet de faire perquissition chez le s^r Quelavoine, et deffet nous, Commissaires, avons frapé à la porte de la ditte demeure du susdit dessus. La femme de Quelavoine nous a ouvert et, en même tems, nous appercevant, elle s'est mis à s'enfuir dans le fond de sa ditte maison ; mais nous, Commissaires, aussi vigilants que actifs, nous avons poursuivi laditte femme, en lui disant de quoi pouvoit-elle avoir peur, et que nous n'étions point entré chez elle pour, la voler, ny fraper. Ensuitte, nous l'avons sommée de nous allumer de la chandelle, pour à l'effet de vérifier s'il ny avait point de marchandises d'accaparements et si elle avait fait sa déclaration à la commune de Rennes. Ce fait fut constaté par un double de sa déclaration qu'elle nous présenta. Sommé la ditte Quelavoine et son mary de nous déclarer et de nous montrer tous et tels appartemens qu'ils avoient en leur possession, nous avons éntrés dans un derrière de laditte boutique des dénomés cy dessus. Là, où nous avons trouvé deux particuliers étant à table sans chandelle allumée, qui étoient à souper ensemble. Nous leur avons demandé ce qu'ils étoient. L'un nous a réponduë qu'il s'apelait Piot, cy-devant juge de la Mezièrre, et l'autre Herbert, connuë sous le nom de *l'Angrou*. Interpellé ledit Herbert ce qu'il faisoit et quelle état il étoit ? — Répond qu'il étoit prêtre et qu'il demeuroit depuis trois jours chez ledit Quelavoine. — Interpellé ledit Herbert s'il n'étoit point du nombre de ceux que la Loi a proscrit ? — Répond qu'il avoit géré en cette qualité de prêtre et qu'il n'avoit point presté le serment réquis, et qu'en conséquence qu'il vicariait d'un côté et de l'autre. — Vuë toutes ces considérations, nous les avons conduits tous les trois au Commité Révolutionnaire, et nous avons déposé tous les ustensils de prêtrise audit Commité pour servir à ce que de raison verra bon être. Fait et rapporté les jours et an que devant.

Signé : Rolland Blouet, commissaire.

Nouyé.   Jari,   Maudet, notable.

Ordre d'écrou de M. Herbert a la Tour Le Bat (1).

« Gardien, tu es par moi soussigné chargé du citoyen Herbert, ex-prêtre réfractaire, non soumis aux lois, dont tu feras bonne et sûre garde jusqu'à nouvel ordre. Rennes, ce 20 ventôse, l'an II de la R. F. »

Signé : Gourvel, membre du Comité.

---

(1) La Tour le Bat, appelée Tour la Montagne sous la Terreur, était une ancienne tour des fortifications de Rennes, située près la rue Saint-François, actuellement rue Hoche. Son entrée était au n° 14 de la rue Hoche actuelle. Durant la Révolution, on y entassa les détenus en surnombre, aussi de terribles épidémies y décimèrent-ils bientôt les prisonniers.

En marge, est écrit : « Déchargé à la requête de l'accusateur public, ce 10 germinal an II. Signé : *Pointel*.

» Condamné à mort le 11 germinal. »

INTERROGATOIRE DE M. HERBERT DES LONGRAIS PAR LE COMITÉ RÉVOLUTIONNAIRE DE RENNES, *le 12 mars 1794.*

Le vingt-un ventôse, l'an deux de la République française, une et indivisible, nous, soussigné, membre du Comité révolutionnaire établi à Rennes, ayant avec nous pour adjoint le citoyen Charles-Jacques Carmois, nous sommes, en vertu d'arrêté de ce jour dudit Comité, transporté à la maison d'arrêt de la Montagne, pour y interroger un citoyen auquel nous avons demandé son nom, surnom, âge, qualité avant la Révolution, celles qu'il a depuis et son domicile ? — Répond se nommer Anne-Guillaume Herbert, âgé de 52 ans, prêtre insermenté et non fonctionnaire public, chapelain de la chapelle de Louvigné de Fouesnel, district de Vitré.

Demandé à l'interrogé s'il connaît les motifs de son arrestation ? — Répond que non.

Demandé à l'interrogé chés qui il était logé à l'époque de son arrestation, et combien de tems il a demeuré chés cet individu ? — Répond être logé chés le citoyen Quelavoine, demeurant rue du Port-Malo, depuis trois jours.

Demandé à l'interrogé depuis que les prêtres ont dû prester le serment prescrit par la Loi, où il a été et comment il a pu se procurer les alimens nécessaires à sa vie ? — Répond être allé dans différens endroits et n'avoir autre chose à répondre.

Sommé, au nom de la Loi, de nous désigner le nom et le domicile des personnes chés lesquelles il se réfugiait depuis que la déportation des prêtres insermentés a eu lieu ? — Répond n'être point délateur et ne vouloir pas nous dire les noms ni domicile des individus chés lesquels il s'est retiré.

Demandé à l'interrogé le nom du particulier qui soupait hier au soir avec lui chés Quelavoine ? — Répond ne pas le connaître et avoir entendu dire qu'il descendait ordinairement chés Quelavoine.

Demandé à l'interrogé s'il a déclaré à Quelavoine qu'il était prêtre lorsqu'il entra chés ledit Quelavoine ? — Répond ne l'avoir déclaré que lors de son arrestation, mais avoir néanmoins donné connaissance audit Quelavoine qu'il était prêtre lors de son entrée chés lui.

Demandé par quelle personne il a été insinué chés Quelavoine ? — Répond n'avoir rien à répondre et n'être point délateur.

Demandé à l'interrogé chés qui il faisait ses fonctions de prêtre, telle que confession, baptême, etc. ? — Répond en avoir fait quelquefois les fonctions et persiste à dire qu'il n'a rien à répondre à ce sujet.

Demandé à l'interrogé chés qui il a dit sa dernière messe ? — Répond n'avoir rien à répondre.

Demandé à l'interrogé s'il connaît pour lui appartenir quatre petites boîtes en étain où sont contenues des *huiles*, quatre livres intitulés *Breviarum romanum, officia propria Sanctorum*, dans lequel est inclu une brochure ayant pour titre *Testamen de Louis Seize* et autres papiers et images, *Histoire des Variations de l'Eglise*, un Diurnal, deux burrettes de cristal et deux bougies, six reliquaires, une Vierge en ivoire, un rosaire et deux chapelets, douze petits cossins dans lesquels sont renfermés des Vierges, une médaille en argent, UNE BOITE REMPLIE D'HOSTIES, LESQUELLES NOUS A DÉCLARÉ ÊTRE SACRÉES, trois pains à chant, une petite cloche, une bourse, une écritoire, un cornet, deux petits crucifix, deux petits habits de Vierge, un *Horatius*, signé par Arot et Lanjuinais, expéditionnaires en Cour de Rome, une petite cassette dans laquelle est renfermé un chapelet coco avec plusieurs médailles, trois *ordos* avec un almanach républicain, deux couteaux dont un entre les mains du concierge, une montre en or entre les mêmes mains avec 47 sous marqués, deux paires de ciseaux. Sommé de nous dire s'il connaît tous ces effets lui appartenir ? — Répond oui.

Demandé à l'interrogé dans quel endroit il a consacré ces hosties ? — Répond n'avoir rien à répondre.

Demandé par quel moyen il s'est procuré tous ces pains à chant et le nom de ceux qui les lui ont vendus ? — Répond n'avoir rien à répondre.

Demandé à l'interrogé s'il a encore des effets chés Quelavoine ou chés quelques autres personnes ? — Répond n'en avoir point chés Quelavoine, et quant à l'autre objet n'avoir rien à répondre, mais néanmoins avoir quelques effets à son usage chés quelques personnes, ne vouloir les désigner ni les nommer.

Demandé à l'interrogé où il s'est procuré tous ces reliquaires, médailles, chapelets, boittes à huiles qu'il vient de déclarer reconnaître ? — Répond n'avoir rien à répondre.

Demandé à l'interrogé dans quel endroit et chés qui il a déposé tous ses ornemens sacerdotaux ? Répond n'avoir rien à répondre.

Sommé l'interrogé, au nom de la Loi, des sentimens, de la vérité qu'il nous déguise, de répondre positivement et catégoriquement à tous nos interrogats ? — Répond persister dans toutes ses réponses.

Demandé à l'interrogé le nom, la profession des personnes qu'il connaît à Rennes ou tous ailleurs où il a habité ?— Répond négativement.

Demandé à l'interrogé s'il connaît les huit ex-religieuses qui furent emprisonnées hier ? — Répond que non, et ne pas savoir leurs noms, ni même vouloir les connaître.

Telles sont ses interrogatoires, desquels lecture lui faite, a dit que ses réponses sont véritables, n'y vouloir rien changer, augmenter ni diminuer et y persister, et a déclaré ne vouloir signer avec nous, quoique de ce sommé.

Interlignes : lesquelles, en avoir quelquefois fait les fonctions et persiste à dire avoir quelques effets à son usage. Vingt mots rayés nuls. Autre interligne : ses réponses. Approuvée.

Signé : Gourvet, commissaire ;   Carmois, adjoint.

(L'interrogatoire devant le Tribunal criminel fait défaut dans le dossier de M. Herbert.)

Jugement rendu le 31 mars 1794 par le Tribunal criminel du département d'Ille-et-Vilaine qui condamne Anne-Guillaume Herbert, prêtre de la commune de Louvigné-Fouesnel, district de Vitré, a la peine de mort.

(Extrait des registres de Saint-Jean de Rennes, pour l'année 1742, conservé aux archives d'Ille-et-Vilaine.)

Audience du onze germinal, an second de la République Française une et indivisible, tenue par le Tribunal complet ; présent le citoyen Accusateur public.

Au nom du Peuple Français ; le Tribunal criminel du département d'Ille-et-Vilaine a rendu le jugement suivant :

Entre le citoyen Accusateur public, demandeur pour cause d'infraction aux Lois, par un *prêtre réfractaire et recelé du même prêtre ;*

Et Anne-Guillaume Herbert, *prêtre insermenté*, et Jean-Baptiste Quélavoine, tailleur, les deux détenus à la maison de Justice près le Tribunal, défendeur et accusés.

Vu, en la salle d'audience, publiquement et les portes ouvertes, la procédure instruite contre les accusés sus-dénommés, et tout mûrement considéré.

Ouï le rapport du citoyen Huhay, juge en ce Tribunal, et le citoyen Accusateur public en ses conclusions, motivé le tout à l'audience ;

Le Tribunal, faisant droit sur le tout, après avoir opiné à haute voix, a déclaré Anne-Guillaume Herbert, *prêtre insermenté*, hors la Loi dans la forme ; et, passant au jugement du fond, a déclaré ledit Herbert duement atteint et convaincu d'avoir été *sujet à la déportation (comme insermenté)* et *d'être resté caché sur le territoire de la République.* Pour réparation de quoi et *intérêt républicain,* a condamné ledit Anne-Guillaume Herbert à la peine de mort, conformément aux articles V, X et XIV de la Loi des 29 et 30 du premier mois de cette année, desquels articles a été donné lecture et sont ainsi conçus (Cf. p. 13-15).

Ordonne en conséquence le Tribunal que ledit Anne-Guillaume Herbert sera dans les vingt-quatre heures livré au vengeur du Peuple, et mis à mort. A déclaré ses biens meubles et immeubles, si aucuns sont, acquis et confisqués au profit de la République, conformément à l'article XIV de la Loi précitée, duquel article a été donné lecture et est ainsi conçu (Cf. p. 15).

Ordonne en outre que les *hochets du fanatisme* saisis sur ledit Herbert, lors de son arrestation, *seront,* au moment de son exécution,

5

lacérés et brûlés par le Vengeur du Peuple ou l'un de ses aides, dont sera rapporté procès-verbal par le greffier du Tribunal ou l'un de ses commis assermentés, qui, à cet effet, se trouvera présent à ladite exécution.

A l'égard de Jean-Baptiste Quélavoine, le Tribunal, considérant qu'il n'est aucunement appris au procès qu'il ait connu Herbert pour ecclésiastique, pendant les trois jours qu'il l'a logé, ou qu'il ait sû cacher un prêtre réfractaire, circonstance qui pourroit seule établir l'intention et le délit du récélé ; considérant que le défaut de déclaration à la Municipalité ou au Comité de surveillance, dans le délai fixé, est une contravention dont l'article Ier du décret du 6 février 1793 détermine la peine..... condamne ledit Quélavoine à trois mois d'emprisonnement.

.....Fait à Rennes, en l'audience du Tribunal, où étoient présents les citoyens Le Saulnier, Demeaux et Huhay, juges, qui, avec le citoyen Président, ont signé le présent jugement.

Ainsi signé sur le registre : BOUAISSIER, président ;
LE SAULNIER, DEMEAUX et HUHAY, juges.

Il est rappelé que « Huissiers et officiers de la force publique prêteront main-forte..... »

Signé sur l'expédition : BOUAISSIER, président ;
F.-R. PIGEON, Ier commis juré.

PROCÈS-VERBAL DE L'AUTO-DA-FÉ QUI ACCOMPAGNA L'EXÉCUTION DU PRÊTRE HERBERT.

Le 12 germinal, an II de la R. F. une, indivisible et impérissable, avant midi, soussigné premier commis-juré au Greffe du Tribunal criminel du département d'Ille-et-Vilaine, me suis transporté sur la Place d'Armes de cette commune de Rennes, où, en ma présence, le jugement ci-dessus a été exécuté en la personne d'Anne-Guillaume Herbert, prêtre, et les *hochets du fanatisme* saisis sur ce dernier, lacérés et brûlés au moment de son exécution, conformément audit jugement.

Signé : F.-R. PIGEON, Ier commis-juré.

ACTE DE DÉCÈS DE M. HERBERT, *le 1er avril 1794.*

Ce 12 germinal, an II de la R. F. U. et I., environ les 4 heures du soir, par moi, officier public soussigné, a été reçue la déclaration par écrit de Le Grand, concierge des prisons de la Porte-Marat, du décès d'Anne-Guillaume Herbert, prêtre réfractaire, mort ce jour sur la Place d'Armes en cette ville.

Signé : JAMET, l'aîné, officier de l'Etat Civil.

Charles SAINT-PEZ

**Né à Roz-Landrieux, le 19 juin 1749, recteur d'Aucaleuc, saisi à Carfantain,
le 24 avril 1794. Guillotiné à Saint-Malo, le 14 mai suivant.**

(Archives d'Ille-et-Vilaine, actes de la Commission O'Buen, dossier 39.)

Voici l'acte de baptême du saint confesseur de la Foi dont nous allons
publier les actes :

CHARLES, fils de Jacques Saint-Pez, sieur de Langle, et de Françoise
Péan, son épouse, étant né le 19 juin 1749, fut baptisé le
lendemain en l'église de Roz-Landrieux ; il eut pour parrain
Charles David, et pour marraine Françoise Plainfossé, présens, qui
signent. »

Signé : MICHEL, recteur de Roz ; Charles DAVY (sic),
Françoise PLAINFOSSÉ.

Le jeune Saint-Pez fit ses études au collège de Dol, où, nous dit
l'abbé *Carron*, il ne cessa d'être un modèle d'édification pour tous ses
condisciples. Ordonné sous-diacre en 1773, il fut fait diacre le 19 mars
1774 et prêtre le 1ᵉʳ avril 1775 par Mgr des Laurents, évêque de Saint-
Malo (1) ; mais appartenant par sa naissance au diocèse de Dol, il fut
d'abord chargé de la chapellenie de Saint-Julien de Lang, en Miniac-
Morvan (2). Dans la suite, on le nomma, au commencement de 1788,
curé d'office de Lillemer, puis du Vivier. En août de la même année,
il devint curé d'office de Sainte-Urielle, petite paroisse aujourd'hui supprimée et réunie à Trédias. Il occupa ce poste jusqu'en novembre 1789 (3).
Partout, écrit M. *Tresvaux*, il s'acquit l'estime et l'affection de ses
paroissiens ainsi que celles de son évêque, Mgr Hercé, par sa piété et

---

(1) GUILLOTIN DE CORSON : « *Les Confesseurs de la Foi* dans le territoire de l'archidiocèse de Rennes », *op. cit.*

(2) M. CARRON, *op. cit.*

(3) *Notices historiques*, par M. l'abbé LESAGE, recteur de Saint-Thélo, Prud'homme, Saint-
Brieuc, 1890,

son zèle dans les retraites et les missions : genre de ministère auquel il se livra avec succès, parfois même sous les yeux du premier pasteur du diocèse qui ne regardait pas ce travail comme au-dessous de sa dignité.

Aussi, la cure de Saint-Coulomb étant devenue vacante au commencement de 1789, par la mort du recteur Gilles Bourdé, Mgr de Hercé proposa-t-il ce bénéfice assez important à l'abbé Saint-Pez ; mais l'humble prêtre supplia le prélat de le laisser au contraire dans « le fond des terres, bien loin des villes ». On lui donna satisfaction en le nommant, le 29 octobre 1789, recteur d'Aucaleuc, petite paroisse située à quelques lieues de Dinan. « Il ne tarda pas à y conquérir l'estime, non seulement de ses enfants spirituels, mais encore des fidèles de tous les lieux voisins. Il fit naître au milieu de son troupeau le goût des choses saintes et une piété fervente », écrit l'abbé *Carron*. « Il établit la dévotion si touchante au Sacré-Cœur de Jésus, rendit la jeunesse édifiante, les ménages unis et vertueux. Durant son court séjour à Aucaleuc, tout son peuple se renouvela. Rempli de l'esprit du Seigneur, il le répandait autour de lui, et ses auditeurs ne sortaient de ses instructions que profondément attendris. »

Il va sans dire que le recteur d'Aucaleuc refusa constamment de prêter le serment schismatique que la nouvelle Constitution prétendait imposer au Clergé de France. Il ne se résigna cependant à s'éloigner de sa paroisse que le plus tard possible. Il percevait encore son traitement de recteur en avril 1792. Du reste, il déclara lui-même dans un de ses interrogatoires qu'il n'abandonna Aucaleuc qu'au mois de septembre 1792, époque à laquelle la loi du 26 août précédent l'obligea à s'exiler. D'après l'abbé *Carron*, il se retira alors durant quelques jours à Roz-Landrieux, auprès de sa mère malade ; mais on ne l'y laissa pas séjourner et il dut s'embarquer pour Jersey où il arriva vers la fin de septembre.

A peine eut-il passé un mois sur cette terre étrangère, que l'amour du sol natal et surtout le désir d'être utile aux âmes qu'il savait en France exposées à tant de dangers, bouleversèrent tout son être. Il alla donc trouver son évêque, Mgr de Hercé, réfugié comme lui à Jersey, et lui demanda la permission de rentrer en Bretagne. « Mon cher Saint-Pez, lui répondit le prélat, en retournant dans ta patrie, sais-tu bien que tu voles à la mort ? » — « C'est très probable, Monseigneur, répondit le saint prêtre, mais qu'importe ; mon troupeau a besoin de moi, je dois me sacrifier pour lui. » Devant de tels arguments, l'évêque céda. M. Saint-Pez s'embarqua donc sur un bateau français avec deux autres prêtres, dont l'un était l'abbé Joseph Morel, de Carfantain, qui périt lui aussi victime de son zèle (1) ; ils débarquèrent sur la côte, non loin de Saint-Coulomb.

Alors pour lui commença une vie errante et apostolique. Il séjourna, dit-il lui-même, dans diverses maisons de Saint-Coulomb et du Marais de Dol. Il s'en fut même à Dinan. Il parut aussi à Pleudihen, à Miniac, à Baguer-Morvan et à Carfantain, prodiguant partout les consolations

____

(1) Cf. G. DE CORSON, *Les Confesseurs de la Foi*, op. cit., p. 98-99.

de la religion aux nombreux fidèles qui étaient demeurés attachés aux bons principes. Ce fut au cours de cette vie pleine de périls qu'il fit la rencontre d'un jeune homme qu'il décida à le suivre. Celui-ci nous a gardé de ses relations avec M. Saint-Pez l'intéressant récit qu'on va lire, et que M. *Carron* dit avoir recueilli de la bouche même du narrateur :

« Ce fut dans une maison du bourg de Baguer-Morvan, où je restai six jours caché, fuyant la réquisition (1), que je me livrai à des réflexions très sérieuses. Je n'étais occupé que des pensées de la mort à laquelle je me voyais exposé nuit et jour. Je me dis à moi-même : « C'en est fait, je veux chercher un prêtre catholique et faire une con- » fession générale. » Je retournai donc au bourg de Roz-Landrieux, chez maman, dont la maison était considérée comme l'asile des prêtres, des nobles et autres royalistes. Je lui parlai de ma résolution.

« L'occasion est pour toi très favorable, me répondit-elle. Il y a ici, » dans la chambre destinée aux prêtres que nous cachons, M. Saint-Pez, » qui est bien digne d'inspirer ta confiance et qui, te connaissant depuis » ta première jeunesse, sera charmé de te voir dans de tels sentiments. » Je ne doute pas qu'il ne te reçoive à bras ouverts. » — Maman m'an- nonça ; il me manda aussitôt, me reçut à bras ouverts et me pria de m'asseoir. Après une longue conversation, il me demanda si je voulais l'accompagner durant la persécution. Je lui répondis que je m'en trou- verais fort honoré et que je le suivrais partout. Il me fit observer que si j'étais pris avec lui, je risquerais fort d'avoir le même sort. — « Qu'im- » porte, Monsieur », lui répartis-je. — Je commençai donc le lendemain soir à l'accompagner ; il n'était pas longtemps dans chaque maison, parce qu'il tenait à voir le plus de monde possible (2). »

Cette mission dura jusqu'au 24 avril 1794. Ce jour-là, M. Saint-Pez et son compagnon, qui s'appelait *Pierre-François Delalande*, revenaient de Dol, se dirigeant vers Baguer-Pican pour administrer un malade, quand ils furent arrêtés, vers les dix heures du soir, dans le cimetière de Carfantain, par des gardes nationaux et des soldats du régiment de Salm-Salm.

D'après la narration de Pierre Delalande, M. Saint-Pez et lui s'en- fuyaient à toutes jambes, lorsque le prêtre entendit pousser un cri et crut son compagnon rejoint et mis à mort. L'émotion le fit alors tomber éva- noui, ce dont profitèrent les poursuivants pour l'arrêter, ainsi que son ami. On les emmena tous les deux à Dol, et, le long de la route, les pri-

----

(1) La réquisition ou plutôt la conscription nouvellement établie par le gouvernement révolutionnaire, était très impopulaire en Bretagne et nombreux furent ceux qui essayèrent de s'y soustraire.

(2) « Je puis assurer, écrit Delalande dans un autre endroit de son récit, que durant les quarante jours que je l'ai accompagné, je ne l'ai point vu boire de vin ni manger un mets recherché. Il couchait tout habillé sur une paillasse après avoir tiré du lit la couverture, et souvent il dormait sur le plancher. Il dormait très peu et priait le reste du temps. En m'éveillant, je l'apercevais à genoux ou prosterné la face contre terre.

» *Signé* Pierre-François DELALANDE,
» témoin oculaire et auriculaire. »

(Extrait des *Confesseurs de la Foi*, par l'abbé CARRON, t. III, p. 27, 28, 29, 30 et 31).

sonniers ne cessèrent d'essuyer les basses injures et les cruelles railleries de la soldatesque.

Le lendemain, dans l'après-midi, M. Saint-Pez fut amené devant l'un des administrateurs du district pour subir son premier interrogatoire. Nous le reproduisons tel qu'il nous a été conservé dans le dossier de M. Saint-Pez. On y retrouve, prises sur le vif, les belles qualités qui distinguaient ce prêtre remarquable.

INTERROGATOIRE DE CHARLES SAINT-PEZ PAR LE DISTRICT DE DOL, *le 25 avril 1794.*

Liberté, Egalité, Fraternité ou la Mort.

« Extrait du procès-verbal et interrogatoïre de Saint-Pez, ex-curé d'Aucaleuc, près Dinan, où est écrit comme suit :

L'an second de la République Française, une et indivisible, le sixième floréal, aux deux heures de relevée, en la chambre du juge de paix du canton de Dol, devant moi Jean Portal, administrateur au Directoire du district de Dol, a été amené par le citoyen Le Monnier, gendarme, le nommé Charles Saint-Pez, cy-devant prêtre français, qui a été arrêté la nuit dernière, dans la commune de Carfantain, pour subir les interrogatoires que je me propose de lui faire, ainsi qu'il suit :

D. — Dis ton nom, surnom, ton âge et ta qualité actuelle ? — Je réponds avoir nom Charles Saint-Pez, âgé d'environ quarante-trois ans, originaire de Roz-Landrieux, de l'arrondissement de ce district.

D. — Es-tu prêtre, ou l'as-tu été et depuis quand ? — *Je réponds être prêtre depuis 1775, et en avoir toujours conservé le caractère.*

D. — As-tu prêté serment au désir de la loi du 29 novembre 1790, ou si tu t'es émigré ? — Je réponds n'avoir point prêté de serment. J'ai été déporté le 19 de septembre 1792, ainsi qu'il est constaté dans les registres du district de Dinan.

D. — Où as-tu été déporté ? — Je réponds à Gersey.

D. — Quelle place professais-tu avant la déportation en qualité de prêtre ? — Je réponds que j'étais curé d'Aucaleuc, sous le district de Dinan.

D. — Depuis quand es-tu de retour en France ? — Je réponds dans le mois de novembre, sur sa fin, même année.

D. — Par quelle voie as-tu repassé en France ? — Je réponds que c'était par un batteau français.

D. — A qui appartenait ce batteau et qui était le capitaine ? — Je réponds que je l'ignore.

D. — Où as-tu été mis à terre à ton retour ? — Je réponds que c'est à Saint-Coulomb.

D. — Où t'es-tu rendu d'abord à la sortie de ce batteau ? — *Je réponds avoir été errant dans différentes maisons de Saint-Coulomb et des Marais aux environs, même à Dinan.*

D. — Chez qui as-tu été refugié à Dinan ? — Je réponds que je ne puis pas le dire et que d'ailleurs j'ignore les maisons et les personnes.

D. — Chez qui as-tu vagué à Saint-Coulomb et dans les Marais, aux environs ? — Je réponds la même chose que pour Dinan.

D. — Depuis quand as-tu quitté ces territoires et où t'es-tu refugié depuis ? — *Je réponds avoir été à Pleudihen, à Miniac, à Plerguer et quelques jours à Baguer-Morvan et à Carfantain*, que j'allais et venais de temps en temps dans tous ces différents lieux.

D. — Nomme donc les personnes chez lesquelles tu vaguais en ces divers endroits, tu ne peux pas être sans en connaître quelqu'unes ? — Je réponds que je ne puis en nommer aucune.

D. — Par quelle raison et par quel motif ? — Parce que je ne le puis.

D. — Où étais-tu lorsqu'on t'a arrêté et par qui l'as-tu été et quand ? — Je réponds avoir été arrêté près le cimetière de Carfantain, hier au soir environ les dix heures, et j'ignore par qui, si ce n'est par des soldats.

D. — D'où venais-tu lors de ton arrestation ? — Je réponds que je venais de Dol.

D. — De chez qui ? — Je réponds ne pouvoir le dire.

D. — Où allais-tu ? — J'allais du côté de Baguer-Pican.

D. — Chez qui ? — Je ne puis le dire.

D. — Avec qui étais-tu lors ? — Je réponds avoir rencontré un jeune homme de la réquisition actuelle, dans les environs de Carfantain, et qui fit voyage avec moi jusqu'à ce moment-là.

D. — Comment s'appelle ce jeune homme et d'où est-il ? — Je réponds qu'on m'a dit qu'il se nommoit *de la Lande*, sans m'avoir dit de quelle commune il était.

D. — Que portais-tu avec toi lors de ton arrestation ? — Je réponds que je portais un breviaire, un livre contenant la vie des saints et une petite boite de fer blanc dans laquelle etoient quelques hosties.

D. — Qu'as-tu fait de ces livres, boite et hosties ? — Je réponds qu'on me les a prises, savoir les livres lors de mon arrestation à Carfantain et la boite à la maison d'arrêt.

D. — Que voulais-tu faire de ces hosties ? — Je réponds que je les donnais à quelques personnes qui le désiroient et qui me donnaient un morceau de pain.

D. — A qui faisais-tu cette distribution et qui sont les personnes qui t'allimentaient ? — Je réponds que je l'ignore.

D. — Y avait-il des prêtres avec toi lors ce que tu repassa de Gersey en France ? — Je réponds que oui.

D. — Dis nous en le nombre et la qualité? — Je réponds que j'ignore leurs noms et la qualité, mais tout ce que je sais c'est qu'une partie fut se réfugier du côté de Dinan et l'autre du côté de Rennes.

D. — N'as-tu pas quelque correspondance entretenue avec les prêtres ainsi qu'avec les ci-devant nobles et émigrés ? — Je réponds que non, et *que je n'ai jamais pris la cause des nobles.*

D. — Que faisais-tu à l'île de Gersey lors de ta déportation ? — Je réponds que je n'y faisais rien que d'y vivre et d'y consommer cinquante cens (?), en assignats de France que j'y portai avec moi.

D. — N'entretenais-tu pas lors quelque correspondance avec des Français sur le territoire de la République ? — Je réponds n'avoir eu aucune relation avec aucun Français pendant le temps de ma déportation, quoique il n'y eut point de guerre dans le temps.

D. — Qu'était l'objet et ton dessein lors de ton retour sur le territoire français ? — *Je réponds que c'était le désir de vivre et mourir dans ma patrie.*

D. — A tu laissé quelques biens propres ou mobiliers dans le territoire français lors de ta déportation et qui en a disposé ? — Je réponds avoir laissé une armoire et une credance à la disposition de Bertrand Delamaire, de la commune de Vildé-Bidon, et certains biens propres situés en la commune de Roz-Landrieux, dont jouit Joseph Saint-Pez, mon frère, et lesquels biens consistent dans une maison et deux jardins, deux ou trois prairies et quelques jours de terre labourable, c'est-à-dire dix à douze jours, dont mon frère en jouit aux fins d'un bail à ferme sous seing privé, passé entre lui et moi, et ces biens sont situés au terroir de Soligné, ditte commune.

D. — A quel prix monte la jouissance annuelle de tes biens ? — Je réponds à deux cent cinquante livres par an.

D. — N'as-tu pas des biens fonds ailleurs que dans la paroisse de Roz ? — Je réponds que non.

D. — Es-tu saisi de ton bail à ferme ? — Je réponds que non, mais que Joseph Saint-Pez, mon frère, en est saisi.

D. — Ton frère t'a-t-il exactement payé les jouissances de tes biens et par quelle voie te les faisoit-il passer ? — Je réponds qu'il m'en a fait passer par les batteaux lors ce que j'étais à Gersey et l'autre partie que j'ai reçu auparavant ma déportation.

D. — Combien te redoit-il encore actuellement de jouissance ? — Je réponds qu'il ne me doit que l'année courante à son échéance.

D. — En quel endroit étais-tu et chez qui étais-tu lors ce qu'il t'a payé les dernières années échues ? — Je réponds ne pas me remettre, parce qu'il y a longtemps qu'il m'a payé et que je crois qu'une grande partie m'a été payée d'avance.

D. — Qui était les personnes qui te remettoient les jouissances de tes biens envoyés par ton frère à Gersey ? — Je réponds ignorer les personnes qui me remettoient cet argent en acquit de mon frère, ni par quel batteau, n'ayant été que deux mois à Gersey.

D. — Combien t'en a-t-il coûté pour passer de Gersey en France ? — Je réponds qu'il m'en a coûté 18 l. et pour passer à Jersey 50 l.

D. — Depuis ton retour sur le territoire français, n'as-tu pas dit la messe ? — Je réponds que je l'ai ditte quelquefois.

D. — En quelle église as-tu célébré ces messes ? — Je réponds que ce n'a été dans aucune église.

D. — Où les disais-tu donc ? — Je réponds que c'était dans différentes maisons où j'errais.

D. — Portais-tu avec toi tous les instruments et acoudrements propre à cette fonction ? — *Je réponds que je la disais avec un verre,* mais que j'avais le surplus du costume à moi appartenant.

D. — Qu'as-tu fait de ce costume ? — Je réponds ignorer où il est.

D. — Depuis quand as-tu dit la messe la dernière fois et en quel endroit ? — Je réponds ne pouvoir le dire.

D. — Déclare au moins dans quelle commune? — Je réponds que je ne le puis.

D. — Qui te procurait le pain à chant et le vin que tu mangeais et buvois en disant la messe ? — Je réponds que je l'ignore.

D. — Lorsque tu fûs arrêté dans la commune de Carfantain, n'y avait-il pas d'autres personnes avec toi, que ce nommé *De la Lande* dont tu as ci-dessus fait déclaration? — Je réponds qu'un appelé Pierre Ozanne nous rencontra dans le bourg de Carfantain et qui, à ce que je crois, déclara s'en aller chez lui et n'être accompagné d'aucune autre personne.

D. — Lequel de ces deux particuliers étoit porteur de tes dépouilles? — Je réponds qu'aucun d'eux n'en étoit porteur et qu'il n'y avoit que moi à en être chargé.

D. — N'as-tu pas fait quelques déclarations aux citoyens qui t'arrestèrent et en quoi consistent ces déclarations ? — Je réponds leur avoir déclaré être prêtre et que j'avais vacqué dans une partie des endroits ci-dessus indiqué.

D. — Ne sais-tu point s'il y a d'autres prêtres réfractaires à la loi et qui se cachent soit dans la commune de Dol, soit dans celles environnantes ou ailleurs ? — Je réponds que je ne puis en déclarer.

D. — Remontré à l'interrogé qu'il n'a pas dit la vérité et qu'il se trouvera des témoins qui prouveront le contraire de ses déclarations et qu'il vaudrait mieux confesser ici toute la vérité que de la sceler ? — Je réponds avoir dit la vérité.

« Telles sont les déclarations et réponses dudit Charles Saint-Pez, dont lecture lui a été faite et qu'il a signé sur le présent. Rédigé et arrêté en présence des citoyens Tallon et Hautière, commissaires adjoints au citoyen Portal, et nommés par l'administration du district de Dol pour la commission d'hier et par suite de laquelle le présent a été fait et rédigé sous nos seings.

Ainsi signé à la minute : Saint-Pez, *Tallon*, *Hautière*, *Portal*, *Lemonier*, maréchal des logis.

Pour extrait conforme à l'original. »

Signé : DELOYE, membre et secrétaire ; TALLON, président.

Ramené dans sa prison après son interrogatoire, Saint-Pez devait y demeurer jusqu'à son transfert à Saint-Malo, le 11 mai suivant. Ces délais n'étaient point le fait des révolutionnaires dolois qui ne désiraient rien tant que l'exécution de M. Saint-Pez. Ils avaient même espéré le voir juger et guillotiner à Dol, témoin la lettre ci-dessous, qu'ils adressèrent le 30 avril 1794 au Directoire départemental d'Ille-et-Vilaine :

« Conformément au décret du 3 nivôse dernier, nous requérons le Tribunal criminel de se transporter à Dol, pour juger le nommé Saint-Pez, ci-devant prêtre, natif de Roz-Landrieux, près Dol, et ci-devant recteur dans le ci-devant diocèse de Dol, s'il est dans le cas déterminé par les décrets des 7 et 10 avril 1793.

» Saint-Pez a été arrêté, il y a quelques jours, pendant la nuit, par des commissaires et un détachement de la force armée que nous avions envoyés à Carfantain, près de Dol. Il a déclaré dans son interrogatoire qu'il étoit ci-devant recteur à Ocaleuc, diocèse de Dol, qu'il a été déporté en exécution de la loi du 26 août 1792, à Jersey, pendant deux mois ; qu'au bout de ces deux mois il est repassé en France avec plusieurs autres prêtres, que les hosties dont il s'est trouvé saisies (*sic*), il les donnait à ceux qui en vouloient, et qui lui donnoient un morceau de pain ; que depuis son retour en France, il a célébré plusieurs messes dans des maisons particulières avec des verres et des ornements qui lui appartenoient.

» Il importe au bien public, « *ad terrorem populi* », de faire disparaître de pareils monstres du territoire de la liberté et que *l'exécution de Saint-Pez soit faite à Dol.....* » (1).

Nous devons à Jean-Pierre Delalande de précieuses notes sur le Confesseur de la Foi durant ces jours d'épreuves. Nous les consignons ici, en nous servant du récit qu'il en fit pour l'abbé *Carron* le 22 novembre 1816 :

« Durant notre détention, M. Saint-Pez me disait souvent : « Eh » bien ! mon fils, mon fidèle compagnon, te sens-tu assez de courage » pour aller au martyre ? — Es-tu bien résigné à souffrir innocemment » la mort ? Jésus-Christ qui n'avait jamais péché, ne l'a-t-il pas soufferte » pour nous, misérables pécheurs ? Qu'en dis-tu ? » —« Oui, sans doute, » répondais-je, je suis résigné ! » Il me recommandait aussi de prier Dieu pour lui. « Mais, Monsieur, lui dis-je, vous qui êtes plus dans la » grâce de Dieu que moi, priez plutôt pour moi. » — « Ah ! certes, je » le ferai, prions sans cesse. » Il me dit aussi bien d'autres choses dont j'ai perdu le souvenir.

» La veille de son départ pour Saint-Malo, où nous devions être traduits à la commission militaire, il écrivit des lettres à ses parents et conjurait les personnes pieuses qui venaient le visiter de ne pas l'oublier dans leurs prières. Il recommanda surtout à maman, qui vint nous voir, de dire à ses parents qu'il n'avait plus besoin que de leurs instances auprès du Père des miséricordes.

» Le 23 floréal (12 mai), le geôlier, qui n'avait cessé de le charger d'outrages pendant sa détention, ouvrit la porte et lui cria : « Sors, » calotin, ainsi que ton camarade. » On nous attacha par le bras droit, au-dessus du coude, avec une grosse corde ; mais ensuite les administrateurs viennent abroger ma sentence et me font délier. Au moment du départ, le saint prêtre m'embrassa en versant des larmes ; ce n'était pas la crainte de mourir qui le faisait pleurer, mais il s'affligeait, sachant que j'allais rejoindre mon corps et craignant que je ne perdisse la Foi.....

---

(1) Reproduit d'après DELARUE : *Le District de Dol*, etc., t. III, p. 157.

Après avoir donné ses meilleurs habits aux pauvres, il me dit : « Adieu, » mon fils, pense à moi. » Il monta ensuite dans la charrette, avec Tessier de l'Abbaye, près Dol, qui y fut lié à ma place. »

Le dossier de M. Saint-Pez contient une pièce qui nous renseigne sur les raisons qui décidèrent les autorités doloises à presser le départ de cet ecclésiastique pour Saint-Malo. C'est une délibération du Comité Révolutionnaire de Dol que nous citons tout au long :

Liberté, Egalité ou la Mort.

Extrait de registre du Comité révolutionnaire regeneré de la commune de Dol, où est écrit comme suit (1) :

« Du Duodi, 22 floréal, an II de la République Française, une et indivisible (11 mai 1794).

Sur les bruits qui courent que les Chouans menacent cette commune ; le Comité révolutionnaire, par mesure de sûreté, a été d'avis de s'assembler pour délibérer comme suit.

Sur la représentation de plusieurs membres, qu'il y avait dans la maison d'arrêt de ce district plusieurs détenus depuis très longtemps, qui devaient être jugés ; le Comité, ce considéré, et par mesure de sûreté, craignant qu'ils pourroient peut-être être soustraits à la justice nationale, a été d'avis d'envoyer et faire transporter les dénommés cy-dessous *à la commission militaire établie à Port-Malo*, pour être jugés, et ce, par ordre du citoyen *Le Carpentié*, représentant du peuple : Savoir les dénommés comme suit : *Saint-Pez*, ex-prêtre non-conformiste, exporté et rentré ; Texier ; la Raut, veuve Mancel ; Tocquet, ex-noble ; Caradeuc, idem ; Delouche ; Cherbonet ; Desmonts ; Daumé ; Gouin ; Jean Lemoine ; Bunel et Pierre Bertrand. A arrêté de plus qu'il serait envoyé à la susdite commission militaire les pièces relatives aux dénoncés cy-dessus dans huitaine, *à l'exception de l'interrogatoire* de Saint-Pez qui sera envoyé avec lui, ainsi que les pièces de conviction, et qu'il seroit écrit au citoyen *Le Carpentié*, représentant du peuple, actuellement à Port-Malo, pour lui en annoncer l'envoi des personnes susdittes, et ont signé les personnes membres composant le Comité révolutionnaire de Dol, lesdits jour et an que dessus. »

Signé : POITEVIN, TALLON, président, LE BRET, PICARD, HUCHET,
membre, DELOYE, membre et secrétaire, BARBE.

Les révolutionnaires de Dol informèrent la commission militaire de Saint-Malo de l'arrivée des victimes qu'ils lui adressaient. Ils ne se faisaient du reste nulle illusion sur le sort qui attendait là-bas ces malheureux et s'en réjouissaient à l'avance, ainsi qu'on le verra par la lettre ci-dessous :

---

(1) Archives d'Ille-et-Vilaine, série L, Commission militaire de Saint-Malo, dossier n° 30.

Egalité, Liberté, Fraternité ou la Mort (1).

Du 22 floréal an 2ᵉ de l'ère républicaine (17 mai 1794).

« Les membres composant le Comité révolutionnaire regenéré de Dol, aux républicains composant la commission militaire et révolutionnaire de Port-Malo.

Nous te faisons passer, citoyen président, sous bonne escorte, les dénommés ci-après, savoir : *Saint-Pez, ex-prêtre*, avec les pièces de conviction et un interrogatoire ; Tessier ayant été avec les brigands ; Caradeuc et Toqué, ex-nobles ; Delouche ; Desmonts ; Gouin ; Daumé ; Charbonnet ; Lemoine, Bunel et Pierre Bertrand, tous lesquels accusés d'avoir substenté les brigands pendant leur séjour à Dol, et Marie Raux, veuve Mancel, aussi accusée de correspondre avec lesdits brigands. *Nous t'invittons, citoyen président, aussitôt que tu auras prononcé sur le sort des plus scelerats, de les renvoyer exécuter sur les lieux à Dol.* Les bons patriotes des communes voisines le désirent tous pour faire trembler le reste de la horde des conspirateurs.

Nous croyons que tu céderas à cette invitation telle que nous l'a promis Le Carpentier.

Salut et Fraternité. »

Signé : Tallon, président,
Picard, Poitevin, Huchet, membre, Le Bret, Barbe, membre
et secrétaire, Déloye, membre et secrétaire.

Le trajet de Dol à Saint-Malo ne dura que quelques heures. M. Saint-Pez parvint donc le 12 au soir dans sa nouvelle prison. A son arrivée, il y trouva incarcérée sa propre nièce, Marie Le Poitevin, arrêtée à cause d'un catéchisme dont on l'avait trouvée en possession. C'était une simple villageoise, mais pourvue d'une éducation au-dessus de sa condition. M. *Carron* a recueilli de la bouche même de cette femme de précieux détails sur l'emploi du temps de l'abbé Saint-Pez durant le court intervalle qui s'écoula entre son incarcération à Saint-Malo et son exécution. Nous insérons textuellement ici cette édifiante déposition :

« Aussitôt, nous dit cette vertueuse femme, que j'appris qu'on amenait en prison des habitants de Dol, je me présentais au guichet ; mais quel coup ressentis-je, quand j'aperçus mon oncle attaché avec de grosses cordes à d'autres prisonniers, tout meurtri de coups et ses habits entièrement déchirés ! A cet aspect effrayant, je tombe évanouie ; revenue à moi, je fis demander au portier la permission de passer dans l'appartement où se trouvait mon oncle. Aussitôt qu'il m'aperçut, il vint à moi d'un air plein de gaieté, me serra vivement la main et me dit : « Ma chère filleule, » nous voici donc enfin réunis. Qu'il me tardait de te revoir, tant j'étais » inquiet sur ton sort ! Je suis content de te trouver dans de tels senti-» ments. Que Dieu nous fait de grâces, ma chère amie, de souffrir pour

____

(1) Archives d'Ille-et-Vilaine, série L, Commission militaire de Saint-Malo, dossier n° 39.

» son amour ! Pardonnes-tu de bon cœur à tous tes ennemis? — Oui, lui
» répondis-je en sanglotant. — Eh bien, ma chère nièce, du courage;
» notre tristesse ne sera peut-être pas longue... Mais dis-moi donc où est
» mon cousin Poitevin et sa sœur; sont-ils encore ici? — Oui, à la
» maison d'arrêt. — Le pauvre vieillard ! répond M. Saint-Pez, quelle
» douleur il va éprouver s'il apprend que je suis en prison ! Connais-tu
» ses sentiments? Sais-tu s'il est bien résolu à accepter la mort? — Il
» m'écrivit ces jours derniers, répondit sa nièce; j'ai reconnu, dans sa
» lettre, sa résolution, ainsi que celle de sa sœur; tous deux me parurent
» bien décidés. — Que je suis content de le savoir ! Vous contribuez à
» m'adoucir les horreurs de la mort. Courage, ma chère nièce, bannis-
» sons toute crainte. La guillotine n'est rien, c'est un mal d'une minute,
» minute qui sera si bien récompensée. »

Dans ce long entretien avec son oncle, la nièce de M. Saint-Pez remarqua sur sa figure « une gaieté si parfaite que, dit-elle, je ne pourrais la
dépeindre ». — « Avant de le quitter, ajouta-t-elle, je lui proposai plusieurs objets nécessaires. Il ne voulut rien accepter et me dit : « Il y a ici
» du pain, si j'en ai besoin, j'en mangerai. » Le voyant couché sur la
paille, je lui fis passer un lit; il n'en usa point, ne se coucha même pas,
mais *après avoir confessé tous les prisonniers* et les avoir exhortés géné-
reusement à la mort, il consacra le reste de la nuit à la prière. »

Nous avons dit que M. Saint-Pez n'arriva à Saint-Malo que vers la fin
de l'après-midi du lundi 12 mai 1794. Ce ne fut que dans l'après-midi du
lendemain qu'il fut amené devant la commission O'Brien (1); c'est ce
qui nous semble du moins, car celle-ci ne rendit son verdict que ce même
jour vers les 6 heures du soir. On a conservé le texte de l'interrogatoire
de l'abbé Saint-Pez, ainsi que du jugement qui le condamna à la peine
capitale. Nous les publions à la suite l'un de l'autre.

INTERROGATOIRE DE CHARLES SAINT-PEZ PAR LA COMMISSION MILITAIRE
DE SAINT-MALO, *le 13 mai 1794* (2).

« Du vingt quatre floréal, an deuxième de la République française
une et indivisible, la commission militaire établie à Port-Malo, en vertu
du réquisitoire du citoyen *Bernard Tréhouard*, représentant du peuple,
en datte du dix frimaire dernier, *autorisée à juger révolutionnairement
par ordre du citoyen Le Carpentier*, représentant du peuple, du neuf
nivôse; instruite que plusieurs particuliers sont détenus aux prisons de
Port-Malo, comme suspects de complicité dans les brigandages de rebelles
de la Vendée; s'est réunie dans le lieu ordinaire de ses séances, pour
procéder à leur interrogatoire, et ayant fait mander et venir l'un des
détenus, il a été procédé à ses interrogatoires comme suit :

---

(1) Cf. sur la Commission militaire de Saint-Malo, LE MAS, *Les Commissions Militaires Révolutionnaire dans l'Ille-et-Vilaine, en 1793 et 1794*, et HARVUT, *Les Fusillés du Tabard*, Saint-Malo, 1907.

(2) Archives d'Ille-et-Vilaine, série L, dossier n° 39.

Interrogé de ses nom, âge, profession et demeure ? — Répond s'appeler *Charles Saint-Pez*, fils de Jacques et Françoise Péan, natif de Roz-Landrieux, district de Dol, ex-curé et domicilié d'*Aucaleuc*, district de Dinan, et depuis la cessation de ses fonctions sans domicile, âgé d'environ quarante trois ans, ex-prêtre de profession.

Interrogé s'il a prêté le SERMENT ordonné aux fonctionnaires publics ecclésiastiques ? — Répond non.

Interrogé pourquoi il ne l'a pas prêté ? — Répond que la loi le mettant à même *d'opter entre le serment et ses fonctions de curé*, il a préféré abdiquer sa cure, attendu SES OPINIONS RELIGIEUSES.

Interrogé dans quel tems il a abandonné sa cure ? — Répond qu'il l'a quittée *au mois de septembre 1792*, en vertu du décret de déportation, attendu qu'il n'avait point encore été remplacé.

Interrogé s'il ne s'est point déporté à Jersey et en quel tems ? — Répond qu'il s'est déporté à Jersey au mois de septembre 1792.

Interrogé en quel tems il est rentré en France ? — Répond qu'il y est rentré sur la fin de novembre, ou commencement de décembre même année.

Interrogé par quelle voie il a repassé en France, et en quel lieu il est débarqué? — Répond qu'il est repassé sur un bateau français, dont il ignore le nom du capitaine, et qu'il a débarqué sur les côtes de Coulomb.

Interrogé dans quel lieu il s'est rendu après son débarquement et s'il a toujours habité la France depuis? — Répond qu'il a toujours habité la France, errant dans différents endroits, de Dol et de Dinan.

Interrogé s'il n'a point professé ses fonctions ecclésiastiques depuis qu'il est de retour en France? — Répond *qu'il les a professées* quelquefois clandestinement, et que la plupart du tems, il n'avait que son répondant et ceux des maisons où il se trouvait.

Interrogé quelles sont les maisons qu'il a habitées plus particulièrement depuis son retour en France ? — Répond qu'il ne peut le dire.

Interrogé pourquoi il ne peut le dire ? — Répond que la charité ne lui permet pas.

Remontré à l'interrogé que l'intérêt public exige qu'il nomme les personnes chez lesquelles il exerçait ses fonctions ? — Répond qu'il ne veut les nommer.

Interrogé s'il n'a point confessé et s'il n'a point administré depuis son retour en France ? — Répond *qu'il a confessé et administré quelquefois*.

Interrogé sur ce qui l'a décidé de revenir en France ? — Répond que la loi ne portant que peine de détention, il aima mieux s'y exposer que de rester hors de sa patrie.

Interrogé s'il n'a pas eu connoissance de la loi du mois de mars 1793, qui ordonne aux prêtres de quitter la France dans huitaine ? — Répond qu'il ne la connaissait pas.

Interrogé dans quel lieu il a été arrêté, quand et par qui ? — Répond qu'il a été arrêté à Carfantin, dans le mois dernier (vieux style), par des militaires, dans le bourg du dit lieu.

Interrogé d'où il venait et où il allait lorsqu'il fut arresté ? — Répond qu'il venait de Dol, et qu'il allait vers Baguer-Pican.

Interrogé ce qu'il allait faire à Baguer-Pican, et de chez qui il sortait de Dol ? — Répond qu'il allait à Baguer pour se cacher à l'ordinaire, et qu'il ne veut pas dire d'où il sortait.

Interrogé si lorsqu'il allait à Baguer-Pican il était en compagnie de quelqu'un ? — Répond qu'il était en compagnie d'un volontaire nommé *de La Lande*, qu'il avait rencontré près le bourg de Carfantain, et d'un nommé Lausanne qu'il rencontra dans le même bourg.

Interrogé si depuis Dol, jusqu'au bourg de Carfantain, il n'avait été accompagné de personne ? — Répond non.

Interrogé ce qu'il portait lors de son arrestation ? — Répond qu'il portait un habit, un bréviaire et un livre intitulé *la Vie des Saints, avec une petite boîte contenant quelques hosties.*

Interrogé si ces hosties étaient bénites ? — Répond *qu'elles étaient consacrées.*

Interrogé quel usage il en voulait faire ? — Répond que c'était pour administrer quelques personnes qui le désiroient.

Interrogé s'il n'avait pas caché ces hosties dans sa chemise? — Répond oui.

Interrogé quels étaient ses moyens de subsistance pendant qu'il errait çà et là ? — Répond qu'il vivait de charités.

Interrogé si lorsqu'il repassa en France, il y avait d'autres prêtres avec lui et combien ils étaient? — Répond qu'il y en avait *deux ou trois*, qu'il crû prestres, et qui prirent la route de Dinan ou Rennes.

Interrogé s'il les a connu par leurs noms, et sommé de les nommer? — Répond qu'il ne les connaît pas.

Interrogé si depuis son retour en France, il n'a pas entretenu de correspondances, soit avec des prêtres, des ci-devant nobles et des émigrés? — Répond non.

Interrogé ce qu'il faisait pendant son séjour à Jersey ? — Répond qu'il y professait les fonctions ecclésiastiques, et qu'il y vivait comme les autres.

Interrogé si pendant le temps qu'il y était, il n'entretenait point quelques correspondances avec des Français sur le territoire de la République? — Répond non.

Interrogé s'il a laissé quelques biens propres ou mobiliers dans le territoire français, lors de sa déportation, et qui en est resté dépositaire? — Répond avoir laissé une armoire et une commode chez Bertrand Delamaire, son beau-frère, à Vildé-Bidon, et qu'il a quelques biens fonds dont jouit un de ses frères à Roz-Landrieux.

Interrogé s'il n'avait pas quelques vases sacrés, ou des ornements pendant qu'il a été errant? — Répond qu'il n'avait pas de vases sacrés, mais qu'il avait un ornement dont on ignore les dépositaires.

Remontré à l'interrogé qu'il n'est pas vraisemblable qu'il ignore qui est resté dépositaire de cet ornement, sommé de dire vérité ? — Répond qu'il l'ignore absolument.

Interrogé s'il ne connaît pas, et s'il n'a pas eu connoissance d'autres prêtres réfractaires dans la commune de Dol et celles environnantes ? — Répond qu'il n'en connaît point.

Interrogé où il était lorsque les *brigands* (1) sont venus à Dol ? — Répond qu'il erroit à l'ordinaire depuis Baguer-Morvan jusqu'à Saint-Léonard, se cachant même davantage.

Interrogé s'il ignorait la loi qui lui deffendait l'exercice de ses fonctions ? — Répond qu'il ignorait qu'il lui fut deffendu d'exercer en secret.

Représenté à l'interrogé les effets ci-devant détaillés, sommé de déclarer s'il les reconnaît pour être ceux qui ont été saisis sur lui ? — Répond qu'il les reconnaît pour être les mêmes.

Interrogé quel usage il faisait de deux morceaux de linge, dans lequels étoit paquée la boîte contenant les hosties ? — Répond que c'était des purificatoirs.

Interrogé quel était l'usage d'une petite peinture sur veslin, contenant l'empreinte de deux cœurs enflamés ? — Répond qu'il n'en faisait aucun usage.

Interrogé s'il ne savait pas que cette peinture est un signe de ralliement du parti qu'il paraît avoir embrassé ? — Répond qu'il n'en avait aucune connoissance.

Interrogé s'il y a longtemps qu'il n'a célébré la messe, et en quel endroit ? — Répond qu'il croit l'avoir célébrée *le dimanche de Pasques*, sans se rappeler où.

Interrogé si *La Lande* (2) et *Ozanne* l'attendaient, lorsqu'il les rencontra ? — Répond que non.

Tels sont ses interrogatoires dont lecture lui faitte, a déclaré qu'ils contiennent vérité, ni vouloir rien changer, augmenter, ni diminuer, et a signé. »

Saint-Pez ; O'Brien, président ; Corbel, secrétaire.

Jugement et condamnation de Charles Saint-Pez, *le 13 mai 1794* (3).

« Du vingt-quatre floréal, an deuxième de la République Française, une et indivisible.

La commission militaire établie à Port-Malo, en vertu du réquisitoire du citoyen *Bernard Trehouart*, représentant du peuple, du dix frimaire ; autorisée à juger révolutionnairement par ordre du citoyen *Le Carpentier*, représentant du peuple, du neuf nivôse, aiant résumé publiquement les interrogatoires de *Charles Saint-Pez*, âgé de quarante-trois ans, natif de la commune de Roz Landrieux, district de Dol, département d'Isle-et-Vilaine, ex-curé et domicilié de la commune d'Aucaleuc, district de Dinan, jusqu'en septembre mil sept cent quatre vingt douze, qu'il se déporta

---

(1) L'armée vendéenne commandée par La Rochejacquelin.
(2) Jean-François Delalande dont nous avons parlé.
(3) Archives d'Ille-et-Vilaine, série L, dossier n° 39.

comme prêtre réfractaire, dans l'isle Anglaise de Jersey, rentré en France sur la fin de novembre suivant et errant depuis dans les communes voisines de Dol et de Dinan, arrêté dans la commune de Carfantin, le cinq floréal, soir, aiant eu lecture de la loi du dix huit mars 1793, portant, article premier :

« Huitaine après la publication du présent décret, tout citoien est tenu » de dénoncer, arrêter ou faire arrêter les émigrés ou les *prêtres dans le* » *cas de la déportation*, qu'il saura être sur le territoire de la Répu- » blique. »

Et article deux :

« Les émigrés et les *prêtres dans le cas de la déportation*, qui auront » été arrêtés dans le délai ci-dessus fixé, seront conduits de suite dans » les prisons du district, jugés par un jury militaire, et punis de mort » dans les vingt quatre heures. »

Et de la loi des vingt neuf et trente vendémiaire portant, articles V, X, XIV, XV et XVI (Cf. p. 13 à 15).

Considérant que des interrogatoires de Saint-Pez devant la commission et devant les commissaires de l'administration du district de Dol, il résulte clairement que *Saint-Pez n'a point prêté le serment ordonné par les loix du douze juillet et du vingt-sept novembre 1790.* (SERMENT A LA CONSTITUTION CIVILE.)

Qu'il a exercé les fonctions curiales dans la commune d'Aucaleuc, district de Dinan, jusqu'au commencement de septembre 1792.

Que si en vertu du décret du 14 août 1792, il se déporta dans l'isle de Jersey ; *il est rentré* et a résidé clandestinement en France, depuis la fin de novembre ou le commencement de décembre suivant, par contravention aux loix des 18 mars et 21 avril 1793 (vieux stile).

Il a *confessé, administré et exercé furtivement* les fonctions ecclésiastiques depuis cette rentrée dans les diverses communes qu'il parcourait nuitamment, pour fanatiser et nuire à l'affermissement de la République, *qu'il a été saisi avec des linges appelés purificatoires, une boîte d'hosties et une peinture connue pour être un signe de ralliement des contre révolutionnaires fanatiques.* Qu'enfin il ne s'est pas conformé à l'article 14 de la loi des 29 et 30 vendémiaire, en se rendant auprès de l'administration du département soit du lieu de sa naissance, soit du lieu de son domicile pour être déporté au terme de l'article 12.

La commission militaire, chaque membre aiant énoncé successivement son avis motivé, est d'avis à l'unanimité que Saint-Pez, ex-curé, sujet à la déportation, est convaincu d'avoir rentré et résidé sur le territoire de la République, en contravention aux loix ci-devant rapportées. *En conséquence ordonne qu'il sera livré à l'exécuteur des jugements criminels et mis à mort, demain à midi, sur la place de la Révolution, déclare les biens de Saint-Pez confisqués au profit de la République* et arrête que le présent sera imprimé et affiché par tout où besoin sera, au nombre de cent exemplaires.

6

Ainsi prononcé par jugement révolutionnaire, en l'une des chambres du temple de la Justice, à Port-Malo, environ six heures. »

Signé : Rivière ; Treffegain ; O'Brien, président ;
Regnier ; Corbel, secrétaire.

M. Saint-Pez fut probablement reconduit à la prison après son interrogatoire et n'assista pas au prononcé de sa condamnation. Au reste, qu'avait-il à apprendre qu'il ne sût d'avance ? Cependant le greffier de la commission militaire fut chargé de s'en aller à la maison de détention lui notifier son arrêt, ainsi qu'en fait foi la pièce suivante :

« Soussigné, secrétaire de la commission militaire, certifie avoir donné lecture du jugement des autres parts au prévenu y dénommé, entre les deux guichets, à la maison d'arrêt de cette commune. A Port-Malo, ce 24 floréal, an second de la République Française une et indivisible. »

Signé : Corbel, secrétaire.

L'exécution devait avoir lieu le lendemain, au matin. Les détails en sont horribles à lire. Cependant M. *Carron* (1) assure *l'authenticité parfaite du récit* qu'il nous en a conservé. Tresvaux du Fraval (2) a reproduit la narration de M. Carron en en rajeunissant le style : nous transcrivons ici cette page émouvante :

« Le bourreau, homme atroce, en allant à la prison pour faire les apprêts de son supplice et lui couper les cheveux, eut la barbarie de lui couper aussi les oreilles et le mit tout en sang, mais M. Saint-Pez ne dit pas un mot. En sortant pour aller à la mort, il remarqua que deux gendarmes le serraient de très près. Il leur dit avec bonté en même temps qu'avec force : « Croyez-vous donc que je voudrais m'échapper ! Non, marchons, je ne crains pas la guillotine. »

» Pendant le trajet qu'il fit de la prison à la place Saint-Thomas où devait avoir lieu l'exécution, il ne parut occupé que de Dieu et son esprit semblait être déjà au ciel. Arrivé au pied de l'échafaud, il adressa ces paroles à quelqu'un qui voulait l'aider à monter : « Je n'ai pas besoin » qu'on m'aide, je monte seul à l'autel. »

» Le bourreau en le liant sur la planche lui donnait de grands coups de genoux et l'apostrophait ainsi : « Calotin, tu ne m'échapperas pas. » Il le serrait avec tant de violence, qu'il arracha au patient un cri de douleur, qui fut bientôt suivi de ceux de « Vive Jésus ! Vive Marie ! Vive le Roi ! »

» Soit maladresse, soit raffinement de cruauté, le bourreau fit tomber une première fois le fatal couteau qui n'enleva seulement qu'une partie du visage de Saint-Pez. Une seconde fois, il ne coupa seulement qu'une partie de la tête. Alors un cri d'indignation s'éleva parmi les assistants,

---

(1) Carron, *op. cit.*, III, p. 34 et 35.
(2) Tresvaux, *op. cit.*, II, p. 42.

et un militaire s'avançant le sabre à la main vers le bourreau, dit à ce misérable : « Scélérat, si tu n'achèves, je te plonge mon sabre dans le corps. » Ce ne fut qu'à la troisième fois que tomba la tête de M. Saint-Pez. On juge combien un pareil supplice dut être cruel. »

C'est en vain qu'on cherche trace, aux registres de l'Etat Civil de la mairie de Saint-Malo, de l'exécution de l'abbé Saint-Pez. Mais son dossier déposé aux Archives d'Ille-et-Vilaine, en conserve la mention suivante, consignée à la suite du texte du jugement que nous avons donné :

« Soussignés, membre et secrétaire de la commission militaire, certifions avoir vu mettre le jugement des autres parts à exécution, sur la place de la Révolution de cette commune. A Port-Malo, ce 25 floréal, an second de la République Française une et indivisible, à midi. »

Signé : CORBEL, secrétaire ; RIVIÈRE.

A la suite de la biographie de M. Saint-Pez, l'abbé *Carron* rapporte plusieurs miracles opérés par l'intercession de ce saint prêtre, dont le souvenir, écrivait en 1900 le chanoine *Guillotin de Corson*, dans ses *Confesseurs de la Foi*, est resté justement en vénération à Roz-Landrieux, sa paroisse natale, où l'on chante encore une émouvante complainte racontant ses derniers instants.

Nous devons à l'amabilité de M. l'abbé Héaumè, vicaire à Roz-Landrieux, de pouvoir en publier le texte, tel qu'il a paru dans le *Bulletin religieux* de cette paroisse du mois de janvier 1913 :

(Se chante sur l'air : Vierge, reine des Cieux.....)

Au district, on m'a dénoncé,
C'est pour me faire emprisonner,
Mais du mépris naîtra ma gloire,
    C'est ma victoire (*bis*).

On me poursuit avec ardeur.
Ah ! que de fatigue et de sueur !
On vient me prendre en ma chaumière,
    Dans ma misère.

Au même instant, on me saisit.
Au Directoire on me conduit,
Avec pompe et magnificence,
    En diligence.

Sitôt que je fus arrivé,
On commence à m'interroger.
La solitude on me destine,
    Je la désire.

Dedans cette aimable maison,
Que l'on appelle la prison,
Au même instant, on me renferme,
Chose certaine.

Huit jours ne sont pas écoulés,
Contre moi on a prononcé,
Et je deviendrai la victime
De tant de crimes.
(*Variante :* Oui, je deviens la victime de tant de crimes.)

On vient m'avertir sans façon
Qu'il faut sortir de la prison,
Pour aller au lieu de supplice.
Ah ! quels délices !

Mon procès est déjà jugé,
Il faut qu'il soit annoncé.
La guillotine est mon partage.
Quel avantage !

Frappe, bourreau, frappe ton coup.
Du ciel ne crains pas le courroux.
De tout mon cœur, je te pardonne
A ta personne.

Mon Dieu, je ne l'ai point mérité,
C'est l'effet de votre bonté,
Que de savoir ma dernière heure.
Ah ! que je meurs.
(*Variante :* L'heure de ma mort est arrivée,
Il faut qu'elle me soit annoncée,
On lit toute ma sentence.)

Vole, mon âme, vers ton Dieu.
Ne crains pas de quitter ce lieu.
Vole au ciel chanter les louanges
Du Roi des Anges.

Vous tous qui perdez vos sillons,
Souffrez la persécution ;
Vous aurez le ciel en partage.
Quel avantage !

P. Delarue, au tome II, p. 259, de son ouvrage sur *le District de Dol*,
reproduit le procès-verbal d'une perquisition opérée chez une institutrice

nommée Pélagie Dieppe, à la suite de laquelle on découvrit une complainte du prêtre Saint-Pez, « complainte que l'on jugea très mal faite et aussi mal écrite », le 11 février 1800.

*
* *

Chose bien rare quand il s'agit des martyrs de la Révolution, l'on garde de M. Saint-Pez une précieuse relique. Son chef est encore maintenant pieusement conservé dans la famille de M. Delamaire, chef de bataillon en retraite, frère de Mgr Delamaire, naguère archevêque de Cambrai, lequel a détenu jusqu'à sa mort ces restes vénérables.

Voici comment, d'après le récit de M. Delamaire, ils lui sont advenus : « Après sa décollation, le corps de M. Saint-Pez fut inhumé dans le sable de la Grande Grève, non loin de la Porte Saint-Thomas, lieu de son supplice. Une pieuse personne, témoin de son exécution, s'en fut la nuit suivante recueillir dans le sable la tête du Confesseur de la Foi et la remit quelque temps après à M. Bertrand Delamaire, beau-frère de l'abbé Saint-Pez. Celui-ci, longtemps avant son trépas, la confia à son fils aîné, M. l'abbé Joseph Delamaire, mort en 1876, doyen de Châteauneuf. »

Ce vénérable ecclésiastique la légua à son tour comme un précieux héritage à son neveu, devenu depuis Mgr Delamaire, archevêque de Cambrai, et au décès de celui-ci, en 1913, elle est devenue la propriété de son frère qui, comme nous le disions plus haut, la conserve actuellement.

Le chef de M. Saint-Pez porte tracé sur le front, d'une écriture ancienne, mais lisible, les derniers mots qu'on lui prête avoir prononcés en quittant ses compagnons de captivité pour aller au supplice : « *Hodie mihi, cras tibi.* »

BIBLIOGRAPHIE. — Cf. *Arch. I.-et-V.*, série I. : Dossier de la Commission militaire O. Brien, classe n° 39. — Carron, *Les Confesseurs de la Foi de l'Eglise gallicane*, op. cit., p. 16 à 39. — Guillon, *Les Martyrs de la Foi*, op. cit., t. IV, p. 562-66. — Tresvaux du Fraval, *Hist. de la Persécution révol. en Bret.*, op. cit., t. II, p. 42-44. — Guillotin de Corson, *Les Confesseurs de la Foi*, op. cit., p. 106-09. — F. Duine, *Traditions populaires relatives à Saint-Pez*, in *Annales de Bret.* juillet 1899, p. 679, et novembre 1900, p. 75. — Delarue, *Le District de Dol*, t. II, p. 259 ; t. III, p. 177, 183, 187, 347.

Pierre-Julien ORESVE

Né à Bédée, le 1er janvier 1765, et vicaire auxiliaire dans sa paroisse natale, arrêté à Saint-Gilles, le 13 juin 1794. Exécuté à Rennes, le 19 de ce même mois.

(Dossier n° 225 des actes du tribunal criminel d'Ille-et-Vilaine, série B, Parlement, aux archives d'Ille-et-Vilaine.)

Pierre-Julien Oresve était originaire de Bédée, dans l'ancien diocèse de Saint-Malo, où il vit le jour le 1er janvier 1765, du mariage de Julien et d'Olive Le Brumant. Ses parents, lui voyant des inclinations pour l'état ecclésiastique, l'envoyèrent étudier à Dinan, au collège des Laurents. Ses supérieurs l'y notèrent comme de bonnes mœurs et doué d'un bon caractère. Quant à ses examens, sans être brillants, ils lui méritèrent toujours cependant la cote au moins « *passable* », et même parfois « *assez bien* ».

Le jeune Oresve reçut un dimissoire pour recevoir, à Rennes, la tonsure et les mineurs, le 17 septembre 1785. Il fut ordonné sous-diacre, puis diacre à Saint-Méen, les 2 juin 1787 et 21 septembre 1788. Enfin, Mgr de Pressigny lui conféra la prêtrise, dans cette même localité, le 6 juin 1789.

Après le sacerdoce, l'abbé Oresve demeura dans sa paroisse natale, où son recteur demanda pour lui des lettres de *vicaire*, à la fin de l'année 1790. Au reste, au cours de cette année, si nous en jugeons par les registres de catholicité, cet ecclésiastique se mettait dès auparavant à la disposition du clergé de sa paroisse pour tous les services en son pouvoir.

Pas plus que le recteur et l'autre vicaire de Bédée, l'abbé Oresve ne prêta serment. Le 6 avril 1791, la municipalité de cette localité faisait savoir aux administrateurs du district de Montfort « que MM. Jollives, curé, Chênard, vicaire, et Oresve, faisant fonctions de second vicaire, *ont formellement refusé le serment prescrit par la Loi* et que leurs dispositions actuelles ne semblent pas annoncer qu'ils s'y soumettront ».

La signature de M. Oresve apparaît pour la dernière fois sur les registres de Bédée le 30 septembre 1791. D'après ses propres dires, ce prêtre dut abandonner sa paroisse le 3 février de l'année suivante, chassé vraisemblablement par la présence d'un curé intrus, lequel détermina le procureur-syndic de sa commune à lui intimer l'ordre de se retirer à trois lieues de son pays natal (Cf. p. 3).

Depuis lors, cet ecclésiastique fut sans domicile fixe, se retirant soit chez ses frères, soit chez une parente dans la paroisse de Cintré, parfois même revenant se reposer chez sa mère, « mais, le plus souvent (nous citons ses paroles), passant son temps à *vicarier* dans les granges, greniers à foin et autres lieux, se cachant et couchant dans les fossés et les barges de paille ».

L'abbé Oresve n'obéit pas plus en effet à l'arrêté du 14 avril 1792 du Directoire d'Ille-et-Vilaine qu'à la loi du 26 août suivant qui le jetait sur les routes de l'èxil (Cf. p. 4 et 11). Demeuré en France, malgré les périls considérables auxquels il s'exposait, il rendait à Bédée et dans les paroisses voisines tous les services possibles aux populations, alors privées du culte catholique romain. Son dévouement devait lui coûter la vie.

Le 13 juin 1794, écrit le chanoine Guillotin de Corson, reproduisant une tradition recueillie par feu l'abbé Guilhard, une scène émouvante se passait dans l'intérieur de la maison de ferme des Couettes en la paroisse de Cintré. Cette ferme était occupée par une pieuse femme nommée Michelle Burel, veuve Oresve, et par ses enfants, dont l'aîné était secrétaire de la municipalité de Cintré et membre du Comité de surveillance du canton de Mordelles. Grâce à ses fonctions — qui écartaient les soupçons des révolutionnaires et permettaient de connaître les dénonciations des traîtres — le fils Oresve et sa mère rendaient secrètement les plus grands services à la religion et à ses ministres poursuivis sans relâche.

Néanmoins, la sagacité de ces chrétiens dévoués finit par être mise en défaut. Quelqu'un signala à la gendarmerie de Montfort la présence aux Couettes d'un prêtre, parent de la bonne fermière et portant le même nom qu'elle : l'abbé Pierre-Julien Oresve. Et voilà pourquoi le 25 prairial, par une belle journée de juin, la ferme des Couettes se trouvait bouleversée par une visite domiciliaire.

Le danger que courait le pauvre prêtre — bien réellement caché dans la maison — était toutefois moins grand qu'il ne le paraissait. Le chef du détachement envoyé pour faire la perquisition se trouvait être un gendarme de Montfort, dont l'abbé Tresvaux, au tome II, page 22, de son *Histoire de la Persécution en Bretagne*, nous a laissé le portrait suivant : « Cet homme se montrait terrible en paroles et furieux en apparence ; mais, loin d'être méchant dans le fond, il ne cherchait qu'à sauver les prêtres, et il y réussit plus d'une fois. Il laissait ordinairement sa troupe à la porte des maisons, y entrait seul en jurant, faisait une certaine fouille dans l'intérieur et sortait ensuite, en disant qu'il ne s'y trouvait pas de calotin, terme de mépris dont les révolutionnaires se servaient habituellement pour désigner les prêtres fidèles. Il grondait même alors ses gens, en leur disant qu'ils l'avaient peut-être laissé s'échapper, pendant qu'il était dans la maison.

» Cet honnête gendarme agit aux Couettes comme il avait coutume de faire : il place tous ses hommes aux différentes portes des bâtiments de la ferme, entre seul en faisant grand bruit, parcourt tout le logement, sort en criant qu'il ne trouve rien et reproche brusquement aux soldats d'avoir mal gardé les issues.

» L'abbé Oresve était sauvé et la troupe allait quitter la ferme quand un vaurien, accouru au bruit qu'avait occasionné la perquisition, se glisse à son tour dans la maison et aperçoit sous un lit le bout des pieds d'un homme. Aussitôt le misérable rappelle les soldats, et, arrachant M. Oresve de sa cachette improvisée, il le livre à toute leur fureur. Les révolutionnaires accablent le prêtre de coups et d'injures, lui lient les bras derrière le dos, lui fixent une torsade de foin dans la bouche pour l'empêcher de parler et prennent, en chantant des refrains révolutionnaires, la route de Montfort.

» Comme ils quittaient la ferme des Couettes arrivèrent des religieuses qui avaient donné rendez-vous en cette maison à l'infortuné M. Oresve. Quoiqu'elles fussent naturellement revêtues d'habits séculiers, ces pauvres femmes se trahirent elles-mêmes par la surprise et la douleur qui se peignirent sur leurs traits, à la vue du prêtre de Jésus-Christ si ignominieusement traité. Du reste, elles ne cachèrent point leur qualité, s'estimant heureuses de souffrir pour Notre-Seigneur en compagnie d'un de ses plus dévoués ministres. Elles furent aussitôt arrêtées et subirent de nombreux interrogatoires de la part des autorités révolutionnaires. »

Le procès-verbal de l'arrestation de M. Oresve, que nous a conservé le gendarme Poulain, ne nous laisse soupçonner aucun de ces détails. Suivant cette pièce, que nous reproduisons plus haut, l'abbé Oresve se reposait sur un banc à l'extérieur, se croyant en sécurité, quand un détachement des chasseurs d'Evreux survint. Le prêtre proscrit étant rentré précipitamment, c'en fut assez pour occasionner une visite domiciliaire, au cours de laquelle on le découvrit caché sous un lit. Aussitôt arrêté, on le conduisit à Montfort, où il subit un premier interrogatoire. Avec lui furent emmenées prisonnières les religieuses dont il vient d'être question dans le récit de Tresvaux du Fraval.

Le lendemain de son incarcération à Montfort, l'abbé Oresve fut conduit à Rennes avec le prêtre Pairier, arrêté depuis le 10 juin précédent. On les remit entre les mains du Comité révolutionnaire de Rennes. L'interrogatoire que dut subir l'ex-vicaire de Bédée nous a été conservé et nous le reproduisons plus loin. Il abonde en détails intéressants qui nous éclairent sur la mentalité de ce confesseur de la Foi. On voit vraiment que ce n'étaient nullement les sentiments royalistes qui animaient la conduite de ce bon prêtre, mais seulement son attachement à la religion romaine.

Il n'hésite pas à répondre « qu'il aime les lois républicaines dans *la mesure où elles n'attaquent pas la liberté de sa conscience,* et qu'il lui est, en soi, égal de vivre sous les lois républicaines ou sous celles de la monarchie ». Quant au serment constitutionnel, il ne l'a pas prêté, dit-il, parce qu'*il répugnait à sa conscience*. Toutes ses autres réponses témoignent, par ailleurs, tant du désir de ne pas blesser la vérité que de sa volonté de ne compromettre personne pour lui avoir donné asile. S'il cite ses deux frères et sa mère comme l'ayant caché de temps à autre, c'est qu'il supposait que cette action, si naturelle de la part de ses proches, ne pouvait leur être imputée à crime. Les personnes qu'il avoue avoir confessées sont mortes, et le prêtre Eveillard, qu'il a fréquenté, est lui aussi trépassé en prison.

Son interrogatoire achevé, l'abbé Oresve fut conduit à la Tour Saint-Michel ; c'était alors l'antichambre du Tribunal criminel, infatigable pourvoyeur de la guillotine. On l'y laissa deux jours seulement. Le 18 juin 1794, le courageux prêtre comparaissait devant Demeaux, l'un des juges faisant le service par quartier au Tribunal criminel, afin d'y subir l'interrogatoire d'identité prescrit par la loi. Il y renouvela ses déclarations déjà faites au Comité révolutionnaire rennais. Il ajouta même qu'il avait été en 1790 aumônier de la garde nationale de Bédée, qu'il avait à cette époque prêté comme citoyen serment à la nouvelle Constitution que s'étaient donnée les Français (1), qu'il était au début partisan des réformes que la Révolution avait apportées au pays, qu'il avait même fait de la propagande autrefois en faveur du nouveau régime, mais, distinguant bien nettement ce qui relevait du temporel de ce qui dépendait du spirituel, il prit bien soin d'ajouter « qu'il n'avait pas cru pouvoir prêter le serment comme vicaire ».

De telles preuves de « fanatisme » ne pouvaient manquer d'attirer sur sa tête les foudres de la loi. Du reste, les termes de celle-ci ne laissaient aux insermentés aucun échappatoire. Dix-huit mois durant, Oresve avait mené une existence digne des confesseurs de la Foi de la primitive Eglise. Il méritait la même récompense ; elle lui fut accordée. Le 17 juin, ce digne ecclésiastique s'entendit condamner à la peine capitale comme « convaincu d'avoir été sujet à la déportation [comme insermenté] et d'être demeuré caché en France au mépris de la Loi ».

Julien-Pierre Oresve marcha au supplice le lendemain du jour où il avait été condamné et rendit à Dieu sa belle âme, comme saint Etienne, dans la première fleur de sa jeunesse sacerdotale.

L'enregistrement de son décès fut fait à l'Hôtel de Ville de Rennes dans les termes suivants, qui n'indiquent pas le lieu où il fut exécuté :

« Jullien Oresve, ex-prêtre habitué de Bécherel [lire Bédée], sans qu'il y ait de plus amples instructions, est décédé le 1ᵉʳ messidor an II (19 juin 1794). »

« Le souvenir de ce prêtre, écrit l'abbé Guihard, dont le chanoine de Corson rapporte les paroles, est demeuré vivant dans les paroisses de Bédée et de Cintré, qu'il édifia par ses vertus et qu'il maintint dans la Foi catholique grâce à son zèle infatigable. »

---

(1) A cette époque, la constitution civile n'était pas encore décrétée.

BIBLIOGRAPHIE. — Guillon, *Les Martyrs de la Foi*, op. cit., t. III, p. 172. — Tresvaux du Fraval, *Histoire de la Persécution révolutionnaire en Bretagne*, op. cit., t. II, p. 22. — Guillotin de Corson, *Les Confesseurs de la Foi*, etc., op. cit., p. 30-32.

Pièces officielles.

ACTE DE BAPTÊME DE M. ORESVE.

(Extrait des registres d'état civil de Bédée, pour 1765, conservé aux archives d'Ille-et-Vil.)

Pierre-Julien Orêve (sic), fils légitime de François et d'Olive Le Brumant, son épouse, né d'hier, au lieu de La Motte-Botherel en cette paroisse, a été baptisé aujourd'hui *2 janvier 1765* dans cette église par moi soussigné. Parrain : Pierre Le Brumant ; marraine, Marie Jouanin. Présents : Gabriel Le Brumant, Michel Bouvot et autres ne signant.

Signé : P. EVEILLARD, curé.   G. LE BRUMANT.

PROCÈS-VERBAL DE L'ARRESTATION DE M. ORESVE, le 13 *juin 1794.*

(Archives d'Ille-et-Vilaine, série L, comité de surveillance de Montfort,
copie de M. l'abbé Julien Hervé.)

Soussigné, Georges Poulain, gendarme à la résidence de Montfort-la-Montagne, district du même nom, certifie à qui il appartiendra, qu'étant en détachement avec les Chasseurs d'Evreux, et arrivé dans la cour de la veuve Oresve, des Couëttes, en la commune de Cintré, j'ai aperçu assis à la porte donnante sur la cour un individu couvert d'un chapeau de paille et veste brune, qui, en me voyant, se jetta précipitamment dans un des appartements de la maison de ladite veuve Oresve ; que cette dernière, ni ses enfants, n'étaient lors en ladite maison, et que les appartements d'ycelle furent fouillés où on trouva sous un lit le nommé Oresve, prestre, de la commune de Bédée, duquel le détachement se saisit et de plusieurs autres individus qui étaient dans et autour de la maison, occupés à leurs travaux ordinaires, et qui, d'après leur interrogatoire, ont été renvoyés à leurs fonctions ; que le commandant du détachement amena aux prisons la fille de ladite Oresve, parce qu'elle se croyait coupable, quoique ne la jugeant pas telle, n'étant pas la maîtresse de la maison.

A Montfort-la-M., le 25 prairial an II de la République.

POULAIN, gendarme.

INTERROGATOIRE DU PRÊTRE ORESVE DEVANT LE DISTRICT DE MONTFORT.

Le 25 prairial, aux 3 heures de l'après-midi, de l'an II de la R. F. etc., devant nous, Joseph-Xavier Roussau, membre du Directoire du district de Montfort-la-Montagne, département d'Ille-et-Vilaine, avons fait amener devant nous un particulier détenu dans les prisons de cette commune ; de la taille d'environ 5 pieds 3 pouces, vêtu d'une veste brune, gilet d'étoffe blanche, culotte jaune rayée, couvert d'un chapeau de paille, cheveux, barbe et sourcils brun clair, yeux bruns, bouche petite, menton court, nez bien fait, front moyen et en pointe, d'une complexion faible et maigre.

Interrogé de son nom, etc. ? — Répond avoir nom *Pierre-Julien Oresve*, âgé de 29 ans 6 mois, prêtre, originaire et domicilié de Bédée, auparavant son emprisonnement.

Interrogé depuis quand et par qui il a été mis dans les prisons de Montfort ? — Répond qu'il y est depuis 11 h. 1/2 du matin de ce jour, et qu'il a été saisi et constitué prisonnier par une troupe en garnison à Montfort.

Interrogé s'il a fait le serment prescrit par la Loi ? — Non.

— S'il a, ci-devant, rempli quelques fonctions curiales, et s'il a été salarié par la Nation ? — A été six mois vicaire de la commune de Bédée et a touché deux trimestres.

— S'il a eu connaissance de la Loi qui l'obligeait à la déportation, et qui lui donnait un délai pour se présenter ? — Répond qu'il a eu connaissance de quelques Lois qui l'obligeaient à la déportation, mais qu'il ne les a jamais lues.

Interrogé depuis quand il est travesti et hors de sa commune ? — Répond qu'il est hors de sa commune depuis le 3 février 1792 et qu'il est travesti depuis environ 18 mois.

— Quels sont les prêtres réfractaires qu'il a fréquentés depuis qu'il ne paraissait pas en public ? — Il n'en a fréquenté aucun.

— Comment il a pu, depuis le 3 février 1792 (v. s.), se soustraire à la vigilance des gendarmes et gardes nationaux ? — Il a été plusieurs mois sans se cacher, parce qu'il n'était tenu que de s'écarter à trois lieues de sa commune, et que, depuis et postérieurement, il se cachait dans les champs.

Interrogé du lieu où il a été saisi aujourd'hui ? — Il a été saisi aux Couëttes, en Cintré, chez Michelle Burel, veuve de Pierre Oresve, où il était caché sous un lit.

Représenté à l'interrogé qu'il n'a pas toujours été dans les champs, et que, depuis deux ans, si personne ne lui avait assuré ses besoins et ses subsistances, il ne vivrait pas ? — Répond qu'il demandait son pain ; qu'on lui en donnait ; et qu'il se retirait même quelques fois dans sa demeure.

Interrogé depuis quand il restait chez Michelle Burel, et si elle est sa parente ? — Répond qu'il n'y était que de ce matin, et que cette femme est sa parente à cause de ses enfants.

Interrogé s'il n'y allait pas souvent ? — Il y a été deux ou trois fois depuis qu'il était obligé de se cacher, et, qu'auparavant ce temps, lorsqu'il était assujetti à un éloignement de trois lieues, il se retirait habituellement chez elle.

— Quelle est la personne qui gouverne la maison des Couëttes ? — Il y a toujours vu un doux concert entre la mère et les enfants.

Interrogé du nom du fils de la maison et de ses fonctions publiques ? — Il se nomme Joseph Oresve, secrétaire greffier de la municipalité de Cintré, district de Rennes, et membre du Comité de surveillance de Mordelles.

Interrogé de l'objet du rassemblement de ce jour à la maison des Couëttes, et pourquoi un vagabond de Mordelles, une ex-religieuse et plusieurs autres personnes suspectes s'y sont trouvés ? — Répond qu'il n'a vu personne que le tailleur, nommé Milet.

Interrogé si on n'y préparait pas un festin ? — Il n'en a eu aucune connaissance.

— Si la religieuse, prise ce jour aux Couëttes, avec lui, a été par lui confessée et administrée, et si c'est là le motif pour lequel elle s'est trouvée audit lieu, ou si elle y résidait habituellement ? — A répondu négativement et que cette religieuse a dû être prise à son arrivée, sans qu'il en eût connaissance.

— Si Joseph Oresve ne s'est pas sauvé à l'arrivée de la troupe ? — Il n'en sait rien et il présume qu'il était sorti de bonne heure.

Interrogé s'il n'a pas connaissance que ce Joseph Oresve ait des intelligences contre-révolutionnaires, notamment avec le nommé For-sang du Houx ? — Non.

— S'il considérait cet Oresve comme bon citoyen ? — Répond qu'il n'a jamais vu aucun acte d'incivisme en lui.

Représenté à l'interrogé qu'un fonctionnaire public qui recèle des prêtres, des religieuses et des vagabonds d'une commune telle que Mordelles, considérée comme la pépinière des chouans du pays, ne peut et ne doit pas être considéré comme un bon Républicain ? — Répond qu'il n'a rien à répondre, fors qu'il regarderait Oresve comme un mauvais Républicain s'il l'avait souffert chez lui habituellement.

— S'il n'a pas excité quelques mauvais citoyens de Cintré au brigandage, et s'il n'existe pas aujourd'hui un plan de révolte, ourdi par les prêtres réfractaires et quelques nobles avec lesquels ces prêtres, disséminés dans les campagnes et déguisés, correspondent et entretiennent des intelligences criminelles ? — Répond négativement.

Interrogé s'il ne connaît aucun des chouans qui ont commis des délits nocturnes dans les communes de Monterfil, La Chapelle, Thouarault, Cintré et Breteil ? — Non.

— *Quels sont les prêtres qui l'empêchèrent de se conformer à la Loi ? — Il n'a suivi que sa conscience.*

— S'il n'a jamais administré les sacrements depuis qu'il est fugitif ? — Il a confessé trois ou quatre personnes mourantes qui lui étaient inconnues.

En l'endroit, ledit Oresve a observé que la raison pour laquelle il ne s'est pas déporté lorsque la Loi le lui ordonnait, est qu'il a presque toujours été malade.

Tels sont ses interrogatoires, desquels lecture lui faite au long, a dit qu'ils sont véritables, et a signé avec nous, lesd. jour et an. (3 mots rayés nuls.)

Signé : P.-J. ORESVE, prêtre.   ROUSSAN, administrateur.

INTERROGATOIRE DE L'ABBÉ ORESVE DEVANT LE COMITÉ RÉVOLU-
TIONNAIRE DE RENNES, le. 14 juin 1794.

Le 26 prairial an II, etc., devant nous, membre et secrétaire du Comité révolutionnaire de Rennes, a été amené par les citoyens Pelé, caporal des Grenadiers du 8ᵉ Bataillon de la formation d'Orléans, Jacques Main, Nancy, Lafleur et Debé, tous de la même compagnie, les nommés *Charles Pairier*, ex-prêtre de la commune de Miniac près Bécherel, *Pierre-Julien Oresve*, curé de la commune de Bédée, et Roullin, de la commune d'Irodouër. Nous, commissaire, chargé seulement d'interroger led. Oresve, nous lui avons demandé son âge, qualité et profession, avant et depuis la Révolution, le lieu de son domicile depuis 1790. — Répond être âgé de 29 ans 6 mois, ex-prêtre de la commune de Bédée depuis environ cinq ans, et, avant la Révolution, écolier ; que ce fut le ci-devant Evêque de Saint-Malo qui le fit prêtre ; que ce furent les administrateurs du district de Montfort qui le placèrent à Bédée avant l'arrivée de l'Evêque constitutionnel ; que son domicile a toujours été chez sa mère jusqu'au 2 octobre 1791 ; il a passé quatre mois après cette époque chez sad. mère ; que le Procureur de sa commune lui intima verbalement de se retirer à trois lieues de sa commune ; qu'il s'y soumit, et se retira chez *Michelle Burel*, veuve de Pierre Oresve, village des Couëttes en Cintré, où il resta environ 6 semaines ; qu'alors il commença à se cacher ; que, de suite, il se rendit chez sa mère où il resta environ trois semaines ; qu'il a quelquefois logé chez ses deux frères, l'un nommé *Mathurin*, de la commune de Bédée, et l'autre *François*, en la commune de Breteil ; qu'il a été deux ou trois fois, et couché une, chez la nommée *Veuve Burel* où il a été arrêté ; qu'il a habité sa maison, au bourg de Bédée, environ six mois, à différentes reprises, avec sa mère, qui lui fournissait les vivres ; que, le surplus du temps, *il l'a passé à vicarier dans des granges, greniers à foin et autres lieux*, sans connaître ni se rappeler les endroits ni les noms des personnes chez qui il allait mendier ; *que, très souvent, il se cachait et couchait dans les fossés et dans des barges de paille.*

Demandé s'il a été déporté ? — Répond que non ; mais qu'à l'époque de la déportation, son intention était de sortir de la République ; que sa faible santé ne le lui permit pas.

Demandant pour quel motif il voulut sortir de la République ? — Répond qu'*il répugnait à sa conscience de prêter le serment*, et que le motif qui le portait à sortir de la République était celui d'obéir à la Nation.

Sommé, au nom de la loi, de nous dire positivement les motifs qui l'empêchèrent de prêter serment et de se retirer de la République ? — Répond persister dans sa réponse précédente.

Demandé s'il connaît le prêtre Emery et s'il sait le lieu qu'il habite ? — Répond qu'il ne l'a jamais vu, mais qu'il a ouï dire qu'il habitait la commune de Mordelles, sans en connaître le village.

Demandé combien de fois il a prêché, confessé et administré les sacrements ? — Répond qu'il n'a jamais prêché, mais qu'il a confessé trois ou quatre personnes *expirantes*, sans leur avoir administré aucun autre sacrement.

Demandé quelles sont les personnes qu'il a confessées et où elles demeurent ? — Répond qu'il a confessé la femme de Pierre Crespel, connu sous le nom de Villebrequin, de Bédée, Jean Roussin, du village de Bignon, même commune, et ne pas connaître les deux autres.

Demandé s'il n'avait pas des ornements d'église et qui les lui a fournis ? — Répond qu'il n'en a aucun.

Demandé depuis quand il connaît Charles Pairier, ex-prêtre de Miniac ? — Répond qu'il croit l'avoir vu chez le recteur de Miniac avant la Révolution et ne l'avoir vu depuis qu'hier.

Sommé l'interrogé, au nom de la Loi, de nous nommer sur-le-champ les prêtres qui, comme lui, sont errants et le lieu où ils se retirent ? — Répond qu'il n'en connaît aucun, si ce n'est *Eveillard*, qui a dû être *reclu* à Rennes, et qu'il croit *mort*. Que c'était chez lui, à Breteuil, qu'il l'a vu et lui a parlé et que, la dernière fois qu'il le vit, ce fut dans un champ, il y a environ un an.

Demandé s'il a eu connaissance et s'il n'a pas participé aux rassemblements qui ont eu lieu dans sa commune et aux environs de la ci-devant armée de Jésus-Christ et Royale ? — Répond qu'il n'a participé à aucun rassemblement, mais qu'il a ouï dire, par la fille de la maison où il fut arrêté, « qu'elle avait ouï dire qu'il y en avait eu un, il y a environ un mois, du côté de Bréal, sans lui désigner personne ».

Demandé s'il n'avait pas engagé ou sollicité personne à prendre parti dans l'armée Catholique et Royale ? — Répond que non et qu'il se croirait coupable s'il l'avait fait.

Demandé quel était le signe auquel il se faisait connaître de l'armée catholique et royale ? — Répond qu'il n'en connaît aucun, mais que, s'il eût été pris par l'armée des rebelles, il eût pu avouer qu'il était prêtre insermenté.

Demandé s'il sait où doit aller l'armée (dite) de Jésus-Christ ? — Répond qu'il l'ignore absolument.

Demandé quelles sont ses relations et liaisons ? — Répond que ce sont sa mère et ses sœurs.

Demandé s'il aime bien les lois et la Constitution républicaine ? — Répond qu'*il aime les lois républicaines autant qu'elles n'attaqueront point la liberté de sa conscience.*

Demandé s'il regrette la mort du feu Roi et s'il en voudrait un nouveau ? — Répond que la mort du feu Roi lui est indifférente. *Qu'il lui*

*est égal de vivre sous les lois républicaines ou sous celles de la mo-
narchie.*

Demandé à quelle époque il a confessé les quatre personnes ci-devant
mentionnées ? — Répond qu'il y a deux ans et demi qu'il a confessé
les deux dénommés et, quant aux deux autres, il y a environ dix mois.

Demandé où il a mis ses soutanes, surplis et autres ornements sacerdotaux ? — Répond qu'ils sont restés chez lui et qu'ils sont sous la
saisie.

Tels sont ses interrogatoires, etc. A signé avec nous.

Signé : P.-J. ORESVE ; G. LAVEANT ; CARMOIS, secrétaire.

(L'ordre d'écrou de M. Oresve est commun avec celui de M. Pairier.
Cf. page 88.)

INTERROGATOIRE DE M. ORESVE DEVANT LE TRIBUNAL CRIMINEL D'ILLE-ET-VILAINE.

Le 30 prairial an II (18 juin), etc., nous, Juge au Tribunal criminel
du département d'Ille-et-Vilaine, ayant avec nous pour adjoint le premier commis-juré du Greffe, avons fait amener, dans l'une des chambres
du Temple de la Loi, le nommé *Pierre-Julien Oresve*, prêtre, sujet à
la déportation, resté caché en France, duquel Oresve avons reçu les
déclarations comme il suit :

Interrogé de son nom, surnom, etc. ? — Répond se nommer *Pierre-
Julien Oresve*, âgé de 29 ans 6 mois, prêtre, originaire et domicilié de
Bédée avant sa détention.

— S'il a prêté le serment, exigé par les Lois, des fonctionnaires
publics et des ecclésiastiques, et s'il était curé ou vicaire ? — A été,
pendant six mois, vicaire de Bédée ; a été aussi aumônier de la Garde
nationale ; a prêté le serment en cette dernière qualité et comme citoyen ;
mais qu'il n'a pas cru pouvoir le prêter comme vicaire.

Interrogé dans quel lieu il était au mois de mars 1793 (V. st.),
notamment le 17 et jours suivants ? — Répond qu'il croit avoir été,
dans ce temps, en la commune de Bédée, mais qu'il n'avait point de
domicile fixe, et couchait dans les barges de paille et même quelquefois
dans les champs.

Interrogé dans quelle commune il a habité dans les trois mois derniers ? — Répond qu'il n'a guère demeuré que dans la commune de
Bédée ; qu'il a été quelquefois dans celles de Cintré et de Breteil ; que,
dans cette dernière, il a rencontré deux fois le prêtre *Eveillard*, qu'il
croit mort depuis ; qu'au surplus, depuis 15 mois, il n'a pas été chez
sa mère, ni chez ses frères.

Interrogé s'il n'a pris aucune part aux insurrections qui eurent lieu,
l'année dernière, à l'époque du recrutement de l'Armée, soit par conseils
ou autrement ? — Non.

Interrogé s'il n'a engagé personne à se réunir à l'armée des brigands de la Vendée ou à la horde des chouans ? — Répond que non ; qu'au contraire, *il aime autant les lois républicaines que les lois monarchiques;* qu'au commencement de la Révolution, il a engagé plus de 100 personnes à s'y conformer ; que, s'il ne s'est pas déporté, conformément à la Loi, c'est qu'une maladie de langueur l'en empêchait ; qu'il a été plusieurs fois tenté d'écrire aux administrations pour demander sa réclusion, NE CROYANT PAS POUVOIR PRÊTER LE SERMENT QU'ON EXIGEAIT.

Interrogé s'il a des biens meubles ou immeubles, et où ils sont situés ? — Répond n'avoir d'autres meubles que quelques hardes, qui ont été saisies chez sa mère, au bourg de Bédée ; et, pour immeuble, qu'une maison et un jardin, situés au même lieu et dont jouit sa mère.

Telles sont ses déclarations qu'il a signées.

Signé : P.-J. ORESVE.   DEMEAUX, juge.

F.-R. PIGEON, 1er commis-juré.

CONDAMNATION A MORT DU PRÊTRE ORESVE, *le 18 juin 1794.*

Audience du 30 prairial, an second de la R. F., etc., tenue par le Tribunal complet, présent le citoyen accusateur public.

Au nom du Peuple Français, le Tribunal criminel du département d'Ille-et-Vilaine a rendu le jugement suivant :

Entre le citoïen accusateur public, demandeur, pour cause d'infraction aux Lois par *un prêtre sujet à la déportation,*

Et Pierre-Julien Oresve, prêtre, originaire de la commune de Bédée, détenu à la maison de Justice près ce Tribunal, défendeur et accusé.

Vü, en la salle d'audience, publiquement et les portes ouvertes, les interrogatoires subis par Pierre-Julien Oresve, prêtre insermenté, les 25, 26 de ce mois, et ce jour ;

Ouï le rapport du citoyen Demeaux, juge en ce Tribunal, et l'accusateur public en ses conclusions motivées à l'audience,

Le Tribunal, faisant droit sur le tout, après avoir délibéré et opiné à haute voix, a, dans la forme, mis Pierre-Julien Oresve hors la loi ; au fond, l'a déclaré duement atteint et convaincu d'*avoir été sujet à la Déportation* et d'*être resté caché* en France au mépris de la Loi. Pour réparation de quoi et intérêt de la Société, a condamné ledit Pierre-Julien Oresve à la peine de mort, conformément aux articles X, XIV, XV et V de la Loi des 29 et 30 vendémiaire, desquels articles a été donné lecture et qui sont ainsi conçus (Cf. p. 13-15).

Ordonne en conséquence le Tribunal que ledit Pierre-Julien Oresve sera, dans les 24 heures, *livré au Vengeur du Peuple* et mis à mort, déclare ses biens meubles et immeubles (si aucuns sont), acquis et confisqués au profit de la République, conformément à l'article XVI de la même Loi, duquel article a été donné lecture et qui est ainsi conçu :

« La déportation, la réclusion et la peine de mort, prononcées d'après les dispositions de la présente Loi, emporteront confiscation de biens. »

Ordonne que le présent jugement sera, à la diligence de l'accusateur public, mis à exécution, imprimé et affiché dans tous les chefs-lieux de district et de canton du département.

Fait à Rennes, en l'audience du Tribunal, où étaient présents les citoyens Demeaux, Huhay et Le Saulnier, juges, qui, avec le citoyen président, ont signé le présent jugement.

Signé : Boüaissier.　Huhay.　Demeaux.　Le Saulnier.

Charles PAIRIER

Né le 17 mars 1747, à Miniac-sous-Bécherel, prêtre habitué de cette paroisse, où il fut saisi le 10 juin 1794. Guillotiné à Rennes, le 17 juillet suivant.

(Dossier n° 244 des actes du tribunal criminel d'Ille-et-Vilaine, série B, Parlement, aux archives d'Ille-et-Vilaine. Cf. en plus, même dépôt, les dossiers des comités révolutionnaires de Rennes, Montfort et Bécherel.)

L'ABBÉ PAIRIER, fils de Pierre et de Julienne Thé, naquit au village de la Hardouinais, en Miniac-sous-Bécherel, le 17 mars 1747. Ses parents l'envoyèrent étudier à Dinan, au collège des Laurents, où il finit sa philosophie en 1767. Il passa tous ses examens préparatoires à l'admission aux saints ordres avec la mention « *passable* » et reçut la tonsure et les mineurs à Dol, par dimissoire en date du 9 septembre 1767. Il attendit pour le sous-diaconat jusqu'au mois de mars 1772, et c'est encore des mains de Mgr de Hercé qu'il reçut le premier des ordres sacrés. Il fut fait diacre à Rennes, par dimissoire en date du 30 mars de cette même année, mais c'est son évêque, Mgr des Laurents, qui lui conféra la prêtrise à Saint-Sauveur, en Saint-Malo, le 27 mars 1773, à l'âge de 26 ans. (*Arch. d'I.-et-V.,* G, 89.)

M. Pairier, après son ordination sacerdotale, demeura dans sa paroisse natale, où il habitait avec sa mère, au village de la Hardouinais. Il y jouissait de l'affection et de l'estime de ses concitoyens, lesquels, à l'élection des municipalités, le choisirent pour le premier maire de Miniac. Il sut si bien s'acquitter de ses fonctions, qu'elles lui furent continuées jusqu'au mois de septembre 1792, date de l'application de la Loi du 26 août précédent (Cf. p. 11).

Lorsqu'à cette époque, Jean-Marie Le Forestier, recteur de Miniac, dut prendre la route de l'exil, comme insermenté, M. Pairier le remplaça dans ses fonctions et signa tous les baptêmes de ses compatriotes depuis le 9 septembre jusqu'au 14 du mois suivant. A ce moment, la tenue des registres d'Etat Civil ayant passé aux laïques, il n'est plus possible de constater, documents en mains, le ministère qu'il accomplit près de ses compatriotes, mais Tresvaux du Fraval assure « qu'il leur fit beaucoup de bien par les secours spirituels qu'il donnait aux fidèles ».

N'étant pas considéré par la loi comme fonctionnaire public ecclésiastique, M. Pairier put demeurer ouvertement dans sa paroisse, quoique réfractaire, jusqu'à la promulgation de la Loi des 21 et 23 avril 1793, qui condamnait à la déportation à la Guyane tout prêtre ou religieux qui n'aurait pas au moins prêté le serment du 14 août 1792. Or, l'abbé Pairier, nous le savons par ses interrogatoires, *ne prêta jamais comme prêtre aucun des serments prescrits par les lois qui réglaient le sort du clergé catholique.* Cependant, malgré les sanctions redoutables auxquelles il s'exposait, cet ecclésiastique continua d'habiter Miniac, où il pouvait se croire en sécurité, si l'on s'en rapporte à un épisode qui eut cette paroisse pour théâtre, le 1ᵉʳ novembre 1793. A cette date, vers les 11 heures du matin, le maréchal des logis Ignace Davonay et Joseph Grolard, tous deux gendarmes de Hédé, se trouvant à Miniac, rencontrèrent l'abbé Pairier, « *qu'ils sommèrent de les suivre* », ce qu'il se refusa d'exécuter. Ils tentèrent alors, prétendirent-ils ensuite, de l'entraîner de force, « mais plusieurs particuliers présents coururent au bourg et bientôt un attroupement d'environ 25 personnes » se forma autour des représentants de la force publique, qui, se voyant en péril, relâchèrent leur prisonnier.

Malheureusement, le 10 du mois de juin de l'année suivante, comme l'abbé Pairier revenait de Saint-Pern dans la soirée, il tomba dans le bourg de Miniac au milieu d'une patrouille composée de gardes nationaux de Bécherel. On assure, rapporte Tresvaux du Fraval, que ces hommes étaient assez disposés à laisser aller le bon prêtre, « mais ils en furent empêchés par un ancien habitant de Miniac, qui se trouvait parmi eux, lequel insista beaucoup pour qu'on le retint ». On conduisit M. Pairier d'abord à Bécherel, puis à Montfort, le 12 juin, et enfin à Rennes, où il fut enfermé dans les prisons de la Porte Saint-Michel.

Non seulement l'abbé Pairier pardonna à cet homme qui le livrait à ses bourreaux, mais, en digne disciple de Jésus-Christ, il recommanda plusieurs fois à ses parents, dit Tresvaux du Fraval, « de ne vouloir aucun mal à celui qui s'était montré si cruel à son égard, et les pria même de lui faire du bien, ainsi qu'à sa famille, si l'occasion s'en présentait ».

Les *Souvenirs* de Mgr Brûté renferment une émouvante page sur l'abbé Pairier :

« Ma mère, écrit l'évêque de Vincennes, le vit passer sous ses fenêtres se rendant au palais de justice. Elle fut frappée de l'aspect remarquable de M. Pairier, un grand prêtre à cheveux gris, aux traits célestes et à la démarche pleine de dignité ; et en ce moment elle fut témoin d'une circonstance qui donnera l'idée de l'esprit de l'époque, mieux qu'une longue description.

» La guillotine à Rennes, comme dans la plupart des villes, était dressée en permanence sur la place publique, souvent ensanglantée et

portant parfois des têtes exposées. En passant avec leurs prisonniers pour se rendre au tribunal, les gendarmes avaient l'habitude d'appeler l'attention de leurs victimes sur l'instrument fatal, et les forçaient à le regarder. — « Regarde donc, dit l'un d'eux à M. Pairier ; dis donc bonjour à madame la guillotine ; ne vas-tu pas l'épouser ? » — Et la foule criait en même temps : « A la guillotine ! A la guillotine ! » — Cet ecclésiastique ne parut pas faire attention au propos de son gardien et ne détourna pas la tête, mais il continua à marcher modestement à la suite des autres prisonniers. Le gendarme, offensé de ce que M. Pairier n'eût pas obéi à son ordre, lui donna un coup violent au visage, en disant : « Veux-tu regarder où je te dis ? Tu seras bientôt là toi-même ! » — « Je là vois », répondit tranquillement M. Pairier. Ces mots me furent rapportés par des témoins très rapprochés des prisonniers ; mais le soufflet ne sortit pas de la mémoire de ma mère, et de longues années après, elle en parlait souvent à l'occasion de ces terribles scènes : « De tous ceux que j'ai vus se rendant au tribunal et de là à l'échafaud, aucun n'avait un aspect si vénérable que M. Pairier. » — Et alors elle racontait l'acte honteux de barbarie qui avait donné au martyr un trait de ressemblance de plus avec Notre-Seigneur dans sa Passion (1). »

L'interrogatoire de l'abbé Pairier par un juge du Tribunal criminel fait défaut dans son dossier, mais cet interrogatoire, simple constatation d'identité d'après les termes de la loi, manque habituellement d'intérêt. En revanche, nous en possédons trois autres qui nous éclairent parfaitement sur la mentalité de cet ecclésiastique, lequel, d'après ses réponses, n'était nullement l'ennemi des réformes que l'Assemblée Constituante avait réalisées en France, si elles se fussent tenues dans leur domaine propre et n'eussent point touché à la Constitution même de l'Eglise. Il était demeuré dans sa paroisse natale, confiant dans la sympathie dont il jouissait parmi ses compatriotes, auxquels il rendait des services de toutes sortes, tout en étant « navré des événements dont il était témoin ». Par ailleurs, les réponses de M. Pairier témoignent de beaucoup de circonspection. Il évite de fournir de nouveaux arguments contre lui à ses accusateurs et ne leur avoue que ce qui lui est impossible de leur cacher : telle sa réponse dans laquelle il prétend n'avoir jamais célébré la messe depuis dix-huit mois. Il évite aussi soigneusement tout ce qui pourrait compromettre des tiers et, à part sa mère et ses sœurs, il prend garde de nommer quelqu'un, sachant par avance combien une imprudence de langage de sa part serait terrible pour la personne qui en serait l'objet.

M. Pairier fut condamné le 16 juillet 1794 à la peine de mort par le Tribunal criminel d'Ille-et-Vilaine.

Les motifs invoqués pour justifier cette sentence, nous les avons déjà vus appliquer plusieurs fois : le prévenu est demeuré, quoique inser-

---

(1) *Souvenirs de la Persécution révolutionnaire à Rennes* (*Revue de Bretagne et de Vendée*, VIII. 454).

menté, sur le territoire français, en violation de la loi qui expulsait du sol de la République révolutionnaire tous les prêtres « fanatiques ».

Le lendemain 17 juillet, M. Pairier subit le châtiment mérité pour une faute aussi impardonnable. Il fit preuve en la circonstance, écrit Guillotin de Corson, des mêmes sentiments de Foi et de piété dont il avait fait montre précédemment. S'il ne put égrener, en marchant au supplice, le chapelet qu'il portait sur lui lors de son arrestation, et que le Comité révolutionnaire de Rennes lui avait confisqué « comme un signe de ralliement pour les brigands », ses lèvres durent murmurer bien souvent le nom de Marie jusqu'à ce que le couperet de la guillotine vînt jeter son âme entre les mains de Celle qu'il avait tant de fois invoquée.

BIBLIOGRAPHIE. — Guillon, *Les Martyrs de la Foi*, op. cit., t. IV, p. 231, qui orthographie Perrier. — Tresvaux du Fraval, *Histoire de la Persécution révolutionnaire en Bretagne*, op. cit., t. II, p. 23-24. — Mgr Brûté de Rémur, *loco citato*. — Guill. de Corson, *Les Confesseurs de la Foi de l'Archidiocèse de Rennes*, op. cit., p. 42-44.

Pièces officielles.

ACTE DE BAPTÊME DE M. CHARLES PAIRIER.

(Extrait des registres de baptêmes de Miniac-sous-Bécherel pour l'année 1747.)

Charles Pairier, fils légitime de l'h. h. Pierre et de h. f. Julienne Thé, né au village de la Hardouinaye, *le 17e mars 1747*, a été baptisé le même jour, par moy soussignant. Parrain : h. h. Charles Couapel. Marraine : Marguerite Gaignet. Témoins : François Hannier, Catherine Briard et autres qui ne signent.

Signé : BERTELOT, prieur de Miniac.

NOTES DE SÉMINAIRE DE M. PAIRIER.

Examen Tonsure : août 1767 : N'a pas mal répondu, un peu lent, admis ; a fait sa philosophie à Dinan.

Examen Sous-Diaconat : février 1771, étudie à Dinan : peu de voix et de chant, passable à son examen ; admis pour son ordination prochaine.

Examen Diaconat : mars 1772 : Un peu de voix et de chant, passable à son examen ; admis.

Examen Prêtrise : août 1772 : Admis, mais averti sur l'Ecriture Sainte. Etudie à Dinan.

ARRESTATION DE M. PAIRIER, LE 10 JUIN 1794, PAR DES GARDES NATIONAUX DE BÉCHEREL.

« Déclarent que, faisant leur visite hier au soir à l'occasion du transport des grains qui se fait clandestinement et nuitamment dans les paroisses circonvoisines de cette commune, ils rencontrèrent un homme vêtu d'un habit et d'un gilet blancs, cheveux gris, dans le chemin conduisant du bourg de Miniac-sous-Bécherel au Roset, proche le jardin du ci-devant presbytère de Miniac, lequel ils reconnurent pour être Charles Pairier, prêtre de la commune de Miniac. Que lui ayant déclaré qu'ils le saisissaient pour le conduire à la maison d'arrêt de Bécherel ; après s'être saisi du dit Pairier, il demanda à être relâché, ce que les dits gardes nationaux lui refusèrent ; et qu'au moment de l'arrestation du dit Pairier, ils entendirent deux coups de fusil partir à une certaine distance d'eux, sans savoir par qui, ne voyant personne.

» Ils l'ont conduit dans la maison d'arrêt de Bécherel. Fait sous les seings des dits *François André*, *Casimir Lecoublet* et *Louis Soufflet*, et ont les dits *Eustache Aubert* et *Victor Thomas* déclaré ne savoir signer, le 23 prairial an II. »

INTERROGATOIRE DU PRÊTRE PAIRIER DEVANT LE COMITÉ DE SURVEILLANCE DE BÉCHEREL, *le 23 prairial an II (11 juin 1794).*

« Devant nous, Le Roux, président ; présents Faisant, Brindejonc, André, Jouaire, Lefeuvre, L'Hôpital, Cosson et Pelicot, a été amené par Eustache Aubert, garde national de cette commune, un homme d'environ 5 pieds 2 pouces, vêtu d'un habit brun, gilet blanc, cheveux gris ; à l'interrogatoire duquel a été procédé comme suit :

Interrogé de son nom, etc. ? — Répond avoir nom Charles Pairier, prêtre, âgé de 48 ans, demeurant au village de la Hardouinais, paroisse de Miniac.

Interrogé depuis quel temps il est en arrestation et par qui il a été arrêté ? — Répond que, revenant hier soir de chez Perrine Pairier, sa sœur, demeurant au Rocher, en Saint-Pern, il a été arrêté environ les dix heures au Roset par Eustache Aubert, Louis Souflet, François André et Casimir Le Coublet.

Interrogé où il allait lorsqu'il fut arrêté ? — Répond qu'il allait chez lui coucher à la Hardouinais, en Miniac.

Interrogé s'il avait coutume de coucher toutes les nuits chez lui et s'il ne couchait pas ailleurs ? — Répond qu'il couchait le plus ordinairement chez lui, quelques fois chez ses sœurs, et non ailleurs.

Interrogé s'il n'avait point de relation avec d'autre prêtre ? — Répond que non.

Interrogé s'il n'avait point de correspondance avec des prêtres émigrés ? — Répond non.

Telles sont ses déclarations, desquelles lecture lui faite, a persisté et a signé avec nous. »

Signé : LE ROUX, prezidant *(sic)*.   Charles PAIRIER, prêtre.

Interrogatoire de M. Pairier par Alliou, administrateur du district de Montfort, *le 24 prairial an II* (12 juin 1794).

« A été amené devant nous un homme de la taille de 5 pieds 3 pouces, cheveux gris, barbe blonde, yeux gris, nez long et gros, menton rond, bouche moyenne, visage plein et coloré ; lequel a dit se nommer Charles Pairier, cy-devant prêtre de Miniac.....

Interrogé s'il sait les motifs de son arrestation ? — *Répond que c'est à cause qu'il était suspect et cy-devant prêtre.*

Interrogé s'il a jamais quitté la commune et *s'il a fait le serment exigé par la loi des ecclésiastiques ?* — Répond n'avoir point quitté sa commune, *ni fait le serment exigé par la loi* concernant les ecclésias- tiques.

Interrogé, puisqu'il n'a pas fait le serment, [pourquoi] il a resté dans sa commune et n'a pas pris un passeport pour passer en Angle- terre ou ailleurs ? — Répond avoir toujours resté dans sa commune et n'avoir jamais pris de passeport.

Interrogé où il couchait et comment il vivait ? — Répond qu'habi- tuellement il couchait et vivait chez Julienne Thé, sa mère, au village de la Hardouinais, en Miniac, et quelques fois chez Geneviève et Per- rine Pairier, ses sœurs, l'une de Miniac et l'autre de Pern-Ligouyer (Saint-Pern-Ligouyer).

Interrogé s'il allait souvent à Pern-de-Ligouyer, et si, lorsqu'il s'y trouvait, il ne rencontrait pas d'autres prêtres ? — Répond qu'il y allait parfois un jour par semaine à Pern et qu'il était parfois plus d'un mois sans y aller et n'y avoir vu d'autres prêtres.

Interrogé pourquoi il ne porte plus son habit de prêtre, et s'il y a longtemps ; si c'est parce qu'il a abdiqué ou si c'est crainte d'avoir été plus tôt pris ? — Répond qu'il ne porte plus son habit de prêtre depuis la loi et qu'*il n'avait point crainte d'être pris, étant dans sa commune.*

Interrogé s'il voyageait librement et sans crainte dans sa commune ; s'il conversait avec les officiers municipaux et où il allait le plus sou- vent ? — Répond qu'il voyageait librement et sans crainte dans sa commune, sans que personne lui eût rien dit ; qu'il n'a jamais conversé avec les officiers municipaux, et que, le plus souvent, il était chez sa mère ou chez ses sœurs.

Interrogé si sa mère et ses sœurs, chez qui il était et allait, n'avaient point de voisins ? — Répond que les plus proches voisins de sa mère sont René Lemesle, Guillaume Pairier et Olivier Le Tournoux.

Interrogé ce qu'il a fait ou donné aux voisins de sa mère pour ne pas le dénoncer ? — Répond qu'il n'a fait, ni donné rien à personne pour les empêcher de le dénoncer.

Interrogé s'il ne prêchait pas, confessait et administrait les sacre- ments aux individus de sa commune ? — Répond que, depuis le décret, il n'a fait aucunes fonctions concernant l'administration des sacrements.

Interrogé s'il n'a pas connaissance que les chouans aient parcouru le district, s'il n'en était pas, ou s'il n'a pas engagé les habitants de sa commune d'y aller et de combattre pour la bonne religion ? — Répond *n'avoir vu aucun chouan*, n'avoir engagé personne d'aller les rejoindre, mais avoir ouï dire qu'ils avaient été à Romillé.

Interrogé s'il n'a jamais couché dehors et fait rencontre de quelque autre prêtre ? — Dit avoir toujours couché chez sa mère, frères et sœurs, et n'avoir ni vu, ni rencontré d'autres prêtres.

Interrogé s'il n'a pas cy-devant été arrêté par la gendarmerie et si les habitants de sa commune ne se révoltèrent pas et le firent lâcher ? — Répond que véritablement deux gendarmes de Hédé l'arrêtèrent ; mais que, leur ayant représenté qu'il devait le dernier terme de son don patriotique qu'il n'avait point soldé, ils le lâchèrent et leur signa leur feuille de visite, et qu'*environ 20 ou 30 hommes et femmes étaient présents et pleuraient.*

Interrogé si son âge ne l'assujettissait pas à la déportation et pourquoi il ne l'a pas fait ? — Répond qu'étant âgé de 48 ans, il était assujetti à la déportation ; mais que, ne voyageant que quelques fois la nuit, il croyait se parer et éviter les républicains.

Interrogé si les officiers municipaux de Miniac ne lui communiquaient pas les décrets et s'il ne leur aidait pas à rédiger leurs délibérations ? — Dit que non.

Interrogé où il se cachait lorsqu'il entendait que la gendarmerie ou gardes nationaux étaient par sa commune ? — Répond qu'il se cachait dans le jardin de sa mère, à l'abri de la haie.

Interrogé s'il a des meubles à lui appartenant et du bien fonds ? — Dit que les meubles sont avec ceux de sa mère, et que son père pouvait avoir 200 l. de rente, sa mère 300 l. ; que Geneviève Pairier, sa sœur, jouit de son titre.

Interrogé combien il a de frères et sœurs et s'il allait chez eux tous se réfugier, et s'ils le voyaient avec plaisir ? — Répond avoir trois frères et quatre sœurs ; qu'il allait quelques fois chez eux, y couchait et mangeait et le voyaient avec plaisir. »

Telles sont ses déclarations, etc., et a signé.

Signé : Charles PAIRIER, prêtre.

ORDRE D'ÉCROU DE M. PAIRIER A LA PORTE-MARAT,
le 26 prairial an II (14 juin 1794).

« Gardien de cette maison de justice, tu es par moi soussigné, président du Comité révolutionnaire séant à Rennes, et en vertu des ordres du même Comité en date de ce jour, chargé des personnes des nommés *Charles Pairier*, prêtre en la ci-devant commune de Miniac, et *Julien Oresve*, également prêtre habitué à Bécherel, tous deux *réfractaires ;*

desquels tu feras bonne garde et les nourriras au pain de la République. »

A Rennes, le 26 prairial an II.

Signé : Manella, président.   Jean Gautier.

En marge, se lit : « *Charles Pairier*, exécuté le 29 messidor, par jugement du Tribunal criminel de Rennes en date du 28 dudit mois. — *Julien Oresve*, exécuté le 30 prairial de l'an II, par jugement du Tribunal criminel en date du même jour. »

INTERROGATOIRE DE M. PAIRIER DEVANT LE COMITÉ RÉVOLUTIONNAIRE DE RENNES, le 26 prairial an II (14 juin 1794).

« Demandé à l'interrogé son nom, etc. ? — Répond s'appeler Charles Pairier, 48 ans, ancien prêtre en la ci-devant paroisse de Miniac, natif de la même paroisse près Bécherel, qu'il y a 24 ans environ qu'il est prêtre, qu'il n'a jamais été vicaire ou recteur, qu'il a toujours assisté en qualité de prêtre à la paroisse jusqu'à l'époque du serment.

Demandé où sont ses lettres de prêtrise ? — Répond qu'elles sont au village de la Hardouinais en Miniac.

Demandé depuis quand il a cessé de dire la messe et d'administrer les sacrements ? — Répond qu'il a cessé toutes fonctions depuis le décret (du 26 août 1792), c'est-à-dire qu'il y a près de deux ans.

Demandé s'il n'a pas depuis ce temps dit la messe et administré les sacrements et combien on lui payait ses messes ? — Répond qu'il ne disait point de messe, ni n'administrait point de sacrement depuis l'époque qu'il vient de désigner.

Demandé quelles sont ses liaisons et relations ? — Répond qu'il ne voyait personne si ce n'est sa mère, qui demeure à la Hardouinais, Jean Ruault, son beau-frère, demeurant au Rocher, en Saint-Pern, et sa sœur, veuve de Pierre Sevin, demeurant au Hye, en la Baussaine.

Demandé quels sont ses moyens de subsistance ? — Répond que sa mère le nourrissait.

Demandé d'où lui proviennent les 55 livres en petits assignats, dont deux de 5 livres, trouvées sur lui dans une vessie ? — Répond que c'est sa mère qui lui a remis cette somme.

Demandé où il a été arrêté ? — Répond proche le jardin du citoyen Tiengou, par la garde nationale de Bécherel.

Représenté à l'interrogé qu'il déguise la vérité en disant que c'est sa mère qui lui a remis les 50 livres dont il est cas ; qu'il paraît plus probable que c'est le produit des messes qui lui ont procuré cette somme ? — Répond que Jean Le Moine lui a prêté cette somme en assignats de 50 livres et que son frère a rendu ces 50 livres au dit Le Moine.

Demandé de quelle manière et comment Jean Le Moine lui a remis et fait remettre les 50 livres dont il est cas ? — Répond que c'est dans la maison d'arrêt de Bécherel, servant de retraite aux ci-devant Dames de Saint-Thomas (c'est-à-dire après son arrestation).

Demandé les noms de ceux qui lui ont donné retraite depuis deux ans. Combien de temps il a passé chez chacun d'eux ? — Répond qu'il a passé *la plus grande partie* de ces deux ans chez sa mère et frères et sœurs ci-devant dénommés.

Demandé où il a couché la nuit d'avant son arrestation ? — Répond que c'est chez sa mère.

Demandé combien il y a de prêtres non assermentés dans ses environs et où ils sont ? — Répond qu'il n'en connaît point.

Demandé ce qu'est devenu le curé de sa ci-devant paroisse et le vicaire de la même paroisse, et s'il sait où ils sont ? — Répond qu'il ne sait pas où ils sont, ne les ayant pas vus depuis environ dix-huit mois.

Demandé *s'il est satisfait de la Révolution ?* — Répond que *non, que cela lui fait bien de la peine.*

Demandé *s'il est fâché de la mort de Louis Capet et de sa femme ?* — Répond : *Non.*

A lui représenté qu'il n'est pas sincère dans sa réponse, puisqu'il porte encore leur effigie sur sa tabatière ? — Répond qu'il a cette tabatière depuis huit ans et qu'il y est fort attaché, n'ayant point de moyen d'en acheter d'autre.

Demandé quel usage il faisait d'un *petit chapelet blanc* et si ce n'était pas un signe de ralliement pour les brigands ? — Répond que c'était pour son usage et pour sa dévotion.

A lui demandé s'il s'est enrôlé dans sa garde nationale, et s'il assistait aux assemblées de son canton, et s'il a accepté la Constitution républicaine en juillet 1793 (v. st.) ? — Répond qu'il n'est point dans la garde nationale, qu'il n'a point assisté à sa section depuis plus de deux ans, mais qu'avant ce temps, il a été *maire* de sa commune pendant plus de deux ans et qu'il n'a pas accepté la Constitution.

A lui demandé s'il ne faisait pas fréquemment des voyages à Dinan et chez qui il allait ? — Répond qu'il n'a point été à Dinan depuis cinq à six ans.

A lui demandé s'il n'était pas un des chefs des attroupements liberticides qui ravagèrent la commune d'Evran et autres circonvoisines ? — Répond qu'il n'a jamais fait de brigandage.

Demandé où sont les ornements d'église comme calice, patene, chasubles et autres pièces du même genre ? — Répond qu'il n'en a point et que tous ces ornements doivent être au district de Rennes.

Demandé où sont ses surplis, soutanes et autres vêtements d'église à lui appartenant ? — Répond qu'ils sont chez sa mère, à moins qu'ils ne soient cachés ailleurs.

Tels sont les interrogatoires et les réponses qu'il a dictées lui-même, dont il a dit être sincères et véritables, y persister et ne vouloir rien augmenter, ni diminuer, et avant les signatures, nous, commissaires, sommes saisis d'une somme de 40 livres en petits assignats, d'un petit chapelet blanc, d'une tabatière portant l'effigie de Louis Capet et de sa femme, pour le tout être déposé au Comité. »

Signé : Charles Pairier ; Nouail, juge ; Lagarde, secrétaire.

Jugement condamnant a mort l'abbé Pairier, *le 28 messidor an II* (16 juillet 1794).

« Entre le citoyen accusateur public, demandeur, et Charles Pairier, prêtre de la commune de Miniac-sous-Bécherel, district de Montfort-la-Montagne, demeurant avant son arrestation dite commune de Miniac.

Vu en la salle d'audience, publiquement et les portes ouvertes, les interrogatoires subis par l'accusé sus-nommé, le tout mûrement considéré ainsi que les pièces y annexées.

Ouï le rapport du citoyen Nouail, juge de ce tribunal, et l'accusateur public en ses conclusions motivées à l'audience,

Le Tribunal, après avoir opiné à haute voix, a, dans la forme, mis Charles Pairier hors la loi ; au fond, l'a déclaré *atteint et convaincu d'avoir été sujet à la déportation* (comme insermenté) *et d'être resté caché en France au mépris des lois.* Pour réparation de quoi et intérêt de la Société, a condamné le dit Pairier à la peine de mort, conformément aux articles X, XIV, XV et V de la Loi des 29 et 30 vendémiaire an II qui déclare, article X (Cf. p. 13-15).

Ordonne en conséquence le Tribunal, que le dit Pairier sera, dans les 24 heures, livré au Vengeur du Peuple et mis à mort. Déclare les biens meubles et immeubles du dit Pairier, si aucuns sont, confisqués et acquis au profit de la République, conformément à l'article Ier de la Loi du 28 mars 1793 (v. st.) ci-dessus cité et transcrit et à l'article XVI de la Loi des 29 et 30 vendémiaire, duquel article il a été donné lecture et qui est ainsi conçu (Cf. p. 15).

Fait à Rennes, en l'audience du Tribunal, où étaient présents les citoyens Nouail, Denoual et Joulain, juges, qui, avec le citoyen président, ont signé le présent jugement. »

Signé : Bouaissier, président ; Denoual, Nouail, Joulain.

Acte de décès de M. Pairier.

(Archives de la mairie de Rennes.)

Le 18 juillet 1794, l'Officier d'Etat Civil de Rennes enregistre la mort du prêtre Charles Pairier en ces termes :

« Le 30 messidor, l'an second de la R. F. U. et I., à onze heures du matin, devant moy, officier public, soussigné, a été reçue la déclaration par écrit de Legrand, concierge des prisons de la Porte-Marat, du décès de Charles Pairier, ex-prêtre et réfractaire, mort sur la place de l'Egalité de cette ville hier 29 messidor (17 juillet). »

Signé : P. Jamet, l'aîné, offic. public.

Jean-Baptiste TOSTIVINT

Né à Landujan, le 31 juillet 1754, vicaire de la paroisse d'Evran, saisi à
Landujan, le 14 juillet 1794. Guillotiné à Rennes, le 26 juillet suivant.

(Dossier n° 257 des actes du tribunal criminel d'Ille-et-Vilaine, série B, Parlement,
aux archives d'Ille-et-Vilaine.)

Nous faisons figurer dans ce dossier les interrogatoires de l'abbé
Tostivint et de ses receleurs M. et Mme de Bédée, bien que les
dénégations de ceux-ci, dans l'espoir inutile de sauver leurs
têtes, ne permettent pas, croyons-nous, d'associer leurs noms au procès
de béatification qui, un jour peut-être, pourra s'ouvrir en faveur du saint
prêtre auquel ils avaient donné asile.

JEAN-BAPTISTE-FRANÇOIS-MARIE TOSTIVINT naquit à Landujan, alors
du doyenné de Plumaudan et de l'évêché de Saint-Malo, le 31 juillet 1754, d'une de ces pieuses familles qui se font un honneur de fournir
à l'Eglise un prêtre à chacune de leurs générations (1).

Son père, Jean Tostivint, et sa mère, Anne Tostivint, cultivateurs
recommandables par leurs vertus, l'envoyèrent étudier à Dinan, au collège des Laurents, puis il passa au Séminaire de Saint-Méen, où les
Lazaristes le formèrent aux sciences sacrées.

L'abbé Tostivint reçut la tonsure et les ordres mineurs le 24 septembre 1774. Il fut ordonné sous-diacre à Dol, par dimissoire en date
du 16 mars 1776, et diacre le 15 mars 1777. Enfin son évêque, Mgr des
Laurents, l'éleva au sacerdoce le 19 septembre 1778, dans la chapelle
de Saint-Méen.

Ses notes de Séminaire, qui nous ont été conservées, ne nous ren-
seignent que sur la valeur intellectuelle de ses examens, qui furent jugés

---

(1) Voici l'*Acte de baptême de M. Tostivint*, extrait des registres de catholicité de Lan-
dujan, pour l'année 1754 : « Le 31 juillet 1754, a été baptisé Jean-Baptiste-François-Marie
Tostivint, né ce jour, fils de honorable homme Jean Tostivint et de honorable femme Anne
Tostivint, son épouse, de la Commas. A été parrain, le sieur Jean Tostivint et marraine
honorable femme Françoise Gougeon, qui déclaré signer avec nous et autres. »
Signé : *P. M. Le Chien de la Vigne*, recteur. Thiengou, acolythe.

« passables » en général. On lui trouva aussi « de la voix et du chant ». (*Arch. d'I.-et-V.*, G, 98.)

Employé comme précepteur des enfants de M. et Mme de Bédée, sieur et dame du Moulin-Tizon, aussitôt après sa prêtrise, M. Tostivint conserva ces fonctions environ deux ans. L'éducation de ses élèves achevée, il demeura dans sa paroisse natale en attendant un poste et, le 14 avril 1783, il y obtint la desserte de la chapellenie des *Aubry*, en Landujan. Le 10 septembre suivant, il reçut des lettres de vicaire pour l'importante paroisse d'Evran, où il déploya son zèle jusqu'au mois de septembre 1792.

Lorsque se déchaîna la Révolution, l'abbé Tostivint *se refusa à faire dans les termes exigés par la loi le serment de fidélité à la Constitution schismatique du Clergé*, mais, ainsi qu'il le déclara lui-même en 1794 devant ses juges, « ce n'était pas par antipathie préconçue contre le nouveau régime». Cet ecclésiastique prêta, en effet, deux autres serments : « l'un, dit-il, quand les électeurs d'Evran l'élurent comme notable, l'autre, à l'occasion de sa nomination à une administration civile », qu'il nous a été impossible jusqu'ici de déterminer davantage. Seuls donc les scrupules religieux les plus honorables le guidèrent dans son refus et l'exposèrent à toutes les persécutions.

Le recteur d'Evran s'appelait alors Laurent-Luc-Jean Regnault. Intelligent, mais faible et indécis, il prêta d'abord le serment avec restrictions, puis le rétracta ensuite. Il s'assermenta à nouveau, puis se rétracta encore. On peut supposer que la fermeté de l'attitude de son vicaire eut bien sa part dans cette ultime détermination. Aussi, lorsque la loi du 26 août 1792 vint condamner à l'exil tous les recteurs insermentés et leurs vicaires, M. Regnault s'étant embarqué pour Jersey, M. Tostivint, qui s'était attiré, dit l'abbé Carron, la haine des révolutionnaires, le suivit dans son exil. (Cf. p. 11.)

Les pièces du procès de l'abbé Tostivint ne font pas mention de son séjour à l'étranger, que ses juges semblèrent ignorer. Cependant les listes de l'époque, rédigées par le vicaire général Gofvry et par Lefebvre d'Anneville, signalent sa présence à Jersey. Du reste, l'abbé Carron, son premier biographe, exilé lui-même dans cette île à cette époque, semble parfaitement informé de la durée du séjour de M. Tostivint sur la terre anglaise : « A peine *deux mois* s'étaient-ils écoulés, écrit-il, qu'avisé des persécutions violentes qui arrachaient déjà tant de vertueux ministres aux autels et à la vie, il ne put résister au désir de rentrer dans sa patrie, pour y consoler les bons, y soutenir les chancelants et procurer à tous les secours spirituels, au risque de périr victime de ses généreux efforts. *Sa première tentative échoua.* Il ne fut pas plus tôt embarqué, que la tempête força les matelots de revenir à terre. Il se rembarqua quinze jours après, essuya beaucoup de fatigues et parvint enfin dans la paroisse de Landujan, le premier dimanche de l'Avent. »

Une fois de retour, l'abbé Tostivint se livra sans délai, comme sans ménagement, aux travaux de son ministère, alors plein de périls.

N'osant retourner à Evran, où l'exercice de celui-ci lui semblait impossible, il demeura dans sa paroisse natale où il trouva souvent un généreux asile au manoir du Moulin-Tizon, que continuaient d'habiter, malgré mille dangers menaçants, M. et Mme de Bedée. Le premier, ALEXIS-LOUIS DE BEDÉE, était né à Henanbihen, dans les Côtes-du-Nord actuelles, le 21 février 1739, du mariage de François-Claude, seigneur de la Ville-ès-Galloux, en Ploubalay, et de Françoise-Pélagie Rogon de Lorgerie. Il avait épousé, avant 1771, FRANÇOISE-THÉRÈSE BRUNET, née, croyons-nous, à Pluduno, de François-Marie Brunet, seigneur du tonnement de Montauban et se dirigeait du côté de Landujan. Aux tait la Ville-Robert, en Pluduno, le 7 août 1729.

De Landujan, M. Tostivint répandait les bienfaits de son zèle sur les paroisses avoisinantes : « Ses enfants spirituels d'Evran, rapporte l'abbé *Carron*, venaient le trouver sur les confins de la paroisse de Plouasne, et là, leur saint ami leur procurait le bonheur d'approcher des sacrements. » Il réussit même avec son frère, prêtre caché comme lui, et plusieurs autres confrères, à célébrer solennellement au milieu de la nuit la procession de la Fête-Dieu dans le parc du château du Loü, sis en la paroisse de la *Chapelle-du-Loü*. (Manusc. de l'abbé Guihard, reproduit par Guillotin de Corson dans ses *Confesseurs de la Foi*.)

On conçoit combien de pareilles manifestations étaient dangereuses à cette époque. Aussi, est-il étonnant que l'abbé Tostivint ait pu se livrer impunément à tant de zèle durant l'année 1793 et la première partie de 1794, alors que les têtes des prêtres fidèles et celles de leurs receleurs étaient mises à prix. « Mais un jour du mois de juillet, revenant de voir un malade, raconte M. Carron, Tostivint arriva vers les dix heures du soir au Moulin-Tizon, puis, après avoir entendu quelques confessions, il se retira pour se reposer dans une cabane sise dans le jardin qui lui servait de lieu de retraite. Malheureusement, il avait été vu, reconnu et dénoncé par un individu auquel ce bon prêtre avait fait faire jadis sa première communion. Aussi, dès les premières lueurs de l'aurore, le manoir de M. de Bédée fut-il cerné par un détachement de la garnison de Montauban, chargé d'appréhender M. Tostivint. »

Voici, résumé par M. l'abbé Arsène Leray, le procès-verbal de l'arrestation de cet ecclésiastique, d'après la pièce originale, qu'il nous a été impossible de retrouver aux *Archives d'Ille-et-Vilaine* :

« Le 26 messidor an II (14 juillet 1794), à une heure du matin, Vannier, sergent-major, partait avec toute la troupe composant le cantonnement de Montauban et se dirigeait du côté de Landujan. Aux limites de cette commune, il divisa sa compagnie en deux colonnes, dont l'une, chargée de cerner le manoir du Moulin-Tizon, pénétra tout à la fois dans la cour et dans le jardin, au grand effroi du châtelain, M. de Bédée, qui, sans prendre le temps de se vêtir, tenta de se sauver en s'enfuyant en chemise par une fenêtre. Effort inutile, du reste, car il fut immédiatement arrêté.

» Dans le potager, un autre individu sortit précipitamment de la cabane du jardinier et se glissa dans un carré de choux. Mais un

« volontaire » le rejoignit sans peine et, aux « marques de l'ancienne superstition qu'il portait sur lui », le reconnut comme prêtre. Du reste, dans le réduit qu'il habitait, se trouvaient « une veste dans laquelle était un *bréviaire*, et divers autres livres, une boëte en argent dans laquelle il y avait de l'*huile* et du cotton et sur laquelle était écrit *Oleum infirmorum*, un passeport au nom de *Julien André*, délivré à la Chapelle du Lou le 10 messidor et signé Ol. Maitin, maire, Demai, agent national, Trébouville, secrét. greffier, Tostivint, offic. municip. ».

Avec les deux prisonniers, Vannier se rendit au bourg de Landujan, traversa Irodoüer, la Chapelle du Lou et rentra vers 4 heures du matin à Montauban. Dans la journée, le juge de paix leur fit subir un interrogatoire, puis les fit envoyer au district de Montfort. » Ils furent de nouveau interrogés dans cette ville, le 15 juillet 1794, par Pierre Bon Alliou, délégué à cet effet par les autorités de cette localité.

Voici le procès-verbal de cet interrogatoire concernant M. Tostivint :

« Demandé son nom, etc. ? — A déclaré se nommer Jean Tostivint, âgé de 40 ans, cy-devant prêtre et n'ayant point de domicile depuis deux ans au décret de déportation pour les prêtres.

Interrogé où, quand et par qui il a été arrêté ? — Dit que lundi matin (v. st.), environ les 4 heures du matin, il fut par la force armée arresté au bas du jardin de Bedée au Moulin-Tizon.

Demandé ce qu'il faisait au jardin de Bedée ? — Répond qu'ayant couché dans une petite cabanne au bas du dit jardin, et entendant la voix des chiens, il se leva et se cacha dans le même jardin proche une petite haye.

Demandé pourquoi il se cachait lorsqu'il vit la troupe ? — Dit que c'était parce qu'il avait peur d'être saisi par elle et craignant d'être sous le coup de la loi.

Demandé où il couchait et mangeait ordinairement ? — Dit qu'il couchait ordinairement dehors et mangeait quand il trouvait quelqu'un qui voulait bien lui en donner et quelquefois s'en allait chez lui au village de la *Camas*, en Landujan, où il trouvait sa mère qui lui procurait des vivres et où il a couché deux à trois fois.

Demandé si, lorsqu'il couchait chez sa mère, ou lorsqu'il y allait manger, *elle le voyait avec plaisir et si elle ne paraissait pas sensible à « son événement »* ? — Dit que *sa mère ne le voyait pas avec plaisir et paraissait insensible à son malheur.*

Interrogé s'il a des frères et sœurs ? — Dit *avoir trois sœurs*, l'une demeurante au Bois Gervily, mariée avec Mathurin Le Nouvel, maire ; une autre demeurant avec Augustin Ollivier, son mari, en Irodoüer, et l'autre fille, avec sa mère.

Demandé s'il n'a pas quelquefois et très souvent couché, bu et mangé chez ses sœurs ? — Dit que jamais il n'a couché, ni bu chez ses sœurs mariées.

Demandé si Le Nouvel, son beau-frère, ne l'a pas engagé à faire le serment exigé par la loi ? — Dit que non.

Interrogé si, dans la loge où il couchait dans le jardin de Bedée, *il y avait plusieurs lits* et si les domestiques du dit Bedée ne couchaient pas dans cette loge ? — Dit qu'il n'y a qu'un lit, qu'il était seul et que s'il avait su qu'il y aurait eu quelqu'un, il n'y aurait pas été coucher.

Demandé s'il n'a pas quelquefois couché dans la maison de Bedée, beu et mangé avec lui et sa dame ? — Dit que non.

Demandé s'il ne disait pas la messe en la maison de Bedée, s'il ne confessait pas et s'il n'a pas administré les cy devans sacremens et celui de baptême ? — Dit que non.

Demandé s'il n'était pas fonctionnaire public et quelle commune il habitait ? — Dit qu'il a été *neuf ans vicaire de la commune d'Evran*, qu'il y confessait, administrait les sacremens et était salarié par la République.

Demandé si, en quittant Evran, il vint directement se réfugier chez sa mère, et si son curé ou autres prestres ne l'ont pas accompagné dans ses routes ? — Dit que, dès ce moment, il devint vagabond.

Demandé s'il disoit journellement son bréviaire et si celui qu'on a saisi chez Bedée lui appartient, également qu'une *petite boëtte d'argent*, dans laquelle il y a encore des huilles, et deux petits livres pour l'instruction des baptêmes et autres ? — Répond qu'il disait fort souvent son bréviaire, que celui-ci et les autres, avec la petite boëtte d'argent, sont les siens.

Demandé combien il a fait de baptêmes et de mariages ? — Dit qu'il n'en a pas fait.

Demandé qui a pû lui remettre un passe-port délivré à Jullien André, de la commune de la Chapelle du Loü (1), trouvé dans son porte-feuille ? — Dit qu'un citoyen, à lui inconnu, lui proposa un passe-port, qu'il falloit changer son nom, dans la crainte d'estre reconnu et qu'il ne courait aucun risque de s'en saisir et ne comprometrait personne.

Interrogé s'il ne connaist point l'individu qui lui a remis ce passeport et s'il sait qu'il en ait delivré ainsi à d'autres ? — Dit que non.

Interrogé s'il n'est pas vrai qu'il a fait dire à sa sœur qu'il fallait *donner quatre cent livres aux pauvres ?* — Dit que oui.

Demandé où sa sœur prendrait les quatre cent livres ? — Dit que c'était sur le bien de sa sœur, elle surtout qui a un mobilier considérable.

Demandé où il a pris une petite clochette et la boëtte à huille ? — Dit que la clochette a été prise chez Bedée et que la boëtte lui appartient, lui étant venue d'une succession d'un oncle prestre.

Telles sont les interrogatoires et déclarations qu'il a dit être véritables, y persister, ne vouloir augmenter, ni diminuer et a signé après lecture. »

Signé : TOSTIVINT ; ALLIOU.

---

(1) M. Tostivint avait comme collègue à Evran l'abbé Jean-François André, originaire de La Chapelle-du-Loü, qui se cachait lui aussi aux environs.

Si réservées que fussent les réponses de l'abbé Tostivint, il avait entraîné dans sa perte celle de son hôte, M. de Bedée. Leurs deux arrestations avaient été simultanées. Le premier était prêtre réfractaire, le second était coupable de lui avoir donné asile. Deux crimes irrémissibles à cette époque. M. de Bedée fut donc emmené à Montfort à la suite de M. Tostivint et questionné à son tour. Voici le procès-verbal de l'interrogatoire très tendancieux qu'on lui fit subir. Il est regrettable qu'il ait cru plus prudent de ne pas reconnaître avoir donné au prêtre proscrit un généreux asile.

INTERROGATOIRE DE M. ALEXIS DE BEDÉE, PAR UN ADMINISTRATEUR DU DISTRICT DE MONTFORT, *le 15 juillet 1794* (1).

« Ce jourd'hui vingt-sept messidor, 2ᵉ année de la République une et indivisible, est comparu devant nous, administrateur du district de Montfort, *un citoyen de la taille de cinq pieds, sourcils gris, portant une perruque, front haut et quarré, yeux gris, nez long, bouche moyenne.*

Interrogé sur ses noms, prénoms, âge, demeure et profession ? — A dit s'appeler *Alexis Bedée*, ci-devant noble, âgé de cinquante-cinq ans, demeurant au Moulin-Tison, faisant valoir ses terres.

Interrogé sur le lieu de son arrestation et s'il en connait les motifs ? — A dit avoir été *arrêté dans son jardin proche la maison;* quant aux motifs, il croit que c'est à cause de l'arrestation d'un prêtre refractaire qui s'est trouvé chez lui, c'est-à-dire dans son jardin.

A lui demandé pourquoi *il a cherché à fuir* en se sauvant par la fenêtre, lorsqu'il a vu les troupes de la République entrer sur son terrain ? — A dit que c'était la peur.

A lui observé que lorsqu'on ne craint rien, on ne doit avoir nulle inquiétude des deffenseurs de la République ? — A dit qu'il était très matin et qu'il ne pouvait distinguer si c'était des chouans ou des deffenseurs de la patrie.

A lui demandé s'il connoissoit le prêtre trouvé chez lui ? — A dit le connaître sous le nom de Tostivint, ci-devant vicaire d'Evran, à quatre lieues de son habitation.

A lui demandé pourquoi il a souffert que ce prêtre logea chez lui, et ce, au mépris de toutes les lois ? — A dit qu'*il n'a jamais eu connaissance que ce prêtre aye logé chez lui.*

A lui observé que la troupe, rentrée sur son terrain, a trouvé dans une loge lui appartenante le breviaire et LES ATTRIBUTS DU FANATISME, que le prêtre avoit quittés pour se sauver dans les choux ; que ce ne pouvoit être que d'accord avec ses domestiques qu'il a couché dans leur lit, et que conséquemment il était à présumer que lui Bedée y avoit donné les mains ? — A dit qu'il se pourroit que le prêtre Tostivint eût couché dans le lit de ses domestiques, sans qu'ils fussent pour cela coupables, ni lui non plus, parce que ses domestiques ont ordinaire de

____

(1) Archives d'Ille-et-Vilaine, B (Parlement).

coucher dans sa boulangerie et qu'ils ont quitté la loge ce jour-là, sans cependant savoir que le prêtre y viendroit coucher.

A lui demandé s'il a eu dans l'ancien regime quelques liaisons avec le prêtre Tostivint ? — A dit qu'il n'en a eu d'autres que celle d'un père envers les precepteurs de ses enfants, car le dit Tostivint l'a été pendant quatre ans des siens (enfants), et qu'*il ne l'a point revu depuis deux ans.*

A lui demandé combien il a d'enfants et s'il *n'en a point qui soient émigrés ?* — A dit qu'*il n'en avoit que deux*, dont l'un étoit émigré à l'âge de vingt-deux ans ; lorsqu'il étoit à Saint-Malo pour apprendre la carte marine.

A lui demandé s'il n'a point envoyé des secours en argent à son fils ? — A répondu négativement.

A lui demandé s'il se rappelle de l'époque à laquelle son fils a émigré ? — A dit qu'il y avoit environ deux ans et qu'il a satisfait aux charges imposées par les decrets relatifs aux parents des émigrés.

A lui demandé s'il ne connoit point des personnes suspectes dans sa commune ? — A répondu négativement.

A lui demandé s'il n'a point excité son fils à émigrer ? — A répondu négativement.

A lui demandé si sa femme n'a pas frappé, maltraité et vexé son fils de toutes les manières pour le faire émigrer ? — A dit non.

A lui demandé s'il a reçu des nouvelles de son fils depuis qu'il est absent ? — A dit non.

A lui demandé s'il avoit ordinaire de monter sa garde et s'il payait ses impositions exactement i — A repondu qu'*il ne pouvait monter sa garde*, parce qu'on ne la montoit point chez lui, mais qu'il était inscrit sur les registres pour la monter toutefois et quand on le desireroit, et que, pour *ses impositions, il n'a jamais été le dernier à les payer.*

A lui demandé s'il a satisfait à toutes *les réquisitions* qui lui ont été faites par les agents de la République ? — A repondu qu'il en avait plus fait à lui seul que les trois fermiers principaux de sa commune, en fournissant à la République bled, avoine, foin et charrette et tout ce qu'il falloit pour satisfaire aux requisitions.

A lui demandé *quels sacrifices il a fait pour la patrie ?* — A dit qu'*il comptait pour sacrifices à la patrie d'avoir payé ses impositions, son don patriotique, soulagé les malheureux*, et qu'il étoit prêt dans ce moment-ci à tout sacrifier pour sa deffense.

A lui demandé si son jardin est entouré et s'il a des chiens dedans ? — A repondu qu'il ne l'est point et qu'il n'y a jamais eu de chiens.

A lui demandé si le contenu de son interrogatoire contenait vérité, s'il n'a rien à y ajouter ni diminuer et s'il voulait le signer ? — A repondu qu'il n'avoit dit que la vérité, qu'il n'avait rien à y ajouter ni diminuer et qu'il le signerait.

Fait au Directoire du district de Montfort-la-Montagne, département de l'Isle et Vilaine, le jour et an que dessus. »

Signé : Alexis Bedée ; Roussan.

Le cas de l'abbé Tostivint et de M. de Bedée était clair aux yeux des Révolutionnaires. La délibération des administrateurs du district de Montfort ne fut pas longue à leur endroit. Arrêtés l'un et l'autre le lundi matin, on leur fit subir le lendemain les interrogatoires qu'on vient de lire. Puis, le jour même, on décida de les renvoyer devant le Tribunal criminel d'Ille-et-Vilaine. Voici la lettre par laquelle cn annonça leur arrivée à l'accusateur public :

> Montfort-la-Montagne, 27 messidor, an II de la République une et indivisible (15 juillet 1794) (1).

« Le substitut de l'agent national du district de Montfort, à l'accusateur public près le Tribunal criminel à Rennes.

Je t'adresse, citoyen, le prêtre *Tostivint*, ex-curé d'Evran, et *Bedée*, du Moulin-Tizon. Tu voiras par les interrogatoires de ces deux individus, qu'ils sont sous le coup de la loi et qu'ils ont été arrêtés par un détachement de la force armée, cantonnée à Montauban. Tu voudras bien nous accuser la réception des dits interrogatoires et le commandant du détachement te déposera des bréviaires, *ordo*, etc. »

Salut et fraternité.   Signé : ALLIOU.

Voici maintenant leur ordre d'écrou à la prison de la Tour-Le Bat :

« Gardien de cette maison de justice, tu es par moi, soussigné, sergent-major du détachement Marat, en vertu des ordres du citoyen Alliou, substitut de l'agent national de Montfort-la-Montagne, en date d'hier, chargé des personnes des nommés *Bedée* et *Tostivint*, ex-curé, desquels tu feras bonne garde et les nourriras au pain de la République. »

Rennes, le 28 messidor an II (16 juillet 1794).

Signé : VANNIER, sergent-major.

En marge, est écrit : « *Alexis Bedée*, *Tostivint*, exécutés le 8 thermidor par jugement du Tribunal criminel en date du jour d'hier. »

M. Tostivint et M. de Bedée étaient à vrai dire perdus, du fait de leur transfert aux prisons de Rennes. Mais cela ne suffisait pas à la félicité des administrateurs du district de Montfort. Mme de Bedée, seule et éplorée, était restée au Moulin-Tizon. Pour que la joie fût complète, il fallait que sa tête rejoignît sur l'échafaud celles de son mari et de l'ancien précepteur de ses enfants. On envoya donc, le mercredi 16 juillet, toute une expédition avec mission de poser les scellés au manoir du Moulin-Tizon et d'arrêter la châtelaine.

Le dossier du procès de l'abbé Tostivint contient le procès-verbal de l'apposition des scellés. Il ne parle pas de l'arrestation de Mme de Bedée.

---

(1) Archives d'Ille-et-Vilaine, dossier du Tribunal criminel.

Elle dut cependant suivre de près cette première opération, puisque le lendemain, Françoise Brunet comparaissait comme prisonnière devant le district de Montfort et y subissait un long interrogatoire. On verra par le compte rendu qui nous en est resté que, si M. et Mme de Bedée étaient abondamment pourvus de fiches dans les cartons du district, le zèle des dénonciateurs sans-culottes s'était en particulier exercé contre la châtelaine du Moulin-Tizon. Les multiples griefs invoqués contre elle ne pouvaient lui laisser d'illusion sur le sort qu'on lui réservait.

Interrogatoire de Madame de Bedée par le Directeur du district de Montfort, *le 17 juillet 1794* (1).

« Le vingt neuf messidor de l'an second de la République Française, une, indivisible et démocratique, aux neuf heures du matin, devant l'administration soussignée, en la chambre des séances publiques du district de Montfort-la-Montagne, a, été amené des prisons du dit Montfort, *une femme, de la taille d'environ quatre pieds cinq à six pouces, cheveux gris, yeux bruns, nez gros, bouche moyenne, menton rond, le teint rembruni.*

Interrogée de son nom, prénom, âge, profession et demeure ? — Répond s'appeler *Françoise Brunet* (2), âgée de soixante ans, femme d'Alexis Bedée, ex-noble, demeurant au Moulin-Tizon, commune de Landujan.

Interrogée depuis quand elle est dans les prisons de Montfort et par qui elle y a été constituée ? — Répond qu'elle y est *depuis hier soir* (3) et qu'elle y a été mise par la gendarmerie nationale.

Interrogée si elle connoit le motif de son arrestation ? — Répond que c'est parce qu'il a été trouvé un prêtre dans son jardin.

Interrogée du nom de ce prêtre, si elle le connaît et quelles ont été ses intelligences avec lui ? — Répond qu'on lui a dit que c'étoit Tostivint, prêtre de Landujan, faisant les fonctions de vicaire dans une commune proche Dinan, *avec lequel elle déclare n'avoir jamais eu d'intelligences.*

. Interrogée à quelle heure ce prêtre fut arrêté dans son jardin ? — Répond que ce fut à la pointe du jour.

Demandé à l'interrogée si ce prêtre n'avoit pas *soupé chez elle la veille de son arrestation* et n'étoit pas couché dans la loge du jardin *dans des draps blancs ?* — Répond *qu'il n'avait pas mangé chez elle depuis cinq ans* et qu'il se trouva couché dans la loge du jardin où couche un fermier d'août.

Interrogée si ce jardin est clos ? — Répond que non.

Interrogée si ce prêtre n'a pas été précepteur de ses enfans et combien il y a d'années qu'il est sorti de chez elle ? — Répond qu'il a été

---

(1) Archives d'Ille-et-Vilaine, série B (Parlement).
(2) On trouve aussi Thérèse-Françoise.
(3) Le 16 juillet 1794.

précepteur de ses enfans, il y a environ quinze ans, pendant environ deux ans.

Demandé à l'interrogée *si elle n'avoit pas connaissance que ce prêtre fût couché dans son jardin ?* — Répond que non.

Représenté à l'interrogée que si on n'avoit pas recelé un homme suspect au Moulin-Tison, le maître de la maison ne se serait pas effrayé à l'aspect des gardes nationales et n'eût pas cherché à fuir en sautant par une fenêtre ? — Répond que son mary s'effraya en voyant la troupe et ne s'effraya pas à cause de cet homme suspect.

Interrogée pourquoi ce prêtre se trouvait *la nuit d'un dimanche* (vieux stile) au Moulin-Tison, avec tous les attributs du fanatisme et s'il n'étoit pas dans *l'habitude d'y confesser* toutes les personnes de sa maison ? — Répond qu'il est à croire que la peur avoit fait ce prêtre se nicher dans la loge de son jardin et qu'il n'a jamais administré au Moulin-Tison.

Représenté à l'interrogée que ce prêtre n'avoit pu être conduit chez elle par la peur, puisque le bruit avoit couru dans sa commune que la troupe cantonnée à Montauban partait pour Rennes ? — Répond qu'elle n'en savoit rien.

Demandé à l'interrogée quel sacrifice elle a fait pour la Révolution depuis 1789, et comment elle a montré son amour pour la Liberté et l'Egalité ? — Répond qu'elle a obéi à tout.

Interrogée s'il n'est pas notoire qu'elle et l'aîné des Botherel *empêchèrent son mary de faire le serment civique de 1790*, et si elle ne s'opposoit pas, à cette époque, à ce que *son mary eût porté la cocarde nationale ?* — A répondu négativement.

Interrogée si, à cette époque, elle n'avoit pas encore la gloriole de vouloir marcher la première en procession en Landujan, si elle ne témoigna pas en 1790, un jour de dimanche, son mécontentement de ce que des jeunes patriotes prenoient le pas sur elle ? — Répond qu'elle eut une petite dispute à ce sujet avec les jeunes *Trouessart*, mais qu'ils n'en étoient pas moins amis.

Interrogée si, lorsque les bancs de Botherel et le sien (1) furent mis hors de l'église de Landujan, elle ne murmura pas beaucoup contre les jeunes *Trouessart* et si ces murmures publics n'avoient pas le caractère de faire des menaces pour un temps futur ? — Répond qu'elle vit ces bancs détruits d'un grand sang froid.

Interrogée si en 1790, lorsqu'un patriote alloit chez elle avec la cocarde nationale, elle ne lui faisait pas une mauvaise réception ? — Répond que non.

Représenté à l'interrogée que *Pierre Haré*, cy-devant son voisin, a cependant essuyé cet affront chez elle, un jour qu'il avoit la cocarde, et dut quelque temps après retourner au Moulin-Tison sans cocarde,

---

(1) La famille Botherel était regardée comme seigneur supérieur, fondatrice et prééminencière de Landujan. Mais le seigneur du Moulin-Tison avait également dans l'église une chapelle prohibitive avec son banc, son enfeu et ses armoiries. Cf. GUILLOTIN DE CORSON, *Pouillé Historique de Rennes*, t. V, p. 29.

elle le reçut avec sensibilité et lui fit boire de son vin ? — A répondu négativement.

Interrogée si elle n'est pas la cause de l'émigration de son fils aîné ? — Répond que non et qu'il est parti de Saint-Malo il y a deux ans passés.

Interrogée si son fils aîné, lorsqu'il revint du collège, en 1789, ne lui témoigna pas son envie d'avoir un habit uniforme et d'entrer dans la garde nationale avec les jeunes Trouessart, ses amis, avec lesquels il avoit étudié ? — Répond que non.

Interrogée si elle n'a pas exercé de maltraitemens envers son fils, pour le contraindre à émigrer, si plusieurs fois, lorsqu'il amenoit de jeunes patriotes tirer sur ses pigeons, et lorsqu'il marquoit à sa mère, par toutes ses actions, qu'il avoit le désir de suivre l'impulsion de la jeunesse qui penchoit pour la Liberté, elle ne frappoit pas son fils, si elle ne lui a pas cassé un jour une assiette sur la figure, en lui disant qu'il émigreroit ? — A répondu négativement.

Interrogée si elle n'a pas connoissance que son fils a dû écrire de Jersey à un de ses amis à Médréac, et qu'il marquoit que sa mère étoit la cause de son malheur ? — A répondu négativement.

Interrogée si, au mois de mars 1793 (vieux style), lorsque les campagnes se soulevèrent, elle n'engagea pas ses domestiques à prendre part aux brigandages ; ce qu'elle fit pour les détourner d'aller à Becherel et quels services elle rendit alors pour le maintien de l'ordre et prévenir des malheurs ? — Répond qu'elle fit ce qu'elle put pour empêcher ses domestiques d'aller à Becherel ; qu'un, qu'elle avait mis à mailler du lin, s'échapa, courrut au brigandage et elle le mit à la porte dès le lendemain, et que son mary avait fait offre de ses services à Becherel.

Tels sont ses interrogatoires desquels lecture lui faite, a dit qu'ils sont véritables et y persister et a signé avec moi. »

Signé : Françoise BRUNET ; ROUSSAN.

Vingt-quatre heures après l'interrogatoire ci-dessus, on envoyait Mme de Bedée rejoindre son mari et l'abbé Tostivint dans les prisons de Rennes, où elle fut écrouée le 1er thermidor an II (19 juillet 1794) avec l'abbé Chilou, ainsi que nous le verrons plus loin. Voici la lettre par laquelle on annonçait son arrivée à l'accusateur public :

Montfort-la-Montagne, 30 messidor, an II de la République une et indivible (18 juillet 1794).

« Le substitut, délégué national du district de Montfort, à l'accusateur public près le Tribunal criminel à Rennes.

Je t'adresse, citoyen, le nommé *Chislou*, prêtre, François Louessard, receleur du dit prêtre, et la *Bedée*, femme Bedée du Moulin-Tizon, dont son mari est incarcéré pour avoir recelé chez lui *Tostivint*, prêtre, que je t'ai envoyé il y a trois jours. Tu trouveras ci-joint les interrogatoires de ces trois individus ; de tout quoi tu voudras bien m'accuser réception.

Salut et fraternité. »   Signé : ALLIOU.

Les juges de Rennes devaient attendre l'arrivée de Mme de Bedée pour instruire l'affaire de son mari et de l'abbé Tostivint. Elle présente, la fournée était au complet. On commença donc aussitôt. Au reste, se conformant à la loi, les tribunaux à cette époque ne faisaient pas traîner : un interrogatoire pour s'assurer de l'identité des prévenus, quelques questions pour la forme sur les principaux griefs qu'on reprochait aux accusés, et la conscience des juges se trouvait suffisamment éclairée pour pouvoir, loi en mains, condamner à la peine capitale.

C'est ce qui se passa pour l'abbé Tostivint et ses deux généreux réceleurs. M. Tostivint déclara n'avoir pas prêté le serment constitutionnel. Quant au reste des charges qu'on lui imputait, il les nia, sans doute pour ne pas fournir de nouveaux griefs aux révolutionnaires contre ses co-accusés et tâcher de les soustraire à la mort.

On lira à la suite de l'interrogatoire de l'abbé Tostivint ceux de M. et de Mme de Bedée.

INTERROGATOIRES DE L'ABBÉ TOSTIVINT ET DE M. ET Mme DE BEDÉE PAR UN JUGE DU TRIBUNAL CRIMINEL D'ILLE-ET-VILAINE,
le 21 juillet 1794.

I.

« L'an deux de la République Française, une, indivisible et impérissable, le trois thermidor :

Nous, juge au Tribunal criminel du département d'Isle-et-Vilaine, ayant avec nous pour adjoint le premier commis juré du greffe.

En l'une des chambres du Temple de la Loi, avons fait amener un particulier, duquel nous avons reçu la déclaration comme il suit :

Répond se nommer Jean Tostivint, âgé de quarante ans, prêtre, originaire de la commune de Landujan, sans domicile fixe depuis deux ans et, avant ce temps, vicaire de la commune d'Evran.

Interrogé s'il a prêté le serment prescrit par la Loi, et notamment celui relatif à la Constitution civile du Clergé ? — Répond qu'*il a prêté deux sermens :* le dernier il y a deux ans et demi, lorsqu'il fut nommé notable de sa commune, et l'autre auparavant, sans se rapeller l'époque ; que ces sermens furent prêtés alors de ses nominations aux administrations civiles, qu'ils contenaient fidélité à la Nation, à la Loi et au Roi ; que, *quant au serment sur la Constitution civile du Clergé, il ne l'a pas prêté.*

Interrogé *s'il a été déporté ?* — Répond que non, parce qu'on ne lui avait point payé trois années d'une fondation de 504 l. par an ; quoiqu'ayant été engagé par le district de Dinan de servir la dite fondation, avec promesse de paiements, qui n'a point été effectuée (1).

Interrogé quel est son revenu et où sont situés ses biens ? — Répond qu'*il peut avoir environ quinze livres de revenu* et que son bien est situé en la commune de Landujan.

Interrogé dans quel lieu il a été arrêté et par qui ? — Répond qu'il a été arrêté par la force armée dans le jardin du nommé Bedée, commune de Landujan, qu'il avait couché dans une loge située au bas du dit jardin.

Interrogé si plusieurs fois il n'a pas couché dans la maison du nommé Bedée et plusieurs fois dans la loge dont il vient de nous parler ? — Répond que jamais il n'a couché dans la maison du nommé Bedée et qu'il n'avait couché dans cette loge que dans la nuit où il a été arrêté.

Interrogé *si Bedée, sa femme, ses enfans ou ses aides, connaissaient qu'il fût couché dans la loge dont il vient de parler ?* — Répond que non.

Interrogé pourquoi il quitta la loge de nuit et qui l'obligeait à se lever si matin ? — Répond qu'aiant été éveillé par le bruit que faisaient les chiens et ayant aperçu la force armée, *il se leva et fut se cacher dans les choux.*

Interrogé si, depuis qu'il a quitté ses fonctions de vicaire, il n'a pas dit la messe, *administré les prétendus sacremens* et en un mot exercé les fonctions curiales, en quelle commune et chez qui ? — Répond que non.

Interrogé quels étoient ses moyens de subsistance depuis deux ans, que de son aveu il étoit vagabond, et quelles étaient les personnes qui lui procuraient des secours ? — Répond qu'il mendiait son pain, qu'il a parcouru différentes communes où il n'étoit pas connu, et dont il ne se rappelle pas les noms.

Représenté à l'interrogé qu'il en impose à la justice en disant qu'il n'a administré aucun sacremens, *puisqu'il a été arrêté saisi d'une boîte en argent dans laquelle il y avoit de l'huile* et qui porte comme inscription *Oleum infirmorum,* sommé de répondre et de dire vérité ? — Répond que, comptant passer en Angleterre et sachant qu'il n'y avoit point de ces huiles dans ce païs là, il en emportait tant pour son propre soulagement, que pour celui de ses confrères.

Représenté à l'interrogé un *passeport* de la commune de la *Chapelle du Loü,* en datte du dix messidor dernier, délivré à Julien André, de la même commune, signé J. André, off^r, Martin, maire, Demai, agent national, Tostivint, off^r municipal, et Tribouville, secrétaire greffier. Interpellé de nous déclarer si ce passeport n'a pas été saisi sur lui et par quel moien il se l'est procuré et de le chiffrer ? — Répond qu'il

---

(1) Sur cette fondation, cf. abbé LEMASSON, *Hist du Pays de Dinan,* t. Ier, p. 318.

reconnaît ce passeport pour avoir été saisi sur lui et qu'il lui a été remis par un homme qu'il ne connaît pas, et l'a chifré.

A l'endroit, représenté à l'interrogé les effets déposés au procès, interpellé de nous déclarer s'il les reconnaît ? — Répond qu'il les reconnaît pour lui apartenir, à l'exception de la clochette.

Telles sont ses déclarations, desquelles lecture lui faite, il a dit quelles sont véritables, y persister et a signé : TOSTIVINT. »

Signé : NOUAIL, juge ; R. PIGEON, greffier.

II.

« En suite avons fait amener un particulier, coaccusé du présent, et duquel avons reçu les déclarations comme il suit :

Interrogé de son nom, surnom, âge, proffession et demeure avant sa détention ? — Répond se nommer Alexis Bedée, ex-noble, âgé de cin-quante-cinq ans ou environ, demeurant en son bien au Moulin-Tizon, commune de Landujan.

Interrogé si le vingt-sept du mois dernier, vers les quatre heures du matin, *il ne sortit pas par une fenêtre en chemise* et quels étoient les motifs de cette sortie subite ? — Répond qu'il sortit de chez lui par la fenêtre, à quatre heures du matin, qu'ayant vu dans une petite ave-nue, à côté de sa porte, plusieurs particuliers armés, il ne savait si c'étaient des gardes nationaux, des brigands ou des chouans.

Représenté à l'interrogé qu'il déguise la vérité, parce qu'à quatre heures du matin, le jour indiqué, il faisait très grand jour et qu'il n'a pu se tromper sur le costume des particuliers dont il vient de parler ? — Répond qu'il ne prit pas le tems d'examiner les vêtemens des hommes armés, qu'il fuiait et qu'un d'eux l'arrêta, parce qu'il était saisi de peur.

Interrogé quel grade il a dans la garde nationale et s'il y est enrôlé ? — Répond qu'il ne possède aucun grade, *qu'il s'est enrôlé le premier*, qu'il fait le service lorsqu'il en est requis et que la garde nationale de sa commune n'a jamais fait aucun détachement.

Interrogé s'il assiste régulièrement à sa section et s'il a accepté l'acte constitutionnel ? — Répond qu'*il assiste regulièrement aux décades, qu'il a accepté l'acte constitutionnel dans sa commune seulement*.

Interrogé si, le vingt-sept messidor, il ne fut pas arrêté dans son jardin un prêtre nommé Tostivint et depuis quand il le connaît ? — Répond que le fait est vrai et qu'il connaissait Tostivint, cy devant vicaire d'Evran, *où il a été depuis les onze ans derniers*, et qu'anté-rieurement il avait demeuré pendant deux ans chez l'interrogé en qualité de précepteur.

Interrogé *si Tostivint a couché plusieurs fois chez lui et pourquoi il le recelait ?* — Répond *qu'il ne l'a jamais recelé et qu'il n'a point couché chez lui à sa connaissance*, depuis qu'il a cessé d'y demeurer comme précepteur.

Interrogé s'il n'a pas un enfant du sexe masculin émigré (1) ? — Répond qu'il y a environ deux ans qu'il donna cent écus à son fils, qui a vingt-deux ans, pour aller à Port-Malo apprendre la carte maritime et à tirer les armes ; que, depuis ce temps, il ne l'a pas vu et que, s'il est émigré, c'est sans son conseil, ni sa participation.

Interrogé s'il n'a pas envoyé à son fils des secours pécuniaires depuis son émigration et s'il n'a pas correspondu avec lui ? — Répond que non.

Interrogé quelles sont les personnes suspectes de sa commune et sommé au nom de la loi de nous les nommer ? — Répond qu'il n'en connoit point, que sa commune est très tranquille et que tout le monde se conforme aux loix.

Interrogé si son jardin est clos ? — Répond qu'il l'est dans toutes ses parties, à l'exception d'une brèche d'environ cinq pieds de large, qui n'est défendue que par une hèche composée de genêts.

Interrogé combien il a de chiens ? — Répond qu'il a deux mâtins.

A l'endroit, représenté à l'interrogé les effets déposés au procès ; interpellé de nous déclarer s'il les reconnaît ? — Dit n'en reconnaître aucun, qu'il y avait chez lui une clochette à peu près semblable à celle lui représentée, mais ne pouvoir assurer que ce soit la même.

Telles sont ses déclarations, desquelles lecture lui faite, a dit qu'elles sont véritables, y persiste et a signé. »

Signé : Alexis Bedée, Nouaïl, R. Pigeon.

III.

« Ensuite avons fait amener une femme coaccusée des précédents ; de laquelle, nous avons reçu les déclarations comme il suit :

Interrogée de son nom, surnom, âge, proffession et demeure avant sa détention ? — Répond se nommer Françoise Brunet, ex-noble, femme d'Alexis Bedée, demeurant avant sa détention avec son mari au Moulin-Tizon, commune de Landujan.

Interrogée combien elle et son mari ont de revenu ? — Répond qu'elle a *quatre cent trente livres de rente*, situées dans les communes de Qué-dillac et de Landujan, outre la terre du Moulin-Tizon qu'ils font valoir par eux-mêmes.

Interrogée si le vingt-sept messidor dernier, il ne fut pas arrêté, dans la loge de son jardin, le nommé Jean Tostivint, prêtre réfractaire, ex-vicaire d'Evran ? — Répond que oui.

Interrogée *combien de fois il a couché chez elle, et si elle ne lui a pas donné à boire et à manger ?* — Répond qu'*il n'a jamais couché chez elle à sa connaissance* et qu'*elle ne lui a jamais donné à boire, ni*

---

(1) Sur ce fils qui fut François de Bedée, du Moulin-Tizon, résidant à Rennes en 1815, voici les renseignements que nous puisons dans Crétineau-Joly, *Histoire de la Vendée militaire*, édit. Drochon, t. V, p. 211. « Entré dans l'armée royale en 1794. Chef de canton de la division de Broons en 1795. En prison en 1799 et 1800. — Officier estimé, blessé »...

à manger, mais qu'il a été chez elle en qualité de précepteur pendant deux ans.

Interrogée si elle n'a pas un fils émigré, il y a environ deux ans ? — Répond que son fils, âgé d'environ vingt-deux ans, partit de son consentement et de celui de son mari, pour aller à Port-Malo, apprendre à tirer les armes, et qu'à cet effet, ils lui donnèrent une somme de trois cens livres pour paier sa pension et ses maîtres, que depuis ce tems, elle n'a pas entendu parler de son fils, et qu'elle ignore absolument où il est.

Interrogée si elle n'a pas engagé son fils à émigrer, si elle ne l'a pas forcé à le faire, et si elle ne l'a pas vexé et maltraité pour l'y contraindre ? — Répond que non.

Interrogée si, depuis l'émigration de son fils, elle n'a pas correspondu avec lui et ne lui a pas fait passer des secours pécuniaires ou autres ? — Répond que non.

Représenté à l'interrogée les effets deposés au procès, interpellée de nous déclarer si elle les reconnaît ? — Répond qu'elle ne les reconnaît pas, à l'exception de la clochette qui lui appartient.

Telles sont ses déclarations, desquelles lecture lui faite, elle a dit qu'elles sont véritables, y persiste et a signé. »

Signé : Françoise BRUNET, NOUAIL, R. PIGEON.

Le chanoine *G. de Corson* écrit que M. de Bedée, comptant encore sur la conscience des juges, rédigea dans sa prison un long mémoire justificatif de sa conduite. De leur côté, le conseil municipal et le comité de surveillance de Landujan signèrent à l'unanimité d'énergiques réclamations en faveur de leurs compatriotes « qui n'avaient cessé de rehausser le plus loyal patriotisme par les plus généreux bienfaits (1) ». Mais tout fut inutile. Le siège des juges était fait à l'avance. Aussi, dans son audience du 7 thermidor an II, le Tribunal criminel d'Ille-et-Vilaine condamna-t-il les trois prévenus à la peine de mort. Voici, du reste, le texte de leur sentence :

JUGEMENT ET CONDAMNATION DE L'ABBÉ TOSTIVINT
ET DE M. ET Mme DE BEDÉE.

« Audience du 7 thermidor (le 25 juillet 1794), an second de la République Française, une, indivisible et impérissable, tenue par le Tribunal complet ; présent le citoyen accusateur public.

Au nom du Peuple Français, le Tribunal criminel du département d'Ille-et-Vilaine a rendu le jugement suivant :

---

(1) La pétition de la municipalité de Landujan fut signée par Perrouault, maire, Texier, secrétaire, Pierre Chèze, Jacques Thomas, François et Antoine Tostivint, Charles Guillaume, Joseph Nouyon, Piguern, agent national et Jean Chauvin (Ms. de l'abbé Guihard, cité par M. G. de Corson).

Entre l'accusateur public, demandeur pour cause d'infraction aux loix ;

Et *Jean Totivint*, prêtre, âgé de quarante ans, originaire de la commune de Landujan, sans domicile fixe depuis deux ans, et ex-vicaire de la commune d'Evran ;

Michel Chilou, prêtre, âgé de cinquante-quatre ans, originaire de la commune de Romillé, sans domicile fixe depuis deux ans ;

Alexis Bedée, ex-noble, âgé de cinquante-cinq ans, originaire et domicilié de la commune de Landujan ;

Et Françoise Brunet, femme du dit Bedée, âgée de soixante ans, les tous du district de Montfort, département d'Ille-et-Vilaine.

Vu en la salle d'audience, publiquement et les portes ouvertes, les interrogatoires subis par les accusés sus-dénommés, les pièces y annexées ; le tout considéré ;

Ouï le rapport du citoyen Nouaïl, juge en ce Tribunal, et l'Accusateur public en ses conclusions motivées à l'audience,

Le Tribunal, après s'être retiré à la Chambre du Conseil pour délibérer, avoir repris sa séance publique à l'audience, et opiné à haute voix, *a, dans la forme, mis Jean Totivint et Michel Chilou, prêtres, hors la loi ; au fond, les a déclarés atteints et convaincus d'avoir été sujets à la déportation, et d'être restés cachés en France en contravention aux Loix*, qui ordonnaient leur déportation hors du territoire de la République ; a pareillement, dans la forme, *mis Alexis Bedée, ex-noble, et Françoise Brunet, sa femme, hors la loi, les a déclarés dûment atteints et convaincus d'avoir recelé chez eux Jean Totivint, prêtre réfractaire, sujet à la déportation ;* pour réparation de tout quoi, condamne les dits Jean Totivint, Michel Chilou, prêtres, Alexis Bedée et Françoise Brunet, sa femme, à la peine de mort, conformément aux articles X, XIV, XV et V de la Loi des 29 et 30 vendémiaire dernier, et aux Loix des 23 ventôse et 22 germinal aussi derniers, lesquels articles et loix a été donné lecture, et qui sont ainsi conçus (Cf. p. 13-14).

Ordonne en conséquence, le Tribunal, que les dits Jean Totivint, Michel Chilou, prêtres ; Alexis Bedée et Françoise Brunet, sa femme, *seront, dans les vingt-quatre heures, livrés au Vengeur du Peuple et mis à mort ; a déclaré leurs biens, meubles et immeubles, si aucuns sont, acquis et confisqués au profit de la République*, conformément à l'article XVI de la dite Loi des 29 et 30 vendémiaire, lequel article a été lu et est ainsi conçu (Cf. p. 15).

Ordonne en outre, le Tribunal, que le présent jugement sera, à la diligence de l'Accusateur public, mis à exécution, imprimé, publié et affiché partout où besoin sera.

Fait à Rennes, en l'audience du Tribunal, où étoient présents les citoyens *Nouaïl, de Noual* et *Jouslain*, juges, qui, avec le citoyen Président, ont signé le présent jugement. »

Ainsi signé sur le registre : BOUAISSIER, président, NOUAIL, DE NOUAL et JOUSLAIN, juges.

Aussitôt après que la sentence eut été prononcée, M. de Bedée se tourna vers sa femme et lui dit, avec autant de calme que de dignité : « Nous avons vécu quarante ans ensemble, Madame, et c'est la volonté de Dieu que nous ne soyons pas séparés à la mort. » — Mme de Bedée, dont l'attitude démontrait le courage, répondit « qu'elle était prête à accepter en tout la volonté de Dieu ». — Mgr Bruté, qui raconte cette scène émouvante, ajoute : « Je n'étais pas présent à ce jugement, mais les faits me furent racontés en grands détails le jour même et la dignité des deux époux fit une vive impression (1). »

Une fois les condamnés ramenés dans leur prison, M. de Bedée, raconte l'abbé *Carron*, écrivit à son fils « les plus sages conseils pour l'animer à demeurer invariablement attaché à la foi de ses pères ». Il ajoutait : « Quand vous recevrez ma lettre, vous n'aurez plus de père, de mère, de précepteur. On va vous prendre votre bien. La grâce de Dieu vous reste, soyez-y fidèle (2). » Fidèles à eux-mêmes jusqu'à la fin, raconte le même auteur, les condamnés repoussèrent énergiquement le ministère d'un prêtre assermenté qui prétendait les exhorter à la mort. Ils lui reprochèrent avec tant de force ses erreurs, que, depuis ce jour, ni lui, ni ses confrères n'osèrent plus s'adresser aux confesseurs de la foi. »

Quant à l'abbé Tostivint, écrit le chanoine *Guillotin de Corson*, dont nous suivons ici textuellement la narration, il ne cessa de se montrer à la hauteur de sa divine mission. Il donnait à ses amis le sublime exemple de la plus parfaite conformité à la volonté de Dieu et sa grandeur d'âme ne se démentit point.

Arrivé au pied de l'échafaud, voyant M. et Mme de Bedée effrayés à la vue de l'horrible instrument de supplice, M. Tostivint, qui devait être exécuté le premier, demanda et obtint de l'être le dernier, afin de pouvoir encourager ses amis. Il les exhorta jusqu'au dernier moment en leur montrant le Ciel, et, quelques instants après, il reçut lui-même le coup de la mort.

L'abbé Chilou, qui avait été condamné à périr avec M. Tostivint et les époux de Bedée, bien qu'il n'y eût aucun rapport entre son affaire et celle de ces derniers, fut guillotiné en même temps qu'eux. (Cf. p. 111.)

Voici le procès-verbal de cette quadruple exécution, tel qu'il figure sur les *Registres de l'Etat Civil* de Rennes :

« Le 8 thermidor, l'an II de la République une et indivisible (le samedi 26 juillet), quatre heures du soir, devant moi, officier public

---

(1) Souvenirs de la persécution révolutionnaire à Rennes (*Revue de Bretagne et de Vendée*, t. IX, p. 228).

(2) Ce fils se conforma assez bien aux recommandations suprêmes de ses parents. Voici ce que nous lisons en effet dans Th. MURET, *Histoire des guerres de l'Ouest*, Paris, 1848, t. IV, p. 290. « Le père et la mère de M. Bedée du Moulin-Tizon, officier de la Division de Bécherel, avaient péri sur l'échafaud pour avoir caché un prêtre. Un jacobin du pays, appelé Jean Rolland, s'était installé dans la maison qu'ils n'avaient quittée que pour la prison et la mort. Cet homme fut saisi par les Chouans et amené devant le fils orphelin : « Son compte est bon, se disaient-ils ; mais M. Bedée le renvoya sain et sauf Quittes au plus tôt, lui dit-il, la maison que tu as usurpée et tâche de ne pas te laisser prendre une seconde fois. »

soussigné, a été reçue la déclaration par écrit de Le Grand, concierge des prisons de la Porte-Marat, du décès de Alexis Bedée, Toutivint *(sic)*, Michel Chilou et Françoise Brunet, femme du susdit Bedée, tous les quatre morts ce jour sur la place l'Egalité de cette ville. »

Signé : G. JAMET, l'aîné, officier public.

BIBLIOGRAPHIE. — Cf. Arch. d'I.-et-V., série B. Parlement, dossier n° 257 des Actes du Tribunal criminel d'Ille-et-Vilaine. — Carron, *Les Confesseurs de la Foi de l'Eglise gallicane*, 4 in-8°, Paris, 1820, t. II, p. 561 et sq. — Guillon, *Les Martyrs de la Foi*, 4 in-8°, Paris, 1821, t. IV, p. 654. — Tresvaux du Fraval, *Histoire de la Persécution révol. en Bret.*, 2 in-8°, Paris, 1845, t. II, p. 27 et sq. — Guillotin de Corson, *Les Confesseurs de la Foi*, etc., Rennes, 1900, p. 44 et sq.

Michel CHILOU

Né à Romillé, le 12 juin 1741, vicaire auxiliaire à Partenay en 1791, arrêté à Saint-Gilles, le 18 juillet 1794. Guillotiné à Rennes, le 26 de ce même mois.

(Dossiers nᵒˢ 257 et 258 des actes du tribunal criminel d'Ille-et-Vilaine, série B, Parlement, aux archives d'Ille-et-Vilaine.)

ICHEL CHILOU, né à Romillé, le 12 juin 1741, de Jean et de Lucrèce Barbier, appartenait à une famille de cultivateurs. Ses parents, remarquant la piété qu'il manifestait dès son jeune âge, lui firent donner l'instruction nécessaire pour se faire recevoir dans les ordres et l'envoyèrent au collège de Dinan. Ses notes de Séminaire se bornent malheureusement à nous donner la valeur de ses succès intellectuels. Ils atteignirent la note « *passable* », mais ne la dépassèrent pas. Tonsuré et minoré à Dol par dimissoire en date du 9 septembre 1767, le jeune Chilou reçut le sous-diaconat à Saint-Malo, le 24 septembre 1768. Il fut ordonné diacre le 31 mars 1770. Enfin, il fut élevé au sacerdoce par l'évêque de Dol, en vertu d'un dimissoire daté du 11 mars 1771. (*Arch. d'I.-et-V.*, G, 89.)

Exempt d'ambition, l'abbé Chilou, une fois prêtre, revint dans sa paroisse natale, où il desservit au bout de quelque temps la chapellenie des Pâques. La culture des biens composant son titre patrimonial et ses exercices de piété absorbaient ses instants. Ce qui ne l'empêchait pas, du reste, de rendre service à ses confrères des paroisses voisines et de donner des leçons aux jeunes gens désireux de s'instruire et d'arriver au sacerdoce. (Manusc. de l'abbé *Guihard*, reproduit par G. de Corson.)

Depuis bien des années déjà Michel Chilou menait cette vie modeste, mais édifiante et laborieuse, car il avait plus de cinquante ans quand arriva la Révolution. Vers cette époque, il quitta Romillé et se mit à la disposition de Gilles-Louis Paytra, recteur de Parthenay, qui réclamait ses services. Il exerça pendant six mois son ministère dans cette dernière paroisse, y disant la messe matinale et y desservant une petite fondation. Nous croyons, du reste, que la présence à Romillé d'un recteur et d'un vicaire jureurs lui rendaient son séjour difficile dans sa paroisse natale, et peut-être même les arrêtés départementaux des 14 juin et 14 décembre 1791 lui faisaient-ils l'obligation de s'en éloigner. (Cf. p. 2 et 3.)

Lorsque fut rendu l'arrêté du 14 avril 1792, qui imposait aux prêtres insermentés soit de prêter une promesse d'allégeance, soit de s'en aller résider au chef-lieu du département, les officiers municipaux de Parthenay sollicitèrent une exception en faveur de M. Chilou, le 30 avril suivant : « Nous vous prions, écrivirent-ils, de bien vouloir lui donner pleine et entière liberté de faire dans notre paroisse comme à l'ordinaire ses fonctions et d'aller et venir à Romillé, sans y être inquiété en aucune façon quelconque. » Mais cette autorisation ne lui fut pas accordée (Cf. 2 V 14 et 2 Y 8) : « Considérant, écrit le 12 juillet 1792 le Directoire du département, que si le sieur Chiloux était sincèrement dans les dispositions de ne pas troubler l'ordre public et de ne détourner aucun citoyen de l'obéissance due à la Loi et aux autorités constituées, il n'aurait pas *refusé la déclaration prescrite* par l'article 2 de l'arrêté du Conseil général du Département du 15 avril dernier », il ordonne, en conséquence, que l'arrêté du Conseil général du Département soit exécuté à son égard, comme envers tous ses semblables.

M. Chilou, que nous avons trouvé bénissant un mariage à Parthenay, en juin 1792, ne s'exila pas lors de la Loi du 26 août de cette année ; mais, après l'arrêté du Département du 26 décembre suivant, commença pour ce prêtre une vie remplie de privations et de dangers, encouragée toutefois par de réelles consolations. (Cf. p. 9.)

« Tantôt dans une grange bien gardée, tantôt dans un bois isolé, au milieu des ténèbres de la nuit ou des pâles lueurs du matin, le pauvre prêtre célébrait les saints mystères et arrosait de ses larmes l'autel improvisé. Sa main, tremblante d'émotion, donnait la communion aux fidèles qui s'étaient confessés en attendant l'heure favorable ; puis toutes ces âmes s'en allaient consolées et fortifiées.

» Les paroisses de Parthenay, de Romillé, de Gévezé, de Pacé et de Saint-Gilles éprouvèrent surtout les bienfaits de son zèle apostolique et en gardent encore de précieux souvenirs. Les meilleures familles de ces paroisses doivent la conservation de leur foi au dévouement inépuisable de l'abbé Chilou. » (Manusc. de l'abbé *Guihard*, reproduit par G. de Corson.)

Mais cet admirable dévouement devait recevoir une couronne que les saints envient à juste titre. Un dénonciateur fit connaître aux agents du district de Montfort que M. Chilou se trouvait sur le territoire de Saint-Gilles, que, dans le jargon révolutionnaire, on nommait Bourg-Gilles à cette époque.

Un détachement de la garnison de Montfort-la-Montagne — comme on disait alors — fut expédié immédiatement de ce côté et l'on organisa une battue générale : pas une maison qui ne fut fouillée jusque dans ses plus secrets réduits.

L'abbé Chilou n'eut pas le temps d'échapper à cette perquisition si minutieuse. Il fut découvert, à trois heures du matin, caché à la ferme du Bas-Monclair, chez un nommé François Louessart, qui avait été dénoncé comme « receleur de prêtres réfractaires et les laissant célébrer la messe dans sa demeure », ce qui lui mérita d'être emmené prisonnier avec celui auquel il donnait asile (1).

Malheureusement, nous n'avons pu retrouver jusqu'ici le procès-verbal de l'interrogatoire que subit l'abbé Chilou devant les administrateurs du district de Montfort, ville où il fut conduit aussitôt son arrestation. Seul l'interrogatoire de Louessart nous a été conservé, mais il ne nous apprend rien qui vaille d'être relaté.

De Montfort, les prisonniers furent dirigés sur Rennes. On leur adjoignit Mme de Bedée, du Moulin-Tizon, dont nous venons de raconter les faits et gestes. Voici la reproduction de leur ordre d'écrou à la Porte Saint-Michel, alors dénommée la Porte-Marat :

« Gardien, tu es par moi soussigné, commandant le détachement du bataillon Marat, en vertu des ordres du citoyen Alliou, substitut de l'agent national de Montfort-la-Montagne, en date du 30 messidor dernier, chargé des personnes des nommés *Françoise Brunet*, femme Alexis Bedée, ex-noble ; *Michel Chilou*, ex-prêtre de la commune de Romillé. et de *François Louessart*, de la commune de Bourg-Gilles..... »

A Rennes, le 1er thermidor an II (28 juillet 1794).

Signé : QUESNAY, capitaine.

En marge, on lit : « Françoise Brunet, femme Bedée, et Michel Chilou, prêtre, exécutés le 8 thermidor an II (26 juillet 1794). »

Traduit cinq jours plus tard devant le Tribunal criminel d'Ille-et-Vilaine, l'abbé Chilou n'avoua que ce qu'il pouvait dire sans compromettre personne. Deux jours après, bien qu'il n'y eût aucune connexion entre leurs affaires, les juges rennais englobèrent dans un même jugement, portant condamnation capitale, le prêtre Chilou, le prêtre Tostivint et M. et Mme de Bedée. François Louessart, le receleur involontaire de M. Chilou, en fut quitte pour quelques mois de détention. Nous avons donné, page 107, le texte de ce jugement ; nous allons maintenant reproduire le texte du procès-verbal de l'arrestation de M. Chilou, ainsi que celui de l'interrogatoire qu'il subit devant un des juges du Tribunal criminel.

Pièces officielles.

ACTE DE BAPTÊME DU PRÊTRE MICHEL CHILOU.

(Extrait des registres de baptême de la paroisse de Romillé, pour l'année 1741, conservé aux archives d'Ille-et-Vilaine, série E.)

Michel Chilou, fils d'honorables parents Jean Chilou et Lucrèce Barbier, son épouse, né d'hier à la Chèse, a été baptisé par moy sous-

---

(1) Le signalement de M. Chilou dit qu'il avait 5 pieds 1 pouce de taille et qu'il était « bien marqué de petite vérole ».

signé, ce 12 juin 1741, en présence de Gilles Conseil et Bertranne Chevillard. L'ont tenu sur les saints fonts : h. h. Michel Barbier et Claudine Chilou, qui ne signent.

Signé : G. PRIAT, prieur-recteur.

PROCÈS-VERBAL DE L'ARRESTATION DU PRÊTRE MICHEL CHILOU, *le 16 juillet 1794.*

(Archives d'Ille-et-Vilaine, série I Q, 294, copie communiquée par M. l'abbé Julien Hervé.)

L'an II de la R. F. U. et I., le 28 messidor après-midi, soussigné, Jean Pattier, huissier et fusilier de la garde nationale de Montfort-la-Montagne, certifie que sur les avis donnés que Joseph-Marie-Léon Persehaye, fils, de la Croix, en la commune de Claye, cachait des personnes supposées chouans ou Vendéens..... (Nous avons fait la fouille chez lui.) puis, de suite, nous nous sommes rendus au lieu du Bois-Monclair, en la demeure de François Louessart, commune de Saint-Gilles ; parlant au dit Louessart, nous lui avons demandé s'il n'avait en ses maisons quiconque de suspect aux termes de la loi ? — A répondu que non.

Vérifiant les appartements tous gardés au dehors, nous avons trouvé un homme couché dans un grenier dans un lit sur de la paille, lequel nous avons reconnu pour être Michel Chilou, prêtre de la commune de Romillé, lequel nous avons arrêté avec le dit François Louessart.

Pour tout quoi, nous les avons conduits à la maison d'arrêt du dit Montfort-la-Montagne, où nous les avons de suite chargés sur le régistre de la géôle. De tout quoi, nous avons rapporté le présent, le 29 messidor an II.

Signé : PATTIER, GÉRARD.

(Voir à la fin du présent volume le texte intégral de ce document.)

INTERROGATOIRE DE L'ABBÉ CHILOU DEVANT UN JUGE DU TRIBUNAL CRIMINEL D'ILLE-ET-VILAINE, *le 5 thermidor an II* (23 juillet 1794).

« Nous, juge au Tribunal criminel d'Ille-et-Vilaine, avons fait amener en l'une des chambres du Temple de la Loi, un particulier duquel nous avons reçu les déclarations comme il suit :

Interrogé de son nom, surnom, âge, profession et demeure avant sa détention ? — Répond se nommer *Michel Chilou*, prêtre non fonctionnaire public, originaire de Romillé, sans domicile fixe depuis les deux ans derniers, à l'exception de cinq mois qu'il a demeuré chez le recteur de Parthenay où il disait la messe du matin et acquittait une fondation, et être âgé de 54 ans.

Interrogé combien il a de revenu et où sont situés ses biens ? — Répond avoir environ 300 livres de revenu et que ses biens sont situés commune de Romillé.

Interrogé *s'il a prêté le serment prescrit par la loi sur la Constitution civile du Clergé* et le serment civique de maintenir la Liberté et
l'Egalité ? — Répond que, n'étant point fonctionnaire public, il ne se
crut point obligé de prêter le premier serment dont nous lui parlons,
et *qu'au surplus, il n'en a prêté aucun;* que, par ailleurs, il a rempli
toutes les obligations civiques, s'est comporté en bon citoyen et n'a
jamais troublé l'ordre public.

Interrogé s'il s'est déporté ? — Répond que non.

Interrogé où il a passé son temps depuis sa sortie de chez l'ex-recteur
de Parthenay ? Sommé au nom de la Loi de nous déclarer dans quels
lieux et chez qui ? — Répond avoir parcouru plusieurs communes du
ci-devant évêché de Rennes et qu'il ne connaît pas ces communes, ni
les personnes chez qui il s'est réfugié et qu'il payait ce qu'il dépensait.

Interrogé où il a été arrêté et chez qui ? — Répond avoir été arrêté
chez François Louessart, commune de Saint-Gilles, au village du Bas-
Monclair, à une distance d'environ une demi-lieue du bourg, y avoir
couché cette nuit-là seulement, par la permission de la domestique du
dit Louessart, qui en avait prévenu son maître, à ce que croit l'interrogé,
et au surplus, ne vouloir nommer les particuliers qui lui ont donné asile.

Interrogé s'il ne dit pas la messe dans les différentes communes qu'il
a parcourues et s'il n'y a point administré les sacrements ? — Répond
que non, n'ayant que son bréviaire.

Interrogé pourquoi, aux termes des différentes lois, il ne s'est pas
déporté et ne s'est pas présenté à l'administration du Département chargée d'opérer sa déportation, et pourquoi enfin il s'est opiniâtré à demeurer
vagabond sur le territoire de la République qui l'avait *proscrit comme
son ennemi ?* — Répond qu'il ignorait les lois dont nous lui parlons. »
Telles sont ses déclarations, etc. Et a signé.

Signé : M. Chilou, prêtre.
Nouail, juge.   R. Pigeon, greffier.

L'acte de décès de M. Chilou figure avec celui de M. Tostivint qu'il
accompagna dans la mort (p. 109).

Bibliographie. — Série L, non cotée. — Guillotin de Corson, *Les
Confesseurs de la Foi*, etc., op. cit., p. 48-50. — Guillon, *Les Martyrs
de la Foi*, op. cit., t. II, p. 431. — Tresvaux du Fraval, *Hist. de la
Persécution*, etc., op. cit., t. II, p. 27.

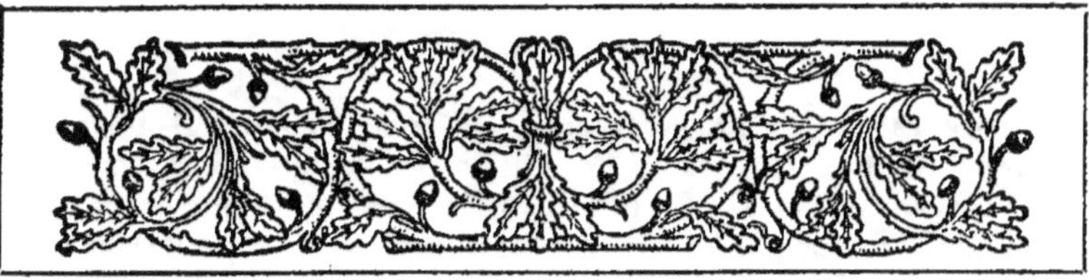

Yves-Jean-Baptiste DELAUNAY

**Né au Fief-Sauvin, le 18 mars 1725, prieur-recteur génovéfain de Rillé.
Exécuté à Rennes, le 3 août 1794.**

(Dossier 259 des actes du tribunal criminel d'Ille-et-Vilaine, série B, Parlement,
aux Archives d'Ille-et-Vilaine.)

Né au Fief-Sauvin, canton de Montrevault actuel, dans le diocèse
d'Angers, le 18 mars 1725, Yves-Jean-Baptiste Delaunay, fils
de noble homme J.-B. Delaunay, sieur de la Boizardière,
et de damoiselle Suzanne Terrien, fut ondoyé le jour même. Le supplément des cérémonies du baptême n'eut lieu que le 24 mai suivant.
Il fut présidé par un frère de son père, l'abbé Pierre Delaunay, alors
curé de Saint-Laurent-du-Mottay.

Le jeune Delaunay, écrit le chanoine Guillotin de Corson, fut élevé
par les Bénédictins de la célèbre abbaye de Saint-Florent de Saumur.
Il n'entra pas pour cela cependant dans leur congrégation et leur préféra celle des chanoines réguliers, dont la maison-mère était l'abbaye
de Sainte-Geneviève de Paris. Il fit profession, à l'âge de 21 ans, chez
les Génovéfains.

Devenu religieux à l'abbaye de Saint-Pierre de Rillé, en Fougères,
il fut envoyé administrer, le 17 décembre 1764, le prieuré-cure de
Québriac. Il y demeura jusqu'au 13 mai 1789, date à laquelle la confiance de ses supérieurs l'appela comme prieur claustral de Saint-Pierre
de Rillé, charge à laquelle il joignait la desserte de la paroisse dite
de Notre-Dame ou Saint-Eloy de Rillé, au faubourg de Fougères.

Lorsque la loi du 14 octobre 1790 vint obliger tous les religieux
français à déclarer si, oui ou non, ils consentaient à mener encore la vie
de communauté, le P. Delaunay répondit qu'il désirait demeurer dans
son abbaye pour y continuer ses fonctions pastorales avec l'aide d'un
vicaire. Il fit connaître, à cette occasion, qu'il avait alors 66 ans d'âge
et 45 ans de vie religieuse.

Quelques semaines plus tard, la funeste loi du 27 novembre 1790,
sanctionnée par le faible Louis XVI le 26 décembre suivant, vint sou-

mettre tous les ecclésiastiques français à charge d'âmes à l'obligation de prêter serment à la néfaste Constitution civile du Clergé ; mais le P. Delaunay refusa de s'y conformer. Bien plus, le 18 juin 1791, les « patriotes » de Fougères invitèrent vainement ce bon religieux à se joindre pour les Fêtes-Dieu aux processions des paroisses de Saint-Sulpice et de Saint-Léonard, alors présidées par des schismatiques ; quoiqu'on eût pris soin de l'avertir qu'un refus de sa part entraînerait la suppression immédiate de sa paroisse. Aussi, dès le 23 juillet de cette année, les membres du district de Fougères délibéraient-ils sur la suppression prochaine de l'église de Rillé. On faisait valoir « que le sieur Delaunay n'admettait pas la loi du serment et que ses principes, opposés à la nouvelle Constitution, l'engageaient sans cesse à des démarches plus indiscrètes les unes que les autres et qu'on lui reproche d'admettre dans son église tous les prêtres ennemis du serment et de leur donner l'autorisation d'y célébrer ». (Cf. p. 120.)

Finalement, la paroisse de Rillé fut supprimée le 16 novembre 1791 et, le 19 de ce mois, on fit défense au P. Delaunay d'exercer désormais aucunes fonctions curiales. Bien plus, le 21 décembre suivant, les autorités fougeraises, à la suite de l'arrêté du Conseil général d'Ille-et-Vilaine du 14 décembre précédent, signifièrent à l'ancien prieur de Rillé d'avoir à s'éloigner à trois lieues au moins de Fougères. Il obéit à cet ordre et se réfugia à Montours, chez son collègue, le génovéfain Turgis ; mais c'est en vain qu'il sollicita quelques semaines après de rentrer à Fougères, pour y recevoir les soins que nécessitait son état de santé, les révolutionnaires de cette ville lui firent refuser cette autorisation, le 15 février 1792. (Cf. p. 121.)

Le P. Delaunay se trouvait en juin suivant à Sautoger, près de Sens, avec le recteur de Saint-Ouen-de-la-Roüérie, lorsqu'il fut arrêté, le 18 de ce mois, par les soins de la municipalité. Ce même jour, celle-ci chargea le sieur René Sausset, huissier près le tribunal du district de Dol, de conduire à Rennes l'ancien prieur de Rillé, conformément à l'arrêté du Conseil général d'Ille-et-Vilaine en date du 14 avril précédent. En conséquence, l'huissier Sausset fit monter à cheval le P. Delaunay et, accompagné d'un détachement de gardes nationaux, ils prirent ensemble la route de Rennes, ville dans laquelle ils arrivèrent vers les onze heures et demie du soir. L'ex-génovéfain trouva d'abord un logement chez Mlle Bertiau, place Sainte-Anne, puis, neuf jours plus tard, nous le voyons résidant chez Joseph Duchesne, rue Haute.

Finalement, on l'enferma le 14 août 1792 dans l'ancienne abbaye Saint-Melaine avec tous les insermentés que l'on avait groupés par la violence dans la capitale de la Bretagne. (Cf. p. 6.)

L'existence de ces ecclésiastiques durant leur internement à Rennes avait été fort pénible ; il leur fallait journellement répondre aux appels des agents et souffrir souvent les injures d'une vile populace, qu'on ameutait contre ces pauvres prêtres pour leur reprocher d'avoir refusé de prêter serment. A Saint-Melaine, ils ne furent pas plus heureux : la nourriture de la maison était insuffisante et détestable ; l'air manquait partout, et si les prisonniers voulaient ouvrir leurs fenêtres, les sentinelles leur envoyaient des balles et les « patriotes » les accablaient d'injures. La prière et le bréviaire récité en commun étaient les seules consolations de ces confesseurs de la Foi.

De Saint-Melaine, on transféra, le 1ᵉʳ octobre suivant, ceux de ces prêtres reconnus sexagénaires ou infirmes dans l'ancien couvent de la Trinité, converti également en prison. Nous reproduisons plus loin, aux pièces officielles, une lettre adressée par quelques-uns de ces détenus, parlant au nom de leurs confrères, laquelle nous en apprend long sur le fâcheux état auquel ils étaient réduits. Leur sort, du reste, ne fut nullement amélioré lorsqu'on les transféra au Mont-Saint-Michel, le 16 octobre de l'année 1793. (Cf. p. 8.)

« On les confia, écrit le chanoine Guillotin de Corson, reproduisant Tresvaux du Fraval (1), à un ardent révolutionnaire, qui, en qualité de commissaire, fut chargé de les y conduire. Des gardes nationaux les escortaient d'une ville à l'autre ; on les logeait dans les églises, où ils n'avaient que le pavé pour reposer la nuit. A leur départ de Pontorson, ville la plus voisine du lieu de leur destination, on vint dire au commissaire que la marée montait et qu'on ne pouvait passer. « Eh bien ! répondit-il, s'ils boivent un coup, cela ne leur fera pas de mal, » Mais la garde nationale de Pontorson lui répliqua qu'elle avait l'ordre d'escorter les détenus jusqu'au Mont-Saint-Michel, et non de les noyer dans la grève. Elle força le commissaire de rentrer en ville, et d'y rester jusqu'au moment où la mer se fût retirée. »

Lorsque les prisonniers furent arrivés au Mont-Saint-Michel, on les y entassa dans les cachots et on les soumit à un régime débilitant que la charité de quelques fidèles courageux put seule adoucir. On vit alors des chrétiens faire jusqu'à vingt lieues pour porter des vivres à leurs vénérés pasteurs.

L'abbé Guihard raconte avoir connu un vieillard qui, toutes les semaines pendant plusieurs mois, fit le voyage du Mont-Saint-Michel pour porter aux prisonniers de gros pains de ménage ; ce bon paysan arrachait les larmes en rapportant les sublimes paroles que lui adressaient les courageux confesseurs de la Foi.

Deux documents adressés par la municipalité montoise aux membres du district de Saint-Malo, à la date du 12 et du 31 décembre 1793, nous montrent que l'on faisait littéralement périr d'inanition les malheureux prisonniers ; on les trouvera, du reste, intégralement reproduits aux pages 121 et 122 de cette étude. Le P. Yves Delaunay partageait cette pénible situation lorsque les Vendéens entrèrent au Mont-Saint-Michel, au mois de novembre 1793, dans l'intention de mettre en liberté ces malheureuses victimes de la Révolution. Ce religieux, qui, en sa qualité d'Angevin, comptait peut-être des parents ou des amis parmi les libérateurs, les suivit, ne jugeant pouvoir être pis nulle part que dans cette affreuse prison. Le désir de se procurer quelques vivres, de l'aveu des

---

(1) Abbé Tresvaux, *Histoire de la Persécution en Bretagne, op. cit.,* I, 499

municipaux du Mont-Saint-Michel, ne fut pas non plus assurément étranger à sa détermination.

Le pauvre vieillard, en tout cas, fut bien déçu dans son espoir et trouva une existence peut-être encore plus misérable, dans un pays ravagé par la guerre, sillonné en tous sens par des colonnes mobiles, où partout sa qualité de prêtre réfractaire le faisait traquer comme une bête fauve.

Six mois durant, M. Delaunay erra du Coglès au Bas-Maine, cherchant vainement un refuge où il pût vivre en sécurité. Il parvint même à pénétrer dans Fougères, où il eut le bonheur, de son propre aveu, de pouvoir une fois célébrer la sainte messe. A la longue, on le reconnut et, pour pouvoir gagner la prime de 100 livres promise à qui ferait arrêter un prêtre, il se trouva quelqu'un qui le dénonça. Le P. Delaunay fut arrêté dans un champ, entre Romagné, Lécousse et Saint-Germain, à la Pouardière, jadis propriété de Rillé, au moment où il récitait son bréviaire.

Le 18 prairial an II (6 juin 1794), on l'interna à Rennes à la prison de la Tour-Le Bat, en qualité d'*insermenté sexagénaire en rupture de ban*, venant de Fougères ; puis, le 16 juillet suivant, on l'en fit sortir pour l'incarcérer à la prison de la Porte-Saint-Michel, qui servait vraiment d'antichambre à la guillotine.

Une maladie que fit alors le vieux génovéfain retarda sa comparution devant le Tribunal criminel. Ce ne fut que le 2 août de cette année qu'il subit l'interrogatoire prescrit par la loi. M. Guillotin de Corson, qui l'a analysé, écrit « qu'il répondit à son juge avec autant de fermeté que de prudence » : il avoua être sorti de lui-même du Mont-Saint-Michel, avoir passé huit jours à Antrain, puis avoir plusieurs semaines erré en mendiant son pain, mais il refusa de nommer les personnes qui l'avaient assisté. Son interrogatoire terminé, le Tribunal criminel le condamna à la peine de mort en qualité de prêtre réfractaire sexagénaire évadé de prison, par conséquent en contravention avec l'article premier de la Loi du 22 floréal an II (Cf. p. 16), et par suite justiciable de la guillotine.

Cette sentence fut rendue le 3 août 1794. Le vénérable prieur de Rillé, Frère Yves-Jean-Baptiste Delaunay, la subit courageusement le lendemain sur la place du Palais, à l'âge de 70 ans, scellant de son sang une existence tout entière consacrée à Dieu et aux âmes.

Pièces officielles.

ACTE DE BAPTÊME DU R. P. DELAUNAY.

(Extrait des registres de catholicité de la paroisse du Fief-Sauvin, pour l'année 1725, conservés aux archives du Maine-et-Loire, à Angers ; communication de M. le chanoine Uzureau.)

« Le 18° jour de mars 1725, a été par nous, soussigné, baptisé sur les fonts baptismaux un garçon, fils de noble homme Jean-Baptiste Delaunay, sieur de la Boizardière, et de damoiselle Suzanne Terrien, son épouse, lequel enfant et les cérémonies dudit baptême ont été différées, en vertu de la permission accordée le 8 de février dernier par M. Belot, vicaire général de Mgr l'évêque d'Angers, signé Belot, et plus bas « par mandement : Viger, secrétaire ».

» Signé : Dufour, curé. »

Les cérémonies furent suppléées le 24 mai 1725, ainsi qu'en constate l'acte ci-dessous : « Le 24ᵉ jour de mai 1725, ont été par nous, Pierre-Hippolyte Delaunay, curé de Saint-Laurent-du-Mottay, du consentement et en présence de M. le curé de ce lieu, les cérémonies du baptême à Yves-Jean-Baptiste Delaunay, fils de noble homme Jean-Baptiste Delaunay de la Boisardière, et de damoiselle Suzanne Terrien, son épouse, lequel fut baptisé le 18ᵉ jour de mars dernier. A été parrain : noble homme Yves Terrien, sieur de l'Aubinière, grand-père de l'enfant, conseiller du Roi au grenier à sel de Saint-Florent-le-Vieil, de cette paroisse, et marraine : damoiselle Madeleine Le Fort, grande tante du dit enfant, demeurant dans la ville d'Angers, paroisse de Sainte-Croix. »

Suivent les signatures : Delaunay, curé.

Dufour, curé du Fief-Sauvin ;
M. Madeleine Lefort ;
Y. Terrien de l'Aubinière.

Motifs apportés par le District de Fougères, le 23 juillet 1791, pour supprimer la paroisse de Rillé.

(Archives Nationales, D IV, 96.)

Cette paroisse de Rillé n'est composée que de 4 à 500 personnes. Elle semble avoir été établie moins en faveur du public que pour relever l'éclat et la puissance d'une maison décorée du titre pompeux d'abbaye royale. Ces considérations, jointes aux circonstances, invitent à supprimer le plus tôt possible une paroisse d'une inutilité aussi reconnue.

En effet, le curé actuel, le sieur Delaunay, n'a point prêté serment. Ses principes, opposés à la nouvelle Constitution, l'engagent sans cesse à des démarches plus indiscrètes les unes que les autres. Les habitants de Rillé ont écrit au Directoire du district de Fougères :

« Convaincus des avantages infinis de la grande Révolution qui s'opère en France, ils s'en sont toujours montrés les partisans et l'appuient suivant leur petit pouvoir par une obéissance sans borne à la loi commune. C'est par cet amour du bien public que vous les avez vus, aux Rogations dernières, obliger le sieur Delaunay, leur curé, de les mener en procession aux églises où il est d'usage d'aller, au lieu de nous transporter à l'Ecousse et à des chapelles obscures, ainsi que ce pasteur se l'était proposé, on ne sait pourquoi, mais ce qui toutefois n'aurait fait qu'alimenter cette désolante division qui existe aujourd'hui entre chrétiens et chrétiens. »

Le curé de Rillé ayant obtempéré, ses paroissiens en avaient avec plaisir conçu un retour de sa part à la loi, mais ce curé, loin de le faire, a favorisé, même sourdement, le faux système qu'on oppose à cette loi en accueillant chez lui et dans son église des prêtres réfractaires, des prêtres ennemis du serment, et leur donne la permission d'y célébrer. Ce qui inquiète le plus les paroissiens de Rillé, c'est que leur curé se propose de faire à la Fête-Dieu une procession particulière où il se vante déjà d'avoir beaucoup plus de monde qu'il n'y en aura à la procession commune, ce qui fera triompher les ennemis du bien public et par conséquent beaucoup de mal. La paroisse de Rillé, il est vrai, était dans l'usage de faire ses processions à part..... mais aujourd'hui qu'il n'y a plus de chapître privilégié, et qu'il est si important pour le bien de la chose publique de se tenir réunis, les paroissiens de Rillé écrivent au district de Fougères qu'ils ne désirent rien que de se rendre à la procession commune de la ville. Le moyen en est facile, parce qu'il est notoire que la paroisse de Rillé va être incessamment supprimée et réunie à celle de Saint-Sulpice. Il suffit d'inviter le sieur Delaunay à se rendre à la procession commune, s'il ne veut pas voir sa paroisse réunie sans tarder à celle de Saint-Sulpice. Les paroissiens de Rillé consentent à cette réunion provisoire, parce qu'ils en sentent la nécessité dans les circonstances actuelles. »

L'église de Rillé, *point de ralliement des insermentés*, rivalise avec celles de Saint-Léonard et de Saint-Sulpice, tenues par des fonctionnaires insermentés, et le nombre des mal intentionnés et des personnes induites en erreur semble surpasser celui des patriotes éclairés.

Le District de Fougères refuse au P. Delaunay l'autorisation de résider a Rillé.

(Archives d'Ille-et-Vilaine, L 433.)

Le 9 février 1792, le sieur Yves-J.-B. Delaunay, chanoine régulier et curé de Rillé, demande qu'il lui soit permis de résider sur le territoire de son ancienne paroisse, alléguant qu'il est infirme et affligé d'une hernie. — On répond que ce mal ne l'a cependant pas empêché d'aller dire la messe à Lécousse, paroisse incivique, et de se rendre à Montours chez son confrère et ami Targe. Dans cet endroit, il jouit, dit-on, d'une excellente santé. Puisqu'il veut partager les souffrances de son ami et confrère le sieur Marie, pourquoi, fait-on observer ironiquement, ne va-t-il pas le consoler à trois lieues de Fougères ? — En conséquence, le District de Fougères déclare qu'il n'y a lieu de délibérer sur cette demande.

Les prêtres détenus a la Trinité exposent l'état de détresse auquel ils sont réduits. — *Les administrateurs d'Ille-et-Vilaine se bornèrent à répondre « qu'il n'y a lieu à délibérer »:*

« Aux Citoyens les Administrateurs du département d'Ille-et-Vilaine.

Nous, prêtres et ecclésiastiques, détenus à la Trinité, réclamons pour la *seconde fois* votre justice et votre humanité. La nécessité nous y contraint :

Notre position peut-elle être plus affligeante ? La plupart d'entre nous sont privés de toutes ressources et dans l'impuissance de s'en procurer ; sans parler d'un grand nombre de vieillards et d'infirmes, qui ont besoin de secours particuliers, comme remèdes, bouillons et autres aliments analogues à leur situation.

Le traitement qu'on nous accorde est évidemment insuffisant pour nous procurer les choses essentiellement nécessaires à la vie (15 sols par jour).

Déjà réduits à ne faire qu'un repas par jour, il est impossible que nous puissions subsister longtemps.

Les denrées de première nécessité, vous le savez, sont à un prix excessif. Il y a un an que 15 sols par jour équivalaient à 45 aujourd'hui, les denrées ayant renchéri par une progression presque inconcevable. Il s'ensuit que notre traitement actuel ne suffit pas pour fournir un repas par jour. Nous ne pourrions pas nous procurer du bois, pas même de l'eau..... Le plus simple calcul est la démonstration de ce que nous avançons.

A ne supposer qu'une livre de pain par jour, et 3 quarterons de viande *crue*, à chaque individu, l'un portant l'autre, le pain valant 6 s. 6 d. et la viande 12 s. la livre, voilà déjà les 15 sols employés et au delà. Nous ne parlons pas de la nourriture des domestiques de l'intérieur, qui vivent de notre commun, ni des gages qu'il faut payer et à ceux du dedans et à ceux du dehors. Notre détresse nous a déjà obligés d'en congédier plusieurs, notamment le cuisinier.

Votre intention, Citoyens, n'a pas été de nous réduire au pain et à l'eau, puisque vous aviez fixé notre premier traitement sur la valeur et le prix où étaient alors les denrées.

Vous sentez la justice de notre réclamation. Ce serait donc faire injure à la délicatesse de vos sentiments et à votre humanité que de douter un instant de vos favorables dispositions.

Ne différez donc pas, Citoyens Administrateurs, de nous procurer les moyens de subsister. Nous sommes fondés à les attendre de votre équité. »

Signé : De Rommilley, prêtre (ex-chanoine).

Loy, prêtre ; Pilou, prêtre ; Graffard, prêtre (ex-prieur des Carmes).

La Municipalité du Mont-Saint-Michel fait connaitre l'état de détresse des ecclésiastiques détenus en cette prison.

Mont-Saint-Michel, 22 frimaire an II (12 décembre 1793).

« Aux Administrateurs et Procureur-Syndic du District de Saint-Malo. Séance publique. (Sur le repli, le cachet de cire et la mention « pressé ».)

Citoyens, les Administrateurs du département d'Ille-et-Vilaine nous marquent, par leur lettre du 16 du présent, qu'ils vous ont écrit pour que vous voyez le Directeur des Magasins militaires de votre ville, pour qu'il remplisse les ordres qui doivent lui avoir été donnés par le représentant du Peuple, Pauchel, pour fournir le pain aux prêtres détenus dans le château de notre ville. *Depuis plus d'un mois que le pain ne leur est pas venu, ils ont été et sont dans la disette.* Nous ne pouvons pas leur fournir du pain, n'ayant aucune subsistance et ne pouvant en faire venir de d'autres communes. En conséquence, Citoyens, nous vous requérons de vouloir bien requérir le Directeur des Magasins militaires de votre ville pour qu'il fournisse le pain aux prêtres détenus, suivant les ordres qui doivent lui avoir été donnés. Vu que ces prêtres ont bien agi de n'avoir pas quitté leur exil, quand les ennemis de la Vendée sont venus pour les forcer de sortir. De plus, la Loi accorde le pain à tout prisonnier. Si la Nation avait jugé à propos de les faire mourir, votre Département ne les aurait pas envoyés au Mont-Saint-Michel ; par conséquent, il leur faut le pain.

Nous avons l'honneur d'être, en attendant votre réponse, Citoyens,

Vos concitoyens : Les Maire et Officiers municipaux de la commune du Mont-Saint-Michel. »

Signé : G. Richard, maire.
G. Richard, agissant en l'absence du greffier.

Au Mont-Saint-Michel, le 22ᵉ du 3ᵉ mois de l'an 2ᵉ de la République U. et Ind.

La Municipalité du Mont-Saint-Michel réclame a nouveau des vivres pour les prêtres détenus.

Mont-Saint-Michel, 12 nivôse an II (31 décembre 1793).

« Aux Citoyens Président, Administrateurs et Procureur-Syndic du District de Saint-Malo, la Municipalité du Mont-Saint-Michel.

« Citoyens, nous vous avons écrit, le 22 frimaire dernier, en vertu de la lettre que le Département de l'Ille-et-Vilaine nous a écrite, par laquelle il nous marque qu'il vous a écrit pour que vous voyez le Directeur des Magasins militaires de votre ville, et que celui-ci remplisse les ordres qui doivent lui avoir été donnés. Vous ne nous avez fait aucune réponse. Tous les représentants du Peuple qui sont venus au Mont-Saint-Michel nous ont dit que l'intention de la Convention Nationale n'était pas de laisser les prêtres mourir de faim.....

Ils [sont] partis 40 et quelques prêtres. *La disette de se voir sans pain, sans aucunes subsistances*, et la menace d'être fusillés par les ennemis, ont bien pu exciter le départ de quelques-uns.

Le représentant du Peuple Tureau fut satisfait de notre démarche à cet égard. Si on nous avait envoyé seulement cent hommes, avec deux pièces de canon, quand nous les demandâmes, nous nous serions battus courageusement ; on aurait beaucoup détruit d'ennemis.

257 Ecclésiastiques restèrent à leur exil, *qui sont sans pain, crient la faim ;* (dont 160 de votre département s'attendaient qu'il leur viendrait du pain ou de la farine de Saint-Malo).

.....Nous sommes, en attendant l'honneur de votre réponse par le porteur de la présente, persuadés que vous répondrez à des Républicains.

Salut et fraternité.

Vos concitoyens : les Maire, Officiers municipaux de la commune du Mont-Saint-Michel. » Signé : G. RICHARD, maire.

ORDRE D'ÉCROU DU P. DELAUNAY A LA PORTE SAINT-MICHEL, *le 16 juillet 1794.*

Maison de justice de Rennes, *Porte Saint-Michel* ou Marat (ancien 5 Y. 11), reg. du 11 frimaire an II au 2 fructidor an II.

« Gardien de cette maison de justice, tu es, par moy, soussigné, commissaire des prisons et officier municipal, chargé jusqu'à nouvel ordre des individus suivants, venans de la Tour Montagne, dont la teneur est comme suit, sçavoir : ..... Yves J. B^{te} De Launay, etc., desquels tu feras bonne garde et les nourriras au pain de la République. Rennes, le 28 du mois messidor de l'an II de la R. F. (16 juillet 1794).»

Signé : LOY, commissaire.

En marge, est écrit : « J. B^{te} de Launay, ex-prieur de Rilé, condamné à mort, et exécuté par jugement du Tribunal criminel de Rennes, le 16 thermidor an Deux. »

INTERROGATOIRE SUBI PAR LE R. P. DELAUNAY DEVANT UN JUGE DU TRIBUNAL CRIMINEL D'ILLE-ET-VILAINE, *le 2 août 1794.*

« L'an II de la R. F. une, indivisible & impérissable, le 15 thermidor ; Nous, Juge au Tribunal criminel du département d'Ille-et-Vilaine, ayant avec nous pour adjoint le premier commis-juré du greffe, nous sommes transportés en l'une des chambres de la Loi, où nous avons fait amener un particulier, aux interrogatoires duquel nous avons procédé comme il suit :

Interrogé de son nom, surnom, etc. ? — Répond se nommer *Yves-Jean-Baptiste Launay,* ex-chanoine régulier et prêtre de la ci-devant abbaye de Rillé, et ex-recteur de la paroisse du même nom, commune de Fougères, âgé de 70 ans.

Interrogé d'où il est natif ? — Répond qu'il est natif de la commune du Fief Sauvain, district de Florent-le-Vieil, départ^t de Mayenne et Loire *(sic).*

Interrogé où sont situés ses biens et combien il a de revenu ? — Répond n'en point avoir.

Interrogé depuis quel temps il a quitté sa cure ? — Répond qu'il y a 30 mois passés qu'il s'est éloigné du lieu de sa cure, de trois lieues, qu'ensuite il est venu volontairement à Rennes, où il fut enfermé à la Maison-Melaine, ensuite à celle de La Trinité ; et, de là, conduit à Mont-Michel.

Interrogé depuis quel temps il a quitté cette maison ? — Répond qu'il est sorti du Mont-Michel dans le courant de décembre dernier (v. st.), et qu'il y fut forcé par les Brigands (*sic*), ainsi que plusieurs de ses confrères ; ajoute qu'il déclara au Maire et à l'Agent national de la commune de Mont-Michel qu'il rentrerait après qu'il aurait pris des arrangements pour se procurer la subsistance qui lui manquait.

Interrogé avec qui il comptait prendre ces arrangements ; en quoi consistaient les moyens de subsistance qu'il prétendait se procurer ; où ils étaient situés, et quelles étaient les personnes qui en étaient les dépositaires ? — Répond que ces moyens de subsistance étaient à Fougères ; qu'ils consistaient en meubles qu'il comptait vendre, et qu'ils étaient en dépôt chez le nommé Lotton, demeurant faubourg de Rillé, commune de Fougères.

Interrogé où il a passé son temps depuis sa sortie du Mont-Michel ; comment il a subsisté ; et pourquoi il n'est pas rentré dans cette maison suivant la parole qu'il dit avoir donnée ? — Répond qu'il a passé les huit premiers jours dans la commune d'Antrain ; que, de là, il se rendit à Fougères, où il ne passa qu'un jour ; et que le surplus de ce temps, jusqu'au jour de son arrestation, il a erré ; qu'il mendiait son pain, même la nuit.

Interrogé quelles sont les communes qu'il a parcourues pendant qu'il était vagabond, et les noms des personnes chez lesquelles il couchait et qui le nourrissaient ? — Répond qu'il a parcouru les communes de Bourgon, Launay-Villiers et Ollivet, dans la ci-devant province du Maine ; qu'il couchait dans les paillers et dans les landes ; et qu'il ignore les noms de ceux qui lui donnaient du pain ; que, s'il n'est pas retourné à Mont-Michel, c'est qu'il craignait l'Armée Républicaine et les Brigands, et qu'il n'osait demander de passeports à personne.

Interrogé quand et où il a été arrêté ? — Répond qu'il a été arrêté, il y a environ deux mois, sur une commune dont il ignore le nom, qui est située entre celles de Romagné, Lécousse et Germain en Coglès ; qu'il était dans un champ à dire son bréviaire.

Interrogé combien de fois il a dit la messe depuis sa sortie du Mont-Michel ? — Répond l'avoir dite seulement une fois, à la ci-devant église de Sulpice de Fougères ; qu'il n'y communia personne ; et qu'il n'a pu dire la messe depuis, n'ayant ni ornements, ni habits ecclésiastiques ; qu'au surplus, il n'a administré aucuns sacrements.

Interrogé s'il a prêté les serments prescrits par les Lois ? — Non.

Représenté à l'interrogé que sa sortie du Mont-Michel était volontaire, et non forcée, que les Brigands ne demandèrent que ceux de bonne volonté ; qu'il est appris, suivant ses dires, qu'il n'a fréquenté que les communes qu'habitent ordinairement les Chouans, et que, vraisemblablement, il était de leur parti. — Répond et persiste à dire que les Brigands le forcèrent de sortir (1) ; qu'il n'a jamais fréquenté les Chouans, ni donné de conseils contre la République ; que *peu lui importe de vivre sous le gouvernement républicain ou sous le monarchique,* pourvu qu'il ait sa tranquillité et son nécessaire.

Telles sont ses déclarations, desquelles lecture lui faite, il a déclaré y persister et a signé. »   (3 mots rayés nuls.)

Signé : Y. B. De Launay.

Noüail, juge.   F. R. Pigeon, 1er commis-juré.

CONDAMNATION A MORT DU R. P. DELAUNAY, *le 3 août 1794.*

« Audience du 16 thermidor, an II de la R. F., etc., tenue par le Tribunal complet ; présent, le citoyen Accusateur public.

Au nom du Peuple Français. Le Tribunal criminel du département d'Ille-et-Vilaine a rendu le jugement suivant :

Entre le citoyen Accusateur public, demandeur, pour cause d'infraction aux Lois de la déportation et de la réclusion ;

Et….. Yves-Jean-Baptiste Launai, prêtre réfractaire, ex-chanoine régulier, et ex-recteur de la ci-devant paroisse de Rillé, commune de Fougères, natif de la commune du Fief-Sauvin, district de Florent-le-Vieil, département de Maine (ou Mayenne et Loire) ; détenu à la maison de Justice près ce Tribunal, défendeur et accusé.

Vu, en la salle d'audience, publiquement et les portes ouvertes, les interrogatoires subis par l'accusé sus-dénommé ;

Ouï le rapport du citoyen Nouail, juge en ce Tribunal, et l'Accusateur public en ses conclusions, motivées à l'audience :

Le Tribunal, opinant à haute voix, a, dans la forme, mis….. Yves-Jean-Baptiste Launay, prêtre réfractaire, hors la Loi ; au fond, l'a déclaré duement atteint et convaincu d'avoir été *sujet à la réclusion comme sexagénaire* (insermenté) ; de *s'être évadé de la maison de réclusion du Mont-Michel,* où il était détenu ; d'avoir, depuis ce temps, été vagabond, et fréquenté plusieurs communes qui, de notoriété publique, étaient le foyer des Chouans et autres ennemis de la République ; pour réparation de quoi et intérêt de la Société, a condamné ledit….. Yves-Jean-Baptiste Launay à la peine de mort, conformément aux *articles X, XIV, XV et V de la Loi des 29 et 30 vendémiaire,* et I, II et V de celle du 22 floréal, desquels articles a été donné lecture et sont ainsi conçus (Cf. p. 13, 14 et 16).

Déclare le Tribunal les biens dudit Launai, si aucuns sont, acquis et confisqués au profit de la République, conformément à l'article XVI

(1) D'après Delarue : *Nicolas Fulégant,* in-8°, Rennes 1910, les municipaux du Mont délivrèrent à plusieurs ecclésiastiques des certificats attestant le bien-fondé d'allégations semblables à celle du P. Delaunay,

de la Loi des 29 et 30 vendémiaire, duquel article a été donné lecture et est ainsi conçu (Cf. p. 15).

Ordonne enfin le Tribunal que..... ledit Launai sera, dans les vingt-quatre heures, livré au Vengeur du Peuple, et mis à mort, et que le présent jugement sera, à la diligence de l'Accusateur public, mis à exécution, imprimé, publié et affiché, partout où besoin sera.

Fait à Rennes, en l'audience du Tribunal, où étaient présents les citoyens Nouail, Denoual et Jouslain, juges, qui, avec le citoyen Président, ont signé le présent jugement. »

Ainsi signé sur le registre : Bouaissier, président ; Nouail ; Denoual et Jouslain, juges.

Suit, au nom de la République Française, la sommation d'usage aux huissiers et officiers de la force publique d'avoir à prêter main-forte, lorsqu'ils en seront légalement requis.....

Ainsi signé sur l'expédition : Bouaissier, président ;

et F.-R. Pigeon, premier commis-juré.

(Imprimé à Rennes.)

Acte de décès du R. P. Delaunay, *le 4 août 1794.*

« Le 17 thermidor, l'an second de la R. F., une et indivisible, à 10 heures du matin, par moy officier public, soussigné, a été reçue la déclaration par écrit de Le Grand, concierge des prisons de la Porte-Marat, du décès du nommé *Yves-Jean-Baptiste de Launay* (sic), ex-prieur de Rillé, décédé place de l'Egalité de cette ville. »

Signé : P. Jamet, l'aîné, offic. public.

Bibliographie. — Guillon, *Les Martyrs de la Foi*, op. cit., t. III, p. 475. — Tresvaux du Fraval, *Histoire de la Persécution*, etc., op. cit., t. II, p. 23. — Guill. de Corson, *Les Confesseurs de la Foi*, etc., op. cit., p. 51-52 ; même auteur : *Pouillé historique de Rennes*, t. V, p. 36 : Le frère Y.-J.-B. de Launay, présenté par l'abbé de Montfort le 22 juin 1756 pour la cure de Langan qu'il conserva jusqu'en 1766, pourrait bien être, quoique les dates ne correspondent pas absolument, le même que celui qui fait l'objet de la présente notice. Il suffirait de confronter les signatures pour vérifier.

Jean-René-Norbert OGER, *dit* le P. Barthélemy
et Mademoiselle GLATIN

Né à la Chapelle-Erbrée le 18 mai 1740, récollet à Saint-Malo, arrêté dans cette ville le 2 août 1794, jugé à Rennes le surlendemain, exécuté à Saint-Malo le 6 août suivant avec Angélique Glatin, sa receleuse.

(Le dossier du P. Barthélemy Oger n'existe pas parmi les Actes du tribunal criminel d'Ille-et-Vilaine, conservé aux archives de ce département. Nous avons vainement recherché les interrogatoires dont M. Guihard a pu naguère prendre copie sur les Actes du tribunal de Saint-Malo, aujourd'hui aux archives d'Ille-et-Vilaine.)

JEAN-RENÉ-NORBERT OGER, fils de Jean et de Marguerite Martin, né au village de la Bartière en la Chapelle-Erbrée, le 18 mai 1740, reçut le baptême deux jours après sa naissance à l'église de sa paroisse. Il fut, d'après le chanoine Manet, élevé par les Récollets de Vitré, dans le monastère desquels il fit profession le 4 septembre 1758, sous le nom de P. Barthélemy, à l'âge de 18 ans seulement.

Lors de la Révolution, nous le trouvons vicaire du couvent des Récollets de Saint-Malo, et nous le voyons signer en cette qualité le 14 janvier 1791. Dans ses *Grandes recherches manuscrites sur Saint-Malo*, le précieux chroniqueur qu'est le chanoine Manet nous apprend que le P. Barthélemy « faisait à cette époque l'édification de la ville et du pays, tant par son zèle et ses talents de prédicateur que par l'exercice de toutes les vertus monastiques ». Il va sans dire qu'un aussi saint homme déclara vouloir continuer de mener la vie de communauté, ainsi que le P. Toussaint Duval, gardien de son couvent. Pour y parvenir plus sûrement, il prit le parti de passer en Espagne et dès le 19 juin 1791 on le déclare « parti pour ce pays ».

Le P. Barthélemy y séjourna quelque temps dans un couvent de son ordre, mais, écrit le chanoine Manet, « sa pensée demeurait à Saint-Malo et son cœur se consumait de tristesse en songeant à tant de bonnes âmes en cette ville exposées à vivre et à mourir sans les secours de notre sainte religion ». Ayant donc obtenu de ses supérieurs la permission de revenir en Bretagne, il se fit débarquer, au péril de ses jours, sur les côtes malouines.

Angélique-Marie-Jeanne Glatin, chez qui le P. Barthélemy trouva bientôt une généreuse hospitalité, était une bonne fille de 63 ans, qui avait longtemps servi dans la famille Goret de Villepepin, laquelle lui avait assuré pour retraite une pension convenable. C'est en vain, malheureusement, que nous avons recherché son acte de baptême sur les registres d'Etat civil de Saint-Malo, de 1717 à 1724, et nous en sommes réduits à ignorer le lieu et la date exacte de sa naissance. Après avoir par la sagesse de sa conduite, sa probité sévère et la délicatesse de ses sentiments gagné la confiance et mérité l'amitié de ses maîtres, elle leur donna des preuves d'un dévouement sans borne et ne les quitta que lorsque la mort vint les lui ravir. Libre alors, elle ne voulut plus servir et se consacra exclusivement à la pratique des œuvres de charité. Les indigents malades, les pauvres honteux, les jeunes filles exposées à se perdre, écrit Tresvaux du Fraval (*op. cit.*, t. II, p. 103), furent l'objet de ses prédilections. Avantageusement connue de plusieurs dames riches de la ville, Angélique était souvent la dépositaire de leurs aumônes. La discrétion des personnes que Mlle Glatin recevait dans son petit logement de la rue Vicairerie et les sages précautions qu'elle prenait, préservèrent un certain temps le Père Oger des atteintes des révolutionnaires malouins.

Malheureusement, raconte le chanoine Manet, le 11 thermidor an II (29 juillet 1794), le Comité de surveillance, établi par les révolutionnaires à Saint-Malo, reçut avis du Comité de Brest « de l'existence clandestine à Port-Malo d'un ex-récollet non assermenté chez les femelles *(sic)* de Gennes ». C'était un nommé Petit qui avait dénoncé ce religieux au Comité de Brest en ces termes :

« J'ai appris hier soir que le Père Barthélemy Oger, cy-devant récollet, est retiré à Port-Malo dans un grenier ; qu'on n'y communique que par une trappe sur laquelle il met son lit ; ce prêtre réfractaire est logé chez les D^lles de Gennes (1). »

Lorsque le Comité de surveillance de Saint-Malo eut appris la présence de Barthélemy Oger dans la rue de la Vicairerie, il fit faire aussitôt une perquisition chez Mlles de Gennes, mais on n'y trouva point de prêtre. Une méchante femme vint alors à l'aide des persécuteurs et leur déclara avoir vu, par le trou d'une serrure, le P. Barthélemy mangeant à la table d'Angélique Glatin ; cette fois, on était bien sur la piste : le pauvre religieux et sa pieuse hôtesse furent arrêtés le 15 thermidor an II (2 août 1794).

Les deux prisonniers furent immédiatement conduits devant le Comité de surveillance de Saint-Malo. On déposa sur le bureau quelques pièces

---

(1) Abbé MANET, *Grandes recherches manuscrites*, à la mairie de Saint-Malo. Voici copié sur les *Grandes recherches du chanoine Manet* les termes de la réponse que fit le comité de surveillance de Saint-Malo au comité de Brest : « L'indication que vous nous avez fait l'amitié de nous donner par votre lettre du 11, s'est trouvée réelle.

Le Père Barthélemy, qui en était l'objet, a été arrêté, incarcéré et interrogé sur-le-champ ainsi que la nommée Glatin. On les a envoyés à Rennes pour y subir la peine que leur inflige la loi. Il a tellement fanatisé cette pieuse aristocrate, *qu'elle n'appréhende nullement le sort qui lui est destiné*. On a interrogé les demoiselles de Gennes, mais elles ont protesté qu'il n'existait point chez elle. Nous sommes très flattés de cette découverte et nous vous remercions bien sincèrement de vos renseignements ».

d'argent espagnol qu'on avait trouvées sur le P. Barthélemy ainsi qu'un calice et sa patène. Ces derniers objets, aussi bien que les *ornements sacerdotaux* saisis avec eux chez Mlle Glatin, appartenaient au dernier doyen du Chapitre de Saint-Malo, Camille Goret de Villepepin, qui, après s'être assermenté, vivait alors ignoré aux environs de Paris.

L'interrogatoire que les juges du tribunal de Saint-Malo firent ensuite subir aux deux prisonniers mérite d'être retenu, car leurs réponses sont dignes des martyrs des premiers siècles de l'Eglise. Il est fort regrettable que Guillotin de Corson, qui a eu entre les mains le manuscrit de l'abbé Guihard où elles étaient consignées, ne nous en ait conservé que les extraits que voici :

« *Q.* N'avez-vous pas d'autre nom que celui de Barthélemy ? — *R.* Il n'est pas nécessaire de dire son nom pour aller mourir.

Q. Où avez-vous passé votre temps depuis votre débarquement ? — *R.* Cela ne se dit pas.

Q. Avez-vous prêté le serment exigé par la loi ? — *R.* J'en étais très éloigné.

Q. Pourquoi vous êtes-vous caché chez la Glatin ? — *R.* Crainte d'être pris, connaissant la haine que vous portez aux prêtres et ayant l'honneur de l'être.

Q. Pourquoi avez-vous dit la messe chez la Glatin ? — *R.* Parce que c'était un bien.

Q. L'avez-vous dite souvent ? — *R.* Autant que j'ai pu, mais pas au gré de mes désirs (1). »

Les réponses d'Angélique Glatin sont peut-être encore plus belles et dénotent chez cette femme un courage héroïque ; aussi le Comité de surveillance de Saint-Malo disait-il d'elle : « Cette pieuse aristocrate est tellement fanatisée qu'elle n'appréhende nullement le sort qui lui est destiné. »

« *Q.* Depuis combien de temps cet ennemi de la patrie était-il caché dans ta maison ? — *R.* J'avais le bonheur de posséder ce bon religieux depuis longtemps.

Q. Pourquoi as-tu reçu ce prêtre chez toi ? — *R.* Parce qu'il était poursuivi sans avoir fait aucun mal ; je l'ai fait pour la religion et je le ferais encore si c'était à faire.

Q. Que faisait chez toi le citoyen Barthélemy ? — *R.* Il faisait, et je lui ai aidé à faire, tout le bien que nous avons pu ; il a baptisé, il a confessé, il a marié, il a fait faire grand nombre de premières communions.

Q. Ce prêtre disait donc la messe dans ta maison ? — *R.* Oui, il la disait souvent et je ne l'aurais pas gardé s'il ne l'avait pas dite.

Q. Quelles sont les personnes qui allaient à sa messe ? — *R.* Je n'ai rien à dire à cet égard.

---

(1) Actes du tribunal de Saint-Malo, ms. de l'abbé Guibard.

Q. Qui donc a-t-il baptisés ou mariés chez toi ? — *R.* C'est un secret que je ne dévoilerai jamais, dût-on cent fois me mettre à la torture.

Q. Qui fournissait aux besoins de ce prêtre réfractaire ? — *R.* Moi-même, et j'y aurais sacrifié jusqu'à mon dernier sou.

Q. Femme impudente, ne sais-tu pas qu'il y a une loi qui défend de recéler les prêtres insermentés ? — *R.* Je sais que vous avez des lois à vous, moi j'ai ma conscience et la loi de Dieu (1). »

Des réponses aussi nettement chrétiennes ne pouvaient attirer sur ceux qui les faisaient qu'une condamnation à mort ; néanmoins le tribunal de Saint-Malo renvoya les prisonniers devant le Tribunal criminel de Rennes, avec cette lettre adressée au président : « Frère et ami. Je t'envoie deux fanatiques : il est urgent qu'ils subissent ici leur jugement. C'est le vœu du peuple et de son représentant pour servir d'exemple. Leurs conducteurs ont ordre de les attendre pour les ramener, accompagnés de l'exécuteur. »

Le 16 thermidor (3 août 1794), le P. Barthélemy et Mlle Glatin furent en conséquence transférés à Rennes. Devant le Tribunal criminel de cette ville, ils montrèrent le lendemain la même prudence et la même grandeur d'âme qu'à Saint-Malo. Aussi leur jugement ne traîna-t-il pas en longueur ; ils furent l'un et l'autre condamnés à la peine de mort et reconduits à Saint-Malo en compagnie du bourreau qui devait les exécuter le 5 de ce même mois. De plus, les ornements sacerdotaux saisis dans leur demeure devaient être brûlés au pied de l'échafaud au moment de leur exécution, particularité qui dénote bien le caractère nettement antireligieux de leur condamnation.

« Le prêtre tomba, dit-on, dans une profonde tristesse quand il fut jeté dans la prison où il devait passer sa dernière nuit. Mais Mlle Glatin releva son courage, en l'invitant à entendre sa confession et celle des détenus qui voudraient profiter de son ministère.

» La plupart des prisonniers acceptèrent de grand cœur les consolations de ceux qui se préparaient à porter leur tête sur l'échafaud pour Jésus-Christ. Après cette nuit de pieux labeur, le P. Barthélemy se sentit plus résigné et mieux disposé à quitter cette terre pour gagner le ciel (2). »

En sortant de la maison d'arrêt pour se rendre à la place de la Révolution (ancienne place Saint-Thomas) où s'élevait l'horrible machine, les prisonniers traversèrent une foule compacte faisant haie des deux côtés. Angélique Glatin, ferme et calme, marchait devant. Le P. Barthélemy Oger, vêtu en supplicié, la tête nue, saluait la foule qui gardait le silence ou s'inclinait légèrement, comme pour lui rendre l'adieu qu'il semblait murmurer (3). Se tournant un instant vers le Récollet, Mlle Glatin lui dit tout à coup : « Mon Père, entonnez le *Te Deum* en action de grâces de ce que nous allons mourir pour Jésus-Christ. » Et ce fut

<hr>

(1) Actes du tribunal de Saint-Malo, ms. de l'abbé Guihard.
(2) Notes ms. de l'abbé Guihard.
(3) ROBIDOU, *Histoire et Panorama d'un beau pays*, 416,

en chantant ce cantique qu'ils arrivèrent au pied de l'échafaud. La Foi d'Angélique Glatin soutenant jusqu'à la fin son courage, elle voulut y monter la dernière, pour éviter sans doute au P. Barthélemy la douleur de la voir exécuter. Cette vertueuse et intrépide chrétienne ne parut pas se troubler un seul instant. Lorsque la tête du religieux fut tombée, elle se laissa doucement garrotter à son tour sur la planche ruisselante de son sang ; quelques instants après, son âme rejoignait celle du bon religieux dans l'éternité bienheureuse.

Le même jour, 19 thermidor (6 août), le Directoire de Saint-Malo écrivait au Comité du salut public : « Le cy-devant Père Barthélemy Oger, vicaire de la communauté des cy-devant Récollets de Saint-Malo, de retour de sa croisade en Espagne, était caché depuis un an ou deux dans cette commune ; il y fut découvert et arrêté il y a quatre jours et il a pieusement passé aujourd'hui à la guillotine avec la femme chez laquelle il s'était retiré. » Cette lettre (1) donne, comme l'on voit, la date exacte du supplice du Père Oger et de Mlle Glatin.

Cette double exécution produisit dans toute la ville de Saint-Malo une sensation douloureuse. Ceux qui en avaient été témoins se retirèrent tristes et gardant un morne silence. Les hommes les plus féroces ne purent s'empêcher d'admirer tant de courage. L'officier de place, chargé de présider à l'exécution, ne put prendre de nourriture le reste du jour. Il dit plusieurs fois, en parlant d'Angélique Glatin : « Il y avait en cette personne quelque chose de divin ; je n'ai jamais vu une fermeté pareille (2). » Quant au P. Barthélemy, sa fin n'avait été guère moins admirable et le souvenir de ces deux martyrs resté toujours vivace dans la ville qui a été le témoin de leur sacrifice.

Pièces officielles.

Acte de baptême du P. Jean-René-Norbert Oger.

(Extrait des registres de baptêmes de la Chapelle-Erbrée, pour l'année 1740, conservé au greffe de Vitré en août 1926. Copie communiquée par M. Bougenot, avoué près le tribunal civil de Fougères.)

Jan-René-Norbert, fils légitime d'honorables personnes Jan Oger, absent aux cérémonies du baptême, et de Margueritte Martin, son épouse, né le dix huit au village de la Bartière, fut baptisé le vingt may mil sept cent quarante, par nous soussigné, et tenu sur les saints fonts de baptêmes par honnette garçon, Jan-Jullien Crosson, et honorable femme, Anne Audroing, demoiselle de la Bertoisière et de Jullien Crosson-Maisonneuve qui signent et de plusieurs autres qui ne signent.

Signé : Crosson. Anne Audroing. René Oger. J. Crosson. G. Briand, recteur.

---

(1) Insérée par l'abbé Manet dans ses *Grandes Recherches manuscrites sur Saint-Malo*.
(2) Abbé Tresvaux, *Histoire de la Persécution en Bretagne*, I, 105.

Ordre d'écrou du P. Oger et d'Angélique Glatin aux prisons de la Porte Marat.

« Concierge, tu es par nous, huissiers de Port-Malo, chargé des nommés Barthélemy, ex-récollet, et Angélique-Marie-Jeanne Glatin, et ce en vertu des ordres du représentant du peuple Le Carpentier ; tu en feras bonne et sûre garde et les nourriras au pain de la République, comme accusés de n'avoir pas exécuté l'arrêté de vendémiaire relatif aux prêtres sujets à la déportation et la dite Glatin de l'avoir recelé.

A Rennes, le 16 thermidor an II (3 août 1794). »

Signé : BLANCHANDIN.   CORBEL.

« Pour décharge des dénommés ci-contre, le 18 thermidor an II. »

Signé : CORBEL.   BLANCHANDIN.

Condamnation a mort du P. Oger et d'Angélique Glatin,
le 4 août 1794.

« Audience du 17 thermidor, an second, de la R. F., une, indiv. et impérissable, tenue par le Tribunal complet, présent le citoyen Accusateur public.

Au nom du Peuple Français, le Tribunal criminel du département d'Ille-et-Vilaine a rendu le jugement suivant :

Entre le citoyen Accusateur public, demandeur, pour cause d'infraction aux Lois par un *prêtre réfractaire*, et *recelé du même prêtre ;*

Et Barthélemy Oger, prêtre, ex-récollet, natif de la commune de La Chapelle-Erbrée, district de Vitré, caché à Port-Malo ;

Et Angélique-Marie-Jeanne Glatin, fille, sans profession, demeurant à Port-Malo, district du même nom ; le tout, département d'Ille-et-Vilaine.

Vû, en la salle d'audience, publiquement et les portes ouvertes, les interrogatoires subis, ce jour, par les accusés sus-dénommés ;

Ouï le Rapport du citoyen Nouail, juge en ce Tribunal, et l'Accusateur public en ses conclusions motivées, le tout à l'audience.

Le Tribunal, faisant droit sur le tout, a, dans la forme, mis Barthélemy Oger, prêtre, ex-récollet, hors la Loi ; au fond, l'a déclaré duement atteint et convaincu *d'avoir été sujet à la déportation* (comme insermenté), et *d'être resté caché en France*, au mépris des Lois.

A également, dans la forme, mis Angélique-Marie-Jeanne Glatin hors la Loi. Au fond, l'a déclarée dûment atteinte et convaincue *d'avoir sciemment*, et en contravention aux Lois, *recelé* chez elle, pendant un an, ledit Oger, *prêtre fanatique* et *proscrit ;* Pour réparation de quoi et intérêt de la Société, a condamné ledit Barthélemy Oger et Angélique-Marie-Jeanne Glatin à la peine de mort, conformément aux articles X, XIV, XV et V de la Loi des 29 et 30 vendémiaire, aux articles 1er et 11 de celle du vingt-deux germinal, et aux paragraphes 3 et 4 de la troisième page de celle du 23 ventôse, desquels articles et paragraphes a été donné lecture et sont ainsi conçus (Cf. p. 13 à 15).

Loi du 23 ventôse an 11, paragraphe 3, page 3. — « Tout citoyen » est tenu de découvrir les conspirateurs et les individus mis hors la loi, » lorsqu'il a connaissance du lieu où ils se trouvent. »

Paragraphe 4. — « Quiconque les recèlera, chez lui ou ailleurs, sera » regardé et puni comme leur complice. »

Ordonne en conséquence le Tribunal que lesdits Barthélemy Oger et Angélique-Marie-Jeanne Glatin seront livrés au Vengeur du Peuple, et mis à mort dans les 24 heures de leur retour en la commune de Port-Malo, où leur exécution aura lieu, et où ils seront conduits sous bonne et sûre garde ; déclare les biens desdits Oger et La Glatin acquis et confisqués au profit de la République, conformément à l'article XVI de ladite Loi des 29 et 30 vendémiaire, duquel article a été donné lecture, et qui est ainsi conçu (Cf. p. 15).

Ordonne en outre le Tribunal que les HOCHETS DU FANATISME, saisis chez la Glatin lors de son arrestation et celle dudit Oger, seront brûlés au pied de l'échafaud au moment de leur exécution, et que le présent jugement sera exécuté à la diligence de l'Accusateur public, imprimé et affiché partout où besoin sera.

Fait à Rennes, en l'audience du Tribunal, où étaient présents les citoyens Nouail, Denoual et Jouslain, juges, qui, avec le citoyen Président, ont signé le présent jugement. »

(Interlignes et ratures approuvés.)

Signé : BOÜAISSIER. NOUAIL. DENOUAL. JOUSLAIN.

BIBLIOGRAPHIE. — Guillon, *Les Martyrs de la Foi*, op. cit., t. IV, p. 165 ; contient plusieurs détails erronés. — Tresvaux du Fraval, *Hist. de la Persécution*, etc., t. II, p. 103-105. — Guillotin de Corson, *Les Confesseurs de la Foi*, etc., op. cit., p. 113.

MARIE-ANNE DUFRESNE DE RENAC,
exécutée à Rennes, le 13 août 1794, pour avoir donné asile à un prêtre réfractaire.

(D'après une photographie d'un portrait de famille communiqué par Mère Saint-Paul,
Auxiliatrice des Ames du Purgatoire, 16, rue de la Barouillère, à Paris.)

Julien-Jean LE MARÉCHAL
et les Demoiselles DE RENAC

Né à Vieuviel, le 24 avril 1765, vicaire à Ossé, arrêté à Rennes, le 9 août 1794 avec Marie-Madeleine et Marie-Anne-Catherine Dufresne de Renac, ses receleuses, exécutés tous les trois le 13 du même mois.

(Dossier n° 267 des actes du tribunal criminel d'Ille-et-Vilaine, série B, Parlement, conservé aux archives d'Ille-et-Vilaine.)

J ULIEN-JEAN LE MARÉCHAL naquit à Vieuviel, dans le canton actuel de Pleine-Fougères, le 24 avril 1765, de Julien et de Jacquemine Le François. Nous le trouvons tonsuré et minoré à Rennes le 24 décembre 1786, sous-diacre le 22 mars 1788 et diacre dans la même ville le 20 décembre de cette même année. Enfin, il reçut la prêtrise à Dol le 16 décembre 1789, en vertu d'un dimissoire de son évêque Mgr de Girac.

Nommé vicaire à Ossé presque aussitôt son ordination, il fut au bout d'un an de ministère mis en demeure de s'assermenter. Il s'y refusa et figure, à la date du 27 mars 1791, parmi les ecclésiastiques, fonctionnaires publics du district de Vitré, qui n'ont pas juré fidélité à la Constitution.

En exécution de l'arrêté du département d'I.-et-V. du 16 juin 1791 (Cf. p. 2), M. Le Maréchal dut comme insermenté abandonner la paroisse d'Ossé. Il s'en vint alors résider à Vieuviel où il resta trois semaines, puis il s'en alla habiter à Saint-Laurent près Rennes, chez une famille Prioul dont il était parent. Il y toucha pour la dernière fois 175 livres de pension le 30 janvier 1792, pour un trimestre échu depuis le 8 octobre précédent.

A la suite de l'arrêté pris le 14 avril 1792 par le Conseil général d'I-et-V. (Cf. p. 3), l'abbé Le Maréchal se fit inscrire le 10 mai suivant comme habitant Rennes, à l'auberge « A la Fleur de Lys », puis chez les demoiselles Morin, rue Derval. Renfermé à Saint-Melaine le 14 août 1792, ainsi que tous les prêtres réunis au préalable dans cette ville, le vicaire d'Ossé fut avec eux déporté d'office à Jersey par Saint-Malo le 14 septembre suivant. (Cf. p. 261.)

M. Le Maréchal ne demeura que deux mois en cette île : son zèle le rappelait en Bretagne. Au prix d'innombrables dangers, il réussit à débarquer sur les côtes de Saint-Coulomb. Une tradition, dont le chanoine Guillotin de Corson s'est fait l'écho après le chanoine Tresvaux du Fraval, veut qu'il ait séjourné quelque temps à Tinténiac. Mais si nous nous en rapportons aux propres déclarations de l'ecclésiastique en question, il vint directement à Rennes après son retour en France et ne mit que trois jours à franchir la distance qui le séparait de cette ville, où ce prêtre devait avoir certainement des amis et connaissances. On ne peut douter qu'il ne s'employa utilement à Rennes et aux environs. Un certain nombre de certificats d'actes de baptêmes et de mariages, trouvés sur lui lors de son arrestation, en sont une preuve irréfutable.

En 1794, deux sœurs, Marie-Madeleine et Marie-Anne-Catherine Dufresne de Renac (1), habitaient ensemble l'hôtel de Bonnefonds, situé à Rennes dans la rue actuelle de Belair, au bas de la Motte. N'ayant point contracté mariage, elles avaient vu leur père et leurs deux frères émigrer en 1791, mais elles avaient préféré rester en Bretagne et elles vivaient à Rennes d'une façon fort simple, uniquement occupées de bonnes œuvres.

Un jour que Mme Bruté se promenait du côté de leur hôtel, l'une des demoiselles de Renac lui fit signe d'approcher et lui dit : « Madame Bruté, voudriez-vous avoir la messe aujourd'hui ? » — A cette époque, c'était un privilège inestimable d'assister au saint sacrifice dont les catholiques étaient privés depuis si longtemps. La persécution venait même de devenir encore plus sévère par la publication d'un décret qui punissait de mort, dans les vingt-quatre heures de leur arrestation, ceux qui donnaient refuge à un prêtre et le prêtre lui-même (Cf. p. 15) (2).

« D'après ces motifs, ma mère — ajoute Mgr Bruté — crut devoir ne pas se rendre à l'invitation des dames de Renac, et elle les engagea vivement à prendre plus de précautions, leur disant qu'elles devaient s'estimer trop heureuses si elles pouvaient sauver la vie du prêtre et la leur. » Celui qu'elles cachaient dans leur hôtel n'était autre que l'abbé Julien Le Maréchal, qu'elles recelaient depuis six mois dans un grenier, où elles avaient pratiqué une cache.

Malheureusement ses pieuses hôtesses manquaient peut-être un peu de prudence et leur maison fut dénoncée aux autorités révolutionnaires, ainsi qu'en témoigne la pièce suivante, datée du 9 août 1794 (22 thermidor an II) :

« Le Comité de surveillance de Rennes, sur communication à lui donnée par un particulier, qu'il existe à Rennes différents individus ennemis de la chose publique, *entre autres plusieurs prêtres réfractaires*, au

____

(1) Elles tiraient leur nom de la seigneurie de Renac, en la paroisse de ce nom, que possédait au siècle dernier la famille Dufresne.

(2) *Souvenir de la persécution révolut. à Rennes* (*Revue de Bret. et de Vendée*, IX, 64).

ci-devant hôtel de Renac, chez les habitants de cette maison, prenant ces indications en grande considération, arrête que son président convoquera tous ses membres pour ce soir neuf heures, afin que, de conserve, il soit pris les mesures nécessaires pour arrêter ces ennemis du bien public. » (Fonds du Comité de surveillance de Rennes, aux *Arch. d'I.-et-V.)*

Alléchés par l'annonce d'une chasse aux prêtres réfractaires, les membres du Comité ne faillirent pas au rendez-vous. L'expédition fut vite décidée. On s'adjoignit le fin limier qu'était André Valleray et l'on se mit en marche dans la nuit, accompagné d'un détachement de la compagnie des grenadiers du 3ᵉ bataillon de la garde nationale de Rennes.

On a raconté tellement de légendes concernant la capture de l'abbé Le Maréchal, que nous préférons, au lieu de les réfuter, insérer simplement le procès-verbal de l'arrestation de ce prêtre ainsi que des demoiselles qui lui donnaient asile. On y verra que les recherches furent fort laborieuses et faillirent même demeurer infructueuses, puisque ce ne fut qu'aux sept heures du matin que l'on parvint à découvrir l'ecclésiastique que l'on traquait. Voici la pièce à laquelle nous nous attachons :

« En vertu de notre arrêté du 22 thermidor an II (9 août 1794), nous nous sommes transporté chez le citoyen Guignet, rue de Paris, près la Motte, au ci-devant hôtel de Bretagne (*sic*), et nous, en compagnie du citoyen Valleray (1) et de plusieurs grenadiers de la garde nationale de Rennes, nous avons sommé le citoyen Guignet de nous faire l'ouverture de ses appartements et de toutes ses fermetures. Ce qu'il a déféré sur le champ, et après une vérification scrupuleuse dans tout son jardin, nous n'avons rien trouvé de suspect ; puis dans la même maison, qui était occupée par les citoiens (*sic*) dont l'une se nomme *Marie-Madeleine du Fresne de Renac* et l'autre *Marie-Anne du Fresne de Renac*, toutes deux sœurs, et ayant frappé à la porte et soupçonnant qu'il pouvait s'y trouver des prêtres réfractaires, *tel qu'il nous était dénoncé* (2), la porte nous étant ouverte par Marie-Madeleine de Renac, nous avons fait les perquisitions *pendant plus de quatre heures*. Ayant trouvé une petite boîte de fer blanc dans qui il se trouva des *hosties* et plusieurs pains à chant, nous avons redoublé nos perquisitions et, sur les sept heures et demie du matin, derrière un lit et derrière une cloison de terrasse, et après l'avoir enfoncée à coups de hache, il s'est trouvé le nommé *Maréchal Jean*, prêtre réfractaire, et avec lui tous les ustensiles de son métier.

» Sur quoi nous avons requis le nommé Lanaux, juge, pour qu'il fasse apposer les scéllés.....

» Et avons amené le nommé ci-dessus au Comité pour être interrogé, et il s'est trouvé lui appartenant, dans la chambre où couchait le nommé

---

(1) Cet affreux Valleray, l'homme de toutes les odieuses besognes, était né à Châteaugiron, le 9 juillet 1759, de André René, notaire et procureur, et de Françoise Lanfray. Il épousa, le 21 novembre 1786, Perrine Cherbonnel, qui lui donna au moins trois enfants, dont deux fils.

(2) Suivant une tradition, la cache de M. Le Maréchal aurait été découverte par un couvreur, nommé Vaillant, qui s'empressa de le dénoncer pour gagner la prime promise.

Maréchal, une montre d'or avec une chaîne et un portefeuille dans quoi était une somme de 40 l. en assignats..... »

Signé : LAROCHE, président.　DUPIN.

Furent saisis avec M. Le Maréchal trois procès-verbaux d'actes de baptêmes établis à Rennes à la date des 17 août et 9 décembre 1793, pour des enfants nés à Rennes.

En plus, dix procès-verbaux de célébration de mariages établis à Rennes, pour des paroissiens d'Ossé, de Châteaubourg, de Domagné et de Saint-Jean de Rennes, espacés du 21 mai 1793 au 12 janvier 1794.

Les révolutionnaires étaient parvenus à leurs fins. Ils s'en allèrent joyeux. Le gibier saisi constituait une proie assurée pour la guillotine. Quant au malheureux prêtre qu'ils emmenaient avec eux, il était littéralement consterné : non seulement lui-même se savait perdu, mais il entraînait dans sa perte les personnes généreuses qui lui avaient donné asile. L'émotion qu'il ressentit fut trop violente pour ses forces physiques et, tout le jour de son arrestation, il fut privé, de son propre aveu, de la conscience de ses actes et de ses paroles, tant et si bien que ce ne fut que le lendemain, c'est-à-dire le 11 août, qu'on put lui faire subir son premier interrogatoire devant les membres du Comité révolutionnaire de Rennes.

M. Le Maréchal y reconnut sans hésiter sa qualité de *prêtre réfractaire* rentré en France malgré les décrets. Il évita par ailleurs, dans ses réponses, de compromettre personne en dehors des demoiselles de Renac et de leurs domestiques, avec lesquels il ne pouvait nier avoir eu de fréquents rapports. Quant aux demoiselles de Renac, interrogées la veille, leurs réponses, surtout celles de Marie-Anne, sont tout simplement admirables de prudence, de force et d'énergie.

On avait incarcéré Marie-Anne de Renac et l'abbé Le Maréchal à la Porte Saint-Michel, en recommandant de les tenir au secret ; quant à Madeline et aux domestiques, les époux Jean et Angélique Langlois, c'est à la Tour Le Bat qu'on les mit tout d'abord. On ne réunit ensemble les deux sœurs à la Porte Saint-Michel, dite alors Porte Marat, que le 12 août, sur l'ordre des juges du Tribunal criminel.

C'est ce dit jour que les prévenus comparurent successivement devant le citoyen Nouail, l'un des juges de ce tribunal. L'abbé Le Maréchal réitéra ses déclarations concernant sa qualité de prêtre réfractaire, déporté et rentré en France. Il refusa de donner les noms des premières personnes qui l'avaient caché à Rennes à son retour d'exil et garda le silence lorsqu'on lui présenta les preuves écrites qu'il avait fait du ministère aux environs de Rennes. A la fin de son interrogatoire, on lui présenta une boîte contenant des *hosties consacrées* et trois ampoules renfermant les *saintes huiles*. M. Le Maréchal reconnut le tout pour lui appartenir. Nous insistons sur ce point, parce qu'il est vraisemblable que ces objets sacrés étaient demeurés parmi les pièces à conviction devant le juge, lorsque Marie-Anne de Renac fut amenée à son tour devant ce magistrat. Ses réponses ne démentirent en rien la fermeté de son attitude devant le

Comité révolutionnaire. Cette fois encore, le juge en fut pour ses frais, ainsi qu'on pourra s'en convaincre en se reportant au procès-verbal de son interrogatoire que nous reproduisons plus loin. Marie-Madeleine, sa sœur, eut aussi une attitude fort digne. Elle hésita seulement dans une de ses réponses, dans le but de sauver la vie à son domestique (1)

C'est probablement à la fin de l'interrogatoire des deux sœurs qu'il faut placer l'épisode rapporté par le chanoine Tresvaux du Fraval, au tome II, p. 106, de son *Histoire de la Persécution en Bretagne* et dont Guillotin de Corson s'est fait l'écho à la page 59 de ses *Confesseurs de la Foi :*

« Toutes les deux, apercevant alors sur la table du Tribunal les saintes hosties saisies chez elles, se jetèrent à genoux, adorant Notre-Seigneur livré aux mains des impies, et demandant avec larmes qu'on permît à M. Le Maréchal de les leur donner, mais on leur refusa cette dernière consolation du divin viatique et, malgré les protestations du prêtre, les Saintes Espèces furent profanées. »

Le 26 thermidor (13 août), le Tribunal criminel d'Ille-et-Vilaine condamna à la peine de mort « Julien-Jean Le Maréchal, prêtre réfractaire, ex-vicaire de la commune d'Ossé, convaincu d'avoir été légalement déporté *(comme insermenté)* et d'être rentré sur le territoire de la République au mépris des lois. — Marie-Anne-Catherine Dufresne et Marie-Magdeleine Dufresne, dites de Renac, sœurs, ex-nobles, convaincues d'avoir sciemment recélé chez elles ledit prêtre ».

Le même jour, écrit Guillotin de Corson, « les trois victimes furent conduites au supplice ; le bon abbé Le Maréchal exhorta ses pieuses compagnes lorsqu'elles montèrent sur l'échafaud dressé sur la place du Palais, puis lui-même gagna à son tour la sinistre plate-forme et subit le martyre avec une admirable piété ». En même temps, suivant la teneur du jugement, on brûla au pied de l'échafaud les *hosties consacrées* ainsi que les saintes huiles saisies chez les demoiselles de Renac et qualifiées dans le libellé de la condamnation de « *hochets du fanatisme* », car telle était la mentalité des Jacobins révolutionnaires et leur haine anti-religieuse.

L'histoire des demoiselles de Renac est demeurée toujours vivante parmi les pieux fidèles de la ville de Rennes, et nous ne croyons pas trop nous avancer en écrivant qu'à leur glorieux trépas, ainsi qu'à celui du prêtre auquel elles donnaient asile, s'ajoute tout naturellement dans la bouche de ceux qui en parlent l'épithète de « martyr ».

Nous avons délibérément supprimé de la narration du procès de M. l'abbé Le Maréchal et de ses courageuses receleuses plusieurs faits rapportés par Mgr Bruté de Rémur, lesquels ne peuvent concorder avec les actes authentiques de leur dossier que l'on trouvera reproduit intégralement à la suite.

---

(1) Ce domestique eut des réponses lamentables et frisant l'impiété dans ses interrogatoires. Nous avons jugé inutile de nous occuper de sa personne ; il parvint du reste à sauver sa tête et celle de son épouse.

Nous avons déjà constaté que la mémoire de Mgr Bruté, racontant longtemps après des souvenirs de sa première adolescence, est souvent infidèle. L'histoire de M. Le Maréchal est suffisamment dramatique et l'attitude des demoiselles de Renac assez belle, pour vouloir rien y ajouter qui ne fût rigoureusement vrai.

Voici cependant une légende qui a toujours cours à Rennes : après Guillotin de Corson, nous lui donnons nous aussi l'hospitalité. Elle concerne le sieur Boüaissier, le président du tribunal sanguinaire chargé d'appliquer les lois d'exception votées par la Convention contre les prêtres et les religieux fidèles à leur Dieu. Nous reproduisons le texte de G. de Corson sans y rien changer :

« Plusieurs années se passèrent. L'ancien président du Tribunal criminel d'Ille-et-Vilaine, en proie à d'indicibles remords que lui causait sa carrière révolutionnaire, se promenait un soir sur la place de la Motte ; passant devant l'hôtel qu'avaient habité l'abbé Le Maréchal et ses pieuses hôtesses, il s'entend nommément appelé par trois fois d'une voix forte : « Qui donc m'appelle ? » s'écrie-t-il stupéfait. — « Les demoiselles de Renac ! » lui répond-t-on. A ces paroles, le malheureux saisi d'un tremblement nerveux rentre chez lui et il y meurt quelques jours après », réclamant vainement, dit Mgr de Rémur, un prêtre à ses derniers moments, mais son fils ne voulut jamais lui accorder cette satisfaction suprême. (Cf. la notice que Kerviler, dans sa *Bio-Bibliographie bretonne*, t. IV, p. 273, consacre à Joseph-Bonaventure Boüaissier, né à Dol le 13 janvier 1744, sieur de Bernouis, marié à Saint-Germain de Rennes le 8 avril 1766, avec Renée-Marguerite-Françoise Lesbaupin.)

Pièces officielles.

ACTE DE BAPTÊME DE L'ABBÉ LE MARÉCHAL.

(Extrait des registres d'état civil de Vieuviel, conservé aux archives d'Ille-et-Vilaine.)

Julien-Jean Le Maréchal, fils légitime de Julien et de Jacquemine Le François, époux, né à la Barre en cette paroisse, *le 24 avril 1765*, a été baptisé le même jour. Parrain, h. g. Jean Regnault ; marraine, h. fille Julienne Le François ; présentes Joséphine Baudour, Julienne Le François et autres qui ne signent.

Signé : G.-J. BAUDOUR, curé.

ACTES DE BAPTÊME DES DEMOISELLES DE RENAC.

(Extrait des registres de baptêmes de la paroisse de Saint-Pierre en Saint-Georges de Rennes, conservé aux archives d'Ille-et-Vilaine.)

Marie-Madeline (*sic*), fille de Messire Nicolas-Guillaume-François du Fresne, chevalier, seigneur de Pomprin, baron de Renac, et de dame Madeline-Joseph Béchenec de Bœuve, sa compagne, née ce jour 6° de juin 1753, a été baptisée par le recteur soussigné. Parrein : Messire

Bertrand du Fresne, chevalier ; marreine : dame Madeline-Françoise de Kerboul, dame Bonnefons, qui signent.

Signé : Madeline KERBOUL.   DUFRESNE.
DUFRESNE DE RENAC.   JOS. DOUCES, recteur.

Marie-Anne-Catherine, fille de Messire Nicolas-Guillaume-François du Fresne, chevalier, seigneur de Pomprin, baron de Renac, et de dame Madeline-Joseph Béchenec de Bœuve, son épouse, née ce jour, 26ᵉ de juillet 1756, a été baptisée par le curé soussigné. Parrain : Jean Bioché ; Jeanne Launay, marraine, qui signe.

Signé : DUFRESNE DE RENAC.   L. M. TEXIER, curé.
Jeanne LAUNAY.

REPRODUCTION D'UN ACTE DE MARIAGE BÉNI PAR L'ABBÉ LE MARÉCHAL.

« Nous soussigné, prêtre catholique, apostolique et romain, curé d'Ossé, de plus, en vertu des pouvoirs à nous accordés en 1789 par Mgr de Girac, évêque légitime de Rennes, et renouvellés au mois de novembre 1792 par son vicaire général l'abbé de Sagest (?) pour toute l'étendue du diocèse, à cause de la grande nécessité où se trouvent les fidèles, *avons réhabilité*, en présence des soussignants, le mariage de Joseph Coudray, veuf de Marie Rabault, fils de Pierre Coudray et de Françoise Le Lièvre, natif de Servon et domicilié de Châteaubourg, avec Charlotte-Jeanne Asselin, veuve de Jean-François Le Brie, fille de Pierre-Marie Asselin et de Perrine Collet, native de Broons et domiciliée de Châteaubourg, lesquels, après avoir contracté devant l'officier public, furent conduits de force à l'église par la garde nationale du lieu, à la sollicitation du sieur Genis, soi-disant curé de Châteaubourg, pour de lui recevoir la bénédiction prétendue nuptiale. »

A Rennes, le 6 juillet 1793.

Signé : DE FARCY DU BOISTEILLEUL.
Jh COTREL.   Julie LALEMENS.
LE MARÉCHAL, curé d'Ossé.

ECROU DE MARIE-ANNE DUFRESNE ET DE L'ABBÉ LE MARÉCHAL A LA PORTE SAINT-MICHEL.

A. — « Gardien, tu es par moi soussigné (Pellan), membre du Comité révolutionnaire de Rennes, en vertu des ordres du même Comité en date de ce jour, chargé de la personne de la nommée *Marie-Anne Dufresne de Renac*, laquelle a recelé le nommé *Maréchal*, prêtre réfractaire et non conformiste aux lois. *Recommandée au secret.* »

A Rennes, le 23 thermidor an II (10 août 1794).

Signé : PELLAN, membre du Comité.

En marge, est écrit : « *Marie-Anne Dufresne de Renac, Julien-Jean Maréchal*, exécutés le 26 thermidor an 2, par jugement du tribunal en date de ce jour. »

B. — Même ordre d'écrou, même date, pour Jean-Julien Maréchal, *prêtre non assermenté*.

Ecrou a la Porte Marat de la demoiselle Dufresne et de Jean et Angélique Langlois, leurs domestiques.

« Gardien, tu es par moi, huissier, chargé des personnes de *Marie-Magdeleine Dufresne* (de Renac), de Jean Langlois et de Angélique Langlois, sa femme, prévenus du recel de prêtres réfractaires..... » (1)

A Rennes, le 25 thermidor an II (12 août 1794).

Signé : LEKER.   LESBEAUPIN.   NOBLET.

En marge, se lit : « Jean Langlois et Angélique Langlois, sa femme, déchargés par nous, membres de la commission philanthropique et Comité révolutionnaire, en vertu de l'arrêté des représentants du jour-d'hui qui les mit en liberté. 10 frimaire an III. »

Signé : Le Moullec.

« Madeleine du Fresne, exécutée le 26 thermidor an II, par jugement du dit jour. »

Interrogatoire de Marie-Madeleine Dufresne de Rénac par le Comité révolutionnaire de Rennes, *le 23 thermidor an II* (10 août 1794).

« Comment vous nommez-vous ? — Marie-Madeleine du Fresne de Renac.

Quel âge avez-vous et votre lieu de naissance ? — Quarante et un ans et née à Rennes.

Votre domicile ? — Maison de Bonnefonds, vis-à-vis la petite Motte.

Y a-t-il longtemps que vous y demeurez ? — Depuis trois ans ou environ.

Où demeuriez-vous auparavant ? — Au Fougerais, district de Châteaubriant.

N'êtes-vous pas d'extraction noble ? — Oui.

Connaissez-vous le motif de votre arrestation ? — Je n'en connais pas d'autre que de ce que l'on a trouvé chez moi.

---

(1) Madeleine avait été incarcérée le 23 à la Tour Lebat ; le 25, le tribunal criminel la fit incarcérer à la Porte Marat.

Qu'a-t-on trouvé chez vous ? — Un prêtre.

Comment s'appelle-t-il ? — Maréchal, et qui se donnait le nom de *Du Vieux-Chemin*. Ne sais lequel des deux est son vrai nom.

Savez-vous d'où il est ? — Je crois qu'il est des environs de Dol.

Depuis quand le connaissez-vous ? — Depuis qu'il est à la maison.

Comment a-t-il entré chez vous, qui vous l'a fait connaître ? — En se sauvant, il est venu me demander asile. Personne ne me l'a fait connaître.

Le connaissiez-vous avant ? — Non.

Qui donc vous a engagé à le recevoir chez vous ? — *L'humanité.*

Connaissiez-vous la loi qui défend de donner asile à tous prêtres réfractaires et autres rebelles à la Loi ? — Je ne la connaissais pas dans ce temps-là.

Il y a-t-il longtemps que vous connaissez la loi ? — Il y a très peu de temps.

Depuis que vous connaissez la loi, pourquoi l'avez-vous gardé ? — *Parce qu'il n'avait pas d'asile et par humanité.*

N'a-t-on pas trouvé chez vous calice, ornemens, boîtes aux huiles et hosties ? — Oui.

Ces hosties étaient-elles consacrées ? — Oui.

A-t-il fait des fonctions ecclésiastiques chez vous ? — Oui, quelquefois.

Quelles fonctions ecclésiastiques a-t-il exercées ? — Dire la messe et confesser ceux de la maison seulement, c'est-à-dire moi et ma sœur.

Savez-vous quel est le moyen de subsistance de ce prêtre et s'il a du bien ? — Je crois qu'il n'a pas de biens ; et c'est moi qui l'ai fait subsister pendant son séjour chez moi, sans le secours de qui que ce fût.

Quel est votre moyen de subsistance ? — Un très petit revenu.

En quoi consiste-t-il et où est-il situé ? — Dans la maison que j'occupe, mes autres biens étant en saisie.

Où ces biens en saisie sont-ils situés ? — A Châteaubriant.

Quels sont les motifs de la saisie desdits biens ? — L'émigration de mon père.

Combien avez-vous de frères ? — Deux.

Que sont-ils devenus ? — Je les crois morts ; il y a plus de trois ans que je n'ai reçu de leurs nouvelles.

Comment avez-vous pu vivre, vos biens étant en saisie, et occupant par vous-même la seule maison qui vous reste ? — Je vis des épargnes que j'ai faites, lorsque j'étais encore en jouissance des biens, avant leur saisie.

Savez-vous si Maréchal, dit Du Vieux-Chemin, ex-prêtre, avait été déporté ? — Je l'ai entendu dire ; mais je ne me rappelle pas par qui, ni en quel temps. Cependant, ce matin, le citoyen Villeray l'a dit devant moi. Et je n'en savais rien avant.

Connaissez-vous la citoyenne de Gouyon ? — Non. Je puis avoir entendu parler d'elle ; mais indifféremment, sans l'avoir jamais vue ni lui avoir parlé.

Quelles sont les personnes que vous fréquentez le plus souvent ? — Très peu de personnes. Il est inutile de les nommer.

Je vous somme, au nom de la Loi, de les nommer. — Les personnes que vous me sommez de nommer n'ont jamais vu ce qui s'est passé chez moi ; et il est inutile de vous les nommer.

Depuis quand Jean Langlais est-il chez vous ? — Il y a environ quinze ans.

Connaissait-il le prêtre qui était chez vous ? — Je n'en sais rien.

Angélique Langlais est-elle chez vous depuis longtemps ? — Depuis environ six ans.

Savez-vous si elle connaissait le sieur Maréchal pour prêtre ? — Je n'en sais rien.

Qui est-ce qui répondait la messe, chez vous, lorsque Maréchal la disait ? — Moi ; et n'ai pas eu la peine de la lui répondre souvent.

Sçavez-vous qui a reporté chez vous les calices, ornements, boëtes à huille et pains dont il se servait ? — Non.

Savez-vous s'ils lui appartenaient ? Je n'en sais rien. Mais une partie des ornements seulement étaient de la chapelle de notre campagne.

Fait & clos en Comité révolutionaire de Rennes, le jour, mois et an que dessus.

D'après lecture, la citoyenne nous observe que, lorsqu'elle a déclaré qu'elle faisait subsister ledit Maréchal sans le secours de qui que ce fût, elle s'est trompée, vu qu'il a reçu quelques aumônes, sans savoir de quelle part elles lui ont été données. »

Signé : Marie-Magdelaine DUFRESNE.

MANELLA, membre.   BAMEULLE, secrétaire.

INTERROGATOIRE DE MARIE-ANNE DUFRESNE DE RENAC DEVANT LE MÊME COMITÉ.

« Du 23 thermidor, an II (10 août 1794). — Interrogatoire de la nommée Marianne Dufresne de Renac :

Comment vous nommez, quel est votre âge, etc. ? — Je m'appelle Marianne Dufresne de Renac. Je suis âgée de 38 ans et je demeure au bas de la Motte, et je suis d'extraction ci-devant noble.

Etes-vous mariée, et combien avez-vous d'enfants ? — Jamais je n'ai été mariée.

Combien avez-vous de parents, frères ou sœurs émigrés ? — J'ai mon père émigré, ainsi que mes deux frères, il y a environ deux ou trois ans.

Y a-t-il longtemps que vous n'avez correspondu avec eux ou autres émigrés ? — Je n'ai jamais correspondu avec eux ni autres émigrés.

Comment se nomme le prêtre saisi chez vous le matin de ce jour, et depuis quelle époque le logiez-vous ? — Je l'ai entendu nommer Maréchal par le citoyen Valleray. *Au surplus, je n'ai rien à dire que il a été saisi chez moi et que je le logeais par humanité.*

Combien de fois a-t-il dit la messe chez vous et administré les sacrements ? — Tout ce que je puis répondre, *c'est qu'il a été pris chez moi :
voilà toute ma réponse. Je suis condamnable ;* toute autre réponse me
serait inutile.

N'est-il pas vrai, lorsque le détachement a entré chez vous, que la
femme de votre domestique a été se coucher dans le lit de Maréchal et
que l'on y a trouvé un mouchoir, un portefeuille avec 40 livres en assignats et une montre d'or ; et à qui appartenaient tous ces objets ? —
Il a été pris chez moi. Je n'ai pas autre chose à vous dire. Mais néanmoins je me rappelle qu'il a dit devant le détachement que la montre,
le mouchoir et le portefeuille lui appartenaient.

Où demeuriez-vous avant de venir à Rennes ? — Je demeurais proche
Châteaubriant, au Fougeray.

Quelles sont vos relations et vos liaisons les plus intimes ; et n'en avez-
vous pas particulièrement avec madame Gouyon ? — Il a été pris chez
moi ; et ça ne fait rien à la chose ; quant à madame Gouyon, je ne la
connais pas.

Fait & clos au Comité révolutionnaire de Rennes, lesd. jour & an
que devant, sous nos seings respectifs, après lecture. (Interligne, ratures
approuvées.) »

Signé : Marianne DUFRESNE DE RENAC.
LAROCHE.   PORTAIS.   CARMOIS, secrétaire.

INTERROGATOIRE DU PRÊTRE LE MARÉCHAL DEVANT LE MÊME COMITÉ,
le 24 thermidor an II (11 août 1794).

« Comment vous nommez-vous ? — Julien-Jean Le Maréchal.

Quel âge avez-vous ? — 29 ans révolus.

Quel est le lieu de votre naissance ? — Je suis de la commune de
Vieux-Viel, chef-lieu de Trans, district de Dol.

Quel est votre état ? — Je suis prêtre.

Vous êtes-vous conformé à la Loi concernant le serment ? — Je me
suis conformé à la Loi qui me donnait l'option ; *mais je ne l'ai pas prêté.*

Avez-vous [été] déporté ? — Oui, en vertu d'un décret de l'Assemblée
Législative, mis à exécution par les autorités constituées de Rennes.

Y a-t-il longtemps que vous avez rentré en France ? — J'ai rentré au
mois de novembre 1792, deux mois après ma déportation.

Comment avez-vous rentré en France, et où avez-vous descendu ? —
J'ignore le lieu de ma descente ; je ne le connais pas, ni les personnes
chez qui je descendis.

Passâtes-vous seul ou accompagné de quelqu'un de vos confrères ou
autres Français ? — J'ai rentré avec des gens à moi inconnus.

Quels sont les lieux que *tu* as habité depuis cette époque ? — J'ai
habité Rennes, excepté trois jours que je mis pour y venir. Mon dessein,
en me rendant dans ce lieu, était premièrement d'y trouver du pain dont
je manquais dans les pays étrangers ; 2° pour me mettre à l'abri de tous

reproches que l'on faisait, dans ce temps, aux ministres non assermentés, soit en faisant des rassemblements, soit en prêchant la contre-Révolution ou en troublant l'ordre public. J'ai cru ne pouvoir trouver de lieu plus commode pour que ma conduite fût inspectée et pour la justifier ; 3° parce qu'il m'était impossible, d'après les consultations de médecins et chirurgiens, de supporter un long trajet de mer, par une infirmité qui ne souffre point les vomissements et qui a manqué même de me faire périr dans mon premier passage, témoin le capitaine Dalpel, son équipage, et 40 confrères qui m'accompagnaient.

Quelles sont les personnes chez qui vous logeâtes, en arrivant à Rennes ? — Je ne puis répondre.

Quels sont les motifs qui vous déterminent à céler les noms et la demeure des personnes qui vous retiraient ? — La crainte que l'on ne les inquiète. D'ailleurs, ils sont morts.

Y a-t-il longtemps que vous demeuriez chez les demoiselles Dufresne ? — Il y avait six mois et demi environ.

Y disiez-vous la messe, et quel est l'individu qui vous la servait ? — J'y ai dit la messe peu de fois ; et c'était Jean Langlois, domestique de la maison, qui me la servait.

Quelles sont les personnes qui assistaient à vos messes ? — Ceux de la maison seulement ; c'est-à-dire les citoyennes et domestiques, mâle et femelle. En faisant cet office si particulier, je m'autorisais du Décret de la Liberté de culte. J'observe que la famille d'à-côté n'y venait pas.

Lorsqu'on vous arrêta hier, ne vous trouva-t-on pas une ceinture, contenant environ 20 louis en or ? — Non ; ils ne m'appartiennent pas, ainsi que la ceinture. D'après le dire des demoiselles Dufresne, ils sont à elles.

Avez-vous du bien et où est-il situé ? — Je n'en ai point, à cause d'un Décret qui s'empare de ce que je pouvais avoir.

Quels étaient vos moyens de subsistance depuis votre arrivée à Rennes ? — La charité.

Quelles sont les personnes qui vous faisaient ces charités ? — Je n'en sais rien.

Nous vous sommons, au nom de la Loi, de nous déclarer si vous n'avez pas de l'argent caché et de nous désigner le lieu où il est. — Je ne m'en connais point, que 40 livres dans le portefeuille de cuir rouge que je réclamai lors de mon arrestation.

Avec qui correspondiez-vous ? — Avec personne, ni par écrit, ni verbalement.

A l'endroit, nous lui avons représenté un mouchoir de poche marqué de M. D., fond blanc à barre rouge, un corporal, deux boîtes en fer blanc, dans l'une desquelles il existe des *hosties*, et dans l'autre des huiles. Sommé de nous dire s'il reconnaît tous ces objets pour lui appartenir. — Oui, à l'exception du mouchoir, qui appartient à Madeleine Dufresne.

Avez-vous administré les sacrements de baptême, mariage, etc., et à qui les avez-vous administrés, et chez qui ? — J'ai administré les sacrements lorsqu'on me les a demandés, mais rarement, pour ne pas dire point. Je ne connais que les personnes de la maison où j'étais, lors de mon arrestation, à qui je les ai administrés. Ceux chez qui j'étais antérieurement sont morts.

Fait et clos en la maison d'arrêt de la Tour Marat, sous le seing dud. Maréchal et les nôtres, lesd. jour et an que devant. (Approuvé : rature, interligne, renvoi.) Le tout, après lecture, approuvé. »

Signé : J.-J. LE MARÉCHAL.   CARMOIS, secrétaire du Comité.
MANELLA, membre du Comité.

« *Suite de l'interrogatoire du nommé Maréchal, prêtre,* sur nouvelles indices nous données, concernant du numéraire qu'il doit avoir caché :

N'avez-vous pas proposé, hier, 1.000 écus en numéraire à deux geôliers de cette maison, s'ils voulaient vous procurer votre évasion ? — Non, à ma connaissance. Ou, si je l'ai dit, j'ai observé verbalement, dès ce matin, à mes interrogeants, que, depuis hier, à ma sortie de la maison où j'ai été arrêté, je n'ai aucune connaissance de mes actions ni des paroles que j'ai dites, ni des lieux où j'ai été conduit. J'ai même ignoré si j'ai été mené ou porté, m'a-t-on dit depuis, de la chambre de secret dans une autre, et même, on m'a assuré, aujourd'hui, avoir eu les fers depuis hier environ midi, ce que je n'ai reconnu que depuis hier au soir, sept heures et demie, que je les avais. La cause de ce trouble, ou plutôt ce renversement d'esprit et de raison était fondé sur la persuasion intime que j'allais périr dans le jour. Maintenant que je me possède, je connais (sais) que, selon le principe des Lois, nulle loi ne peut être abrogée ou changée que par la même puissance d'où elle émane. (Aussi), bien loin d'agir à sens rassis, comme on me l'impute, et ce dont je n'ai pas connaissance, je ne voudrais, pour tout au monde, sortir d'une maison d'arrêt sans jugement d'un Tribunal légitime ; je déclare en sus que, ne possédant qu'un trésor de 40 francs, je ne pouvais offrir 1.000 écus sans folie ; après tout, je nie le fait.

Je vous représente qu'on ne vous l'impose pas, puisque vous avez désigné le lieu où doit être cette somme, et qu'on peut faire paraître devant vous ceux à qui vous l'avez dit. — Je nie le fait ; puisque je ne me rappelle pas.

A l'endroit, nous avons fait intervenir devant nous le nommé Dupont, geôlier en cette maison, lequel a dit qu'effectivement, hier, le nommé *Maréchal,* prêtre, lui proposa 1.000 écus, s'il voulait lui procurer son évasion, et ce, par deux fois, savoir : à midi et à 2 heures après, et lui désigna le lieu où était cet argent.

De suite est paru devant nous le citoyen Auffray, geôlier, camarade du précédent, lequel a dit qu'hier, environ 11 h. 1/2 ou midi, le nommé Maréchal lui demanda s'il n'y aurait pas moyen de faire quelques choses, à quoi il lui répondit et lui demanda s'il voulait faire périr douze personnes qu'ils étaient dans la maison, et lui remontra que ce n'était pas là le lieu où il devait être ; au contraire, qu'il devait avoir les fers aux pieds et aux mains.

Les gendarmes, qui étaient dans la maison des D^lles Dufresne, n'avaient-ils pas connaissance que vous existiez dans cette maison ? — Je réponds que, si j'avais connu qu'ils eussent su mon existence dans la maison, je n'y aurais pas été une heure.

Est-ce que les gendarmes n'ont pas mangé avec vous? — Non.

Les avez-vous vus quelquefois, et comment les voyiez-vous? — Je les ai vus quelquefois de ma chambre d'en haut, au travers des vitres, lorsqu'ils étaient dans la cour, mais de manière à ne pas me faire apercevoir.

Savez leurs noms ? — Ceux de la maison m'ont [dit] qu'ils se nommaient Laloge et Maréchal.

Fait & clos comme devant, sous les mêmes seings, après lecture, lesd. jour et an que devant. »

Signé : Le Maréchal.   Carmois, secrétaire du Comité.
Manella, membre du Comité.

Interrogatoire de l'abbé Le Maréchal devant le Tribunal criminel d'Ille-et-Vilaine.

« L'an deuxième de la R. F., une, indivisible, triomphante et impérissable, le *vingt-cinq* thermidor (12 août 1794).

Nous, Juge au Tribunal criminel du Département d'I.-et-V., aïant avec nous pour adjoint le premier commis-juré à notre Greffe, nous sommes transportés en la salle d'audience de ce Tribunal, où nous avons fait amener un particulier, duquel nous avons reçu les déclarations comme il suit :

Interrogé de son nom, surnom, âge, proffession et demeure avant sa détention ? — Répond se nommer *Julien-Jean Le Maréchal*, âgé de vingt-neuf ans révolus, prêtre, originaire de la commune de Vieux-Viel, chef-lieu du canton de Trans, district de Dol.

Interrogé quels sont ses revenus et où sont scitués ses biens ? — Répond qu'ils sont scitués dans les communes de Vieux-Viel et Pleine-Fougères, et qu'il n'en sait pas le montant.

Interrogé s'il n'a pas été fonctionnaire public? — Répond qu'il a été vicaire de la commune d'Ossé, district de Vitré.

Interrogé s'il a prêté les serments prescrits par les Lois ? — Répond qu'il a prêté le premier serment, *mais qu'il n'a pas prêté celui sur la Constitution civile du Clergé.*

Interrogé s'il a été déporté ? — Répond que oui, qu'il a été déporté légalement, aux fins de Décret de l'Assemblée Législative.

Interrogé du lieu de sa déportation et combien de tems il y a demeuré? — Répond qu'*il fut déporté à l'île de Jerzey* et qu'il n'y resta que deux mois.

Interrogé du lieu de son débarquement, lors de sa rentrée sur le territoire de la République, où il a passé son tems depuis cette rentrée et quels étaient ses moyens de subsistance depuis cette époque ? — Répond qu'il ignore le lieu de son débarquement, qu'il est venu directement à Rennes, où il est constamment resté caché et que ses moyens de subsistance étaient la charité.

Interrogé s'il a toujours demeuré chez les personnes chez lesquelles il a été arrêté à Rennes, et, dans le cas contraire, sommé, au nom de la Loi, de nous déclarer les noms de ceux qui lui ont donné asile. — Répond que les personnes qui lui avaient donné asile au lendemain à son entrée dans la maison où il a été arrêté, sont mortes et que les maîtres de cette dernière maison se nomment Dufrêne de Renac, qu'il y demeurait depuis environ sept mois.

Interrogé s'il ne disait pas la messe et s'il n'administrait pas les sacremens dans cette maison ? — Répond qu'*il a dit la messe dans cette maison quelques jours de Dimanches et grandes fêtes*, qu'il a administré aux individus résidans dans la même maison les sacremens de Pénitence et d'Eucaristie ; que, agissant de la sorte, il s'authorisait du Décret relatif à la liberté des cultes et qu'il n'y a jamais assisté que les deux Dufresne, Jean et Angélique Langlais, sa femme.

Interrogé qui lui répondait et lui servait la messe ? — Répond que c'était Jean Langlais, domestique de la même maison.

Interrogé s'il n'a pas porté les armes contre la République ? — Répond que non, qu'il n'a pas quitté la ville de Rennes depuis sa rentrée et *qu'au surplus il n'a jamais porté d'armes.*

Représenté à l'interrogé *treize extraits de mariage* et *trois* de *baptême*, signés Le Maréchal et autres ; interpellé et sommé, au nom de la Loi, de nous déclarer s'il les reconnaît, s'il a réellement célébré les actes y referés, et en vertu de quels pouvoirs il les a faits ? — *Répond n'avoir rien à répondre, sinon qu'il reconnaît sa signature apposée au pied desdits actes.*

Interrogé si, le jour d'avant-hier, il ne proposa pas une somme de quinze à dix-huit cent livres en numéraire aux guichettiers de la maison où il est détenu, Porte Marat, pour lui procurer son évasion, et quelles étaient les personnes qui devaient lui prêter cette somme ? — Répond qu'à sa connaissance il n'a proposé aucune somme quelconque aux guichettiers de la maison Porte-Marat pour procurer son évasion ; qu'au surplus il nie le fait, et que, depuis dimanche matin, huit heures, époque de son arrestation, il ne se rappelle d'aucune des actions qu'il a pu commettre, ni des propos qu'il a pu tenir, étant pénétré de terreur jusqu'à huit heures du soir ; qu'il ne s'était même pas, pendant sept heures, aperçu avoir les fers aux mains, qu'il se trouva dans un cachot sans savoir s'il y avoit été porté ou conduit.

Tels sont ses interrogatoires, desquels, lecture lui faite, il a dit que ses réponses contiennent vérité et y persister. Et, avant la signature, *avons fait représenter à l'interrogé une petite boëte de fer blanc contenant plusieurs morceaux de pain à chant*, et trois autres boëtes contenant du coton imbibé d'huille. Interpellé de nous déclarer s'il les reconnaît ? — Répond reconnaître le tout pour lui appartenir (1).

Lecture lui faite de la présente addition, a dit qu'elle est véritable, y persiste et a signé. »   (Deux mots rayés nuls.)

Signé : Le Maréchal.
Noüail, juge.   F.-R. Pigeon, greffier.

Interrogatoire de Marie-Anne de Renac devant un juge du Tribunal criminel, le 12 août 1794.

« Et, de suite, avons fait amener une particulière, co-accusée du précédent, et de laquelle nous avons reçu les déclarations comme il suit :

Interrogée de son nom, surnom, âge, proffession et demeure avant sa détention ? — Répond se nommer *Marie-Anne-Catherine Dufrêne de Renac*, ex-noble, demeurante avant sa détention rue de Paris et être âgée de trente-huit ans.

Interrogée où sont situés ses biens et combien elle a de revenu ? — Répond que ses revenus sont sous la main de la Loi et qu'ils sont situés commune de Châteaubriant.

Interrogée depuis quel tems Maréchal, ex-curé d'Ossé, demeurait chez elle ? — *Répond qu'il a été arrêté chez elle et que le tems ne fait rien à la chose.*

Interrogée s'il n'y disait pas la messe et s'il n'y administrait pas les sacremens ? — *Répond et persiste à dire qu'il a été arrêté chez elle et que cela ne fait rien à la chose.*

Interrogée qui servait la messe à Maréchal ? — Persiste dans sa précédente réponse, déclarant au surplus être originare de Rennes et propriétaire de la maison où elle demeurait en cette commune.

Tels sont ses interrogatoires, desquels lecture lui faite, a dit que ses réponses sont véritables, y persister, et a signé. »

Signé : Marianne Dufresne de Renac.
Noüail, juge.   F.-R. Pigeon, greffier.

Interrogatoire de Marie-Madeline de Renac devant un juge du Tribunal criminel, le 12 août 1794.

« Et, de suite, avons fait amener une particulière, co-accusée de la précédente, de laquelle nous avons reçu les déclarations comme il suit :

Interrogée de son nom, surnom, âge, proffession & demeure avant sa détention ? — Répond se nommer *Marie-Magdelaine du Fresne de Renac*,

---

(1) Il s'agissait d'hosties consacrées, cf. p. 139. Le jugement ordonna de brûler au pied de l'échafaud ces hochets du fanatisme.

ex-noble, âgée de quarante-un ans, originaire de cette commune, et y demeurante avant sa détention rue de Paris.

Interrogée quels sont ses revenus et où ils sont scitués ? — Répond que son bien est sous la main de la Loi, à l'exception de la maison où elle demeurait, et qu'ils sont scitués commune de Châteaubriant.

Interrogée s'il n'est pas vrai que, dans la nuit du vingt au vingt-un de ce mois, le nommé Maréchal, prêtre, fut arrêté chez elle ? — Répond que le fait est vrai, *qu'elle savait qu'il était prêtre*, mais qu'avant son arrestation elle ne le connaissait que sous le nom de Vieux-Chemin.

Interrogée si ce prêtre ne disait pas la messe, n'administrait pas les sacremens chez elle, et combien de tems il y a demeuré ? — Répond qu'il y demeurait depuis quelques mois, y disait quelquefois la messe et lui a administré la Confession et l'Eucharistie, ainsi qu'à sa sœur.

Interrogée du nom de celui qui répondait et servait la messe de ce prêtre ? — Répond qu'elle l'a répondue et servie deux à trois fois.

Interrogée si Langlais & sa femme, ses aides, avaient connaissance de l'existence de Maréchal chez elle. Interrogée s'ils le connaissaient pour être prêtre, s'ils ont assisté à sa messe, si Langlais ne la lui a pas servie. Sommée, au nom de la Loi, de répondre et de dire la vérité ? — Répond que Langlais, son aide, a servi la messe audit Maréchal (*sic*) et qu'elle ignore si la femme Langlais a assisté à ces messes, ne l'y aïant pas vue. A la fin, déclare que Langlais n'a pas servi la messe (*sic*) à Maréchal, parce qu'il ne le savait pas faire.

Tels sont ses interrogatoires, desquels lecture lui faite, a dit que ses réponses sont véritables, y persister, et a signé. »

Signé : Marie-Magdeleine DUFRESNE. F.-R. PIGEON, greffier.
NOÜAIL, juge.

CONDAMNATIONS A MORT DE L'ABBÉ LE MARÉCHAL ET DES DEMOISELLES DE RENAC, *le 13 août 1794.*

« Audience du *26* thermidor, an second de la R. F., etc. ; présent, le citoyen Accusateur public.

Au nom du Peuple Français, le Tribunal criminel du département d'Ille-et-Vilaine a rendu le jugement suivant :

Entre le citoyen Accusateur public, demandeur, pour cause d'infractions des Lois par un *prêtre réfractaire, légalement déporté* et *rentré sur le territoire de la République*, et *recelé du même prêtre ;*

Et Julien-Jean Le Maréchal, prêtre insermenté, ex-vicaire de la commune d'Ossé, âgé de 29 ans, originaire de la commune de Vieux-Viel, chef-lieu de canton ;

Marie-Anne-Catherine Dufrêne, dite de Renac, ex-noble, âgée de 38 ans, native et domiciliée de la commune de Rennes ;

Marie-Magdelaine Dufrêne, aussi dite de Renac, âgée de 41 ans, sœur de la précédente, même origine et même domicile ; les trois, département d'Ille-et-Vilaine.

Vû, en la salle d'audience, publiquement et les portes ouvertes, les interrogatoires subis le jour d'hier par les accusés sus-dénommés ; les pièces y annexées, et le tout mûrement considéré.

Ouï le rapport du citoyen Noüail, juge en ce Tribunal, les accusés en leurs moïens de défense ; et l'Accusateur public en ses conclusions motivées, le tout à l'audience ;

Le Tribunal, après s'être retiré à la Chambre du Conseil, y avoir délibéré, avoir repris sa séance à l'audience publique, et opiné à haute voix, a, dans la forme, mis Jean-Julien Le Maréchal, prêtre réfractaire, hors la loi ; au fond, l'a déclaré duement atteint et convaincu d'avoir été légalement déporté et d'être rentré sur le territoire de la République au mépris des Lois ; a, également, le Tribunal, mis, dans la forme, hors la loi, Marie-Anne-Catherine Dufresne, dite de Renac, ex-noble, et Marie-Magdelaine Dufresne, aussi dite de Renac, sa sœur ; au fond, les a déclarées duement atteintes et convaincues d'avoir, en contravention aux Lois, recelé sciemment chez elles led. Le Maréchal ; pour réparation de tout quoi et intérêt de la Société, a condamné : lesd. Le Maréchal, Marie-Anne-Catherine et Marie-Magdelaine Dufresne, dites de Renac, à la peine de mort, conformément aux articles X, XIV, XV et V de la Loi des 29 et 30 vendémiaire, et à celle du 22 germinal, desquels articles et loi a été donné lecture et qui sont ainsi conçus (Cf. p. 13-15).

Loi du 22 germinal :

Article premier. — « A compter de la promulgation de la Loi du 30 vendémiaire, concernant les Ecclésiastiques sujets à la déportation, et en exécution de l'article 17 de cette Loi, celui qui aura recelé un ecclésiastique sujet à la déportation ou réclusion, ou aïant encouru la peine de mort, sera puni de la déportation. »

Art. 2. — « A compter de la publication de la présente Loi, le receleur d'Ecclésiastiques, soumis aux peines énoncées en l'article premier, sera regardé et puni comme leur complice. »

Art. 3. — « Le présent Décret sera publié par la voie du *Bulletin de Correspondance.* »

Ordonne en conséquence le Tribunal que lesdits Julien-Jean Le Maréchal, Marie-Anne-Catherine et Marie-Magdelaine Dufresne, dites de Renac, seront, dans les 24 heures, livrés au Vengeur du Peuple et mis à mort ; que les HOCHETS DU FANATISME, SAISIS AUX POSSESSIONS DES CONDAMNÉS, SERONT BRULÉS AU PIED DE L'ÉCHAFAUD au moment de leur exécution. A déclaré leurs biens meubles et immeubles acquis et confisqués au profit de la République, conformément à l'article XVI de ladite Loi des 29 et 30 vendémiaire, duquel article a été donné lecture et est ainsi conçu (Cf. p. 15).

Ordonne enfin que le présent jugement sera, en ce qui concerne les condamnés, mis à exécution, imprimé et affiché partout où besoin sera, le tout à la diligence de l'Accusateur public.

Fait à Rennes, en l'audience du Tribunal, où étaient présents les citoyens Noüail, Denoual et Jouslain, juges, qui, avec le citoyen Président, ont signé le présent jugement.

Signé : Boüaissier, président ; Noüail, juge ; Denoual, juge ; Jouslain, juge.

Actes de décès de l'abbé Le Maréchal et des demoiselles de Renac.

« Le 3 fructidor an II, reçu la déclaration par écrit de Le Grand, concierge des prisons de la Porte Marat, des décès des nommés Julien-Jean Maréchal (*sic*), ex-prêtre ; Marianne Dufresne de Renac et Marceline (*sic*) Dufresne de Renac, morts le 26 thermidor dernier, sur la place l'Egalité de cette ville. Signé : Jamet, l'aîné, officier public. » (Reg. de l'état civil de Rennes pour l'an II.)

Bibliographie. — Tresvaux du Fraval, *Hist. de la Persécution*, etc., op. cit., t. II, p. 106-107. — Bruté de Rémur, *Souvenirs de la Persécution révol. à Rennes*. (*Revue de Bret. et Vendée*, t. IX, p. 54.) — Guillotin de Corson, *Les Confesseurs de la Foi*, etc., op. cit., p. 57-60. — (Anonyme) : *Rennes et l'Hôtel d'Armaillé pendant la Révolution*, in-8°, Saint-Brieuc, 1857 ; ouvrage rédigé d'après des souvenirs confus et rempli de légendes. — X. de Bellevue, *Mesdemoiselles de Renac de Châteaubriant*, in-8°, Rennes, 1910 ; où l'on trouve certains détails généalogiques sur la famille de Renac éteinte en 1837 en ligne directe. Cet auteur reproduit, p. 21 à 27 de son opuscule, cinq lettres écrites en 1790 et 1791 par les demoiselles de Renac à une amie, Mlle Emilie Gerbier de Vologé, qui sont aujourd'hui conservées dans la famille Poullain de Sainte-Croix.

Julien-François SAQUET

Né à Toussaints de Rennes, le 22 août 1730, recteur de Saint-Martin en cette ville, décapité à Rennes, le 13 septembre 1794 le jour même de son arrestation.

(Dossier 269 des actes du tribunal criminel d'Ille-et-Vilaine, série B, Parlement, aux archives d'Ille-et-Vilaine.)

Né en Toussaints de Rennes, le 22 août 1730, de Jean Saquet et de Françoise Cadet, JULIEN-FRANÇOIS SAQUET fut tenu le lendemain sur les fonts baptismaux de cette paroisse par Julien Daguenel et Anne Saquet (1).

L'abbé Saquet fut tonsuré à Rennes le 27 septembre 1751 et reçut les mineurs dans la même ville le 23 septembre 1752. L'année suivante, il fut fait sous-diacre à un an à jour près d'intervalle. Il attendit le diaconat jusqu'au 21 septembre 1754. Enfin, il reçut le sacerdoce le 15 mars 1755, des mains de Mgr Dondel, évêque de Dol (2). Il fut plus tard nommé aumônier des Bénédictines du Calvaire occupant le monastère de Saint-Cyr près Rennes. Il ne tarda pas à y jouir « d'une réputation méritée par ses vertus, par son zèle et par ses onctueuses prédications, soutenues avec le même succès dans toutes les chaires de cette ville. Directeur d'une communauté de vierges vouées à une austère pénitence, M. Saquet ne se délassait de cette direction laborieuse que par ses courses apostoliques : son mérite fixa le regard de ses supérieurs, et il fut placé à la tête d'une paroisse de sa ville natale, celle de Saint-Martin (3). »

C'est en 1781 que l'abbé Saquet devint recteur de cette vieille paroisse de Saint-Martin, dont il ne reste plus que le souvenir ; il y remplaça Guillaume Gérard, nommé à cette époque recteur du Rheu. M. Saquet continua dans sa nouvelle position de faire le bien partout autour de lui. Ses paroissiens « goûtèrent la piété, le zèle, et les leçons attendris-

---

(1) Registre de l'état civil de Rennes.
(2) Archives départ. d'Ille-et-Vilaine, G, 47.
(3) Abbé CARRON, *Les Confesseurs de la Foi*, III, 203.

santes de leur nouveau pasteur, et son empressement continuel pour la décoration du sanctuaire (1). Il les conduisait en père rempli d'amour envers leurs personnes, et d'une miséricordieuse inquiétude à leur salut. Ce soin, tout important qu'il fût, n'ôtait rien à sa tendre compassion pour leur misère corporelle, et la diminuer était l'objet de ses anxiétés perpétuelles, comme la faire entièrement disparoître eut été pour son cœur une jouissance délicieuse (2). »

L'abbé Carron, alors vicaire à Saint-Germain de Rennes, avait occasion de voir souvent le recteur de Saint-Martin, c'est pourquoi nous aimons à citer ici son témoignage. Pour achever de peindre M. Saquet, citons encore ce passage de l'auteur des *Confesseurs de la Foi :* « Sa sensibilité naturelle, dit-il, la douceur parfaite de ses mœurs, la tournure insinuante de son caractère lui présentaient l'avenir sous un aspect sinistre. Il tremblait et manifestait la timidité de l'agneau, alors qu'il eût fallu, sans doute, faire montre de l'intrépidité des lions. »

Néanmoins, remarque le chanoine Guillotin de Corson, la grâce divine remporta sur la nature craintive de l'abbé Saquet une remarquable victoire. Après avoir signé l'adresse du clergé du diocèse de Rennes à son évêque (Cf. p. 257), dès le 12 novembre 1790, ce prêtre déclarait à deux municipaux de Rennes, envoyés vers lui pour scruter ses sentiments, « qu'il n'avait pas donné lecture du décret sur l'organisation civile du Clergé, parce qu'il pensait que le décret du 2 novembre précédent l'en dispensait, puisqu'il en prescrivait simplement l'affichage ». Il ajouta, chose beaucoup plus grave, « qu'il ne prêterait pas présentement de nouveaux serments, spécialement celui du 24 juillet 1790, prescrit pour pouvoir recevoir son traitement ». (Cf. p. 158.)

Lorsque le décret du 26 décembre 1790, donnant le choix entre la prestation du serment à la Constitution civile ou l'abandon de ses fonctions, l'abbé Saquet n'éleva pas de protestation solennelle, mais se résigna à abandonner sa cure.

Du reste, l'administration départementale d'Ille-et-Vilaine classa la paroisse de Saint-Martin parmi celles qui devaient être supprimées ; en conséquence, l'église de l'abbé Saquet fut fermée le 14 mai 1791 et celui-ci devint chapelain des Ursulines, poste qui convenait admirablement à son tempérament.

Il ne demandait qu'à y vivre caché, quand le décret du 14 décembre 1791 vint troubler sa retraite. Il sollicita aussitôt la faveur de n'être pas compris dans son application. Le bon abbé Saquet était réputé personnage si pacifique, que les révolutionnaires rennais ne crurent pas devoir lui refuser la grâce de continuer ses fonctions près des Ursulines. Il habitait alors le vieux presbytère Saint-Martin, dont l'acquéreur l'avait laissé jouir momentanément et croyait pouvoir y rester quand un nouvel arrêté vint le jeter dans de nouvelles transes. Le 14 avril 1792, en effet, le

---

(1) L'église paroissiale de Saint-Martin se trouvait au bord et au haut de la rue Saint Martin.

(2) Abbé CARRON, *Les Confesseurs de la Foi*, III, 203.

Conseil général d'Ille-et-Vilaine s'avisa de prescrire à tous les prêtres insermentés rennais d'aller habiter Fougères, avec défense d'en sortir (Cf. p. 3).

Immédiatement l'abbé Saquet se mit en campagne, produisit des certificats médicaux et, s'il ne consentit pas à prêter un serment que lui interdisait sa conscience, il s'engagea « à ne rien entreprendre contre la Constitution, la paix et la tranquillité publiques », choses, du reste, auxquelles il n'avait aucun mérite à ne pas se livrer, étant l'homme le moins combattif de la terre. Cette fois encore, l'ex-recteur de Saint-Martin obtint qu'il ne serait pas inquiété et qu'on le laisserait habiter en paix son vieux presbytère. Il y demeura jusqu'au 14 août 1792. A cette époque, le Directoire d'Ille-et-Vilaine prescrivit d'incarcérer à l'ex-abbaye Saint-Melaine tous les prêtres insermentés présents dans la ville de Rennes. L'abbé Saquet, voulant éviter ce sort et jugeant désormais inopérantes toutes les requêtes qu'il pourrait adresser aux révolutionnaires rennais, crut qu'il ne lui restait plus qu'un parti à prendre : se cacher et disparaître le plus complètement possible (Cf. p. 6).

M. Saquet trouva asile chez un bon laboureur nommé Jean Le Mée, qui habitait le village de la Petite Cloustière, à une demi-lieue de Rennes, un peu à l'écart du grand chemin de Saint-Malo. Cet excellent chrétien, quoique chargé d'un jeune pupille et de cinq enfants en bas-âge, consentit cependant à recueillir chez lui le recteur de Saint-Martin qui y demeura deux ans durant.

Au bout de ce temps, la retraite de l'abbé Saquet fut, hélas, découverte. Un soir, raconte Mgr Bruté de Rémur, la nouvelle suivante vint nous affliger : « M. Saquet a été dénoncé, et on fouille partout le faubourg à sa recherche. » — Au matin, la première nouvelle fut : « Il est pris. »

C'est le 27 thermidor, an II (13 septembre 1794), que le dernier recteur de Saint-Martin de Rennes fut saisi. Le même jour, il fut jugé, condamné et exécuté.

Le Tribunal criminel d'Ille-et-Vilaine devant lequel il comparut l'interrogea à peine, écrit le chanoine Guillotin de Corson. M. Saquet y affirma sa qualité de prêtre et de *prêtre insermenté*. Ces deux titres réunis étaient suffisants à cette heureuse époque pour porter la tête sur l'échafaud. Le fait de s'être plus ou moins abstenu de faire du ministère ne changeait rien à la chose. M. Saquet fut donc condamné à la peine de mort comme « *prêtre réfractaire* convaincu d'avoir été sujet à la réclusion étant sexagénaire, et d'être resté caché sur le territoire de la République au mépris des lois (1). » L'arrêté porte en outre que « les *hochets du fanatisme* saisis sur l'abbé Saquet » seront brûlés au pied de l'échafaud lors de son exécution. Rien dans les pièces officielles du procès ne nous permet de connaître en quoi consistaient ces objets de piété. Mais nous tenons à signaler ce détail de la condamnation de M. Saquet, que n'a pas connu le chanoine de Corson, car il met nettement en relief le *caractère anti-*

---

(1) Dossier 269 des Actes du tribunal criminel d'Ille-et-Vilaine.

religieux que revêtait aux yeux des révolutionnaires l'exécution de ce prêtre inoffensif.

M. Saquet ne fut jamais un individu « séditieux », quelle que soit l'extension que l'on veuille donner à ce terme. Il était tout simplement un prêtre demeuré fidèle à la Foi catholique et c'en fut assez pour lui pour le juger digne de mort.

Après la condamnation de l'abbé Saquet, on se disposa si promptement à conduire cette innocente victime à l'échafaud dressé sur la place du Palais, que le bourreau ne fut pas prévenu à temps. « L'on fut obligé de l'attendre pendant une demi-heure ; et quand enfin il arriva, il se mit, avec une grande brutalité, à dépouiller le vénérable confesseur et à le préparer pour l'échafaud. Il lui coupa les cheveux en toute hâte, échancra le collet de sa chemise afin de bien dégager le cou pour la guillotine, puis, lui ayant attaché les mains derrière le dos, il lui jeta son habit sur les épaules. Je vis passer l'abbé Saquet le long des corridors du Palais de Justice, — continue Mgr Bruté, alors tout jeune homme ; — il marchait à la guillotine qui n'était qu'à deux cents pas de distance, et je remarquai sa haute taille et son apparence de vigueur et de santé. Le cruel bourreau, en lui faisant si précipitamment la fatale toilette, l'avait blessé au cou, et le sang coulait sur sa poitrine ; mais il n'en marchait pas moins avec autant de dignité que lorsqu'il présidait aux processions solennelles de sa paroisse (1). »

L'abbé Carron ajoute que M. Saquet récitait en se rendant au supplice le psaume *Miserere ;* il le continua en posant sa tête sur le billot et il reçut le coup mortel en proférant ce verset : *Benigne fac, Domine, in bona voluntate tua, Sion, ut œdificentur muri Jerusalem.*

L'acte de décès de l'abbé Saquet ne fut enregistré que huit jours après ; voici comment il est conçu :

« Le cinq sans-culotide, l'an deuxième de la République une et indivisible, trois heures et demie du soir, par moi officier public soussigné a été reçu la déclaration par écrit de Le Grand, concierge des prisons de la Porte Marat, du décès de Saquet, ex-prêtre, cy-devant recteur de Saint-Martin, mort le 27 thermidor dernier (2) sur la place l'Egalité de cette ville.

Signé : G. JAMET, l'aîné, officier public (3). »

Des dix recteurs de Rennes au moment de la Révolution, celui de Saint-Martin fut le seul à verser son sang pour la Foi ; mais plusieurs de ses confrères furent déportés à l'étranger, et Pierre Touchet, recteur de Saint-Hélier, n'échappa que providentiellement à la mort, demeurant caché à Rennes durant toute la persécution.

---

(1) *Souvenirs de la Persécution révolut. à Rennes (Revue de Bret. et de Vendée*, IX, 230).

(2) On voit par cet acte aussi bien que par le jugement précédemment relaté que l'abbé Saquet n'est point mort le 14 août, comme l'ont écrit MM. Carron et Tresvaux. Ce n'est pas, au reste, comme on a pu le voir déjà, la seule date que nous ayons dû rectifier au sujet des saints prêtres dont nous nous occupons.

(3) Registre de l'état civil de Rennes.

Pièces officielles.

(Acte de baptême de l'abbé Saquet, extrait des registres de catholicité de la paroisse de Toussaints de Rennes, pour l'année 1730, conservé aux arch. d'Ille-et-Vilaine.)

« *Julien-François*, fils de Jean Saquet (*sic*) et de Françoise Cadet, sa femme, *né le 22*, a été baptisé le 23 août 1730 en cette église par le curé soussigné et a eu pour parrain Julien Saquet et pour marraine Anne Saquet. »

Signé : F. Divet, curé ; Julien Daguenel ; Jan Saquet.

Visites faites aux curés de la ville de Rennes par Joseph-Marie Sevestre et Charles-Elisabeth Maugé, *officiers municipaux de Rennes, en vertu d'une délibération du 9 de ce mois, pour savoir s'ils ont publié ou fait lire au prône de la messe les décrets de l'Assemblée nationale relatifs à la Constitution civile et, en outre, s'ils ont intention de prêter serment de fidélité à la Constitution civile,* le 12 novembre 1790.

(Archives Nationales, DXIX, 74.)

.....Transportés ensuite chez M. le Recteur de Saint-Martin et l'ayant trouvé en son presbytère, nous lui avons fait part de notre mission et donné lecture du présent ; sur quoi M. le Recteur a répondu qu'il a exactement donné lecture des décrets qui lui ont été envoyés par la municipalité, *qu'il n'a pas donné celle du décret sur l'organisation civile du clergé,* parce qu'il a pensé que le décret du 2 novembre l'en dispensait. Nous avons prié M. le Recteur de nous déclarer s'il a prêté ou compte prêter le serment civique ordonné par l'article 39 du décret du 24 juillet sur le traitement actuel du clergé, duquel article et des autres qui y sont relatifs nous avons donné lecture à M. le Recteur. Il a répondu *qu'il ne fera pas maintenant de nouveaux serments.* — Interpellé de répondre si, à l'époque où les officiers municipaux se présenteront pour recevoir le serment décrété, époque qui doit être très prochaine par la nécessité où se trouvera le district de faire les états de traitement, il consentira de prêter ledit serment, ou s'il s'y refusera. Il a répondu qu'il ne sait à quoi se déterminer, et a signé *Fr. Saquet, recteur* de Saint-Martin de Rennes.

L'abbé Saquet demande et obtient de demeurer a Rennes, malgré l'arrêté du 14 décembre 1791.

Rennes, le 21 décembre 1791.

« Je m'adresse à vous avec confiance pour vous prier de ne pas me comprendre dans votre dernier arrêté, par lequel vous éloignez à trois lieues les curés et vicaires qui sont remplacés.

La paroisse de Saint-Martin, dont j'étais ci-devant curé, a été supprimée le 15 mai. Depuis ce temps, je n'ai fait aucune fonction, j'ai été citoyen paisible et tranquille. J'ai gardé la plus exacte solitude et certainement je ne crois pas qu'on ait rien à me reprocher.

Les religieuses de la communauté des Ursulines de la ville m'ont choisi pour leur chapelain il y a six mois, avec la permission de la municipalité. Nous sommes contents les uns des autres. Voudriez-vous m'accorder la grâce de continuer ?

Je suis natif de la paroisse de Toussaints de cette ville. Je suis âgé de 62 ans. Je n'ai jamais quitté Rennes. Je n'ai nulle connaissance ailleurs. J'ai essuyé, il y a quelques années, une maladie de nerfs qui exige des ménagements que je ne pourrais trouver que très difficilement. Je suis chargé d'une nièce de 18 ans, qui n'a ni père ni mère et point d'autre ressource que moi : Comment l'abandonner ?

Tout ce considéré, je vous prie, Messieurs, d'user d'indulgence à mon égard et de me permettre de rester à Rennes. Je prierai le Seigneur pour votre conservation et vous obligerez celui qui a l'honneur d'être

Votre très humble et très obéissant serviteur. »

Signé : SAQUET, prêtre.

Vu la requête de M. Saquet tendant à avoir la permission de rester à Rennes, le Directoire du district est d'avis de l'y autoriser provisoirement à la date du 27 décembre 1791, « espérant qu'il évitera tout acte qui pourrait faire regretter ou même révoquer la faveur qu'on lui accorde ». Le 2 janvier 1792, le Directoire d'Ille-et-Vilaine lui accorda cette grâce, « à condition qu'il n'y troublera d'aucune manière ni l'ordre de la société, ni le culte public ».

NOUVELLE REQUÊTE DU MÊME POUR ÊTRE EXEMPTÉ DE L'ARRÊTÉ DU 15 AVRIL 1792.

A la fin du mois d'avril 1792, M. Saquet, toujours chapelain des Ursulines de Rennes, écrivait aux administrateurs du département d'Ille-et-Vilaine afin d'obtenir l'autorisation de continuer de résider à Rennes, au lieu d'être contraint de s'expatrier à Fougères, ainsi que le prescrivait pour les prêtres rennais l'arrêté du 15 précédent.

« Il expose qu'il n'est plus fonctionnaire public, depuis la suppression de sa cure ; il produit deux certificats médicaux constatant son état de santé, affirme qu'il vit dans la solitude, évitant ce qui pourrait mériter le moindre reproche et promet de ne rien entreprendre contre la Constitution, la paix et la tranquillité publiques ; de vivre soumis à la loi et de ne détourner personne de l'obéissance qui lui est due. »

Signé : SAQUET, prêtre.

Procès-verbal de l'arrestation de M. Saquet, *le 14 août 1794.*

« Ce jour, 27 thermidor, vers les deux heures du matin, nous, membres et secrétaire du Comité révolutionnaire de Rennes, en vertu d'arrêté dudit Comité *et sur l'indice à lui donné,* nous nous sommes transportés, accompagnés d'un détachement de citoyens composant la garde nationale de cette ville, en un lieu appelé *le Clousquer,* commune de Rennes, chez un particulier à nous inconnu, *lequel devait receler chez lui un prêtre réfractaire ;* ledit particulier se nommant Jean Le Mée.

Arrivés dans sa cour, ayant frappé à sa porte, laquelle a eu de la peine à s'ouvrir, entrés dans la métairie, nous avons demandé audit Le Mée s'il n'y avait point chez lui un prêtre réfractaire ou autres personnes suspectes. Il nous a répondu que jamais il n'a logé de personnes suspectes, ni qu'il n'en logerait jamais, mais ne voulant pas tout à fait nous en rapporter à lui, nous avons trouvé bon de faire une fouille exacte.

Après avoir parcouru la maison haut et bas, fort inutilement, sans rien trouver, nous avons aperçu un cabinet bien fermé. Ayant demandé la clef, Le Mée nous répondit qu'il ne l'avait pas, qu'elle était à Rennes chez le citoyen Bertier, fils de l'ex-procureur au défunt Parlement. Ayant sommé ledit Le Mée, au nom de la Loi, d'ouvrir ladite porte, sinon elle allait être enfoncée, et persistant à ne vouloir l'ouvrir, nous nous sommes déterminés à l'enfoncer.

Ladite porte ouverte, nous avons trouvé un citoyen debout derrière ladite porte, auquel nous avons demandé son nom et qualités ? Il nous a répondu s'appeler *Saquet,* ex-curé de Saint-Martin de Rennes, habitant ladite métairie depuis deux ans ; lequel nous a assuré qu'il n'avait aucune arme cachée, ce que nous avons vérifié.

Nous avons trouvé dans ledit cabinet 135 l. en assignats de dix livres hors un de cinq livres et un couvert d'argent, une petite cuillier à café et une montre en or dont nous nous sommes saisis pour la remettre à qui de droit, et après avoir examiné et vérifié toutes les fermetures de la maison, nous n'avons rien trouvé de suspect. Nous nous sommes aussi saisis d'un vieux pistolet absolument hors d'état de servir. Nous remarquons que sur 13 assignats de 10 l. ci-dessus relatons, nous croyons qu'il y en a 12 de faux. Nous avons apposé les scéllés sur une armoire et un bas d'armoire avec défense d'y mal faire et avons jugé à propos d'établir jusqu'à nouvel ordre une garde de quatre hommes et d'un caporal.

Fait et clos en ladite maison le Clousquer, lesdits jour et an que dessus, sous nos seings et ceux de plusieurs de nos camarades composant le détachement. »

Signé : Autheman.   Lagarde, secrétaire.

Levot.   Chapey.   Gardan.

Ordre d'écrou de M. Saquet a la prison de la Porte Marat (Porte Saint-Michel), *le 27 thermidor an II.*

« Gardien de cette maison de justice, tu es par moi soussigné, membre du Comité révolutionnaire, en vertu de ses ordres en date de ce jour, chargé de la personne du nommé Saquet, *prêtre réfractaire*, et de la nommée Anne Aigron, sa receleuse, desquels tu feras bonne garde et les nourriras au pain de la République. »

Signé : Levot.

« Tu es par moi Pierre-François Le Ker, huissier près le Tribunal criminel, à la requête du citoyen J.-B. Pointel, accusateur public, chargé de la personne du nommé Jean Le Mée, prévenu du recelé de prêtre réfractaire..... »

A Rennes, le 27 thermidor an II.

Signé : Le Ker.

En marge, est écrit : 1° « Saquet, exécuté le 27 thermidor, par jugement du Tribunal criminel » ;

2° « Jean Le Mée et Anne Hagron, sa femme, mis en liberté le 4 frimaire an III, par arrêté du représentant du peuple Boursault en date dudit jour. »

Signé : Texier, l'aîné, membre de la Commission philantropique.

Récompense aux capteurs de l'abbé Saquet.

« Le 17 brumaire an III, le citoyen Levot a représenté qu'un détachement de gardes nationales, qu'il accompagnait, avait arrêté *Saquet*, *prêtre réfractaire*, et a demandé le paiement de la somme de 100 l. due pour ladite arrestation ; vu aussi les lois du 14 février, 21 et 23 avril 1793, 29ᵉ et 30ᵉ jour du premier mois de l'an II de la R. F., portant qu'il sera payé une somme de 100 l. à ceux qui auront arrêté ou fait arrêter et conduit dans les prisons un prêtre réfractaire. En conséquence, les administrateurs du Directoire d'Ille-et-Vilaine ordonnent qu'il soit payé au citoyen Levot, pour lui et les gardes nationaux qui ont arrêté *Saquet*, prêtre insermenté, la somme de 100 l. »

Interrogatoire de M. Saquet par le citoyen Noüail, juge au Tribunal criminel d'Ille-et-Vilaine, *le 27 thermidor an II.*

« Interrogé de son nom, surnom, etc. ? — Répond se nommer Julien-François Saquet, prêtre, ex-recteur de Saint-Martin de Rennes, âgé de 64 ans, originaire de cette commune, et avoir été arrêté à la Petite Cloustière, même commune, chez Jean Le Mée et femme.

Interrogé depuis quel temps il demeurait chez ces particuliers ? — Répond qu'il y a deux ans révolus, ce jour ; ajoutant qu'ayant fait connaître ses infirmités au Département dans ce même temps, celui-ci

12

lui permit de rester dans cette commune, et, qu'avant ce temps, le citoyen Lacroix-Herpin, acquéreur du cy-devant presbytère Saint-Martin, lui en affermait un appartement.

Interrogé combien il a de revenu et où sont situés ses biens ? — Répond n'en point avoir.

Interrogé *s'il a prêté les serments prescrits par les lois ?* — Répond que non.

Interrogé s'il a été déporté ? — Répond que non.

Interrogé quels étaient ses moyens de subsistance et où il a déposé ses effets ? — Répond qu'il subsistait au moyen de quelque chose qu'il avait à lui et que ses effets ont été vendus.

Interrogé s'il ignorait la loi qui lui enjoignait de se présenter à l'administration du département chargée de sa déportation ? — Répond qu'il n'en avait aucune connaissance et qu'il croyait pouvoir demeurer tranquille, d'autant plus qu'il ne s'est ingéré dans aucune fonction ecclésiastique.

Interrogé s'il connaît le propriétaire du lieu où il était caché ? — Répond que c'est la Veuve Bertier et qu'il croit lui avoir parlé lorsqu'elle est venue à cette campagne.

Tels sont les interrogatoires, etc., et a signé. »

Signé : Jul.-Fr. Saquet (sic).   F.-R. Pigeon, greffier.
Noüail, juge.

Interrogatoire de M. Jean Lemée, receleur de M. Saquet,
par le juge Noüail, le 27 thermidor an II.

« Interrogé de son nom, etc. ? — Répond se nommer Jean Lemée, fermier laboureur, demeurant avant sa détention au lieu de la Cloustière, et être âgé de 48 ans passés, originaire de Plélan-le-Grand, district de Montfort-la-Montagne.

Interrogé à qui appartient la métairie qu'il occupe ? — Répond qu'elle appartient à la veuve Bertier.

Interrogé si le nommé Saquet n'a pas été arrêté chez lui la nuit dernière, s'il le connaissait pour être prêtre, et depuis quel temps il demeurait chez lui ? — Répond qu'il y a aujourd'hui deux ans qu'il recelait Saquet, qu'il le connaissait pour être prêtre, *mais qu'il est toujours demeuré reclus dans le cabinet où il a été arrêté* et n'a exercé aucune fonction ecclésiastique, qu'au surplus, personne ne visitait ce prêtre, qu'il a seulement parlé une ou deux fois à la veuve Bertier, lorsqu'elle est venue à la campagne.

Interrogé s'il n'a jamais quitté sa demeure et s'il n'a pas fait partie d'atroupements séditieux quelconques ? — Répond que non.

Interrogé s'il a quelques biens fonds et où ils sont situés? — Répond n'en point avoir, mais qu'il a cinq enfants à lui, et un mineur âgé de 13 ans à sa charge.

Tels sont ses interrogatoires, etc., et a signé. »

Signé : Jean Lemée.   Noüail, juge.   R. Pigeon, greffier,

Jugement du Tribunal criminel d'Ille-et-Vilaine qui condamne Julien-François Saquet, prêtre réfractaire a la peine de mort, comme *convaincu d'avoir été sujet à la réclusion, étant sexagénaire, et d'être resté caché sur le territoire de la République au mépris des lois, en l'audience du 27 thermidor an II* (14 août 1794).

« Le Tribunal criminel du département d'Ille-et-Vilaine a rendu le jugement suivant : Entre le citoyen Accusateur public, demandeur, pour cause d'infraction aux lois de la déportation par un *prêtre réfractaire* resté caché en France,

Et Julien-François Saquet, prêtre, ex-recteur de la ci-devant paroisse de Saint-Martin de Rennes, âgé de 64 ans, originaire de Rennes, département d'Ille-et-Vilaine.

Vu en la salle d'audience publique, et les portes ouvertes, le procès-verbal d'arrestation du particulier sus-dénommé, les interrogatoires par lui subis ce jour et tout considéré.

Ouï le rapport du citoyen Noüail, juge en ce tribunal, et l'Accusateur public en ses conclusions motivées, le tout à l'audience :

Le Tribunal, faisant définitivement droit sur le tout, a dans la forme mis Julien-François Saquet, prêtre, hors la Loi. Au fond, l'a déclaré dûment atteint et convaincu d'avoir été *sujet à la réclusion comme sexagénaire, et d'être resté caché en France au mépris des lois.* Pour réparation de quoi, a condamné ledit Julien-François Saquet à la peine de mort, conformément aux articles Ier, II et V de la Loi du 22 floréal et de celle des 29 et 30 vendémiaire an II, desquels articles a été donné lecture et sont ainsi conçus (Cf. p. 13-16).

Déclare le Tribunal les biens meubles et immeubles dudit Saquet acquis et confisqués au profit de la République, conformément à l'article XVI de ladite loi ainsi conçu (Cf. p. 15).

Ordonne en conséquence ledit Tribunal que ledit Julien-François Saquet sera, dans les 24 heures, livré au Vengeur du Peuple et mis à mort, et *que les hochets du fanatisme sur lui saisis* seront brûlés lors de son exécution..... (1).

Fait à Rennes, en l'audience du Tribunal, où étaient présents les citoyens Noüail, Denoual et Jouslain, juges, qui, avec le citoyen Président, ont signé ledit jugement. »

Signé : Boüaissier ; Noüail ; Denoual ; Jouslain.

Bibliographie. — Abbé Carron, *Les Confesseurs de la Foi de l'Eglise gallicane,* op. cit., t. III, p. 202-207. — Guillon, *Les Martyrs de la Foi,* op. cit. t. IV, p. 580 — Tresvaux du Fraval, *Hist. de la Persécution révol.,* etc., op. cit., t. II, p. 108. — Guillotin de Corson, *Les Confesseurs de la Foi,* etc., op. cit., p. 61-63.

---

(1) Il est regrettable que rien dans les pièces qui nous ont été conservées ne nous fasse connaître en quoi consistaient ces objets de piété.

Barthélemy ROBERT et Marc LE ROUX

**Barthélemy ROBERT, né à Trédias, le 29 décembre 1760, vicaire à Guipry
Marc LE ROUX, né à Yvignac, le 9 septembre 1763, vicaire à Saint-Malo-
de-Phily, saisis le 23 septembre 1794 et guillotinés à Rennes le 6 octobre
suivant.**

(Dossier n° 30? des Actes du tribunal criminel d'Ille-et-Vilaine, série B, Parlement,
aux archives d'Ille-et-Vilaine.)

Nous ne consacrerons qu'une seule notice aux prêtres Le Roux
et Robert, ne voulant pas séparer les noms de ceux dont l'abbé
Carron a cru pouvoir écrire ces lignes émouvantes : « Deux
généreux amis ont fait leur première communion le même jour, ils ont
commencé leurs études et continué tous leurs cours ensemble, ils occupaient le même appartement, ils ont reçu ensemble les saints ordres.
Ils sortirent ensemble du sol natal avec des lettres pour remplir les fonctions de vicaire dans deux paroisses adjacentes. Ils étaient réunis dans
la même maison lorsqu'elle fut cernée par les soldats bleus. Séparés
seulement l'espace d'un jour, M. Le Roux alla rejoindre son ami en
prison. Tous deux marchèrent ensemble à l'échafaud. On peut donc leur
appliquer ces paroles de l'Ecriture : « *Saul et Jonathas, amabiles et
» decori in vita sua, in morte quoque non sunt divisi.* » (II, *Reg.* cap. I.)

Barthélemy Robert naquit à Trédias, diocèse de Saint-Malo (aujour-
d'hui de Saint-Brieuc), le 29 décembre 1760, du mariage de Julien
Robert et de Louise Lebreton, tous deux cultivateurs en cette localité.
Deux ans et demi plus tard, Marc-Mathurin Le Roux vit le jour, le
9 septembre 1763, au bourg d'Yvignac, paroisse limitrophe de Trédias
et, comme celle-ci, de l'évêché de Saint-Malo. Son père, Marc Le Roux,
et sa mère, Anne Villalon, se livraient au commerce et jouissaient de
l'estime générale, à tel point que celui-ci fut choisi par ses compatriotes
comme le premier maire d'Yvignac à la création des municipalités.

Les deux jeunes gens furent envoyés étudier à Dinan au collège ecclésiastique, restauré par Mgr des Laurents. Leur avancement dans la
science sacrée y suivit une progression constante. Notés seulement
comme « passables » à leurs examens pour la tonsure et les mineurs,

ils obtinrent la mention « bien » à l'examen qui précéda leur sous-diaconat, « bien » encore à leur examen de diaconat et « très bien » à celui
de leur prêtrise.

MM. Robert et Le Roux reçurent ensemble la tonsure et les mineurs
le 21 septembre 1782, mais non le sous-diaconat, M. Robert ayant été
fait sous-diacre à Saint-Malo le 5 juin 1784 et M. Le Roux à Saint-Méen
le 18 septembre de cette année. Il en fut de même pour le diaconat, que
M. Robert reçut à Saint-Malo le 12 mars 1785 et M. Le Roux à Rennes
le 27 septembre suivant. La collation de la prêtrise que Mgr Cortois
de Pressigny conféra aux deux amis le 23 septembre 1786, dans la chapelle du Séminaire de Saint-Méen, les réunit à nouveau, mais il fallut
une dispense d'âge pour l'abbé Le Roux qui n'avait pas alors atteint
23 ans.

Quelque temps après leurs ordinations, Barthélemy Robert fut nommé
vicaire à Guipry et Mathurin Le Roux fut envoyé tout auprès, en la
même qualité, à Saint-Malo-de-Phily. Nous avons relevé la première
signature de M. Robert à Guipry le 21 mai 1788 et celle de son confrère
Le Roux à Saint-Malo le 17 février de cette même année.

Tous deux, animés de l'esprit de leur vocation, montrèrent un zèle
constant pour la sanctification des âmes. M. Robert, écrit l'abbé Carron,
« doué d'une figure angélique, avait le cœur tellement bon, que, possédant en 1792 une somme de 800 livres, il la partagea avec un de ses
confrères persécutés, sans s'inquiéter du besoin qu'il allait avoir lui-
même de ses ressources. » Quant à l'abbé Le Roux, au dire du même
auteur, c'était « un ecclésiastique distingué par ses mérites et son instruction ». (Cf. *Les Confesseurs de la Foi*, t. III, op. cit., p. 145.)

Il est clair que deux prêtres aussi zélés et aussi éclairés que l'étaient
MM. Robert et Le Roux, quoique favorables aux réformes destinées à
améliorer le sort du petit peuple, (M. Robert signa sur le cahier de
doléances de la paroisse de Guipry, lors des Etats généraux de 1789,)
ne consentirent ni l'un ni l'autre à prêter serment à la Constitution civile
du Clergé. Tous les deux cependant demeurèrent le plus longtemps possible dans leurs paroisses respectives. Nous avons relevé la signature du
vicaire de Guipry jusqu'au 2 septembre 1792 sur les registres de catholicité de cette paroisse et celle de Le Roux, son confrère et ami, figure
jusqu'au 19 juillet 1792 sur ceux de Saint-Malo-de-Phily. Par conséquent, ni l'un ni l'autre n'obtempérèrent à l'arrêté draconien du 15 avril
de cette année (Cf. p. 3), par lequel le Directoire d'Ille-et-Vilaine leur
ordonnait d'aller résider à Rennes. Aussi, avons-nous peine à croire que
la lettre ci-dessous, adressée le 4 août 1791 par le Directoire du district
de Dinan à la municipalité d'Yvignac, n'était pas étayée sur une dénonciation fallacieuse :

« Nous sommes instruits, écrivaient ces autorités, que contre l'arrêté
du Département des Côtes-du-Nord du 18 juin dernier, qui enjoint aux
prêtres réfractaires, qui ne sont pas réclamés par les nouveaux curés, de
se retirer à six lieues de la paroisse qu'ils habitaient, il y a dans votre
paroisse trois prêtres : les nommés *Picquet*, *Le Roux* et *Robert*, qui, loin

d'assister aux offices divins, repandent parmi le peuple des discours incendiaires, sèment la discorde entre les habitants et les préviennent contre vos curé et vicaire constitutionnels, pour les empêcher d'assister à leurs messes et s'ingèrent à célébrer dans les chapelles frairiennes et nationales... »

Lorsque survint la Loi du 26 août 1792, qui condamnait à l'exil tous les prêtres insermentés ayant charge d'âmes, MM. Robert et Le Roux ne purent se résoudre à abandonner leurs ouailles et, malgré les pénalités très fortes qu'ils encouraient, ils se décidèrent à demeurer cachés dans le pays : « M. Le Roux n'a pas obéi à la loi de déportation, écrivait au mois de décembre de cette même année le district de Bain. Il parcourt sans cesse la paroisse avec son recteur, pour y exciter le désordre. » On propose pour les en punir de placer leurs mobiliers sous scellés.

« Barthélemy Robert, raconte M. *Carron*, étoit si généralement aimé et estimé dans la paroisse de Guipry, qu'à chacun des révolutionnaires qui le connoissoient, il échappoit de dire : « Pour moi, si je trouvois » Robert, je ne pourrois pas l'arrêter. Quand je me disposerois à mettre » la main sur lui, les bras me tomberoient, c'est un trop honnête homme. » Toujours d'après le même auteur, « les juges eux-mêmes, tout barbares et iniques qu'ils se montroient, ne purent, en prononçant la sentence homicide contre M. Le Roux, s'empêcher de dire sur sa personne : « Il y a » dommage qu'un homme de mérite et de lumières, comme celui-ci, » périsse. Mais aussi, sans doute qu'il feroit plus de mal qu'un autre, » ayant plus de moyens. Il faut qu'il meure. » (*Les Confesseurs de la Foi*, etc., t. III.)

Malheureusement pour eux, la chasse aux prêtres fidèles devint de mois en mois plus active, et les maisons que l'on soupçonnait les receler furent l'objet d'une étroite surveillance, tant et si bien qu'un jour qu'ils se trouvaient ensemble au village de la Bimais en Guipry, avec un autre prêtre nommé *Jean Gortais*, leur présence y fut dénoncée, et le 1er vendémiaire an III (22 septembre 1794), André Valleray, l'homme de ces sortes d'expéditions, se rendit sur les lieux avec sa troupe d'argousins, sur l'intention bien arrêtée de les découvrir et de les arrêter. Mathurin Le Roux parvint à s'échapper, mais MM. Robert et Gortais demeurèrent entre les mains des soldats, ainsi que la veuve Maubec et l'une de ses filles, appelée Marguerite, qui leur donnaient asile. On les conduisit au bourg de Guipry, où la troupe ne manqua pas de pénétrer dans l'église paroissiale et de piller les vases sacrés qui s'y trouvaient encore. Puis, après avoir prodigué à leurs prisonniers des outrages de toutes espèces, ils les laissèrent passer la nuit sur le pavé au pont de Guipry.

Le lendemain, les captifs, enchaînés comme des criminels, y étaient encore. Quelques habitants, touchés du déplorable état dans lequel ils voyaient des prêtres qu'ils vénéraient, essayèrent de leur venir en aide, mais ils furent repoussés par leurs féroces gardiens. L'abbé Carron, qui a recueilli des traditions de la bouche de témoins oculaires, raconte même qu'ils furent poursuivis par ces furieux « qui, leur offrant d'une main sacrilège les hosties qu'ils avaient prises la veille, leur disaient : « Viens

» manger ton bon Dieu, viens ; je vais te le donner. » Finalement, ils jetèrent par terre les Saintes Espèces et les foulèrent aux pieds, durant qu'ils vomissaient toutes sortes de blasphèmes ».

Le même jour, une partie du détachement, après avoir lié et garotté les bras de leurs victimes, avec tant de violence que les cordes leur entrèrent dans les chairs, les conduisit à Bain, en continuant sur la route de les accabler de toutes sortes de mauvais traitements.

Pendant que cette portion de la colonne se rendait à Bain avec ses prisonniers, l'autre fouillait la paroisse de Pipriac à la recherche de l'abbé Le Roux qui leur avait échappé une première fois. Elle finit par retrouver le fugitif près du manoir du Plessis-Fabron. Elle put s'en saisir et l'amener à Bain où se trouvaient encore les autres prisonniers. Quand l'abbé Robert aperçut entre les mains des révolutionnaires son ami, qu'il croyait sauvé, il demeura tellement saisi et tellement affligé qu'il ne put lui adresser une seule parole : « Eh bien, mon ami, lui dit l'autre, es-tu fâché de me voir ? N'es-tu pas plutôt content que je partage ton heureux sort ? Regrettes-tu que je participe à ton martyre ? Nous avons été toujours unis. La Providence nous avait placés voisins. Dieu permet que nous nous accompagnions jusqu'à la fin et que nous nous suivions dans la gloire ! » (*Les Confesseurs de la Foi*, t. III, p. 146.)

Après une nuit passée à Bain, les soldats prirent enfin la route de Rennes avec leurs prisonniers attachés deux à deux. « Le départ de Bain, écrit l'abbé *Carron*, d'après des témoins oculaires, fut une scène digne d'émouvoir les hommes les plus insensibles...... Les corps des captifs furent criblés de coups de plat de sabre et de crosses de fusils. Chacun souffrit tout avec la patience d'un ange et la douceur d'un agneau. » (Cf. *Les Confesseurs de la Foi*, op. cit., t. III, p. 147.)

Arrivés à Rennes, les trois ecclésiastiques et leurs compagnons d'infortune furent incarcérés dans la prison de la Porte Saint-Michel, alors dénommée Porte Marat, sous l'accusation d'être prêtres et les autres de les avoir recélés comme tels.

Leur ordre d'écrou est du 3 vendémiaire (24 septembre 1794). Le 5 octobre suivant, l'ex-comédien Boursault, devenu représentant du peuple, écrivait à l'Accusateur public une lettre comminatoire pour les faire mettre en jugement, conformément à la Loi des 29 et 30 vendémiaire an II, c'est-à-dire comme *ecclésiastiques réfractaires* demeurés en France en contravention avec la loi qui les chassait de leur patrie. Le même jour, les trois victimes et leurs receleuses comparaissaient devant le juge du Tribunal criminel d'Ille-et-Vilaine, chargé d'instruire leur affaire.

Les réponses des uns comme des autres furent très prudentes et véritablement animées du désir de n'entraîner personne avec eux dans leur perte. Au reste, leurs interrogatoires furent très brefs et l'on peut dire qu'aux termes mêmes de la loi, ils se bornèrent à une simple constatation d'identité.

Le même jour, les juges du Tribunal criminel rendirent leur sentence, c'était la mort pour les trois prêtres. Ils tombaient victimes de la Loi des

29 et 30 vendémiaire an II, déjà tant de fois appliquée et toujours aussi sanglante (Cf. p. 13 à 15) (1).

Quant à la veuve Maubec et à sa fille, on tarda à prendre une décision à leur égard. Ce délai les sauva. Elles furent rendues à la liberté le 24 janvier 1795. Ce sont elles qui renseignèrent l'abbé Carron sur les détails qu'il a consignés dans son récit et que nous avons reproduits sur son témoignage.

Le lendemain du jour où fut prononcée la sentence fatale, Marc-Mathurin Le Roux, Barthélemy Robert et l'abbé Jean Gortais furent conduits au supplice sur la place du Champ-de-Mars à Rennes, scellant de leur sang leur héroïque conduite au cours de la persécution religieuse.

Jean-Mathurin GORTAIS

(Archives d'Ille-et-Vilaine, dossier n° 302, série B, Parlement, Actes du tribunal criminel d'Ille-et-Vilaine.)

Le compagnon de supplice de MM. Le Roux et Robert fut, comme nous l'avons vu, Jean-Mathurin Gortais, né à Plélan-le-Grand le 20 août 1748, de Joseph et d'Anne Lefebvre.

M. Gortais, qui n'était pas favorisé des dons de la fortune, fit une partie de ses études en son particulier, sous le contrôle des prêtres de sa paroisse. Il reçut la tonsure et les ordres mineurs à Saint-Sauveur en Saint-Malo le 20 mai 1780, à l'âge de 32 ans, le sous-diaconat le 5 juin 1781 et le diaconat le 25 mai 1782 dans la même église. Enfin, il fut ordonné prêtre à Saint-Méen le 20 septembre 1783 (2).

Lors de la Révolution, M. Gortais desservait depuis quelques années la chapelle du Port-de-Roche, alors située au Grand-Fougeray et dédiée à saint Yves, le grand thaumaturge trécorrois.

Aux termes de la Loi du 27 décembre 1790, les fonctions de l'abbé Gortais ne l'obligeaient pas à prêter serment. Il aurait pu s'y décider par ambition. Il se garda de le faire. En 1792, la prestation du serment l'eût mis à l'abri des tracasseries et des ennuis de toutes sortes que sus-

---

(1) Cette loi condamnait à la peine capitale tout prêtre *insermenté* trouvé en France en dehors d'une maison de réclusion.

(2) Voici les notes d'examen de l'abbé Gortais, prises sur le registre du séminaire, conservé aux archives d'Ille-et-Vilaine, série G. Ces notes sont excellentes : « Jean Gortais, examen tonsure et acolythat, Trinité 1780, a étudié chez M. Durand : présente la philosophie passable et a de la disposition : admis. — Pour le sous-diaconat, septembre 1780, étudie chez M. de Saint-Péran : passable à son dernier examen, fort bien à celui-ci ; admis. — Diaconat, mai 1782, étudie à Saint-Méen : fort bien à son dernier examen, pas mal à celui-ci ; admis. — Prêtrise, juin 1783, étudie à Saint-Méen : pas mal à son dernier examen, de même à celui-ci ; admis ».

citait le Gouvernement aux insermentés quels qu'ils fussent. Mais M. Gortais ne voulut point commettre un acte qui blessait les convictions les plus chères de sa conscience, et nous le trouvons noté au mois de juillet 1792 comme « non fonctionnaire public, vivant au Grand-Fougeray, *insermenté*, ne s'étant pas soumis à l'arrêté du Département du 15 avril 1792, lui prescrivant d'aller résider à Rennes ». (Cf. p. 3.)

Il ne tint pas plus compte de la Loi du 26 août 1792 et de celles des 21 et 23 avril 1793, qui lui prescrivaient sous les peines les plus sévères de s'expatrier. Il préféra, tout au contraire, demeurer dans une région où il était connu et estimé et où il avait la consolation de rendre aux fidèles les plus précieux services. (Cf. p. 11 et 12.)

Nous venons de voir comment M. Gortais fut saisi, jugé et condamné avec les abbés Le Roux et Robert, et pour les mêmes motifs. « M. Gortais, raconte l'abbé Carron, son premier biographe, marchant au supplice, chanta, plein de courage, *une complainte* qu'il avait composée sur le bonheur qui lui était accordé de mourir pour la Foi. Sa voix fut étouffée par le roulement des tambours. » Ainsi mourut, ajoute Guillotin de Corson, « le dernier chapelain de Port-de-Roche, plein de mérites et de vertus ».

Pièces officielles.

ACTES DE BAPTÊME DES TROIS CONFESSEURS DE LA FOI DÉNOMMÉS CI-DESSOUS.

1. — Voici, prise sur les registres de catholicité de Trédias pour l'année 1760, la copie de son acte de baptême que nous devons à l'obligeance de M. Mathurin Rouault, vicaire à Yvignac en 1914 :

« Barthélemy Robert, fils légitime de Jullien et de Louise Lebreton, né hier à Villeneuve, a été baptisé le 29 décembre 1760. Parrain : Barthélemy Réhel. Marraine : Françoise Louessard. Présents : Anne Plessix et le soussigné. »

Signé : Barthélemy Réhel ; J. Thébault, prêtre ; Touzé.

2. — Nous avons relevé l'acte de baptême de l'abbé Le Roux sur les registres d'Yvignac, alors conservés *au greffe du tribunal de première instance de Dinan :*

« Marc-Mathurin Le Roux, fils légitime de Marc Le Roux et d'Anne Villalon, né le neuf septembre mil sept cent soixante et trois, a été baptisé à la maison dans le cas de nécessité. Les cérémonies du baptême lui ont été suppléées par moi, curé soussigné, les susdits jours et an ; a eu pour parrain Mathurin Le Roux, qui signe, et pour marraine Angélique Pelan, qui ne signe. »

Signé : J.-M. Lebranchu, curé ; Marc Leroux (*sic*) ; Mathurin Le Roux.

3. — Nous avons copié l'acte de baptême de M. Gortais sur les registres de Plélan-le-Grand, aujourd'hui conservés aux *Archives d'Ille-et-Vilaine* :

« Jean-Mathurin Gortais, fils de Joseph Gortais et d'Anne Le Feuvre, ses légitimes père et mère, né au village de la Rivière le 20ᵉ jour d'août 1748, a été le lendemain baptisé par moy soussigné : son parrain a été honorable garçon Jean Grée, soussignant, et marraine honorable fille Mathurine Le Mée. »

Signé : DU BOISHAMON, recteur ; Joseph FABOU ; Jean GRÉE.

PROCÈS-VERBAUX DES ARRESTATIONS DES PRÊTRES GORTAIS, LE ROUX ET ROBERT.

1. — « Du 1ᵉʳ vendémiaire, l'an III de la R., U. et I. (22 septembre 1794).

Nous, André-René Valleray, chargé de mission par les représentants du peuple..... à laquelle mission nous avons adjoint le citoyen Dupin, rapportons que, ce jour, nous nous sommes rendu, accompagnés de deux gendarmes, avec le détachement de la compagnie de grenadiers de l'*Ain*, capitaine Cerdon, au château de la Gaudelinais où nous n'avons rien trouvé.....

Que, de là, nous nous sommes rendus au Parc de Guipry, où nous avons pris les citoyens Lari et Boulé, qui nous ont conduits au village de la Bimais, où nous avons arrêté, sortant de chez la Heriot, veuve Maubec, deux particuliers qui nous ont dit se nommer *Barthélemy Robert*, ci-devant vicaire à Maigri (*sic*) (Guipry), sur lequel on a saisi 21 livres, une pièce de 24 sols et une douze, et le restant en pièces de 6 liards, et *Jean-Mathurin Carté* (sic) (Gortais), ci-devant prêtre à Plélan, sur lequel on a pris un portefeuille dans lequel se trouvent plusieurs papiers et 7 assignats de 25 livres que nous croyons faux ; et deux autres particuliers s'étant évadés. On a couru après l'un d'eux, armé d'un fusil double. Ayant raté deux à trois fois un caporal de la compagnie, et a, en ayant toujours [tenté] de s'échapper, été tué ce particulier, qui a été reconnu pour être Tomelin, ci-devant et chef de Brigands. »

Signé : VALLERAY, BODIN.

2. — « Le 2 Vendémiaire an III (23 septembre 1794).

Nous avons fait partir un détachement avec le citoyen Dupin pour aller fouiller les maisons du village de La Chesnais, où il doit se retirer un prêtre. Le détachement est rentré peu de temps après, sans avoir rien trouvé.

Aussitôt la rentrée du détachement, les prisonniers faits hier ont été remis sous la garde du lieutenant, avec *l'argenterie de l'église de Guipry*, pour le tout être conduit à Bain, et ensuite nous avons divisé le reste en deux détachements..... l'autre s'est porté au Plessis, pour y fouiller ladite maison. En arrivant, trois particuliers ont pris la fuite, traversant la cour de la maison de la citoyenne Collas, veuve Lihat. La particulière poursuivie. Deux ont été arrêtés. L'un s'est nommé *Marc Le Roux,* ci-devant vicaire à Saint-Malo de Phily ; l'autre, Joseph Louet, de la commune de Saint- (rien) et de la réquisition.

Sur le premier a été trouvé : 635 livres en assignats faux. »

Signé : VALLERAY et DUPIN.

ORDRE D'ÉCROU DES ECCLÉSIASTIQUES CI-DESSUS DÉNOMMÉS A LA PRISON DE LA PORTE MARAT, DITE ANCIENNEMENT PORTE SAINT-MICHEL.

« Trois prêtres et les receleurs et complices.

Gardien de cette maison de Justice, tu es par moi soussigné, gendarme, en vertu des ordres des administrateurs du district de Rennes, en date de ce jour, chargé des prisonniers nommés : *Barthélemy Robert, Jean-Marie Gortais, Marc Le Roux, la Heriot, veuve Maubec, etc.* ;

Accusés d'être prêtres et receleurs de prêtres, desquels tu feras bonne garde, et les nourriras au pain de la République.

A Rennes, le 3 vendémiaire an III (24 septembre 1794). »

Signé : F. GERAULT.

En marge, est écrit : « *Barthélemy Robert, J.-M. Gortais, Marc Le Roux*, exécutés le 15 vendémiaire an II, par jugement du Tribunal criminel de Rennes. »

ORDRE D'INFORMER D'URGENCE CONTRE LES TROIS PRÊTRES CI-DESSUS DÉNOMMÉS.

« Le représentant du peuple Boursault à l'Accusateur public près le Tribunal criminel du département d'Ille-et-Vilaine :

Je t'adresse, citoyen, un extrait des procès-verbaux rapportés par les cit. Valleray et Dupin, desquels il résulte que les nommés Barthélemy Robert, Jean-Mathurin Gortais et Marc Le Roux, *prêtres réfractaires,* ont été arrêtés les 1er et 2 vendémiaire. Je te prescris, sur toute ta responsabilité, de faire juger ces *infâmes scélérats,* en conformité de la Loi des 29 et 30 septembre 1793 (v. st.). Tu me rendras compte dans les 24 heures.

Salut et fraternité.   Signé : BOURSAULT.

A Rennes, le 14 vendémiaire an III (5 octobre 1794). »

Interrogatoires des prêtres Gortais, Le Roux et Robert devant Hunault, juge au Tribunal criminel d'Ille-et-Vilaine, *le 5 octobre 1794.*

« Le 14ᵉ jour du mois de vendémiaire, l'an III de la R. F., etc, en l'une des chambres du Temple de la Loi, devant nous, Juge du Tribunal criminel du département d'Ille-et-Vilaine pendant le trimestre de vendémiaire, a été amené des prisons de la Porte Marat un particulier aux interrogatoires duquel nous avons procédé comme suit :

Interrogé de son nom, profession, âge et demeure avant son arrestation ? — A répondu se nommer *Jean Gortais*, simple ex-prêtre, âgé de 46 ans, sans domicile fixe.

Interrogé s'il a prêté le serment prescrit par la Loi du 14 août 1792 (v. st.) ? — Répond qu'il ne l'a pas prêté et qu'il n'avait même pas connaissance de cette Loi.

Interrogé de quel endroit il sortait lorsqu'il fut arrêté avec un autre prêtre ? — Répond qu'il fuyait dans un champ à l'aspect de la troupe qu'il avait aperçue de loin, et que, pour se soustraire plus sûrement à une découverte, il s'était glissé dans un jardin.

Remontré à l'interrogé que le procès-verbal de son arrestation annonce qu'il sortait, lorsqu'il fut pris, de la maison de la veuve Maubec, et qu'en cela il existe une contradiction manifeste avec les déclarations que vient de faire l'interrogé ? — Répond que ce fait, rapporté dans le procès-verbal, n'est pas conforme à la vérité, et que c'est la raison pour laquelle il a refusé de le souscrire ; qu'il est bien vrai que du champ d'où il avait aperçu la troupe, il s'était glissé dans le jardin de la veuve Maubec ; qu'après avoir été appréhendé, il fut conduit dans la maison de cette dernière, mais qu'elle ne l'a jamais recelé.

Interrogé s'il n'avait pas, dans son portefeuille, lorsqu'il a été arrêté, sept assignats de 25 l. présumés faux, et s'il sait le nom du particulier qui les lui avait donnés ? — Répond que cette somme lui avait été donnée par un habitant de la campagne dont il ne se rappelle pas le nom ; qu'au surplus, il ignore s'ils étaient vrais ou faux.

Interrogé s'il avait connaissance de la correspondance contre-révolutionnaire qui s'entretenait dans le canton, principalement sous le nom d'un nommé Pierrot ? — Répond ignorer absolument ces faits.

Telles sont ses déclarations, desquelles lecture lui faite, a dit qu'elles sont véritables, y persister et a signé. »

Signé : Jean-Mathurin Gortais.　　T.-A. Le Poitevin.
Hunault, juge.

« A été amené devant nous un second particulier, également détenu aux prisons de la Porte Marat, dont nous avons reçu les déclarations comme suit :

Interrogé de ses nom, etc. ? — Répond se nommer *Marc-Mathurin Le Roux*, ex-prêtre, vicaire de Saint-Malo de Phily, âgé de 31 ans, sans domicile fixe.

Interrogé s'il a *prêté le serment* prescrit par la Loi du 24 juillet 1790, auquel il était soumis en sa qualité de vicaire? — *A répondu qu'il n'en a prêté aucun.*

Interrogé s'il avait connaissance des lois qui défendaient aux prêtres non conformistes le séjour sur le territoire français ? — Répond qu'il pensait que la peine qu'il s'exposait à encourir en restant sur le territoire français était la déportation à la Guyane Française. (Cf. p. 12.)

Interrogé s'il sortait de la maison du Plessix-Fabron lorsqu'il fut arrêté ? — Répond négativement.

Interrogé de qui il avait reçu 625 livres en assignats de 25 l., qualifiés faux dans le procès-verbal d'arrestation ? — Répond qu'il se rappelle que, lors de son arrestation, il avait, dans son portefeuille, une certaine somme en assignats, qu'il ignore le nom des personnes qui les lui ont donnés ; et, au surplus, ne pas savoir qu'il y en avait de faux.

Telles sont ses déclarations, desquelles lecture lui faite, a dit qu'elles sont sincères et vraies, y persister, et a refusé de signer ; puis a signé. »

Signé : Marc Le Roux.   Hunault, juge.
T.-A. Le Poitevin, greffier.

« A été amené un troisième particulier, détenu aux prisons de la Porte Marat, duquel nous avons reçu les déclarations suivantes :

Interrogé de ses nom, prénoms, etc. ? — Répond se nommer *Barthélemy Robert*, prêtre, vicaire de la paroisse de Guipry, âgé de 33 ans, sans domicile fixe.

Interrogé s'il a rempli le vœu de la Loi du 24 juillet 1790 (v. st.) et s'il a *prêté le serment* qu'elle prescrivait ? — *Répond qu'il ne l'a pas prêté.*

Interrogé s'il connaissait la disposition pénale des lois qui lui défendaient le séjour sur le territoire de la République, comme prêtre non-conformiste ? — Répond qu'il croyait seulement encourir la peine de la déportation à la Guyane Française, qu'il s'est exposé à encourir cette peine plutôt que de se déporter lui-même.

Interrogé d'où il sortait au moment de son arrestation ? — Répond qu'il ne sortait d'aucune maison et qu'il fut arrêté dans un champ.

Interrogé s'il a été recelé par la veuve Maubec, principalement depuis l'époque du mois d'octobre 1793 ? — Répond que non.

Interrogé s'il avait connaissance des complots contre-révolutionnaires qui se tramaient dans le canton où il a été arrêté, et dont le nommé Thomelin était complice avec plusieurs associés ? — Répond n'avoir aucune connaissance de ces faits.

Telles sont ses déclarations, desquelles lecture lui faite, a dit qu'elles sont vraies, y persister et a signé. »

Signé : Barthelemi Robert, prêtre.
Hunault, juge.   T.-A. Le Poitevin.

INTERROGATOIRES DE LA VEUVE MAUBEC ET DE SA FILLE, PRÉVENUES D'AVOIR RECELÉ LES TROIS PRÊTRES CI-DESSUS.

« A été amenée une femme, détenue également à la Porte Marat, de laquelle nous avons reçu les déclarations, ainsi qu'il suit :

Interrogée de son nom, etc. ? — Répond se nommer *Agnès-Anne Hairiaux, veuve Maubec*, âgée d'environ 54 ans, commissionnaire du citoyen Chalet, marchand de bois, demeurant au village de La Bimais, commune de Guipry.

Interrogée si elle a fourni asile à des prêtres réfractaires, et principalement depuis l'époque du mois d'octobre 1793 (v. st.) ? — Répond négativement.

Interrogée si les nommés Robert et Gortais, prêtres non-conformistes, sortaient de chez elle au moment de leur arrestation ? — Conteste les faits de l'interrogat.

Interrogée d'où provenait la petite bourse contenant une boîte d'argent dans laquelle il y avait de *l'huile et du coton* qui a été trouvée dans sa maison ? — Répond qu'elle n'a pas connaissance que ces effets existassent chez elle.

Interrogée quel individu couchait dans le lit transformé dans une armoire de son grenier et sur le foin qui existait et qui présentait l'empreinte de couchage ? — Répond que sa domestique couchait dans le lit de l'armoire, et qu'elle n'a pas connaissance que personne ait couché sur le foin de son grenier.

Interrogée par qui ont été déposés chez elle un fusil, un sabre de hussard avec son ceinturon, deux poires à poudre, une montre et plusieurs papiers trouvés dans différents endroits de sa maison, ou si ces effets lui appartiennent ? — Répond que le fusil appartenait à son feu mari, également qu'une poire à poudre, couverte de chagrin blanc, que sa montre d'argent a été saisie par le détachement au chevet de son lit, et que les papiers dont il s'agit sont des pièces lui appartenant pour la plupart, parmi lesquelles il peut s'en trouver concernant d'autres particuliers ; qu'à l'égard du sabre et de la seconde poire à poudre, elle ignorait qu'ils existassent dans sa maison ; qu'un bâton à lance, trouvé chez elle, était à son mari.

Interrogée si elle n'a point fourni asile au nommé Thomelin ou à quelqu'un de ses complices ? — Répond qu'elle connaissait Thomelin, mais qu'elle n'a entretenu avec lui aucune intelligence et ne l'a même pas vu depuis qu'il a quitté sa maison du Gué.

Remontré à l'interrogée que sa déclaration de n'avoir pas logé chez elle aucun chef du parti contre-révolutionnaire est entièrement opposée à une déclaration qu'elle a dû faire à un particulier qui s'est dit porteur des lettres de Pierrot aux autres chefs chez qui la veuve Maubec (comme il est appris par le procès-verbal souscrit par les citoyens Valerais et Dupin). Interpellée de revenir à la vérité. — Répond qu'elle ne peut avoir connaissance de ces faits d'après l'affirmation qu'elle soutient de n'avoir logé chez elle aucun conspirateur et de n'avoir eu de rapports avec aucun contre-révolutionnaire.

Telles sont ses déclarations, desquelles lecture lui faite, a dit qu'elles sont vraies et sincères, y persister. »

Signé : HERIAUX, Veuve MAUBEC, HUNAUT, T.-A. LE POITEVIN.

« A été ensuite amenée, etc.

Interrogée de son nom, prénoms, etc. ? — Répond se nommer *Marguerite Maubech* (sic), fille, âgée de 19 ans, sans état, demeurant ordinairement avec ses sœurs. au port de Guipry, quelquefois chez sa mère, à La Bimais.

Interrogée si elle a connaissance que sa mère ait fourni asile à des prêtres réfractaires, et si elle s'est rendue complice de ce délit ? — Répond n'avoir eu aucune connaissance que sa mère ait logé des prêtres réfractaires et n'en avoir jamais vu chez elle.

Interrogée si elle était chez sa mère lors de l'arrestation des nommés Gortais et Robert ? — Répond qu'elle était alors chez sa mère et qu'elle fut bien surprise de voir le détachement faire entrer chez elle ces deux individus.

Interrogée si elle savait que, dans la maison de sa mère, existaient un sabre de hussard avec son ceinturon, deux poires à poudre et principalement une bourse, renfermant une petite boîte d'argent où étaient de l'huile et du coton ; et à qui ces divers effets appartenaient ? — Répond qu'elle ignore les faits de l'interrogat.

Interrogée si elle n'a entretenu aucune liaison avec le nommé Thomelin, et si elle n'a point connaissance que sa mère lui ait fourni retraite ? — Répond qu'elle n'a eu aucun rapport avec lui, pas même le connaître particulièrement, et être persuadée que sa mère ne l'a jamais logé.

Interrogée si elle connaissait l'endroit où couchait la domestique de sa mère ? — Répond que c'était dans un lit en forme d'armoire, placé dans le grenier de sa maison.

Telles sont ses déclarations, desquelles lecture lui faite, a dit qu'elles sont vraies et sincères, y persister et a déclaré ne savoir signer. »

Signé : T.-A. LE POITEVIN.   HUNAUT, juge.

JUGEMENT CONDAMNANT A MORT JEAN GORTAIS, BARTHÉLEMY ROBERT ET MATHURIN LE ROUX, *le 6 octobre 1794* (1).

« Audience du quatorze vendémiaire, an trois de la République Française, une et indivisible, triomphante et impérissable, tenue par le Tribunal complet, présent le citoyen Accusateur public.

Au nom du Peuple Français,

____

(1) Archives d'Ille-et-Vilaine, série L, Parlement, dossier 302.

Le Tribunal criminel du département d'Ile et Vilaine a rendu le jugement suivant :

Entre le citoien Accusateur public, demandeur pour cause *d'infraction aux loix par des prêtres refractaires, sujets à la déportation, et recelé de prêtres y sujets,*

Et Jean Gortais, ex-simple prêtre, âgé de 46 ans, sans domicile fixe ;

Marc Mathurin Le Roux, ex-prêtre, vicaire de la commune de Malo de Fily, âgé de 31 ans, sans domicile fixe ;

Barthelémi Robert, prêtre, ex-vicaire de la commune de Guipry, âgé de 33 ans, aussi sans domicile fixe ;

Agnès Aimée Heriaux, veuve Maubec, âgée d'environ cinquante quatre ans, demeurante commune de Guipry,

Et Marguerite Maubec, fille de cette dernière, les tous détenus à la maison de justice, près ce Tribunal, défendeurs et accusés.

Vu en la salle d'audience, publiquement et les portes ouvertes, la procédure instruite contre les accusés sus dénommés. Le tout meurement considéré.

Oüi le rapport du citoyen Hunaut, juge en ce Tribunal, et l'Accusateur public en ses conclusions mottivées, le tout à l'audience.

Le Tribunal, après avoir délibéré et opiné à haute voix, l'Accusateur public préalablement entendu sur l'application de la loi, a mis Jean Gortais, Marc Mathurin Le Roux et Barthélemi Robert hors la loi ; au fond, a déclaré les dits Jean Gortais, Marc Mathurin Le Roux et Barthélémi Robert, *tous les trois prêtres réfractaires, atteints et convaincus d'avoir été sujets à la déportation et d'être restés cachés en France, aux mépris des loix. Pour réparation de quoi, les a condamnés à la peine de mort,* conformément aux articles dix, quatorze, quinze et cinq de la loi des vingt neuf et trente vendémiaire an second, desquels articles a été donné lecture et sont ainsi conçus (Cf. p. 13 à 15).

Ordonne en conséquence le Tribunal, que les dits Gortais, Le Roux et Barthélemi Robert seront dans les vingt-quatre heures livrés au *vengeur du peuple* et mis à mort, et que leur exécution aura lieu sur la place *du Champ de Mars* en cette commune. Déclare en outre leurs biens, meubles et immeubles si aucuns sont, acquis et confisqués au profit de la République conformément à l'article 16 de la même loi, duquel article a été donné lecture et qui est ainsi conçu (Cf. p. 15).

A l'égard de *Marguerite Maubec* et d'*Agnès-Anne Heriaux,* veuve Maubec, sa mère, attendu qu'il n'est pas *bien constant que celle-cy ait recelé les prêtres Gortais et Robert, ni que sa fille ait été complice du délit,* ordonne le Tribunal qu'elles garderont séparément prison jusqu'à plus ample information. A l'effet de quoi, les citoiens Valleray et Dupin seront entendus comme témoins, ainsi que Victoire Claudi, aide de la maison de la veuve Maubec, Perrine Daime qui s'est dite journalière de la même maison, et autres qui seront vus appartenir pour ce fait, et raporté au Tribunal être statué ce que de raison.

Ordonne enfin le Tribunal, que le premier jugement sera, à la diligence de l'Accusateur public, mis à exécution, imprimé, publié et affiché partout où besoin sera, notamment à Redon et à Guipry.

Fait à Rennes en l'audience du tribunal, où étaient présents les citoiens Beziel, Hunault et Noüail, juges. Ce dernier pris au tribunal civil, en remplacement du citoyen Mouezi, autre juge malade, lesquels citoiens juges présents ont, avec le citoien Président, signé le présent jugement. »

Signé : Boüaissier, Noüail, Hunault.

Voici l'acte de décès des suppliciés, tel que M. Guillotin de Corson l'a relevé sur les Registres de l'Etat civil de Rennes pour l'an III :

« Le 15 vendémiaire, an III (1) de la République une et indivisible, reçu la déclaration de décès de Jean-Marain (*sic*) Gortais, Barthélemi Robert, Marc Le Roux, prêtres réfractaires, et Maurice Martinet, ex-frère ignorantin (2), (sans que les écrous s'expliquent plus amplement sur leur compte), morts ce jour sur le Champ-de-Mars, près Rennes. »

BIBLIOGRAPHIE. — Carron, *Les Confesseurs de la Foi*, etc., op. cit., t. III, p. 142-149. — Guillon, *Les Martyrs de la Foi*, etc., op. cit., t. III, p. 216 et 514 ; t. IV, p. 479. — Tresvaux du Fraval, *Hist. de la Persécution*, etc., op. cit., t. II, p. 112. — Guillotin de Corson, *Les Confesseurs de la Foi*, etc., op. cit., p. 65-68.

---

(1) Le 6 octobre 1794.

(2) Né à Mézières (Ardennes), ancien frère de l'école chrétienne de Saint-Malo, saisi à Paramé. Cf. page suivante.

Maurice MARTINET *dit* le Frère Moniteur

Né à Mézières, le 27 avril 1750, profès chez les Frères des Écoles Chré.
tiennes, le 20 septembre 1778, saisi à Paramé, le 8 mars 1794. Exécuté
à Rennes, le 6 octobre suivant.

(Dossier n° 271 des Actes du tribunal criminel d'Ille-et-Vilaine, série B, Parlement,
aux archives d'Ille-et-Vilaine.)

AVEC les trois prêtres dont nous avons précédemment parlé, écrit Guillotin de Corson (1), MM. Gortais, Robert et Le Roux, périt aussi sur l'échafaud du Champ-de-Mars à Rennes un quatrième confesseur de la Foi qui mérite bien d'attirer notre attention.

Il est vrai qu'il n'était pas honoré du sacerdoce et que par suite son nom ne devrait point rigoureusement se trouver en tête d'une de nos notices consacrées seulement aux prêtres, mais il était religieux, et nos lecteurs nous pardonneront d'autant plus facilement — croyons-nous — cette dérogation à la règle que nous nous sommes posée en commençant, que peu d'existences furent aussi bien remplies que la sienne, dans le strict accomplissement du devoir.

Maurice Martinet naquit à Mézières, dans le département actuel des Ardennes, ainsi qu'en fait foi le registre des actes de catholicité de cette localité pour l'année 1750 :

« L'an mil sept cent cinquante le vingt-septième du mois d'avril, je, Jean-François Etienne, prêtre premier chantre de cette paroisse, ay baptisé le fils de Guillaume Martinet, et de Jeanne Michel, les père et mère mariés ensemble, de cette paroisse, auquel né aujourd'hui, on a imposé le nom de *Maurice*. Le parrain a été Maurice Martinet, et la marraine Jeanne Morelle, oncle et tante de l'enfant, qui ont signés avec nous les jour, mois et ans que dessus. »

Maurice Martinet entra au noviciat des Frères des Ecoles Chrétiennes établi à Mareville, près Nancy, le 15 novembre 1772. Il prononça ses vœux perpétuels le 20 septembre 1778. Ses supérieurs l'envoyèrent à

---

(1) *Les Confesseurs de la Foi,* op. cit., p. 69-71.

Saint-Malo en 1787. De ses précédentes résidences, nous ne connaissons absolument rien. On doit attribuer cette carence, nous a écrit le T. C. F. Donat, archiviste de sa congrégation, « à l'incendie de Melun qui consuma tant de documents précieux ».

L'école des Frères de Saint-Malo avait été fondée le 2 janvier 1746, rue du Cheval-Blanc. En 1792, elle était établie rue des Lauriers dans cette même ville. A cette époque, la communauté des Frères se composait du Frère Auguste (Jean-François Dravenel), directeur, du Frère *Moniteur* (Maurice Martinet) et du Frère Luc (Alexis Ville), tous trois profès. L'anxiété s'y faisait grande : Le 22 mars 1791, l'Assemblée Constituante avait étendu à tous les professeurs l'obligation du serment schismatique à la Constitution civile du Clergé. Bientôt la corporation des maîtres laïques de Saint-Malo accusa les Frères de ne pas obéir à la loi ; mais, à cette dénonciation malveillante, la municipalité malouine répondit par cet éloge inséré dans sa délibération du 15 octobre 1791, conservée aux Archives de cette ville :

« Les Frères sont des hommes soumis à une discipline austère, dont les mœurs n'ont pas encore éprouvé la moindre critique, qui joignent au désintéressement, dont leur institut leur fait une loi, le plus grand soin pour l'instruction des enfants.

» Il sera bien difficile de trouver des hommes qui, de ce côté, leur ressemblent parfaitement. Or, quand on déplace un homme pour en mettre un autre, il faut que l'honnêteté de celui-ci ne fasse pas regretter l'ancien ; sans quoi le peuple juge mauvaise la loi qu'on a cru devoir mettre à exécution. »

Le bon sens des administrateurs de Saint-Malo irrita les hommes du jour, qui les dénoncèrent au Directoire du département d'Ille-et-Vilaine. Le 3 juillet 1792, les Frères de Saint-Malo furent invités par la municipalité malouine à faire connaître leur résolution relative au serment. Ils répondirent le 6 par le refus poli, mais formel, dont voici les termes :

« Messieurs. Vos procédés à notre égard, dans tous les temps, nous sont un témoignage bien flatteur que les peines que nous nous sommes données pour mériter votre confiance n'ont point été vaines, et nous en trouvons une nouvelle preuve dans la lettre que vous nous avez fait l'honneur de nous écrire le 4 de ce mois.

» Nous redoublerions, MM., s'il était possible, de zèle et d'exactitude dans l'acquit de tous nos devoirs pour conserver la continuation de votre bienveillance, mais quels que désirs que nous ayons de nous procurer cet avantage, nous vous déclarons néanmoins, MM., *que nous sommes dans la ferme résolution de ne contracter aucun autre engagement que ceux que nous avons pris aux pieds des autels*, en nous vouant à Dieu pour procurer sa gloire et le bien public, autant qu'il nous sera possible... » (1).

Signé : Frère AUGUSTE, directeur de l'Ecole ;
Frère MONITEUR, profès ; Frère LUC, profès.

---

(1) Archives municipales de Saint-Malo, série LL, 102, f°s 1, 2 et 3.

Leur courageuse fidélité motiva, le 29 septembre suivant, un arrêté du Conseil général de la commune de Saint-Malo, qui, sous prétexte « d'incivisme et de collusion avec les ennemis intérieurs de la République », enjoignait aux Frères de quitter leur costume religieux et demandait leur remplacement aux autorités du département.

En attendant, et afin de trouver des moyens d'existence, (leur refus de serment les excluant des pensions accordées aux anciens religieux,) les Frères de Saint-Malo prirent le parti de donner des leçons particulières, soit à leur maison, soit à domicile. Mais cette détermination ne faisait point l'affaire des Jacobins de l'endroit qui multipliaient les dénonciations pour les obliger à quitter la ville. Aussi, par trois fois, en octobre et en novembre 1792, ainsi que le 11 janvier 1793, le Frère Directeur réclama-t-il vainement pour lui et ses confrères la liberté de vivre de leur travail. On lui répondit en les expulsant de leur demeure et les trois religieux virent leur mobilier inventorié et confisqué au profit de la République, le 19 janvier 1793 (1).

Le jour même de cet inventaire, la municipalité malouine décidait « que la conduite incivique de ces *hommes superstitieux*, étant d'un exemple dangereux auprès de la classe des gens peu éclairés de la cité, les ci-devant frères ignorantins seraient payés d'une somme de 383 livres 17 sols, dont ils donneraient quittance, et évacueraient le territoire de la commune en 48 heures pour tout délai. »

Les 48 heures furent cependant quelque peu allongées, car ce ne fut que le 25 janvier suivant, c'est-à-dire sept jours plus tard, que le Frère Moniteur reçut de la municipalité malouine le passeport dont voici la teneur : « Laissez passer *Maurice Martinet*, allant dans l'intérieur de la République, maître d'écriture de profession, taille de 5 pieds 3 pouces, cheveux et sourcils noirs, yeux gris, nez long, bouche moyenne, menton rond, front bas, visage maigre. » (*Arch. I.-et-Vil.* Dossier 271 des Actes du Tribunal criminel.)

Muni de cette pièce indispensable pour pouvoir voyager à cette époque de liberté, le Frère Martinet se mit en route pour regagner vraisemblablement son pays natal. Sa première étape fut Dol, où il fit viser son passeport. Nous ne croyons pas qu'il poussa plus avant son voyage. Les routes alors n'étaient rien moins que sûres, infestées qu'elles étaient par les bandes royalistes ou les colonnes des soldats bleus. Les autorités révolutionnaires locales, sans cesse en méfiance, faisaient partout des difficultés pour viser les passeports, toujours prêtes qu'elles étaient, au moindre soupçon, à faire incarcérer les voyageurs suspects. Le Frère Martinet jugea donc plus sage d'en arrêter là son itinéraire et de s'en retourner à Saint-Malo, ville dans laquelle, en attendant des jours meilleurs, il croyait pouvoir trouver asile chez des amis sûrs dont il instruirait les enfants en cachette.

Les espérances du bon religieux ne furent pas trompées, ainsi qu'on le voit par une réponse que sa mère lui adressait de Mézières le 12 jan-

---

vier 1794 : « Mon cher fils, je suis bien sensible à la lettre que vous m'avez écrite. Je vois que vos amis ne vous délaissent point, cela me console. » La suscription de cette lettre : « Au citoyen M. M...., demeurant chez la citoyenne du Bois, près la Croix du Fief, à Saint-Malo », confirme bien que son destinataire avait trouvé asile dans cette cité, laquelle, toute terrorisée qu'elle était alors par l'atroce Le Carpentier, renfermait toujours des âmes capables de tous les dévouements. Cependant la famille du Frère Martinet tremblait pour ses jours dans une ville où il était trop connu pour ne pas courir de grands dangers, et sa sœur lui écrivit, le suppliant de chercher ailleurs un refuge plus assuré. L'excellent religieux lui répondit par une lettre dans laquelle respirent à la fois, rapporte le chanoine Guillotin de Corson, une grande tendresse pour sa famille et la plus admirable confiance dans la Providence. Malheureusement, cet écrit, dont l'abbé Guihard a pu prendre connaissance, est devenu depuis longtemps introuvable (1).

Néanmoins, c'est probablement à la suite de l'avertissement de ses proches que Maurice Martinet revint à Paramé. Cette fois, il accepta de s'y cacher chez Pierre Michel, demeurant à la Grande-Rivière, dont le fils avait été précédemment son élève. Mais la sécurité qu'il trouva en ce lieu ne fut pas de longue durée ; des dénonciateurs le reconnurent et allèrent révéler sa présence au Comité de Surveillance de Saint-Malo. Aussitôt, Mahé, agent national du district, s'empressa de donner des ordres. Le 8 mars 1794, à dix heures du soir, la ferme de la Grande-Rivière fut cernée. Maurice Martinet reposait. Averti, il quitta sa chambre et, demi-vêtu, monta au grenier. Découvert quelques instants après, on le garrotta, puis on le conduisit en prison. Voici, du reste, le procès-verbal de son arrestation, dans lequel nous avons cru devoir faire grâce aux lecteurs de l'orthographe ultra-fantaisiste de son rédacteur :

PROCÈS-VERBAL DE L'ARRESTATION DU FRÈRE MARTINET,
le 8 mars 1794.

« Le 18 ventôse, l'an II de la R. F., aux dix heures du soir, j'ai soussigné Pierre Gilbert, gendarme à la résidence de Port-Solidor, en vertu d'ordre du citoyen Mahé, agent national et révolutionnaire près le district de Port-Malo, commissaire nommé par les citoyens représentants du peuple Ruamps, Biot de Varennes et Le Carpentier, par mesure de sûreté générale, pour m'assurer d'un ci-devant frère ignorantin se retirant à la Grande-Rivière, commune de Paramé, me suis transporté, accompagné de huit cavaliers du 24ᵉ régiment, au lieu ordinaire de séance de la municipalité où j'ai trouvé le citoyen Delotte, maire, François Quetel père, officier municipal, et le citoyen Duval, greffier, leur ai fait part de ma mission et les ai priés de me donner des renseigne-

____

(1) La loi des 21 et 23 avril 1793 qui condamnait à la déportation à la Guyane tout individu de sa catégorie qui n'avait pas prêté le serment de Liberté-Egalité, puis la loi des 20-21 octobre 1793, avaient aggravé singulièrement la situation du Frère Martinet.

ments à cet effet ; lesquels se sont proposés de nous accompagner, et, arrivés à la maison susdite, et ouverture à nous faite, nous avons trouvé le citoyen Pierre Michel, fermier de la dite maison, que nous avons sommé de nous déclarer si le particulier susdit n'existe pas à sa maison et, sommé de nous le représenter, nous a répondu qu'il était couché en haut et que, si nous voulions monter, nous allions le trouver. Arrivé à la chambre et ayant vérifié tous les lits, nous n'avons rien trouvé. Montant dans le grenier, nous avons aperçu dans l'escalier un homme à nous inconnu et moitié habillé.

L'avons engagé à descendre, ce qu'il a fait de suite. L'avons fouillé et avons trouvé sur lui deux petits portefeuilles, dans lesquels s'est trouvé un passeport et deux lettres que nous joignons au présent.

L'avons sommé de nous déclarer ses noms, qualité et profession ? — Nous a répondu qu'il s'est nommé Maurice Martinet, qu'il a été cy-devant frère des Ecoles chrétiennes de Port-Malo et que c'était la seconde nuit qu'il passait dans cette maison.

L'avons sommé de nous déclarer le lieu de son domicile auparavant ? — Nous a répondu qu'il a été errant et qu'il ne vivait que des charités qu'on lui faisait.

Sommé, ainsi que Michel, de signer avec nous : nous ont répondu qu'ils obtempéreraient à notre demande et ont signé ainsi que le maire, officiers municipaux, secrétaire-greffier et membre du Comité de Surveillance du Comité de Paramé, le dit jour que dessus. »

Signé : P. GILBERT, gendarme ; GENTILHOMME, secrétaire ; Pierre MICHEL ; Maurice MARTINET ; J. DELOT, maire ; F. QUESTEL, of. municipal ; DUVAL, secrétaire-greffier.

Le Frère Martinet demeura durant six longs mois emprisonné à Port-Malo. Son receleur, l'excellent Pierre Michel, après avoir été maintenu cinq mois en arrestation, sur lesquels il en avait passé trois à un dur secret, fut enfin rendu à la liberté par le représentant Le Carpentier, quelques jours avant de quitter le sol malouin. Quant à Maurice Martinet, on semblait vouloir l'oublier et, dans l'état de la législation à cette époque, c'était bien ce qui pouvait lui advenir de plus heureux. Cependant, un jour survint, nous ne savons à la suite de quelles circonstances, où le citoyen Pointel, accusateur public près le Tribunal criminel d'Ille-et-Vilaine, fut informé de l'existence du prisonnier.

Les passions anticléricales étaient demeurées aussi intenses chez les révolutionnaires rennais, après comme avant la chute de Robespierre, et requérir l'application de la loi contre un religieux réfractaire au serment était un plaisir trop vif, pour que Jean-Baptiste-Guillaume Pointel voulût s'en priver. Le magistrat jacobin s'empressa donc de donner des ordres pour faire amener à Rennes le pauvre Frère Martinet. L'inculpation de « *fanatisme* » dont il le chargeait ne laissait aucun doute sur l'issue fatale que devait avoir son voyage. Voici la reproduction du mandat d'amener décerné contre ce religieux ainsi que son ordre d'écrou à la Tour Le Bat, alors dénommée la Tour La Montagne. Son receleur, Pierre Michel, arrêté une seconde fois, partageait son sort.

Ordre d'écrou du Frère Martinet a la Tour Le Bat.

« Port-Malo, an III. Au nom de la Loi et de la sûreté publique :

Pointel, accusateur public près le Tribunal criminel d'Ille-et-Vilaine, requiert le citoyen Blanchandin, huissier à Port-Malo, de conduire dans la maison de justice ou d'arrêt de cette commune, en la maison d'arrêt du tribunal de Rennes, dite Tour-la-Montagne, les nommés *Maurice Martinais*, ex-frère ignorantin, *réfractaire à la loy du serment*, trouvé caché en France, et Pierre Michel, fermier de la Grande-Rivière, et ex-maire de Paramé, prévenu de Recelé de ce *fanatique......* »   Signé : POINTEL.

« Gardien, tu es par moi soussigné, en vertu du mandat d'arrêt ci-dessus, chargé des y dénommés..... »

Rennes, le 8 vendémiaire an III (29 septembre 1794).

Signé : BLANCHANDIN.

Six jours après son arrivée à Rennes, le bon religieux dont nous nous occupons subissait devant le citoyen Beziel, juge au Tribunal criminel, l'interrogatoire d'identité prescrit par la Loi des 29 et 30 vendémiaire an II. En voici la teneur :

Interrogatoire du Frère Martinet devant un juge du Tribunal criminel d'Ille-et-Vilaine,
le 14 vendémiaire an III (5 octobre 1794).

« Nous, Juge, etc., nous avons fait amener un particulier duquel nous avons reçu les déclarations comme il suit :

Interrogé de son nom, etc. ? — Répond se nommer Maurice Martinet, cy-devant frère des Ecoles dites chrétiennes à Port-Malo, âgé de 45 ans, né à Mézières, département des Ardennes, qu'il était frère de cette maison depuis 1787, qu'il est sorti de la maison de Port-Malo depuis le 24 janvier 1793 (v. st.), que depuis ce temps jusqu'à l'époque de sa capture le 18 ventôse, il n'a point eu de domicile fixe et est allé offrir ses services en qualité d'écrivain et qu'il est sorti de Port-Malo avec un passeport que nous lui avons représenté et qu'il nous a dit être celui dont il a été arrêté saisi (*sic*) ; déclarant au surplus n'avoir *prêté aucun des serments exigés par les loix ;* que, quoique son passeport ne soit visé que de la municipalité de Dol, il lui sera facile de justifier qu'il a toujours évité de se trouver dans les endroits fréquentés par les brigands (lisez Chouans) et de se trouver dans leurs troupes.

Demandé à qui il adressait une note ou billet intitulé « Ma très chère bonne amie » et contenant des recommandations concernant son reves-

tiaire (garde-robes), laquelle note a reconnnu pour être de son écriture ?
— Répond que c'était à la Veuve Dubois, cy-devant rue des Juifs ou
Saint-Thomas à Port-Malo et actuellement rue Sainte-Barbe ou Sainte-
Marguerite, suivant ce qu'elle lui a dit sur la fin de 1793 (v. st.), près
la Croix du Fief (1).

Interrogé chez qui il a été arrêté ? — Répond que c'est chez Pierre
Michel, demeurant à la Grande-Rivière, commune de Paramé, et qu'il
connaissait ce Michel parce que son fils avait été son écolier. Et qu'au
surplus, *il n'a fait qu'user de la liberté des opinions religieuses en s'abs-
tenant de prêter serment.*

Telles sont les déclarations, etc., et a signé. »

Signé : Maurice MARTINET ; BEZIEL, juge ; R. PIGEON, greffier.

Etre religieux, n'avoir point prêté un serment qui répugnait à votre
conscience, et s'être accroché au sol de la patrie en refusant d'obéir aux
lois de bannissement qui atteignaient tous les religieux demeurés fidèles
à la stricte orthodoxie, étaient, nous l'avons déjà vu, des motifs amplement suffisants pour subir la peine capitale. Le Frère Martinet ne
devait pas tarder à en faire la dure expérience.

Le jour même de son interrogatoire, le Tribunal criminel d'Ille-et-
Vilaine rendit sa sentence à son sujet. C'était la mort.

JUGEMENT CONDAMNANT LE FRÈRE MARTINET A LA PEINE CAPITALE
du 14 vendémiaire an III (5 octobre 1794).

« Le Tribunal criminel du département d'Ille-et-Vilaine a rendu le
jugement suivant :

Entre le citoyen Accusateur public, demandeur, pour cause d'infraction aux lois pour un cy-devant frère des Ecoles chrétiennes à Port-
Malo, réfractaire et sujet à la déportation et recelé du même individu,
et *Maurice Martinet*, cy-devant frère des Ecoles chrétiennes à Port-Malo,
âgé de 46 ans, originaire de Mézières, département des Ardennes, et
Pierre Michel, fermier cultivateur, son receleur.

Vu en la salle d'audience..... la procédure instruite contre l'accusé
susnommé ; ouï le rapport du citoyen Beziel, juge en ce tribunal, et
l'Accusateur public en ses conclusions motivées à l'audience.

Le Tribunal, après avoir entendu l'Accusateur public sur l'application
de la loi, avoir délibéré et opiné à haute voix, a, dans la forme, *déclaré
Maurice Martinet hors la loi ;* au fond, l'a déclaré duement atteint et
convaincu d'avoir été *sujet à la déportation,* pour réparation de quoi,
l'a condamné à la peine de mort, conformément aux articles X, XIV,
XV et V de la Loi des 29 et 30 vendémiaire an second, desquels articles
a été donné lecture (Cf. p. 13 à 15).

---

(1) Cette lettre a disparu du dossier.

Ordonne en conséquence que le dit Maurice Martinet sera, dans les 24 heures, livré au Vengeur du Peuple et mis à mort et que son exécution aura lieu sur la place du Champ-de-Mars de cette commune.

Déclare les biens meubles et immeubles du dit Martinet acquis et confisqués au profit de la République, conformément à l'article XVI de la dite Loi du 30 vendémiaire an II (Cf. p. 15).

Ordonne en outre le Tribunal, que le présent jugement sera, à la diligence de l'Accusateur public, exécuté, imprimé, publié et affiché, notamment dans les communes de Port-Malo et Paramé.

Fait à Rennes, etc. »

Signé : Boüaissier, président ; Hunault ; Noüail ;
(Beziel, présent, n'a pas signé.)

Trois prêtres, MM. Le Roux, Robert et Gortais, avaient été condamnés à mort le même jour que le Frère Martinet et pour les mêmes motifs. On réunit ensemble les quatre victimes pour la dernière nuit qui leur restait à vivre. A cette fin, à sa sortie du tribunal, on amena le Frère Martinet non à la Porte La-Montagne, mais à la Porte Marat, dite anciennement Porte Saint-Michel. Voici son ordre d'écrou dans cette dernière prison :

« Gardien de cette maison, tu es par moi, Pierre-François Le Ker et François Les Beaupin, huissier au Tribunal criminel du département d'Ille-et-Vilaine..... à requête du citoyen Pointel, accusateur public près le dit Tribunal criminel, demeurant à Rennes, rue aux Foulons, demandeur, chargé des personnes de... Maurice Martinet, condamné à mort par jugement rendu ce jour par les citoyens juges composant le dit Tribunal criminel, duquel tu feras bonne et sûre garde et le nourriras suivant la loi.

A Rennes, le 14 vendémiaire, l'an III (5 octobre 1794). »

Signé : Le Ker et Lesbeaupin.

En marge, est écrit : « Maurice Martinet, exécuté le 15 vendémiaire an III, en vertu d'un jugement du Tribunal criminel. »

Le lendemain, en effet, 15 vendémiaire, autrement dit le lundi 6 octobre, eut lieu à Rennes une quadruple exécution capitale sur la place du Champ-de-Mars. Au nom des immortels principes émis en 1789 par les sectateurs des Sociétés de Pensée, disciples des Encyclopédistes et de Jean-Jacques, quatre fois le couperet de la guillotine retomba sur des têtes d'ecclésiastiques.

Mgr Bruté de Rémur, alors adolescent à cette époque, assure que le Frère Martinet expira en prononçant le nom sacré de « *Jésus* », pour lequel il sacrifiait sa vie. Quoi qu'il en soit, voici son acte de décès, extrait des Registres de l'Etat civil de Rennes pour l'an III :

« Le 15 vendémiaire, an III de la R. U. et I., à deux heures et demie du soir, par moi, officier public soussigné, a été reçue la déclaration par écrit de Le Grand, concierge des prisons de la Porte Marat, du décès de..... *Morice Martinet*, ex-frère ignorantin, sans que les écrous s'expliquent plus amplement sur leur (son) compte, morts ce jour sur le champ de Mars de Rennes. »

Signé : G. JAMET, l'aîné, officier public.

ORDRE D'ARRESTATION DE PIERRE MICHEL, PRÉVENU D'AVOIR RECELÉ LE FRÈRE MARTINET.

« L'Accusateur public près le Tribunal criminel du département d'Ile et Vilaine requerre le citoyen Gilbert, ex-gendarme, d'arrêter ou faire arrêter le plutôt possible, et conduire à la maison de justice de Port-Malo *Pierre Michel*, fermier de la Grande-Rivière sur Paramé, taille d'environ cinq pieds quatre pouses, cy-devant maire de cette commune, prévenu de recelé d'un ex-frère ignorantin nommé *Martinais* et *réfractaire aux lois sur le serment exigé des eclésiastiques*, frère convers et lais. Le citoyen Gilbert est autorisé à requérir la force armée en quelque endroit qu'il se trouve et tous fonctionnaires publics pour l'exécution du projet, et avertir l'agent national de Paramé, ou en absence un officier municipal de faire apposer de suite les scellés sur tous papiers et effets mobiliers dudit Michel, et d'y établir un gardien, conformément à la loi, de tout quoi sera rapporté procé verbal, dont copie sera envoyée dans le délai légal à l'accusateur public soussigné et à l'administration du district Port-Malo, le deuxième jour de vendémiaire, troisième année républicaine (23 septembre 1794). »

Signé : POINTEL, accusateur public.

En conséquence de ce mandat d'amener, Michel fut arrêté à Paramé le 24 septembre 1794, conduit à Rennes et incarcéré à la Tour Le Bat. Voici l'interrogatoire qu'il subit avant de comparaître devant le Tribunal criminel d'Ille-et-Vilaine, qui lui fit grâce de la vie et le condamna seulement à la peine de la déportation.

INTERROGATOIRE DE PIERRE MICHEL DEVANT UN JUGE DU TRIBUNAL CRIMINEL D'ILLE-ET-VILAINE, *le 5 octobre 1794.*

« Ensuite nous fait amener un autre particulier duquel nous avons reçu les déclarations comme il suit :

Interrogé de son nom, surnom, âge, profession et demeure avant sa situation ? — Répond se nommer Pierre Michel, fermier cultivateur, demeurant avant sa détention à la Grande-Rivière, commune de Paramé, district de Port-Malo, né à Méloir-Richeux et être âgé de quarante-quatre ans.

Interrogé s'il prit soin de remplir ses devoirs civiques ? — Répond
que oui, qu'il est enrôlé sur le registre de la Garde nationale dont il est
capitaine, qu'il ne peut le justifier dans ce moment, parce que ses pièces
sont au Comité de surveillance de Port-Malo où sa commune avait fait
des réclamations en sa faveur.

Interrogé s'il n'a pas rentré chez lui des eclésiastiques sujets à la
déportation ? — Répond négativement.

Représenté à l'interrogé qu'il est apris par le procès-verbal de capture
du 18 ventôse qu'il a logé chez lui le nommé Maurice Martinet, frère
lai ? — Répond qu'il ignorait que ledit Martinet fût sous le coup de la
loi et qu'il ne l'aurait pas logé s'il n'avait pas été muni d'un passeport
qu'il lui représenta.

Interrogé d'où il connaissait ledit Martinet et s'il n'a pas rendu pareil
service à d'autres dans le même cas ? — Répond qu'il le connaît parce
que Pierre Michel, son fils, allait à l'école dudit Martinet à Port-Malo,
aux Ecoles dittes Chrétiennes, où ledit Martinet était instituteur, et qu'au
surplus il n'a jamais logé personne, surtout que son fils va maintenant
à l'école à l'Institut national de Paramé.

Telles sont ses déclarations, desquelles lecture lui fut faite, il a dit
qu'elles sont véritables et y persister ; a signé. »

Signé : Pierre MICHEL.   BEZIEL, juge.

RÉSUMÉ DE LA REQUÊTE ADRESSÉE LES 21 ET 23 AVRIL 1793 AU COMITÉ
DE LÉGISLATION *par l'épouse de Pierre Michel pour obtenir la
grâce de son mari.*

(Archives Nationales, D III, 1108.)

Pierre Michel, fermier laboureur de la commune de Paramé, accueillit
chez lui Maurice Martinet, ci-devant Frère des Ecoles chrétiennes. Il le
fit d'autant plus volontiers, qu'il avait enseigné à lire à son fils dans
les écoles de Port-Malo. — Maurice Martinet avait son passeport et il
n'était ni prêtre, ni religieux. — Pierre Michel ignorait absolument
qu'il fût assujetti au serment. Cependant son nouvel hôte avait à peine
couché une nuit dans la maison qu'on y fit une perquisition. L'un et
l'autre furent arrêtés. Maurice Martinet fut condamné à mort et Pierre
Michel à la déportation. En conséquence, sa femme veut démontrer
qu'il était de bonne foi et intercède pour lui au Comité de Législation.....

BIBLIOGRAPHIE. — Bruté de Rémur, *Souvenirs de la Persécution révol.
à Rennes. (Revue de Bret. et Vendée,* t. IX, p. 48.) — Guillotin de
Corson, *Les Confesseurs de la Foi,* op. cit., p. 69-71.

Raoul BODIN et les Demoiselles BOULLÉ

Né à Sougeal, le 22 avril 1730, recteur de La Chapelle-Saint-Aubert, Saisi le 12 Septembre 1794, avec les Demoiselles Boullé, ses receleuses. Guillotiné à Rennes, le 9 octobre 1794.

(Archives d'Ille-et-Vilaine, dossier du tribunal criminel, n° 274, série B, Parlement.)

QUAND vint la Révolution, la petite paroisse de La Chapelle-Saint-Aubert, dans le diocèse de Rennes, était gouvernée par un prêtre que ses incontestables vertus faisaient estimer et aimer de tous les habitants.

Il se nommait Raoul Bodin. Né à Sougeal le 22 avril 1730, de Raoul et d'Hélène Audibon, il reçut la tonsure et les mineurs à Rennes le 22 septembre 1753, le sous-diaconat dans la même ville le 21 septembre 1754, le diaconat à Dol le 20 septembre 1755. Enfin Mgr Dondel, évêque de ce dernier diocèse, lui conféra la prêtrise le 3 avril 1756.

En 1758, nous le trouvons vicaire au Loroux. Il y demeura jusqu'au 1er décembre 1770, date de sa nomination au rectorat de La Chapelle-Saint-Aubert, devenu vacant par la résignation de M. François Lottin, précédent recteur.

Dans ses nouvelles fonctions, M. Bodin augmenta son église, en 1780, d'une chapelle dédiée au Saint Nom de Jésus. Lorsque survint la Révolution Française, cet ecclésiastique demeura ferme dans sa Foi et, peu après le vote de la Constitution civile du Clergé, il signa avec la majorité du clergé rennais une adresse de fidélité à Mgr de Girac, son évêque légitime. Peu après, il refusa sans hésitation de prêter le serment schismatique, « ne voulant pas, écrivait-il le 21 janvier 1791, s'engager par serment à maintenir de tout son pouvoir une *constitution qui détruit le gouvernement monarchique et qui ôte au Chef visible de l'Eglise la primauté d'honneur et de juridiction que J.-C. lui a accordée dans la personne de saint Pierre* ». (Cf. p. 195.)

La Chapelle-Saint-Aubert ayant été jugée devoir être supprimée en tant que centre paroissial, M. Bodin n'y fut pas remplacé comme recteur et demeura auprès de ses ouailles au cours de 1791 et 1792. Le 20 septembre de cette dernière année, on réunit La Chapelle à Vendel pour le service religieux, mais bien inutilement du reste, car si, à la suite de la Loi du 26 août 1792 qui le condamnait à la réclusion comme insermenté sexagénaire, M. Bodin prit le 14 septembre suivant un passeport à La Chapelle pour se rendre à la maison de réunion créée à la Trinité de Rennes, c'était simplement afin de donner le change aux autorités du district. Mais le tout dévoué pasteur ne put se résoudre à abandonner son troupeau et préféra se condamner à la vie misérable d'un proscrit, plutôt que de s'exiler ou d'aller se renfermer à la maison de réclusion de la Trinité. Sa municipalité et ses ouailles reconnaissantes le protégeaient du reste de leur mieux : Le 14 octobre 1792 et le 30 octobre 1793, on avait vainement tenté de trouver des locataires pour le presbytère de La Chapelle et, le 10 janvier de cette année, le maire de cette localité déclarait avec beaucoup de sérieux « qu'il avait fouillé, de concert avec ses officiers, toutes les maisons de sa paroisse, sans y trouver de prêtre caché ».

Cependant les lois persécutrices, suivant une progression savamment calculée, devenaient de plus en plus draconiennes et M. Bodin fut obligé, pour accomplir ses fonctions sacrées, de se dissimuler davantage.

Or, parmi les nouveaux paroissiens de l'abbé Bodin, se trouvait une estimable famille bourgeoise. Maître François-Anne Boullé, sieur de la Gracière, né en La Chapelle-Saint-Aubert, de François Boullé, sieur de Loisonnière, et de Julienne Rochechullé, avait épousé à Notre-Dame de Vitré, le 1er juillet 1738, Marie-Monique Cheminais, fille de Joseph Cheminais, sieur de la Martinière, et de Renée Huart. M. de la Gracière exerçait les fonctions de sénéchal de Saint-Aubin-du-Cormier et mourut à Vitré le 11 avril 1775. Il laissait trois filles : *Catherine*, religieuse au Carmel de Rennes, *Renée* et *Julienne*. Ces deux dernières habitaient le petit manoir de l'Epinay, dans la paroisse de La Chapelle-Saint-Aubert. (G. de Corson : *Les Confesseurs*, etc., op. cit., p. 72.)

Après l'abolition officielle des vœux monastiques, les magistrats révolutionnaires vinrent ouvrir les portes du monastère des Carmélites de Rennes ; ils n'y trouvèrent qu'une religieuse consentant à quitter la clôture. Ils essayèrent alors, mais en vain, d'obtenir des Carmélites fidèles à leurs vœux le serment à la Constitution. Dépités, ils en prévinrent l'évêque intrus Claude Le Coz, qui, espérant mieux réussir qu'eux, vint en personne au monastère soi-disant pour en faire la visite. La Sœur *Catherine Boullé*, professe depuis le 15 avril 1760 et *première assistante* de la Mère Prieure, fut chargée par celle-ci de recevoir le prélat jureur, et elle le fit avec tant d'énergie, l'évangile à la main, que Le Coz, couvert de confusion, se retira sans oser franchir la grille de clôture. Tant de courage de la part d'une faible femme attira une plus violente persécution : le monastère du Carmel fut envahi par la force armée et les religieuses, violemment expulsées, furent jetées sur la rue. La Sœur Catherine Boullé rejoignit alors ses sœurs au manoir de l'Epinay et toutes ensemble se consacrèrent aux œuvres de piété et au soulagement des malheureux.

Parmi ceux-ci comptèrent, on n'en peut douter, les prêtres proscrits pour la Foi qui se réunissaient de temps en temps chez les demoiselles de la Gracière, tant pour se confesser, que pour s'encourager mutuellement à souffrir pour Jésus-Christ.

Quant à M. Bodin, il était spécialement reçu chez ces excellentes personnes, qui lui avaient même préparé dans le grenier une cachette parfaitement dissimulée et dont les restes, que nous avons vus, existent toujours. C'est là que, lorsqu'il était trop fatigué de ses courses nocturnes à travers les paroisses de Saint-Aubert, de Vendel et de Romagné, pour administrer les sacrements aux fidèles qui en avaient besoin, ce prêtre alors sexagénaire venait prendre quelques heures de repos.

La Loi du 22 floréal an II, qui portait la peine de mort contre les ecclésiastiques sexagénaires que l'on viendrait à arrêter en dehors d'une maison de réclusion, n'interrompit point sa vie tout apostolique, mais accrut considérablement ses dangers. (Cf. p. 16.)

« Un jour, par malheur, écrit Tresvaux du Fraval, un couvreur de Fougères, appelé pour réparer la toiture de la maison des demoiselles de la Gracière, ayant aperçu, réunies dans une chambre, trois personnes qu'il supposa devoir être des ecclésiastiques, se hâta, dès son retour à son domicile, d'aller faire part de sa découverte au Comité de Surveillance de Fougères. Aussitôt un bon chrétien de cette ville, informé de la dénonciation, vint en hâte avertir les proscrits menacés. Les deux confrères de l'abbé Bodin s'en furent se réfugier dans les champs, quant au recteur, il se renferma dans sa cachette qu'il croyait absolument sûre.

Peu après arrivait au manoir de l'Epinay, le 12 septembre 1794, un détachement de soldats envoyés de Fougères pour perquisitionner. Un sergent-major les commandait. Ils fouillent les recoins les plus secrets de la maison et pénètrent dans le grenier où ils s'arrêtent devant une cloison qui, grâce à un crépissage, semblait ne faire qu'un plafond avec le toit. Ils allaient passer outre, quand le pauvre abbé Bodin se trahit lui-même par un éternuement retentissant. On défonce alors la cloison avec fureur et le malheureux recteur se voit dans un clin d'œil arrêté et garrotté. On se saisit en même temps de ses pieuses hôtesses ; on n'oublie pas entre temps de piller les armoires, et le détachement, glorieux de sa capture, reprend la route de Fougères où, de retour, le sergent-major s'empressa de faire un rapport où il prétendit que tout s'est passé avec « bon ordre et discipline ». (Cf. p. 196.)

A Fougères, M. Bodin et ses receleuses subirent un premier interrogatoire devant les membres du Comité révolutionnaire de cette ville dès le lendemain de leur arrivée. Les réponses de l'abbé et celles de ses compagnes furent à la fois fermes et prudentes, évitant de compromettre des tiers, tout en affirmant très nettement leurs sentiments de bons et fidèles catholiques. Ainsi le recteur de Saint-Aubert déclara sans ambages « qu'il n'avait pu prêter le serment parce qu'il était contraire à sa conscience ». La Carmélite fit savoir qu'elle eût résolument refusé le serment si on le lui avait demandé. Quant à ses sœurs, elles exprimèrent leur étonnement que, sous un régime qui se réclamait de la fraternité, « un acte de charité pût leur devenir funeste ».

Les révolutionnaires fougerais conservèrent les confesseurs de la Foi quatorze jours dans la geôle de leur ville. Ce fut le 27 septembre seulement qu'ils les firent conduire à Rennes où on les emprisonna dans l'ancienne prison de la Porte Saint-Michel, à cette heure dénommée prison de la Porte Marat.

Le 8 octobre suivant, les accusés comparurent devant un juge du Tribunal criminel d'Ille-et-Vilaine. Aux termes mêmes de la loi, leurs interrogatoires devaient se borner à une simple constatation d'identité ainsi qu'au fait de savoir si les coupables avaient oui ou non prêté un serment schismatique et condamné par le Pape. M. Bodin reconnut sans ambages sa qualité d'insermenté, de même la Carmélite déclara ne vouloir point prêter le serment civique. Quant à ses sœurs, elles firent connaître « que les seuls motifs qui les avaient guidées en donnant asile à leur recteur étaient la charité et la reconnaissance ».

Les interrogatoires achevés, les juges du Tribunal criminel se rassemblèrent au complet ; on entendit le juge Beziel résumer les interrogatoires, l'accusateur public réclamer l'application de la loi, c'est-à-dire la mort, et enfin les accusés en leurs moyens de défense. Ni le rapport de Beziel, ni le réquisitoire de l'accusateur public ne nous sont parvenus. Jamais ces pièces si intéressantes ne figurent présentement dans les dossiers du Tribunal criminel, tels qu'ils nous ont été conservés. Mais grâce aux *Souvenirs* de Mgr Bruté de Rémur, un témoin oculaire, nous possédons le récit « des moyens de défense » de l'abbé Bodin et des demoiselles de la Gracière.

« Comme j'étais jeune, écrit-il, je me faufilai si bien que je me trouvai bientôt derrière le siège de M. Raoul (Bodin), cramponné à la balustrade et touchant presque son dos. Les trois sœurs (Boullé de la Gracière) étaient assises sur un banc, de l'autre côté de la salle. Les juges occupaient des sièges élevés sur une estrade et dominaient les prisonniers et les gendarmes. — « Ton nom et ton âge ? » dit le président. — « Raoul Bodin, âgé de soixante-dix ans (1) », répondit le prêtre. Je crois voir encore le digne homme, grand, très maigre, front chauve, cheveux gris, et une attitude calme, noble et vraiment religieuse. — « Ta profession ? » — « Prêtre, recteur de La Chapelle-Saint-Aubert. » — « As-tu prêté le serment constitutionnel ? » — « Non, citoyen. » — « Pourquoi ? » — « Parce que ma conscience me le défendait. » — Il y eut ensuite quelques autres questions et de courtes réponses que j'ai oubliées ; mais je me souviens distinctement que le bon vieillard se mit à plaider la cause des trois sœurs chez lesquelles il avait été arrêté. Il parla d'un ton suppliant au président et à la cour, pendant quelques minutes, jusqu'à ce qu'on lui eût, à plusieurs reprises, imposé silence. Les accents émus de sa voix résonnent encore à mon oreille : — « Citoyens juges, mettrez-vous à mort ces pauvres dames pour un acte d'hospitalité

---

(1) C'est soixante-quatre ans qu'il faut lire puisqu'il naquit en 1730.

si inoffensif pour le public, si naturel, si digne de leur bon cœur, puisque j'étais depuis vingt ans leur pasteur ! Epargnez-les, citoyens ! Il est si digne de la République de montrer de la clémence ! etc... » — « Silence ! Elles parleront elles-mêmes. Silence ! Tu n'as pas le droit de parler en leur faveur. Silence ! » Il lui fallut se taire, et le bon prêtre s'assit, jetant un regard de compassion vers les pauvres sœurs (1). »

L'interrogatoire des demoiselles de la Gracière ne fut pas moins émouvant. Catherine-Marie Boullé, âgée de 55 ans, religieuse carmélite, ajouta judicieusement à la formule ordinaire des réponses : « Je n'ai pas de domicile depuis mon expulsion de mon couvent ; j'ai été recueillie par la bonté de mes sœurs, je vis à leur charge, et conséquemment l'on ne peut pas dire que j'ai donné refuge à un prêtre. » L'argument était péremptoire, mais le président passa outre. La bonne religieuse commença alors à plaider la cause du vieux recteur, comme celui-ci avait plaidé la sienne, et ses expressions suppliantes étaient empreintes de sévérité : « Il est cruel de mettre à mort un homme innocent, un saint homme dont la vie entière a été consacrée à faire du bien à son prochain. Vous dites que les pauvres sont particulièrement chers à la République ; eh bien ! c'est aux pauvres surtout qu'il a fait du bien, aux vieillards et aux orphelins... » Plus on lui ordonnait de se taire, plus elle s'animait, et ce ne fut qu'avec peine qu'on la réduisit au silence (2).

Renée-Anne Boullé, âgée de 50 ans, et sa sœur Julienne-Charlotte Boullé, âgée de 45 ans, interrogées à leur tour, répondirent courageusement qu'elles avaient elles-mêmes encouragé M. Bodin à demeurer chez elles, sans s'inquiéter du danger qu'elles couraient en agissant ainsi ; elles ajoutèrent que d'autres prêtres avaient également séjourné à l'Epinay, notamment MM. Beaulieu, Fertigné et Boyère, qu'elles pouvaient nommer parce qu'ils étaient maintenant en sûreté (3).

L'interrogatoire des quatre accusés ne prit que peu de temps.

On fit un crime à la Sœur Catherine Boullé d'avoir écrit la relation de la visite de Le Coz aux Carmélites de Rennes et de posséder une image du Sacré-Cœur de Jésus. Enfin, le président du Tribunal criminel rendit un jugement condamnant à mort Raoul Bodin et les trois demoiselles Boullé de la Gracière. Le premier, pour être demeuré contre les termes de la Loi du 22 floréal an II, sur le territoire de la République, sans avoir prêté serment, et sans s'être rendu dans une maison de réclusion ; les secondes, aux termes de la Loi du 22 germinal an II, pour avoir recelé un ecclésiastique insermenté sujet à la déportation.

« Lorsque la sentence eut été prononcée, la religieuse ne put contenir ses sentiments d'indignation. Elle se leva de son siège, et arrachant de son bonnet la cocarde tricolore que les femmes elles-mêmes étaient obligées de porter dans ces jours d'illusions, elle la foula aux pieds avec

---

(1) *Souvenirs de la Persécution révolut. à Rennes (Revue de Bret. et de Vendée,* IX, 213).

(2) *Souvenirs de la Persécution révolut. à Rennes (Revue de Bret. et de Vendée,* IX, 213).

(3) Pierre-Julien Beaulieu, recteur de Saint-Sulpice-de-Fougères en 1790, décédé en 1828 chanoine honoraire ; — Frédéric Fertigné, décédé recteur de Sougeal en 1836, — et Jean-Joseph Boyère, décédé en 1817 recteur de la Chapelle-Saint-Aubert, dont il était originaire.

mépris ; puis elle lança aux juges et au public quelques phrases de réprobation : — « Peuple barbare, chez quelle nation sauvage l'hospitalité est-elle traitée de crime et punie de mort ? » — Elle en appela à la justice de Dieu et les cita à comparaître à son tribunal. Ses sœurs faisaient de leur mieux pour la calmer, et celle qui était assise auprès d'elle la tirait doucement par la robe pour l'engager à se taire.

» Le silence fut bientôt imposé à tous, et le président adressa comme d'usage aux victimes une allocution emphatique et injurieuse. Pendant tout ce discours, M. Bodin était absorbé dans ses prières. Je crois encore entendre, continue Mgr Bruté, le murmure de ses lèvres ; je distinguais que c'était du latin ; et il ne s'interrompit pas lorsque le bourreau, toujours présent aux jugements, lui mit les menottes aux poignets. Elles furent même serrées probablement très fort, car je vis le prêtre donner des signes de souffrance et jeter un regard sur le bourreau, comme pour l'engager à les lâcher un peu. » (Mgr Bruté de Rémur : *loco citato*.)

Le lendemain de leur condamnation, on exécuta sur le Champ-de-Mars les quatre victimes. Sur l'échafaud, le vénérable recteur de La Chapelle montra la même résignation et la même piété qu'au tribunal ; la Sœur Catherine Boullé fit preuve de la fermeté et du courage qui lui étaient habituels et ses deux sœurs continuèrent de réciter des prières tant qu'il leur demeura un souffle de vie. Leurs quatre têtes tombèrent successivement sous le couperet fatal et leurs âmes s'envolèrent vers les cieux pour s'y joindre aux autres martyrs qui chantent éternellement la gloire de Dieu.

Voici l'acte de décès de ces confesseurs de la Foi, relevé sur l'*Etat civil de Rennes* an III, à la date du 18 vendémiaire :

« Le dix-huit vendémiaire, l'an III de la R. U. et I., à midi, par moi, officier public soussigné, a été reçue la déclaration par écrit de Le Grand, concierge des prisons de la Porte Marat, du décès de Bertrand Tual, d'Yrodoir, ex-clerc tonsuré ; *Raoul Bodin*, ex-recteur de la Chapelle-Aubert ; Julienne-Charlotte Boullé, Catherine Boullé, Renée-Anne Boullé, les trois dernières de la Chapelle-Aubert, morts ce jour sur le champ de Mars près Rennes. »

Signé : JAMET, l'aîné, officier public.

Pièces officielles.

ACTE DE BAPTÊME DE M. BODIN, *extrait des registres de catholicité de Sougeal pour l'année 1730*, conservés aux *Arch. d'I.-et-V.*, série G :

« Raoul Bodin, fils légitime de Raoul et d'Hélène Audibon, né d'hier, a été baptisé par nous, curé soussigné, le 22 avril 1730. Parrain, Pierre Bodin ; marraine, Raouline Bodin, qui ne signent. »

Signé : Ant. LE BUFFE, curé.

14

ACTES DE BAPTÊME DES DEMOISELLES BOULLÉ, *extraits des registres de catholicité de La Chapelle-Saint-Aubert*, conservés à la mairie de cette commune :

1. — « *Catherine-Marie Boullé*, fille de noble homme Anne-François Boullé, avocat en Parlement, et demoiselle Marie-Monique Cheminais, sieur et dame de la Grasserie, née au lieu de L'Epinay le 19 may 1739, a été baptisée le dit jour, par nous recteur soussigné, et tenue sur les saints fonts de baptême par noble homme Pierre Lecoq, sieur de la Peuzière, miseur, contrôleur des octrois de la communauté de Vitré, et demoiselle Catherine Boullé, parrain et marraine, en présence du dit sieur de la Grassière père, et les tous dits soussignants. »

Signé : Jean CHEVALIER, curé ; Catherine-Renée BOULLÉ ;
DE LA PEUZIÈRE LE COQ ; LE BOULANGER, recteur.

2. — « *Renée-Anne Boullé*, fille de noble homme Anne-François Boullé, avocat en Parlement, et de demoiselle Marie-Monique Cheminais, sieur et dame de la Grasserie, née au lieu de L'Epinay en cette paroisse le 20 octobre 1742, a été baptisée le lendemain par nous recteur et tenue sur les saints fonts de baptême par écuier Pierre de la Saudrais et dame Jeanne-Renée Prodhomme, dame de la Fontaine, parrain et marraine, qui ont signé avec nous, recteur. »

Signé : LE BOULANGER, recteur.

3. — « *Julienne-Charlotte Boullé*, fille de noble homme Anne-François Boullé, advocat en la Cour, et demoiselle Marie-Monique Cheminais, sieur et dame de la Grassière, ses père et mère, née au lieu de l'Epinay, le 11 août 1744, a été baptisée le dit jour par moi messire l'abbé du Pontavice, bachelier de Sorbonne. En notre présence, parrain écuyer Charles du Boisnouault et demoiselle Julienne-Gabrielle Benoist qui l'ont tenue sur les saints fonts de baptême en présence du dit sieur de la Grassière et des soussignants. »

Signé : Julienne BENOIST ; DU BOISNOUAULT ; BOULLÉ ;
L'abbé DU PONTAVICE ; LE BOULANGER, recteur.

ACTE DE PRISE D'HABIT DE CATHERINE BOULLÉ *chez les Carmélites de Rennes*. (*Arch. d'I.-et-V.*, 2 H 3, 24. Carmélites, personnel.)

« *Demoiselle Catherine-Marie Boullé*, fille de M. Anne-François Boullé, avocat en Parlement, et de demoiselle Marie-Monique Cheminais, sieur et dame de la Grassière, de la ville de Vitré, évêché de Rennes, est entrée dans ce monastère pour être religieuse de chœur, le neuvième de novembre 1758, âgée de 19 ans. Elle a pris l'habit de novice l'onzième de février 1759, et a été nommée Sœur *Marie-Claire de Sainte-Madeleine*.

» Elle a fait profession le 15 d'avril 1760. »

Lettres annexées au dossier de l'abbé Bodin *faisant connaître ses sentiments concernant la Constitution Civile.*

(Archives d'Ille-et-Vilaine, série B, Dossier n° 274 des Actes du tribunal criminel.)

1. — Lettre adressée le 21 janvier, par M. R. Bodin, recteur de La Chapelle-Saint-Aubert, à son neveu (N.) Bodin, élève au Petit Séminaire de Rennes :

« Mon cher neveu. Je n'ai pas fait de réponse à votre lettre du 9 janvier, celle-ci en servira..... J'ai reçu le développement du serment civique (serment à la Constitution Civile) exigé des prêtres fonctionnaires..... Je n'ai jamais été disposé à le prêter tel qu'on l'exige.

J'ai réfléchi, j'ai examiné et je me suis déterminé à ne jamais le prêter. Je suis prêt à faire le sacrifice du peu de bien que j'ai, de ma liberté et de ma vie pour le soutien de ma religion. *Je ne m'engagerai jamais par serment à maintenir de tout mon pouvoir une Constitution qui détruit le gouvernement de l'Eglise,* qui est un gouvernement monarchique mêlé d'aristocratie, qui ôte au Chef visible de l'Eglise la primatie d'honneur et de juridiction que J.-C. lui a accordé dans la personne de saint Pierre : « *Tu es Petrus.* »

Je ne m'engagerai jamais par serment à maintenir une Constitution qui ôte aux évêques, qui sont les princes de l'Eglise, le gouvernement de leurs diocèses, qu'ils tiennent du Saint-Esprit et qu'ils ont en propre : « *Spiritus sanctus posuit vos episcopos regere ecclesiam Dei.* »

Enfin, je ne m'engagerai jamais par serment à maintenir une Constitution qui détruit, du moins indirectement, l'usage des sacrements, et surtout des sacrements de Pénitence et d'Eucharistie, en diminuant le nombre des ministres et en établissant, pour gouverner les fidèles, des prêtres sans juridiction. Non, non, je ne ferai jamais le serment de maintenir une telle Constitution.

Je sais que saint Paul me dit que toute âme doit être soumise aux puissances supérieures : « *Omnis anima subdita sit potestatibus sublimioribus* », et surtout au Roi comme au chef suprême : « *Regis tanquam præcellentis.* » Je sais que toute puissance vient de Dieu : « *Omnis potestas a Deo* », et que celui qui résiste à la Puissance résiste à Dieu : « *Qui potestati resistit, Dei ordinationi resistit.* »

Je sais enfin que ce n'est point aux sujets à examiner la loi du Prince, qu'en cette qualité nous lui devons l'honneur, le respect, l'obéissance, les impôts, les tributs, nos vœux et nos prières, « *non enim sine causa gladium portat* », mais si la loi des hommes est opposée à la loi de Dieu, il faut obéir à Dieu plutôt qu'aux hommes, disent les apôtres, et ne jurer de l'observer qu'avec les conditions que le Seigneur nous prescrit, par ces paroles du prophète Jérémie : « *Vivet Dominus. Jurabis in veritate et judicio et justitia.* »

Tels sont mes sentiments..... Je suis à présent tranquille et résigné aux ordres de la Providence. Portez-vous bien. Je suis avec affection, Mon cher neveu, Votre Oncle, le *recteur de La Chapelle-Saint-Aubert.* »

2. — Autre lettre du même au même :

« Mon cher neveu. Nous ne sommes pas plus tranquilles ici que vous n'êtes à Rennes. Nous sommes aussi incertains sur tout ce que nous allons devenir. On travaille au district de Fougères à l'arrondissement et à la suppression des paroisses ; après quoi, on procèdera à la nomination des recteurs qui remplaceront ceux qui auront refusé de prêter le serment.

On dit que La Chapelle-Saint-Aubert est en danger d'être supprimée et que Vendel sera conservé. M. des Fougerais m'a promis sa maison. Je compte m'y retirer si je suis obligé de quitter le presbytère. Tout cela me donne bien de l'inquiétude. Je suis dans une incertitude et une perplexité continuelles. Je passe une partie des nuits dans l'insomnie et l'amertume. Ma santé en souffre et mon tempérament s'affaiblit. Nous ne sommes plus que quatre dans le voisinage qui n'ont point prêté le serment, savoir : Saint-Jean, Vendel, La Chapelle et Romagné. Fougères est ferme. Le peuple ne peut souffrir ceux qui ont fait le serment.

Tout cela n'aboutira qu'à une triste catastrophe. Nos peuples vont être livrés à des intrus, nous allons être chassés pour toujours et peut-être même exilés. Voilà une situation bien triste. !

Vous verrez ce que vous pourrez devenir : si je puis vous assister, je ne vous abandonnerai pas.

Mettons notre confiance en Dieu ! Je suis avec attachement et affection,   Votre oncle, le *recteur de Saint-Aubert*. »

Le 18 mars 1791.

Suscription : « A M. Bodin, élève au Petit Séminaire de Rennes. »

Le dimanche 7 octobre 1792, le corps municipal de La Chapelle-Saint-Aubert, réuni aux fins de l'arrêté du département d'Ille-et-Vilaine du 5 septembre, choisit pour enregistrer les mariages, baptêmes et sépultures, « le sieur *Jacques Bodin*, qui accepta ». Ce doit être le neveu du recteur. Sur 8 baptêmes qu'il enregistre, 4 sont faits par le curé constitutionnel de Saint-Marc-sur-Couesnon.

PROCÈS-VERBAL DE L'ARRESTATION DE M. R. BODIN ET DES DEMOI-
SELLES BOULLÉ, *le 12 septembre 1794.*

« Le 26 fructidor an II, nous, sergent-major, chef soussigné du détachement du 6ᵉ bataillon de la Somme, certifions qu'étant parti ce matin par ordre de l'adjudant général Coutard à l'effet d'y perquérir des prêtres et des religieuses..... sommes parvenus à une maison nommée l'Epinay, située près la commune d'Aubert, où entrés, vérification faite, nous n'y avons rien trouvé. Continuant nos recherches, avons frappé sur une cloison plate avec cheminée très hermétiquement boisée. Y avons entendu du bruit et avons vu une personne.

Nous avons enfoncé la boisure et y avons trouvé un homme, dont nous nous sommes saisi. Nous nous sommes pareillement saisi d'une femme que nous avons reconnue pour une cy-devant religieuse. Nous nous étions saisi auparavant d'un jeune homme qui nous a paru être de la première réquisition, lequel nous avons trouvé caché dans un grenier où il y avait du foin et dont l'endroit paraissait avoir été fait exprès. Il ne s'est rien passé de nuisible au bon ordre et à la discipline. »

INTERROGATOIRE DE M. BODIN DEVANT LE COMITÉ RÉVOLUTIONNAIRE DE FOUGÈRES, *le 27 fructidor an II* (13 septembre 1794).

« Interrogé de son nom, prénoms, profession et demeure? — A déclaré se nommer Raoul Bodin, ci-devant recteur de La Chapelle (S.) Aubert, âgé de 64 ans.

A lui demandé s'il n'était pas de la compagnie de plusieurs autres prêtres non insermentés, et chez lesquelles personnes ils se retiraient le plus souvent ? — Répond qu'il ne peut nommer les prêtres qui étaient avec lui, ni les personnes qui les ont retirés.

A lui demandé pourquoi il ne s'est point rendu à la maison de réclusion du département ? — Répond qu'il craignait la captivité.

A lui demandé si son dessein n'était pas de rallier autour de lui les habitants des campagnes et d'occasionner des soulèvements? — Répond qu'il a toujours prêché l'obéissance aux lois.

A lui observé que s'il avait eu dessein de prêcher l'obéissance aux lois, il se fût soumis au serment et fût resté dans sa maison ? — *Répond que ce serment était contraire à sa conscience et qu'il n'a pu le prêter.*

A lui observé qu'il était encore plus contre sa conscience d'exposer aux rigueurs de la justice les personnes qui le retiraient (cachaient) ? — Répond qu'il a eu l'intention bien des fois de s'exposer sur la grande route pour se faire prendre, mais qu'il a toujours répugné à le faire.

A lui demandé depuis quand il était dans sa cache chez les citoyennes Boullé, au village d'Epinay, commune de La Chapelle-Aubert ? — Répond qu'il y avait vécu quinze jours.

A lui demandé sous quel prétexte il se présenta chez les dites Boullé, et si ce furent elles qui lui proposèrent de s'y cacher ? — Répond qu'il fut chez elles pour les voir et qu'il leur proposa de souffrir qu'il s'y tînt caché, ce à quoi elles consentirent.

A lui demandé s'il était seul lorsqu'il fut chez les dites Boullé ? — Répond qu'il était seul.

A lui demandé si, depuis qu'il y était, il n'a vu aucun ci-devant prêtre non assermenté ? — Répond qu'il en a vu quelques-uns qui n'ont fait qu'y passer.

Sommé de nous dire les noms de ces ci-devant prêtres ? — Répond qu'il ne le peut, quoiqu'il les connaisse. Sa conscience s'y opposant.

A lui demandé s'il sait où ils se retirent ordinairement ? — Répond qu'il ne peut le dire, quoiqu'il ait su précédemment où ils se retiraient.

A lui demandé quel était le but de la correspondance saisie, qu'il avait eue en 1791 avec Bodin, son neveu, alors au Séminaire de Rennes ? — Répond qu'elle avait pour but de l'instruire de son dessein bien formel de ne pas obéir à la loi du serment.

A lui demandé si son dessein n'était pas plutôt d'en faire un bon aristocrate et s'il n'a pas bien réussi, d'après le vu des pièces anti-civiques et contre-révolutionnaires que l'on a trouvé parmi ses papiers ? — Répond qu'il n'avait d'autre dessein que de répondre à ses lettres et de lui marquer sa façon de penser.

A lui demandé où est actuellement ce neveu ? — Répond qu'il est allé vers les frontières avec des jeunes gens de la première réquisition.

A lui demandé s'il pouvait constater sa résidence au Corps ? — Répond qu'il y a des lettres qui le constatent et que quelques-unes de ces lettres doivent être aux mains des citoyennes Boullé.

Telles sont ses déclarations, qu'il affirme véritables après lecture, et a signé. »

Signé : R. BODIN ; LA CHESNAIS ; LEMOINE.

ORDRE D'ÉCROU DU PRÊTRE BODIN ET DES DEMOISELLES BOULLÉ A LA PRISON DE LA PORTE SAINT-MICHEL (DITE PORTE MARAT) A RENNES, *le 27 septembre 1791.*

« Gardien de cette maison de justice, tu es, par moi soussigné, Luc-François-Marie Richard, huissier près la Commission révolutionnaire siégeant à Rennes, en vertu des ordres du citoyen Le Tellier, accusateur de la même Commission, en date de ce jour, chargé de la quantité de 13 individus..... (dont) *Raoul Bodin*, ex-recteur en La Chapelle-Aubert ; *Julienne-Charlotte Boullé*, de la même commune ; *Catherine Boullé,* ex-religieuse...... et *Renée-Anne Boullé*..... »

A Rennes, le 6 vendémiaire an III (27 septembre 1794).

Signé : RICHARD.

En marge, est écrit : « Raoul Bodin, ex-prêtre, Julienne, Catherine et Anne Boullé ; exécutés le 18 vendémiaire an III, par jugement du Tribunal criminel en date du 17 du même mois. »

INTERROGATOIRE DE M. BODIN *à l'audience du Tribunal criminel d'Ille-et-Vilaine du 17 vendémiaire an II* (8 octobre 1794).

« Le Président a fait amener un particulier prévenu d'infraction aux lois concernant les ecclésiastiques, dont il a reçu les déclarations comme suit :

Interrogé de son nom, prénom, âge, etc. ? — Répond : Je m'appelle Raoul Bodin, âgé de 64 ans, ci-devant curé de La Chapelle-(St)-Aubert, sans domicile fixe.

Interrogé s'il a satisfait à la disposition de la Loi du 24 juillet 1790 (v. st.), qui assujettissait les curés et vicaires à un serment ? — Répond négativement.

Interrogé pourquoi il ne s'est pas déporté, par conformité aux lois qui y obligent les prêtres réfractaires ? — Répond qu'étant de mauvaise santé, il craignait de compromettre son existence en s'éloignant de son pays.

Interrogé en quel lieu il a été arrêté, où il a demeuré, quelles sont les personnes qui lui ont fourni retraite ? — Répond qu'il a été arrêté dans un grenier de la maison des filles Boullé, commune d'Aubert.

Interrogé depuis quelle époque il demeurait chez elles ? — Répond qu'il y avait quinze jours.

Telles sont ses déclarations, desquelles lecture lui faite, a dit qu'elles sont vraies, y persister et a signé. »

Signé : BODIN ; HUNAULT, président ; T.-A. LEPOITEVIN.

INTERROGATOIRE DE CATHERINE BOULLÉ *devant le Comité révolutionnaire de Fougères, le 27 fructidor an II.*

« Interrogé de son nom, prénoms, etc. ? — Répond : Catherine-Marie Boullé, ci-devant religieuse carmélite de Rennes, demeurant au lieu de l'Espinay, commune de La Chapelle-Aubert, être âgée de 55 ans et croire que les motifs de son arrestation sont la *non-prestation de son serment civique.*

A elle demandé depuis quand elle réside à l'Espinay ? — Répond depuis environ six mois.

A elle demandé combien de prêtres non assermentés ont fréquenté la maison qu'elle habitait, si elle les connaît ou si elle n'y a vu que le cy-devant recteur Bodin ? — Répond qu'il peut en être venu d'autres sans qu'elle les connût, ayant été à Vitré et à Rennes depuis, et que Raoul Bodin n'a été caché qu'environ dix jours dans la maison où elle faisait sa résidence.

A elle demandé si ce Raoul Bodin fut sollicité par elle ou par ses sœurs à se cacher dans leur grenier ? — Répond ne l'avoir pas sollicité et ne savoir si ses sœurs l'ont sollicité ou non.

A elle demandé si les chouans ne fréquentaient point chez elle ? — Répond qu'ils n'y sont jamais allés.

A elle demandé s'il ne se tenait point dans cette maison des conciliabules anticiviques et si on y distribuait aux habitants des campagnes des écrits contre-révolutionnaires ? — Répond qu'elle ne s'est jamais aperçue de ces manœuvres et qu'elle n'en a aucune connaissance.

A elle demandé si elle connaît le neveu de Raoul Bodin, de la première réquisition ? — Répond qu'elle le connaît et qu'elle a la certitude qu'il est aux frontières de la République, dans l'armée de la Moselle.

Que plusieurs lettres qui sont entre les mains de ses sœurs en donnent la certitude.

Telles sont ses déclarations, desquelles lecture lui faite, elle a dit y persister et a signé. »

Signé : Catherine-Marie BOULLÉ ; LA CHESNAIS.

INTERROGATOIRE DE LA MÊME DEVANT LE TRIBUNAL CRIMINEL D'ILLE-ET-VILAINE, *le 27 vendémiaire an III* (8 octobre 1794),

« Bodin retiré, le Président a fait amener une femme prévenue d'avoir concouru à donner asile et retraite au dit Bodin, de laquelle femme il a reçu les déclarations suivantes :

Interrogée de son nom, prénoms, etc. ? — Répond se nommer Catherine-Marie Boullé, âgée de 55 ans, ex-religieuse carmélite, demeurant depuis environ cinq mois chez ses sœurs à l'Epinay, commune de La Chapelle-Saint-Aubert.

Interrogée si elle connaît Raoul Bodin ? — Répond qu'elle l'a vu et connu chez ses sœurs dix à douze jours avant son arrestation.

Interrogée si elle demeurait chez ses sœurs lorsqu'elle a été arrêtée ? — Répond affirmativement.

Interrogée si elle a prêté le serment que la loi prescrit aux religieux ? — Répond qu'on ne le lui a jamais demandé, *mais qu'elle l'aurait refusé, quand même on l'eût exigé.*

Telles sont ses déclarations, desquelles lecture lui faite, a dit qu'elles sont vraies, y persister et a signé. »

Signé : HUNAULT, président.   A. LE POITEVIN.
Catherine-Marie BOULLÉ.

INTERROGATOIRE DE RENÉE-ANNE BOULLÉ DEVANT LE COMITÉ RÉVOLUTIONNAIRE DE FOUGÈRES, *le 28 fructidor an II* (12 sept. 1794).

« Interrogée de son nom, etc. ? — Répond s'appeler Renée-Anne Boullé, être âgée de 50 ans ou environ, vivant de son revenu au lieu de l'Epinay et attribuer son arrestation à ce qu'elle avait donné refuge à Raoul Bodin, ex-recteur de sa cy-devant paroisse.

A elle demandé depuis quand cet ex-prêtre réfractaire s'était retiré chez elle ? — Répond depuis environ dix jours. Que le prêtre Bodin, presque mourant, lui témoigna la crainte de la compromettre ainsi que ses sœurs, mais qu'elle l'invita à rester, ne croyant pas qu'*un acte de charité pût lui devenir funeste* et ne connaissant pas la loi à laquelle elle contrevenait.

A elle observé que ce prêtre devait être caché depuis longtemps chez elle, puisque *la cache*, dans laquelle il fut pris dans son grenier, paraissait être faite exprès et fermait si hermétiquement que ce prêtre pouvait s'y tenir caché pendant un temps considérable, s'il n'avait eu l'imprudence de faire du bruit (éternuer) et de se découvrir lui-même, que d'ailleurs cette cache paraît être construite depuis longtemps ? — Répond que ce qu'on appelle une *cache à prêtre* était une cloison qu'on avait faite pour la sûreté du grenier et que l'intervalle qui s'y trouvait était destiné à serrer des fruits et que, quoique la porte fût recouverte d'un recrépissage, ce n'était que pour la propreté, sans dessein de faire une cache.

.....A elle demandé si sa charité ordinaire ne l'a pas engagée à retirer et à alimenter *plusieurs autres prêtres fanatiques ?* — Répond qu'elle n'en a arrêté aucun autre ; qu'il en est passé d'autres chez elle, mais qu'ils n'y ont fait aucun séjour et qu'elle n'eût même pas gardé son recteur s'il ne luy eût pas rendu des services essentiels et s'il n'eût pas été malade.

A elle observé quelle a donné retraite aux nommés Beaulieu, Fretigné et Boyère, prêtres réfractaires à la loi, il y a environ un mois ? — Répond qu'ils n'ont fait que passer chez elle, qu'elle ne les a pas arrêtés et qu'elle a appris que le nommé Fretigné était prêtre, ce qu'elle ignorait auparavant, ne l'ayant pas vu depuis longtemps et le revoyant dans un nouveau costume.

Telles sont les déclarations qu'elle affirme véritables après lecture, et a signé. »

Signé : Renée-Anne BOULLÉ ; LA CHESNAIS ; VIOLARD.

INTERROGATOIRE DE RENÉE-ANNE BOULLÉ DEVANT LE TRIBUNAL CRIMINEL DE RENNES, *le 17 vendémiaire an 11, à 11 heures du matin.*

« Catherine Boullé retirée, le Président a fait amener une autre femme prévenue du même délit que la précédente et a reçu sa déclaration comme suit :

Interrogée de ses noms, etc. ? — Répond se nommer Renée-Anne Boullé, vivant de son revenu, âgée de 48 ans, demeurant à Lepinay, commune de La Chapelle-Aubert, depuis sept ou huit ans.

Interrogée depuis quand Raoul Bodin, curé de La Chapelle-Aubert, demeurait chez elle lorsqu'il a été arrêté ? — Répond depuis dix à onze jours.

Interrogée si elle connaissait Raoul Bodin pour avoir été curé de La Chapelle-Aubert ? — Répond qu'elle le connaissait sous cette qualité.

Interrogée pourquoi elle lui a donné retraite ? — Répond que, par reconnaissance, elle avait reçu Raoul Bodin chez elle pour qu'il se rétablît.

Telles sont ses déclarations, desquelles lecture lui faite, a dit qu'elles sont vraies, y persister et a signé. »

Signé : Renée-Anne BOULLÉ ; HUNAULT, juge ; A. LEPOITEVIN.

Interrogatoire de Julienne-Charlotte Boullé devant le Comité révolutionnaire de Fougères, *le 27 fructidor an II* (13 septembre 1794).

« A de suite comparu la citoyenne Julienne-Charlotte Boullé, sœur de la précédente, âgée de 45 ans et vivant avec elle de son revenu.

A elle demandé si elle connaît les motifs de son arrestation ? — Répond qu'elle l'attribue qu'elle donnait retraite à son cy-devant recteur, réfractaire à la loi du serment.

A elle demandé combien de temps ce prêtre a demeuré chez elle ? — Répond pendant environ quinze jours.

A elle demandé si ce fut à leur invitation qu'il se retira chez elle ou s'il les pria de le cacher ? — Répond qu'elle et ses sœurs le firent à l'invitation du dit prêtre qui se plaignit d'être malade, et que les seuls motifs qui les guidaient étaient la charité, l'humanité et la reconnaissance et qu'elles n'eussent pas logé tout autre que leur recteur.

A elle demandé si c'était par le même motif de charité qu'elles avaient pratiqué une cache dans leur grenier, cache dont la cloison en planches et couverte d'une recrépissure en terre, comme la porte presque imperceptible, paraissait devoir pour toujours dérober aux recherches le prêtre qui était derrière la dite cloison, s'il ne s'était décelé lui-même par le bruit qu'il y fit ? — Répond que cet endroit n'est point une cache, mais bien un endroit destiné à serrer des fruits qui devaient y être bien, n'ayant pas d'air.

A elle observé qu'il y avait de l'air puisque le prêtre y pouvait respirer ? — Répond qu'il pouvait y avoir un peu d'air, puisqu'il pouvait en venir par le toit.

A elle demandé si elle n'a pas retiré d'autres prêtres réfractaires, notamment Boyère, Fretigné et Beaulieu ? — Répond qu'ils n'ont fait que passer et recevoir un morceau de pain par charité.

Telles sont les réponses, etc. »

Signé : Julienne-Charlotte Boullé ; La Chesnais ; Viollard.

Interrogatoire de la même devant le Tribunal criminel d'Ille-et-Vilaine, *le 17 vendémiaire an II* (8 octobre 1794).

« Interrogée de ses nom, etc. ? — Même réponse que précédemment.

Interrogée depuis quand Bodin demeurait chez elle lors de son arrestation ? — Répond qu'il y avait dix à onze jours.

Interrogée si elle a chez elle des effets appartenant à Bodin ? — Répond négativement.

Interrogée si elle connaissait Bodin comme recteur de La Chapelle-Aubert ? — Répond qu'elle le connaissait pour cette qualité et observe *au surplus qu'une partie de ses comestibles furent consommés par des militaires, qu'on lui a même dit que plusieurs s'étaient appropriés une partie de leur linge, et que le commandant du détachement avait fait de* vains efforts pour empêcher ces derniers, que ces militaires faisaient partie d'un bataillon de la Somme, lors en garnison à Fougères.

Lecture faite à Renée Boullé de la dernière partie de l'interrogatoire concernant les excès attribués aux militaires qui composaient le détachement (qui les arrêta), elle déclare que les faits avancés par sa sœur sont véritables et ajoute que plusieurs d'entre eux ont même cassé et brisé de leurs armoires, et a signé : Renée-Anne BOULLÉ.

Telles sont les déclarations, etc. »

Signé : Julienne BOULLÉ ; A. LEPOITEVIN ; HUNAULT.

JUGEMENT QUI CONDAMNE A MORT LE PRÊTRE BODIN, *comme convaincu d'avoir été sujet à la réclusion (comme insermenté sexagénaire) et d'être resté caché au mépris des lois*, et qui CONDAMNE ÉGALEMENT CATHERINE-MARIE BOULLÉ, RENÉE-ANNE BOULLÉ ET JULIENNE-CHARLOTTE BOULLÉ, SŒURS, A LA MÊME PEINE, *comme convaincues du recelé du même prêtre, en l'audience du 17 vendémiaire an III* (8 octobre 1794).

« Le Tribunal criminel du département d'Ille-et-Vilaine a rendu le jugement suivant : Entre l'Accusateur public, demandeur pour cause d'infraction aux lois par un *prêtre réfractaire, sujet à la réclusion*, et *recelé du même prêtre*,

Et Raoul Bodin, âgé de 64 ans, prêtre, ex-curé de La Chapelle-Saint-Aubert, sans domicile fixe ; Catherine-Marie Boullé, âgée de 55 ans, *ex-religieuse Carmélite ;* Renée-Anne Boullé, âgée de 48 ans, vivant de ses rentes, et Julienne-Charlotte Boullé, âgée de 45 ans ; les trois sœurs demeurant ensemble, commune de La Chapelle-Aubert, département d'Ille-et-Vilaine, les quatre détenus à la maison de justice près ce tribunal.

Vu en la salle d'audience, publiquement et les portes ouvertes, les interrogatoires subis ce jour devant l'un des juges de ce tribunal par les quatre accusés sus-dénommés ;

Ouï le rapport du citoyen Beziel, juge en ce tribunal, *les accusés en leurs moyens de défense* et l'Accusateur public en ses conclusions motivées, le tout à l'audience :

Le Tribunal, après avoir délibéré et opiné à haute voix, a, dans la forme, mis Raoul Bodin, ex-prêtre, Catherine, Renée-Anne et Julienne-Charlotte Boullé *hors la loi ;*

Au fond, a déclaré le dit Bodin duement atteint et convaincu d'*avoir été sujet à la réclusion comme sexagénaire et d'être resté en France au mépris des lois ;*

Les dites Catherine, Renée-Anne et Julienne-Charlotte Boullé, d'*avoir recelé chez elles le même prêtre.*

Pour réparation de quoi a condamné le dit Raoul Bodin et les dites Boullé à la peine de mort, le tout conformément aux articles Iᵉʳ, II et V de la Loi du 22 floréal, V et XV de la Loi du 30 vendémiaire an II, et à celle du 22 germinal, desquels articles et lois a été donné lecture et sont ainsi conçus (Cf. p. 13 à 15).

Ordonne en conséquence le Tribunal, que les dits Bodin, Catherine-Marie, Renée-Anne et Julienne-Charlotte Boullé, seront dans les vingt-quatre heures livrés au Vengeur du Peuple et mis à mort ; a déclaré leurs biens meubles et immeubles, si aucuns sont, acquis et confisqués au profit de la République, conformément à l'article XVI de la Loi du 30 vendémiaire an II, ainsi conçu (Cf. p. 15).

Ordonne que le présent sera, à la diligence de l'Accusateur public, exécuté, imprimé et publié partout où besoin sera.

Décerne le Tribunal une somme de 100 l. de récompense aux citoyens qui ont arrêté ou fait arrêter le dit Bodin, conformément à l'art. XVIII de la même loi, ainsi conçu :

« *Tout citoyen est tenu de dénoncer l'ecclésiastique* qu'il saura être dans le cas de la déportation, de l'arrêter ou faire arrêter et conduire devant l'officier de police le plus voisin. Il recevra 100 l. de récompense. »

Fait à Rennes, en l'audience du Tribunal, etc. »

Ainsi signé sur le registre : HUNAUT, président.

MOUESY, BEZIEL et NOÜAIL, juges.

BIBLIOGRAPHIE. — Tresvaux du Fraval, *Hist. de la Persécution révolutionnaire*, etc., op. cit., t. II, p. 114-115. — Bruté de Rémur, *loco citato*. — Guillotin de Corson, *Les Confesseurs de la Foi*, etc., op. cit., p. 72-77.

Michel SOURDIN

Né à Saint-Ouen-des-Alleux, le 18 avril 1757, vicaire à Saint-Pierre de Janzé, saisi le 3 octobre 1794. Guillotiné à Rennes, le 10 de ce même mois.

(Dossier n° 278 des Actes du tribunal criminel d'Ille-et-Vilaine, série B, Parlement, aux archives d'Ille-et-Vilaine.)

L E 13 vendémiaire an III (4 octobre 1794), écrit le chanoine Guillotin de Corson, trois femmes du peuple furent arrêtées à Rennes, dans une maison de la rue Saint-Louis (aujourd'hui rue Le-Pelletier), dite maison des Vieux-Minimes. Cette maison appartenait à Mme Le Bastard de Villeneuve, absente en ce moment, et les trois inculpées étaient Rose Glédel, domestique de cette dame, Catherine Legrand, brocheuse, et Marie-Louise Lanoë, repasseuse. Elles ne furent pas les seules victimes des perquisitions de ce jour-là ; comme l'on trouva chez ces bonnes chrétiennes plusieurs objets indiquant l'habitude qu'elles avaient de cacher des prêtres, on fouilla si bien la maison que, dans un cabinet de latrines, en face de l'appartement de Catherine Legrand, fut découvert un ecclésiastique.

C'était Michel Sourdin, vicaire à Saint-Pierre de Janzé, alors âgé de trente-sept ans seulement (1).

Ce prêtre, né à Saint-Ouen-des-Alleux, le 18 avril 1757, de Julien et de Perrine Duval, fut baptisé le jour même de sa naissance. Nous le trouvons recevant à la fois à Rennes la tonsure et les mineurs, le 23 septembre 1780, puis le sous-diaconat dans la même ville le 23 décembre 1781 et enfin le diaconat le 21 décembre de l'année suivante. Quant à la prêtrise, en vertu de lettres dimissoriales en date du 15 décembre 1783, Mgr de Hercé la lui conféra à Dol, le 20 de ce même mois.

L'abbé Sourdin vint à Janzé en qualité de vicaire de la paroisse Saint-Pierre, vers le mois de novembre 1788, époque à laquelle on

---

(1) Il y avait alors deux paroisses à Janzé · Saint-Pierre et Saint-Martin ; c'est à Saint-Pierre qu'était annexé le doyenné de Châteaugiron.

relève sa première signature sur les registres de catholicité. Quant à sa dernière, elle y figure au mois de juin de l'année 1791. Dans l'intervalle, M. Sourdin remplit les fonctions de curé d'office, à la mort du doyen Pierre-Ange Sourdin, son parent.

Durant que le clergé de la paroisse de Saint-Martin de Janzé prêtait le serment constitutionnel le 9 janvier 1791, M. Michel Sourdin refusait de s'assermenter, tout en demandant à pouvoir néanmoins continuer l'exercice de ses fonctions, appuyé du reste en cela par sa municipalité, qui écrivait à son sujet : « Nous l'avons prié de le faire, pour prévenir les accidents qui pourraient résulter de la cessation précipitée de son ministère. » Du reste, prenait-on soin d'ajouter : « C'est un très digne prêtre, qui jouit de la confiance publique et qui n'a semé aucun germe de division ni de soulèvement. »

En conséquence, M. Sourdin demeura à Janzé jusqu'au 17 juin 1791, date à laquelle la suppression de son église paroissiale et sa situation de prêtre réfractaire l'obligèrent à en sortir. Nous le retrouvons, le 10 juillet de l'année suivante, réfugié à Saint-Ouen-des-Alleux, sa paroisse natale. (Cf. p. 2 et 3.)

Quoiqu'atteint des premiers par la Loi du 26 août 1792, en qualité d'ancien fonctionnaire public, l'abbé Sourdin ne s'exila point et demeura en France pour faire du ministère. Les lois terribles des 20 et 21 octobre 1793, qui faisaient peser la peine de mort sur la tête de tous les insermentés de son espèce, le firent peut-être chercher un refuge à Rennes, où, pensait-il, il pourrait plus facilement passer inaperçu, tout en rendant service aux fidèles. Nous ignorons la durée du séjour de cet ecclésiastique dans la capitale de la Bretagne lors de son arrestation, le 4 octobre 1794. Interrogées sur la présence de M. Sourdin en leur demeure, ses hôtesses prétendirent complètement l'ignorer, et le proscrit lui-même, sachant de quel sort elles étaient menacées, répondit de façon à ne pas les compromettre.

Cinq jours après leur arrestation, Michel Sourdin et les pieuses femmes poursuivies à cause de lui parurent devant le Tribunal criminel d'Ille-et-Vilaine. Les juges révolutionnaires portèrent ensuite une double sentence : d'un côté, ils condamnèrent à la peine capitale Michel Sourdin comme « convaincu d'avoir été sujet à la déportation comme *insermenté* et d'être malgré cela resté en France au mépris des lois ». Ils n'oublièrent pas non plus, pour bien affirmer l'esprit qui les animait, d'ajouter que les « *hochets du fanatisme* » saisis sur *l'abbé Sourdin seraient* « *brûlés* au pied de l'échafaud lors de son exécution ». D'autre part, ils déclarèrent que les trois femmes accusées d'avoir favorisé son séjour à Rennes étaient « jugées dignes de mort », mais qu'il serait pris à leur sujet de plus amples informations (1). On espérait probablement découvrir chez ces pauvres femmes quelque nouvelle chose compromettant d'autres ecclésiastiques.

____

(1) Dossier 278 des Actes du tribunal criminel d'Ille-et-Vilaine.

Après avoir entendu la lecture de la sentence qui le condamnait à mort, l'abbé Sourdin fut reconduit dans sa prison de la Porte Saint-Michel. Or, on venait d'incarcérer dans cette même maison les Hospitalières de la Miséricorde, qui donnaient naguère leurs soins aux malades de l'hôpital Saint-Yves à Rennes. Elles étaient toutes entassées dans une même chambre et elles avaient reçu la défense formelle de communiquer avec les autres prisonniers. (Cf. *G. de Corson*, op. cit., p. 81.)

Tandis que, privées de tout secours spirituel, ces bonnes religieuses se désolaient en pensant à la mort dont la menace leur semblait suspendue sur leurs têtes, tandis qu'elles gémissaient de ne pouvoir mettre ordre à leur conscience dans un moment si redoutable, elles apprirent que l'abbé Sourdin venait d'être transféré seul dans une chambre contiguë à la leur ; elles remarquèrent en même temps une petite ouverture pratiquée dans le mur de séparation. Se trouvant alors heureuses dans leur infortune, ces dignes filles de Jésus-Christ prièrent le prisonnier, son prêtre, de vouloir bien entendre leurs confessions. « Quoiqu'elles fussent au nombre de vingt-cinq à trente, M. Sourdin les écouta toutes successivement avec le plus grand sang-froid, la même complaisance, le même zèle et la même onction, sans précipitation, sans trouble, et avec autant de tranquillité que s'il eût été assis dans un confessionnal commode, et pendant les temps les plus calmes. Il les laissa toutes dans l'ignorance que, le jour même où il venoit de leur prêter tous les secours de son ministère, il alloit être conduit au supplice. Il ne voulut pas encore qu'aucune d'elles connût tout ce qu'il souffroit d'une position insupportable à tout autre qu'à un généreux martyr, qui saisissoit l'occasion de remplir ses augustes fonctions jusqu'au dernier moment de sa vie. Afin de poúvoir les entendre, il fut obligé de se tenir suspendu, les pieds en des trous pratiqués dans le mur de pierre. Les extrémités de son corps étoient liées par une barre de trente à quarante livres pesant, tenue à des anneaux de fer. Ces anneaux, par le poids de la barre, lui coupoient les jambes. On enferroit ainsi les prêtres, comme toutes les autres victimes, dès que la sentence de mort étoit portée. Cet acte d'une charité héroïque fut, peu d'heures après, récompensé par la palme du martyre (1). »

Ce fut, en effet, le lendemain de sa condamnation, c'est-à-dire le 10 octobre 1794, que l'abbé Sourdin fut conduit à l'échafaud dressé sur le Champ-de-Mars de Rennes. Il jouissait d'une paix admirable, récompense de sa grande piété. Monté sur l'échafaud, il s'écria : « Plaise à Dieu que je sois la dernière victime ! » Le Seigneur, sans doute, écouta sa prière, car il fut le dernier qui versa son sang à Rennes pour l'exaltation de la Foi sous le régime de la Terreur.

Bibliographie. — Aimé Guillon, *Les Martyrs de la Foi*, op. cit., t. III, p. 371, qui le nomme Jourdin et raconte sur son compte les mêmes épisodes que l'abbé Carron : *Les Confesseurs de la Foi de l'Eglise*

---

(1) Abbé CARRON, *Les Confesseurs de la Foi*, op. cit., III, p. 212. — Cf. Comte DE BELLEVUE, *L'Hôpital Saint-Yves de Rennes*, in-8, Rennes, 1895, p. 102.

gallicane, op. cit., t. III, p. 210-213. — Tresvaux du Fraval, *Hist. de la Persécution*, etc., op. cit., t. II, p. 116-117. — Guillotin de Corson, *Les Confesseurs de la Foi*, etc., op. cit., p. 80-82.

Pièces officielles.

ACTE DE BAPTÊME DE L'ABBÉ SOURDIN.

(Extrait du registre des baptêmes, pour l'année 1757, conservé à la mairie de Saint-Ouen-des-Alleux.)

« Michel, fils d'honorable personne Julien Sourdin et Perrine Duval, son épouse, né le 18 avril 1757, a esté le même jour baptisé par moy curé soussigné. Parrain : h. g. Michel Jamelot, et marraine : h. fille Perrine Guibert, qui ne signent. »

Signé : A. FOUASSE, curé.

« Certifié conforme à l'original. Sᵗ-Ouen-des-Alleux, le 3 octobre 1926. — (Signé :) E. DEMÉE, recteur. »

PROCÈS-VERBAL DE L'ARRESTATION DU PRÊTRE SOURDIN,
le 3 octobre 1794.

« Du 12 vendémiaire an III de la R. F. U. et I., en vertu de la mission qui nous a été confiée par les représentants du Peuple près les armées des côtes de Brest et de Cherbourg, à laquelle mission nous avons adjoint le citoyen Dupin, nous nous sommes transportés à la maison de la citoyenne Villeneuve-Bastard, n° 28, rue Lepeltier, ci-devant Saint-Louis, où nous avons trouvé la dite Villeneuve, trois religieuses qu'elle nous a dit être ses sœurs et deux femmes de confiance, appellées Rose Gledel et Françoise Philippe.

Nous avons ensuite fouillé la maison de la citoyenne Villeneuve, où nous avons trouvé quelques papiers qui ont été renfermés sous enveloppe et dans un porte feuille vert. Dans l'armoire de Rose Gledel, nous avons trouvé quatre lettres venant de la Porte Marat, deux avec timbres et deux sans timbre, lesquelles lettres Rose Gledel nous a dit lui avoir été remises pour envoyer à Guipry.

Nous sommes ensuite monté au troisième étage où dans les fouilles on avait trouvé *des effets appartenant* à quelque prêtre, leurs ustensiles, de l'argent monnayé et de l'argenterie. Une perquisition plus exacte nous a fait découvrir, derrière une porte d'un cabinet, un particulier qui s'est nommé *Sourdin*, ci-devant prêtre, lequel venait de se retirer d'une chambre où nous avons trouvé un lit de sangle garni, des papiers qu'il a lui-même renfermés et a signé le dossier ; une clef suspendue à un clou, laquelle ouvre la chambre de la citoyenne Legrand, chez laquelle on a trouvé, dans une cache pratiquée à côté d'une cheminée, (entre autres objets et pièces d'argenterie)..... un *calice en fer blanc*..... un étui d'argent renfermé dans sa boîte..... un *petit ciboire* dans une bourse..... un reliquaire d'argent, une boîte en fer blanc *renfermant huile et coton*...... lesquels effets ont été avec quelques autres papiers portés chez le représentant du Peuple.

Ensuite est arrivé le Représentant du Peuple, qui nous a donné l'ordre verbal de mettre en arrestation Rose Gledel, la citoyenne Villeneuve-Bastard des Mesliers, les citoyennes Lanoë et Legrand, prévenues de loger et d'alimenter le prêtre trouvé dans les lieux d'aisance (où il s'était réfugié) en sortant d'une chambre obscure (cabinet noir), appartenant à la Lanoë, et dans laquelle chambre est un lit de sangle que la dite La Noë nous a dit appartenir à la Legrand et où nous avons également trouvé une clef ouvrant la porte à la dite Legrand.

(Le Représentant nous a donné aussi l'ordre d'arrêter) les ci-devant religieuses Marie-Henriette Desmelliers, Marie-Jeanne Desmelliers, Françoise Desmelliers, sœurs de la citoyenne Villeneuve, et la citoyenne Le Lait, religieuse demeurant au troisième étage ; Françoise Philippe, femme de confiance de la citoyenne Villeneuve, comme pouvant donner des renseignements.

Le prêtre Sourdin a été envoyé à la Porte-Marat avec La Noë, Legrand et Rose Gledel ; Françoise Philippe à la Tour-La Montagne, et les autres à la maison d'arrêt du Bon-Pasteur.

A Rennes, les dits jours et an que devant. »

Sgné : VALLERAY.   DUPIN.

ORDRE D'ÉCROU DE L'ABBÉ SOURDIN, *le 13 vendémiaire an III* (4 octobre 1794).

« Gardien de cette maison de justice, tu es par moi soussigné, gendarme à la résidence de Rennes, en vertu des ordres des citoyens Valleray et Dupin chargés des ordres des représentants, chargé des personnes cy-nommés :

Michel Sourdin, ex-prêtre réfractaire, de la ci-devant paroisse de Saint-Pierre de Janzé ; — *Marie-Louise Lanoë*, demeurant rue Peltier ; *Catherine-Françoise Legrand*, tricoteuse, même rue et maison que la précédente ; — Rose Gledel, domestique chez la citoyenne Le Bastard-Villeneuve..... prévenus de favoriser les ennemis de la République.

A Rennes, le 13 vendémiaire an III. »   Signé : RAMUT, gendarme.

En marge, on lit : « Michel Sourdin, prêtre, exécuté le 19 vendémiaire an II, en vertu du jugement du Tribunal criminel de Rennes. »

« Le gardien de cette maison est par nous déchargé de la garde de *Marie-Louise Lanoë, Catherine Legrand* et *Rose Gledel*, en exécution de jugement du Tribunal criminel de ce jour, 24 pluviôse an III de la R. F. »   Signé : LEMOINE, accusateur public.

INTERROGATOIRE DE L'ABBÉ SOURDIN DEVANT LE TRIBUNAL CRIMINEL D'ILLE-ET-VILAINE, *en date du 17 vendémiaire an III*.

(Extrait de son dossier. conservé sous le n° 278, parmi les Actes du tribunal criminel d'Ille et-Vilaine, série B, Parlement.)

Le 17° jour du mois de vendémiaire, l'an III..... devant le Président provisoire du Département d'Ille-et-Vilaine..... a été amené dans une des chambres du Temple de la Loi un particulier détenu aux prisons de la Porte-Marat, prévenu d'infraction aux lois concernant les ecclésiastiques, duquel nous avons reçu les déclarations comme suit :

Interrogé de ses nom, prénoms, âge, profession, etc. ? — Répond se nommer Michel Sourdin, ci-devant vicaire de Janzé, âgé de 37 ans, sans domicile fixe.

Interrogé s'il s'est conformé aux dispositions de la Loi du 29 juillet 1790 et s'il a prêté le serment qu'elle prescrit aux prêtres ci-devant connus sous la dénomination de curés et de vicaires ? — Répond qu'il ne l'a pas prêté.

Interrogé pourquoi il ne s'est pas conformé à la Loi du 23 avril 1793 (v. st.), qui bannit du territoire de la République les prêtres réfractaires ? — Répond qu'il a cru pouvoir vivre en paix chez les personnes qui voulaient bien lui donner asile.

Interrogé dans quel lieu il a été arrêté ? — Répond qu'il l'a été dans les latrines d'une maison particulière.

Interrogé si, la nuit précédant son arrestation, il n'avait pas couché dans un lit de sangle situé dans un appartement voisin, et quel est le particulier qui l'occupe ? — Répond qu'il couche véritablement dans le lit indiqué, mais qu'il ne connaît pas la personne qui occupe l'appartement où est situé ce lit ; qu'ayant trouvé la porte ouverte, il y entra de lui-même.

Remontré à l'interrogé qu'il est bien extraordinaire qu'il ait entré sans la permission des maîtres dans un appartement et rencontré un lit prêt pour le recevoir ? — Répond qu'il ne connaissait pas la maison, mais que, craignant de compromettre les personnes qui l'avaient recelé, il s'était introduit dans cette mansarde au troisième étage où le hazard lui avait offert le lit où il passa la nuit.

Interrogé s'il n'avait point à lui un petit ciboire renfermé dans une bourse et diverses sommes en numéraire ? — Répond négativement par rapport au ciboire et, à l'égard du numéraire, qu'il n'avait qu'environ six livres en sous marqués.

Interrogé s'il avait l'habitude de demeurer dans la maison où il fut arrêté et quelles étaient les personnes qui lui donnaient habituellement retraite ? — Répond qu'il ne coucha que la nuit dont il vient de parler dans cette maison et qu'il ne veut pas dénommer les personnes qui le recelaient ordinairement.

Telles sont les déclarations, desquelles lecture lui faite, a dit qu'elles sont vraies et sincères, y persiser et a refusé de signer.

Signé : A. LEPOITEVIN.   HUNAULT, juge.

Jugement du Tribunal criminel d'Ille-et-Vilaine qui condamne Michel Sourdin, prêtre, a la peine de mort, *comme convaincu d'avoir été sujet à la déportation et d'être resté caché en France au mépris des lois.* — *Audience du 18 vendémiaire an III* (9 oct. 1794).

« Entre l'Accusateur public, demandeur pour cause d'infraction aux lois par un prêtre réfractaire et recelé du même prêtre ;

Et Michel Sourdin, prêtre, ex-vicaire de la commune de Janzé, âgé de 37 ans, sans domicile fixe ;

Catherine-Françoise Legrand, âgée d'environ 46 ans, fille brocheuse, demeurant commune de Rennes ;

Rose Gledel, fille âgée de 32 ans, aide de travail chez la Villeneuve le Bastard,

Et Marie-Louise Lanoë, fille repasseusse de coiffes, âgée de 55 ans, les deux demeurant aussi commune de Rennes et les tous détenus à la maison de justice près ce tribunal.

Vu en la salle d'audience, publiquement et les portes ouvertes, la procédure instruite contre les accusés sus-dénommés, et notamment les interrogatoires subis devant les juges de ce tribunal le jour d'hier.

Ouï le rapport du citoyen Béziel, juge en ce tribunal, les accusés en leurs moyens de défense et l'Accusateur public en ses conclusions motivées, le tout à l'audience,

Le Tribunal, après avoir délibéré et opiné à haute voix, a, dans la forme, mis Michel Sourdin, prêtre, ex-vicaire de Janzé, hors la loi ; au fond, l'a déclaré *dûment atteint et convaincu d'être resté caché en France au mépris des lois ;* pour réparation de quoi, a condamné le dit Sourdin à la peine de mort, conformément aux articles X, XV et V de la Loi des 29 et 30 vendémiaire an II de la République, desquels articles a été donné lecture. (Cf. p. 13 à 15.)

Ordonne en conséquence le Tribunal, que le dit Michel Sourdin sera, dans les 24 heures, livré au Vengeur du Peuple et mis à mort et que son exécution aura lieu sur le Champ-de-Mars de cette commune ; que les *hochets du fanatisme* saisis sur le dit Sourdin seront par le dit Vengeur du Peuple, ou l'un de ses aides, brûlés au pied de l'échafaud lors de la dite exécution.....

(Suit l'arrêté portant confiscation des biens.)

A l'égard de Catherine-Françoise Legrand, Marie-Louise Lanoë et Rose Gledel, le Tribunal a tardé de faire droit jusqu'à plus ample information, et au surplus, le réquérant l'Accusateur public lui a décerné actes des conclusions à mort par lui prises contre les dites Legrand et Lanoë, les ayant trouvées suffisamment convaincues du crime de recelé de Sourdin.

Fait à Rennes en l'audience du Tribunal où présidait le citoyen Hunault, juge, et où étaient présents les citoyens Beziel, Mouezey et Noüail, juges. Ce dernier pris au tribunal civil en remplacement du citoyen Hunaut, qui a présidé pour le citoyen Boüaissier, indisposé. »

Signé : Hunault, président ; Beziel, Mouezey et Noüail, juges.

ACTE DE DÉCÈS DE M. SOURDIN, *extrait des registres de l'Etat civil de Rennes pour l'an III (1794).*

« Le 20 vendémiaire (11 octobre 1794), l'an troisième de la R. F. U. et I., reçu la déclaration par écrit de Le Grand, concierge des prisons de la Porte-Marat, du décès de Michel Jourdain (*sic*), ex-prêtre cy-devant de Saint-Pierre de Janzé, district de La Guerche, mort hier sur le Champ de Mars, près Rennes. »

Michel DESPRÈS et Julien RACAPÉ

FAUTE d'avoir pu découvrir les pièces du jugement rendu par le conseil de guerre rassemblé par le représentant Pocholle, pour juger les prêtres Desprès et Racapé, nous n'avons pas réservé d'articles spéciaux à ces deux victimes sacerdotales de la haine des révolutionnaires. Ceux qui leur ont jusqu'ici consacré des monographies, M. Guillotin de Corson, aux pages 90-98 de ses *Confesseurs de la Foi* précités, et le P. Le Falher, aux pages 2-7 des *Prêtres du Morbihan victimes de la Révolution,* op. cit., n'avaient pas été plus heureux que nous-même. Léon Dubreuil, quand il en parle dans son *District de Redon,* n'est pas davantage explicite. Peut-être aurait-on chance de trouver quelque trace de leur affaire aux *Archives Nationales,* série AA 2, ou dans les Actes des représentants en mission, ou bien encore aux *Archives du Ministère de la Guerre :* Armées des Côtes de l'Ouest. Mais nous n'avons pas eu la facilité de nous livrer à ces recherches dispendieuses et dont nous ne pouvons à l'avance garantir le succès. En attendant, nous allons publier intégralement la relation qu'une religieuse ursuline de Redon, Sœur Jeanne-Perside Arnaud de Sainte-Elisabeth, témoin oculaire des faits qu'elle raconte, nous a laissée du martyre de ces deux prêtres. — Pour les autres renseignements complémentaires sur leur compte, se reporter aux auteurs indiqués plus haut (1).

Michel DESPRÈS

« Le 24 octobre 1793, moi, Sœur Jeanne-Perside Arnaud de Sainte-Elisabeth, religieuse Ursuline de Redon, en Bretagne, certifie à qui il appartiendra que le présent mouchoir est teint du sang de Michel Des-

---

(1) Voir encore TRESVAUX DU FRAVAL, *Hist. de la Persécution religieuse,* etc., op. cit., I, p. 479.

près, prêtre du diocèse de Vannes et vicaire de la paroisse de Bains, lieu de sa naissance, âgé de 29 ans, guillotiné à Redon hier 23, et enterré au cimetière de Notre-Dame, que ce mouchoir a essuyé la châsse de l'hôpital, dans laquelle on le transporta du supplice à sa sépulture.

» Il avait été pris par la troupe le 15 du même mois, dans une vigne proche de la ville, et conduit en prison, ayant été souffleté et maltraité de paroles. Enfin, il fut le lendemain conduit devant les juges et de là chez le commandant de la troupe, mais sa condamnation fut différée et même, pendant quelques jours, il parut un peu d'espoir qu'il ne perdrait pas la vie. Mais il fallut que ce cher ami de Jésus crucifié lui fût conforme et lui rendît amour pour amour et vie pour vie, en confessant devant tous ses ennemis la sainteté de son nom adorable.

» Depuis le 15, il resta dans la prison jusqu'au 21 qu'il fut mis au cachot. Le lendemain, on l'en retira pour le mener devant le commissaire de la Convention, qui laisse son jugement à la pluralité des voix de la troupe, qui le condamna à être guillotiné sur-le-champ, et la sentence lui fut lue aussitôt, mais elle fut suspendue jusqu'au lendemain 23 à 5 heures du soir.

» Depuis l'instant de sa détention et jusqu'à la fin de sa vie, il a conservé cette fermeté d'âme digne d'un fidèle ministre de Jésus-Christ. Il a toujours eu la même douceur dans ses paroles et la soumission aux décrets de l'Etre suprême. Interrogé s'il ne voulait pas prendre quelqu'un pour avocat, il a répondu que non, et qu'on ferait de lui ce qu'on voudrait. Il avait écrit un acte d'acceptation de ses maux et du jugement injuste qui serait porté contre lui, ainsi que de sa mort. On lui trouva cet écrit en le fouillant le 22. Enfin, depuis ce moment, il redoubla ses actes d'amour avec le Sauveur mourant, étant dans une continuelle oraison. Il ne prenait de nourriture qu'autant qu'il fallait pour ne pas mourir ; et, le dernier jour, il ne se nourrit plus que de résignation à la mort et du désir de la céleste Patrie.

» On le dépouilla dans la prison, et, rendu au lieu du supplice, on lui demanda s'il ne regrettait pas la vie ? — « Non, dit-il, il y a long-
» temps que j'en ai fait le sacrifice ; je meurs martyr de Jésus-Christ,
» je meurs innocent et pour la Foi catholique, apostolique et romaine.
» Je demande pardon à tous, et je pardonne de tout mon cœur. Je désire
» que la religion refleurisse et que je sois la dernière victime. »

» Enfin, cette sainte victime était mûre pour le ciel et le bourreau lui en ouvrit l'entrée. A l'instant, ses précieuses reliques furent jetées dans la châsse des pauvres et portées au cimetière, où elles furent enter-rées sans être ensevelies. Mais en vain la rage infernale veut éteindre sa gloire avec sa vie. Dieu saura tirer ce précieux corps de l'obscurité de la poussière pour le rendre participant de la gloire dont son âme jouit. « Qui nous séparera de la Charité de Jésus-Christ ? » écrit-il, peu avant sa mort. — « Rien ; glorifions donc toujours Jésus crucifié, et ne vivons qu'en Charité. »

» Grand saint, continuez votre charité envers moi et m'obtenez le bien dont vous jouissez. »

Signé : J.-P. A. DE SAINTE-ELISABETH (1).

(Copié sur l'original.)

Julien RACAPÉ, prêtre

« Le 1ᵉʳ novembre 1793, vers les 9 heures du matin, a été guillotiné sur la place de Redon, dite de la Liberté, Julien Racapé, prêtre et vicaire de la paroisse de Brain, âgé de 39 ans. Il avait été pris à Renac par le Constitutionnel le 30, et conduit dans la prison de cette ville. Il fut jugé le 31 et condamné ; sa sentence fut publiée au son du tambour. Il a fait paraître la plus grande fermeté dans sa détention et dans sa mort. Son interrogatoire a été très bref, et le jour de sa mort, lorsqu'on l'a tiré du cachot, il a dit qu'il les attendait. Ensuite, étant dépouillé, il est sorti et a marché avec le plus grand sang-froid jusqu'au supplice, regardant tantôt le ciel, tantôt l'image du crucifix qu'il avait sur la poitrine. Le constitutionnel l'accompagnait et lui proposait de se confesser, ce qu'il a refusé bien hautement. Rendu au pied de la guillotine, il l'a regardée d'un air assuré, et est monté de même, doublant les marches. Ensuite, voulant parler, on l'en a empêché. Il s'est couché sur ce lit funèbre qui le devait porter dans la céleste Patrie, où il a le bonheur de louer et bénir Celui pour l'amour duquel il a travaillé et enfin donné sa vie en confessant que Lui seul doit être adoré.

» Ce mouchoir est teint de son sang. »

Signé : JEANNE-PERSIDE DE SAINTE-ELISABETH, Religieuse
Ursuline de Redon.

(Copie textuelle de l'original.)

Les actes de décès de ces deux prêtres existent à la mairie de Redon, à la date des 23 octobre et 1ᵉʳ novembre ; ils n'apportent malheureusement aucun renseignement sur leur genre de trépas. On les trouvera à la fin de ce volume, p. 282.

---

(1) Cette Ursuline, après la dispersion des religieuses de sa communauté, le 5 octobre 1792, se retira avec quelques sœurs infirmes dans une maison de Redon.

La Mère Sainte-Elisabeth, aimant à rendre service aux prisonniers, fut elle-même détenue dans les prisons de Redon pendant plusieurs mois. Elle devait être condamnée lorsqu'elle fut délivrée par le dévouement d'une de ses compagnes.

Joseph-Julien SORETTE

**Né à Saint-Germain-en-Coglès, le 23 juillet 1758, curé d'office du Châtellier
en 1795, massacré dans cette paroisse, le 5 décembre 1798.**

(D'après des documents communiqués par M. l'abbé Jean Macé, recteur de Saint-Germain-
en-Coglès ; M. l'abbé Julien Hervé, ancien aumônier à Montfort ; M. l'abbé Arsène Leray,
ancien recteur de Moutiers ; Dom Anger, O. S. B.).

J OSEPH-JULIEN SORETTE, fils de Pierre et de Françoise Murie,
sa femme, né d'hier à la Boudonnais, a été baptisé en cette église
le vingt-quatrième de juillet mil sept cent cinquante-huit. Parrain : Joseph Coquelin ; marraine : Julienne Sorette, sa sœur, qui ne
signent. »

Signé : Julien COURTOUX, curé.

Tel est, communiqué par M. l'abbé Macé, l'acte de baptême du vaillant confesseur de la Foi dont nous allons écrire la vie. M. Sorette appartenait complètement par ses ancêtres à Saint-Germain et au Châtellier.
Voici du reste la généalogie de sa famille, d'après M. Macé précité (1) :

Vers l'an 1620, Jean Sorette et Nicole Andouard, son épouse, tous
les deux de Saint-Germain, ont un fils, Jean, marié à Jeanne Dagnet.

De ce mariage naquit un fils, encore appelé Jean, marié à Perrine Thu-
moigne, laquelle lui donna au Châtellier un fils nommé Julien. Celui-ci
épousa à Saint-Germain Françoise Bannier, laquelle mit au monde au
Châtellier deux fils, l'un du nom de Pierre, l'autre du nom de Jean-
Christophe. Ce dernier, baptisé le 23 février 1713, devint prêtre et par
la suite vicaire au Châtellier. C'est lui qui maria dans cette paroisse,
le 27 octobre 1742, son frère Pierre à Françoise Murie, laquelle donna
le jour à huit enfants dont trois filles. L'un des fils devait être le saint
abbé Sorette.

Les parents de celui-ci avaient quitté Le Châtellier, lors de sa naissance, pour se fixer à Saint-Germain, berceau de leur famille. Après avoir

---

(1) *Quatre siècles d'Hist. ou Saint-Germain-en-Coglais*, deux in-12, Rennes, 1926, t. II,
p. 71.

habité quelque temps la Bondonnaie, où naquit, comme nous l'avons vu, M. Sorette, ils s'en furent à la Haute-Tulaie où nous retrouverons caché celui-ci durant la Révolution française.

L'oncle du jeune Joseph ayant remarqué chez ce dernier d'heureuses dispositions, l'emmena dans sa cure du Châtellier pour y étudier le latin. Envoyé à Rennes à l'âge de 14 ans, il y fut admis par voie de concours au Petit Séminaire et y acheva ses études avec succès.

Le 21 décembre 1782, l'abbé Sorette reçut la tonsure et les ordres mineurs ; le 21 mai 1785, Mgr de Girac, évêque de Rennes, lui conféra le sacerdoce et il chanta sa première grand'messe à Saint-Germain, à la Fête-Dieu qui suivit. Il fut alors nommé vicaire à Betton et y montra un talent rare pour la direction des âmes, mais bientôt ses connaissances littéraires lui procurèrent une chaire de professeur d'humanités au collège de Rennes, en 1789.

Parmi les élèves de l'abbé Sorette se trouva Gabriel Bruté (1), qui devait plus tard devenir évêque de Vincennes ; ce dernier conserva toujours un vif et attendrissant souvenir de son professeur et, longtemps après, il écrivait de lui :

« L'abbé Sorette était un jeune prêtre qui n'était pas encore âgé de trente ans lorsqu'il fut nommé professeur au collège de Rennes, la première année de la Révolution française ; je lui vouai une vive affection, et, de son côté, il voulait bien prendre à moi un intérêt particulier. Il faisait parfois à ma mère l'honneur de venir dîner chez nous. La charmante modestie, la candeur, la piété, jointes à l'enjouement de cet excellent homme, le rendaient cher à tous ceux qui le connaissaient. Lorsque le serment révolutionnaire fut imposé au clergé, il refusa de le prêter, et il fut exclu en conséquence du collège » ; dès le mois de janvier 1791, note l'abbé Piron, de Fougères.

N'ayant plus d'occupations à Rennes, M. Sorette se retira chez sa mère, qui habitait alors Parigné.

Cette paroisse avait pour recteur légitime Patrice Guignette, mais on lui avait donné un curé constitutionnel en la personne de Louis Verdier, ancien prieur de l'abbaye de Savigny. Aussi M. Sorette, en sa qualité d'insermenté, ne devait pas jouir de beaucoup de tranquillité dans cette localité, si l'on en juge par une lettre qu'il écrivait de Parigné, le 10 juin 1791, à Mme Bruté et dont son fils, Mgr Bruté, nous a conservé le texte dans ses *Souvenirs* (loco citato, p. 219) :

« Madame. En arrivant à Parigné le 3 de ce mois, j'ai trouvé les choses dans un bien triste état. Notre cher et excellent pasteur, M. Guignette, avait été remplacé le 29 mai par Dom Verdier, bernardin, ancien prieur de l'abbaye de Savigny. Les habitants de Parigné n'étaient pas tous disposés à se soumettre au changement et à accepter la personne qui leur était imposée de force. Ils s'assemblèrent en foule autour du presbytère et ils auraient certainement chassé l'intrus à coups de pierres et

---

(1) *Souvenirs de la Persécution révolutionnaire* (*Revue de Bretagne et de Vendée*, IX, 218). — M. Sorette signa l'adresse du clergé de Rennes, cf. présent vol., p. 257.

de bâtons, si leur ancien recteur n'eût réussi à les apaiser. Dom Verdier n'eut que quatre ou cinq personnes à sa grand'messe et le même nombre à la procession des Rogations. Un homme portait la croix, un autre la bannière. Le curé chantait les litanies. Un homme et deux femmes, ses domestiques, suivaient en chantant *Ora pro nobis*. Le jour de l'Ascension, il eut peur de célébrer la messe et il s'enferma dans le presbytère avec quelques soldats, qui y montèrent la garde pendant huit jours.

» Dimanche dernier, un détachement de la garde nationale de Fougères est arrivé à Parigné à neuf heures du matin, la bayonnette au bout du fusil, et criant : « *Les aristocrates, à la lanterne !* » Ils demandaient aussi la tête de tous les prêtres qui avaient refusé le serment. J'étais le seul prêtre dans le village, le recteur et son vicaire ayant pris la fuite la veille pour échapper à la lanterne dont ils étaient sans cesse menacés. Au moment de l'arrivée des troupes, je venais de quitter la maison pour aller dire la messe dans une chapelle particulière, mais la canaille en avait muré la porte, en déclarant que, s'ils me prenaient, ils me coûperaient la tête.....

» Les « patriotes » surveillent mes actes et mes paroles pour trouver un bon prétexte pour me chasser de la paroisse. Je suis, en vérité, dans une triste position. Je ne veux pas quitter ma mère, tant que les choses n'auront pas pris un meilleur aspect. — Je vous serais obligé de me chercher un lieu de refuge à Rennes, où je puisse me sauver, si je suis proscrit une seconde fois, comme on m'en menace sans cesse à Fougères. — Les intrus ne sont nulle part acceptés par le peuple. A Fougères, comme ici, personne ne va à leur messe..... »   Signé : SORETTE, prêtre.

Cependant, quels que fussent les périls qui le menaçaient, cet ecclésiastique zélé ne se déroba point devant le danger. Une lettre qu'il écrivit le 4 février 1792 à son ami l'abbé Damon, ancien sous-principal au collège de Rennes, nous raconte combien était pénible l'existence à laquelle il se condamna pour rendre service aux fidèles de Parigné et de Saint-Germain-en-Coglès. Nous devons la conservation de ce précieux document à l'abbé Guihard, précité. M. le Vicomte Le Bouteiller l'a reproduite naguères dans le *Journal de Fougères*. Elle dépeint bien le caractère à la fois résolu et enjoué de ce vaillant confesseur de la Foi :

« Depuis plus d'un an, mon cher ami et confrère, que nous ne nous sommes point vus, je ne savais où vous étiez ; je soupçonnais cependant que vous pouviez être du côté de Gennes à exercer comme moi votre ministère en fraude, mais on m'a appris depuis peu que vous étiez à Rennes.

» Il y a eu un an le 25 janvier que je suis dans le pays de Fougères, tantôt chez ma mère, tantôt chez un de mes frères en Saint-Germain-en-Coglès, ma paroisse natale, car la milice nationale de Fougères m'a fait déguerpir deux ou trois fois. Elle m'a fait l'honneur de me visiter, tantôt en corps, tantôt par députés. Comme je suis peu jaloux de ses visites, je ne restais point à la maison quand je prévoyais son arrivée.

» Elle désirait tellement me trouver au logis qu'elle vint une fois vers minuit. Malheureusement, j'étais encore absent. On me chercha partout, depuis la cave jusqu'au grenier, même dans les meubles, armoires, etc. On voulait me conduire en triomphe à la ville. Mon humilité et mon éloignement des grands honneurs m'obligèrent encore à me soustraire à cette cérémonie. De peur de m'y trouver, je prolongeai mon absence de quelques mois. Je venais dîner chez ma mère et m'en allais coucher à Saint-Germain, à une lieue plus loin. Depuis la Toussaint (1791), je me suis aguerri : quelques soldats sont encore venus me visiter pour me faire sortir de la paroisse. Je leur ai déclaré que j'y resterais et que j'étais aux termes (suivant les termes) des décrets. Ils s'en sont tenus aux menaces jusqu'à présent.

» Malgré toutes mes courses et aventures, qu'il serait trop long de vous raconter ici et que j'espère vous détailler en temps et lieu, ma santé s'est toujours bien soutenue. J'en suis moi-même étonné. Je souhaite que la vôtre ne vous abandonne pas non plus. Voilà plus de huit mois que je suis entouré de curés et de vicaires constitutionnels qui m'ont toujours observé de très près et parfois dénoncé. Je suis parfois obligé de faire une ou deux lieues pour dire la messe.

» De temps en temps, je la dis secrètement dans une chapelle à trois quarts de lieue de distance..... Nous n'avons plus ici que le vicaire constitutionnel, qui est seul au presbytère, comme au fond d'un désert..... Il n'y a que deux ou trois maisons dans la paroisse dont les habitants viennent à l'église. Quelquefois il n'y a que le célébrant et le répondant. Aussi, il n'y a ni procession, ni aucune cérémonie publique. Point de baptêmes, point de mariages. On porte les morts directement dans la tombe, sans aucune cérémonie.

» J'ai été sur le point de prendre une place de précepteur à Fougères, mais comment me déterminer à quitter de braves gens qui me sont attachés et qui ont besoin de moi? M. Louvel (vicaire de Domalain) est arrivé dans la paroisse depuis environ deux mois. Son arrivée me laisse plus libre de faire quelques voyages et, s'il continue d'y séjourner, je me déciderai de prendre quelques jours au plus tard vers le mois d'avril.....

» Depuis que la lettre (du ministre) Duport, au nom du Roi, nous est parvenue, nous sommes un peu plus hardis. Nous disons la messe presque pour tout le public dans une chapelle particulière. Je crains bien qu'on ne nous inquiète encore à cet égard.

» Je vous embrasse *totis ulnis* et *toto corde*. Portez-vous bien et me croyez *ad vitam et ultra* votre tout dévoué ami et confrère. »

Signé : SORETTE.

Lorsque vint la loi du 26 août 1792, qui le condamnait à l'exil comme ancien fonctionnaire public insermenté (cf. p. 11), l'abbé Sorette ne se déporta pas, mais dut se cacher davantage, et les pénalités auxquelles il s'exposait par dévouement pour les âmes devinrent de plus en plus rigoureuses.

M. l'abbé Jean Macé, au tome second, page 74, de son ouvrage sur *Saint-Germain-en-Coglès*, rapporte que les grottes de la Tulaie servirent bien souvent alors d'asile au malheureux proscrit, qui trouva cependant moyen, en 1793 et 1794, de faire 15 baptêmes et de bénir 5 mariages, tant à la Tulaie en Saint-Germain et à la Vieuville en Le Châtellier, qu'à Saint-Fiacre en Parigné.

A la suite des arrêtés pris les 26 mars et 12 avril 1795 par les représentants du peuple, il y eut un peu de paix relative en Bretagne et, à Parigné, le clergé insermenté put recommencer à se montrer. Il osa même célébrer la fête de Pâques à l'église ; si bien que l'abbé Sorette, écrit M. Macé (*op. cit.*, p. 75), prêcha cette année la communion solennelle des enfants de Saint-Germain et du Châtellier à la chapelle de Marigny.

Sur les entrefaites, continue le même auteur, ce prêtre fut nommé curé d'office du Châtellier et, d'avril 1795 à décembre de cette année, les registres paroissiaux qu'il tint dans cette localité nous le montrent faisant 28 baptêmes et quatre mariages « dans l'église ». Malheureusement, la loi du 7 vendémiaire an IV (27 sept. 1795) vint rendre bien difficile l'exercice public du culte aux insermentés, en leur imposant une déclaration à laquelle répugnait leur conscience. Peu après, la loi du 3 brumaire an IV (25 oct. 1795) remit en vigueur toutes les lois de persécution. Aussi, lorsque les autorités d'Ille-et-Vilaine se décidèrent à appliquer ces lois scélérates, l'église du Châtellier fut à nouveau fermée, et M. Sorette recommença à exercer dans les maisons ou dans les granges. De juin 1796 à la loi de fructidor an V (septembre 1797), l'église du Châtellier, d'après M. Macé, rouvrit encore une fois ses portes. Puis ce fut l'époque de la déportation fructidorienne avec toutes ses horreurs et les prêtres pourchassés avec plus d'ardeur que jamais.

« Le 7 juin 1798, rapporte M. l'abbé Leray, qui l'a copié aux *Arch. d'Ille-et-Vilaine*, le gendarme Morel, âme damnée du commissaire Loysel, arriva de Fougères à la Vieuville, en Le Châtellier, avec quelques gardes nationaux pour y perquisitionner. Mais déjà l'alarme avait été donnée, si bien qu'une quarantaine de personnes avec un prêtre, en vêtements sacerdotaux, sortirent précipitamment d'une grange et purent se sauver à temps. Cet ecclésiastique fugitif n'était autre que l'abbé Sorette, qui dut interrompre sa messe pour se cacher au plus vite. Seuls furent saisis François Garnier, de la Besrerais, et le fermier de la Chaussée, Pierre Montaurin, « avec quatre chandeliers, quelques bouquets et trois couvertures, dont deux de soie et une de laine » (*Arch. d'I.-et-V.*, série L).

Humilié de son insuccès, Morel, à qui tout avait réussi jusqu'alors dans ses expéditions sanguinaires, jura de rétablir sans tarder sa réputation de fine mouche.

Obligé de se réfugier en lieu sûr, l'abbé Sorette se vit en même temps atteint de douleurs rhumatismales très violentes, gagnées un jour qu'il était trempé de pluie, en se cachant dans une meule de paille où il avait dû, pour sauver sa vie, demeurer plusieurs heures.

On lui conseilla d'aller aux eaux minérales de Guichen, dans un double but : d'abord pour améliorer l'état de sa santé, puis pour dérouter les recherches qui se faisaient de sa personne avec un redoublement d'activité du côté du Châtellier.

M. Sorette vint donc à Rennes et se cacha dans le faubourg Saint-Martin, à la Péchardière, chez Mmes de Léon.

« Pendant qu'il y demeurait, écrit Mgr Bruté, il fit savoir à ma mère qu'il désirait me voir. Ma mère me recommanda instamment de le supplier de ne pas s'aventurer à Guichen, mais de venir dans notre maison, où nous saurions le cacher, et où il serait bien soigné, parce que plusieurs médecins, hommes religieux, fréquentaient souvent notre famille. Je me rendis en hâte près de l'abbé Sorette, avec les plus douces espérances de posséder bientôt sous notre toit mon bien-aimé professeur, un si bon prêtre ! Mais, hélas ! je fus vite désappointé ; j'arrivai à la Péchardière, je fus admis avec précaution et je jouis d'une précieuse entrevue avec lui. Il me raconta quelques-unes de ses aventures, où il avait, comme miraculeusement, échappé à la mort. Mais après lui avoir persuadé aisément qu'il ne serait pas prudent pour lui de demeurer aux eaux de Guichen, il en tira une conclusion bien différente de celle que j'attendais : c'est qu'il avait déjà trop écouté les médecins ; il n'était pas si malade qu'ils le pensaient, et son meilleur parti était de retourner près de ses paroissiens et de rester au milieu d'eux jusqu'à la fin. D'ailleurs, après six ans de pénible apostolat, faire enfin le sacrifice de sa vie, n'était-ce pas la conclusion digne d'envie de ses travaux ? Tels furent les sentiments qu'il m'exprima avec beaucoup de ferveur et de gaieté. Aucun argument, aucune prière, ne l'amenèrent à céder aux désirs de ses amis de Rennes. Trois jours après, il repartit pour Le Châtellier. » Trois semaines après, il y était assassiné !

Le commissaire du Directoire exécutif près l'administration cantonale de Fougères avait, en effet, avec l'approbation de l'administration départementale d'Ille-et-Vilaine, organisé des bandes d'individus plus ou moins tarés, lesquels, déguisés en paysans de la région fougeraise, parcouraient les campagnes et s'efforçaient, moyennant une prime de 100 francs par tête, de mettre à mort le plus grand nombre possible de chouans, et surtout de prêtres insermentés, dont le sieur Loysel avait particulièrement la phobie (1).

« Des jeunes gens de Fougères, écrit dans ses *Mémoires* le colonel de Pontbriand, un contemporain de cette triste époque (2), ne craignirent pas de s'associer à ces expéditions [sanguinaires]. Un prêtre, M. Sorette, ancien régent au collège de Rennes, portait le Saint-Sacrement à un malade ; il fut reconnu par des jeunes gens de Fougères..... Il n'eut que le temps de consommer la Sainte Hostie et fut massacré..... » Nous ne croyons pas que M. Sorette eut le temps de soustraire à la profanation les Saintes Espèces, mais toute la tradition s'accorde à raconter que c'est en voulant aller au secours d'un mourant, ou soi-disant tel, que M. Sorette fut mis à mort ainsi que nous allons le voir.

---

(1) En brumaire an V, un rapport du Commissaire du Directoire près le canton de Georges-de-Reintembault, classe le prêtre Sorette comme un de ceux qui ont fait perdre à leurs ouailles toute idée favorable de la République révolutionnaire et violemment anti-religieuse (Arch. I.-et-V., L. 445).

(2) In-8°, Paris, Plon, 1897, p. 300.

A son retour au Châtellier, après son bref séjour à Rennes, l'abbé Sorette se cacha chez la famille Roussel, qui habitait alors le vieux presbytère. Le 15 frimaire an VII (5 déc. 1798), on vint l'y chercher pour aller faire l'absoute de Pierre Despas qui était mort au village du Haut-Villiers ; il s'y rendit aussitôt. En même temps, raconte Mgr Bruté, « une troupe de ces révolutionnaires qu'on nommait *contre-chouans*, battant la campagne à la recherche de victimes, demanda à une jeune fille si elle ne pourrait pas leur indiquer un prêtre pour venir confesser un malade. La paysanne fut trompée par le déguisement des faux frères, et elle leur répondit qu'elle venait de voir M. Sorette passant dans la prairie. Ils s'élancèrent aussitôt à sa poursuite et, dès qu'ils l'approchèrent, ils firent feu sur lui et lui cassèrent un bras. M. Sorette s'arrêta aussitôt et se rendit prisonnier, demandant d'être conduit à la ville. Mais eux, sachant qu'on se bornerait à le déporter à Cayenne, lui dirent qu'ils avaient résolu de le mettre à mort. M. Sorette les pria alors de lui accorder quelques minutes pour recommander son âme à Dieu. Il s'agenouilla sur le gazon ; et, après l'avoir laissé prier quelques moments, ils le fusillèrent sur place. » (Mgr Bruté : *Souvenirs*, etc., loc. cit., p. 223.)

Un détail omis ici, mais consigné par l'abbé Tresvaux (*Hist. de la Persécution*, op. cit., t. II, p. 338) et conservé dans la tradition locale, c'est que les assassins de l'abbé Sorette étaient accompagnés d'un chien dressé à cet effet, qui força le confesseur de la Foi, voulant fuir, à s'arrêter devant ses bourreaux (1). Ceux-ci l'atteignirent au-dessous du village de Montmerson, tout près du moulin de la Vieuville, dans un coin du champ de la Bayle ; il était alors une heure après midi ; les misérables, après avoir fusillé le saint prêtre, s'acharnèrent à larder son corps de coups de baïonnettes.

Le récit qu'a retracé M. l'abbé Macé de l'assassinat de M. Sorette, à la page 77 du tome second de son travail sur *Saint-Germain-en-Coglès*, ne diffère pas substantiellement des détails que Mgr Bruté put recueillir sur la mort de M. Sorette « *quelques semaines après son trépas* ». « Le 4 décembre, écrit M. Macé, une brave femme vint chercher l'abbé pour administrer un soldat royaliste qu'on lui avait dit mourant non loin du moulin de la Vieuville. Il hésita longtemps, craignant une embûche des séides du commissaire Loysel. »

Cependant le prêtre, s'en remettant à la Providence, partit pour accomplir ce qu'il croyait être son devoir. On connaît la suite.

Le lendemain, un de ses confrères, M. Valentin Lorre, qui se dévouait lui aussi sans compter à Saint-Germain, écrivait sur le registre où il notait les actes de son périlleux ministère : « Aujourd'hui, quatre décembre 1798 (le cinq est effacé et remplacé par quatre), le vénérable

---

(1) M. des Buffards, propriétaire du château de la Folletière, vers 1850, confirme nettement la présence d'un chien dressé à la chasse des prêtres, dans une note manuscrite, qu'il adressa à M. de la Roche-Héron, lequel l'a consignée à la page 224 du t. IX de la *Revue de Bretagne*. Ce même M. des Buffards ajoutait : « Le souvenir de l'abbé Sorette est encore vivant parmi les anciens du château et le curé actuel m'a dit avoir bien souvent retrouvé les traces de son ministère dans les âmes de ceux qu'il évangélisait ».

et discret messire Joseph Sorette, curé d'office du Châtellier, a été assassiné par sept de nos frères égarés, près le moulin de la Vieuville, en Le Châtellier, *et ce, en haine de la Religion.* C'est sur les onze heures du matin que ce massacre a été fait. »

Un frère de la victime nommé Julien et Marie Boyvent, son épouse, au dire de M. Macé, s'en furent eux-mêmes accuser les meurtriers de leur frère auprès des autorités de Fougères. Ils en obtinrent, dit-il, l'autorisation d'inhumer le confesseur de la Foi dans l'église même du Châtellier, où son corps repose encore en attendant la résurrection glorieuse. M. Guillotin de Corson, à la page 137 de ses *Confesseurs de la Foi*, écrit un peu différemment que les restes précieux de M. Sorette furent portés tout d'abord dans le cimetière, près du chapiteau de l'église. Lorsque de nos jours cette église a été reconstruite, on y a placé dans la nef, un peu au-dessous de la porte méridionale, la tombe de l'abbé Sorette. On a de plus fait élever une croix commémorative à l'endroit même où tomba le martyr dans le champ de la Bayle. On y lit cette inscription : « *Ici mourut, martyr de sa Foi, M. l'abbé Sorette, le 15 frimaire an VII.* » C'est ainsi que la paroisse du Châtellier s'est honorée en honorant elle-même la mémoire du prêtre qui l'évangélisa aux dépens de sa vie.

Documents officiels.

Après avoir reproduit les récits traditionnels de la mort de M. Sorette, nous allons insérer la version que donnèrent de son trépas les assassins envoyés et payés pour le tuer en tant que prêtre catholique.

Ces documents présentent pour nous un intérêt capital en prouvant l'existence d'un plan préétabli en vue de faire exterminer le clergé catholique insermenté de la région fougeraise, et cela sans aucune forme de procès. Ces pièces ont-elles par ailleurs quelque autre valeur ? Faut-il ajouter foi au récit du trépas de M. Sorette tel que nous l'a laissé l'assassin Morel ? A vrai dire, nous ne le croyons pas. A notre sentiment, toute cette mise en scène, toutes ces apostrophes théâtrales nous semblent inventées de toutes pièces par le narrateur afin de légitimer sa conduite et de prouver qu'il avait bien gagné la prime promise pour chaque pièce de gibier abattu. Un seul épisode nous semble véridique, c'est l'existence du faux passeport trouvé sur M. Sorette. A cette heureuse époque, où les têtes des meilleurs citoyens étaient mises à prix, où les passeports pour circuler étaient indispensables, chacun s'accommodait comme il pouvait, pour vivre sur la terre de France, que seuls les Jacobins proclamaient alors le sol de la Liberté.

I.

ORDINATIONS DE L'ABBÉ JOSEPH-JULIEN SORETTE, paroisse de Saint-Germain-en-Coglès :

Prêtrise : le 21 mai 1785, dans la chapelle épiscopale du Séminaire.

Diaconat : le 18 décembre 1784, par Mgr Conen de Saint-Luc, évêque de Quimper dans la chapelle du Grand Séminaire de Rennes.

Sous-Diaconat : le 16 décembre 1783, par l'Evêque de Dol.

Tonsure et mineurs : le 21 décembre 1782, par Mgr Toussaint-François-Joseph Conen de Saint-Luc, dans la chapelle du Grand Séminaire.

II.

Loysel avise l'Administration centrale d'Ille-et-Vilaine de la mort de l'abbé Sorette.

(Copie prise aux Archives d'Ille-et-Vilaine, série L et communiquée par M. l'abbé Arsène Leray.)

« Le commissaire du Directoire Exécutif près l'administration municipale de Fougères, au commissaire du Directoire près le Département, le 17 frimaire an VII (7 déc. 1798).

Citoyen, je vous remets ci-joint la copie d'un procès-verbal rapporté le 15 du courant par le citoyen *Morel*, gendarme, lequel était à la tête des hommes auxquels *j'ai confié la mission secrète* dont je vous ai fait part dans mes précédentes lettres. Vous y verrez que le sol de la République est purgé d'un de ses principaux agents de la rebellion et du *fanatisme* dans ces cantons. Sa mort est constatée d'une manière non équivoque et l'identité ne l'est pas moins. Cet homme était sur la liste des émigrés (1) : ainsi, à plusieurs titres, il méritait le sort qu'il a subi.

Il serait à désirer qu'on pût en faire autant à tous ses pareils, qui sont malheureusement en grand nombre, non seulement ici, mais bien ailleurs. C'est alors qu'on pourrait espérer voir la tranquillité renaître et s'établir sur de solides bases, parce qu'alors les campagnes, délivrées de leurs perfides suggestions, sentiraient le besoin de s'attacher sincèrement au gouvernement républicain, que ces exécrables imposteurs leur présentent toujours sous les couleurs les plus noires et comme l'*ennemi de Dieu* (2).

Au procès-verbal dont l'original me reste, sont joints les ustensiles qui y sont mentionnés (3). Je vous prie de me dire ce que j'en dois faire. Vous voudrez bien, en même temps, me faire connaître quel usage je ferai du passeport trouvé sur ce prêtre et qui lui avait sans doute été remis par François Gautier, laboureur, natif du Châtellier et domicilié de Saint-Georges.

Il est vraisemblable que ce dernier, ne voulant pas prendre deux passeports à sa commune, s'était avisé, pour éviter tout soupçon, d'en prendre un second à la municipalité de Fougères, qui le lui délivra le 18 germinal an VI, et qu'il ne l'avait demandé que pour obliger le prêtre Sorette,

---

(1) Il n'avait cependant jamais quitté la France.

(2) Il suffit d'étudier l'histoire de la Révolution pour se convaincre qu'il était difficile d'apprécier autrement en pratique la politique de ce gouvernement. Et, de nos jours encore, la politique « laïque » du gouvernement français ne s'attaque-t-elle pas directement à Dieu lui-même?

(3) Parmi ces « ustensiles » se trouvaient des *hosties consacrées.*

dont le signalement était, dit-on, fort ressemblant à celui de Gautier. La ruse était excellente, parce que la municipalité de Fougères étant bien composée, l'homme, muni d'un passeport émané d'elle, était bien moins dans le cas d'être inquiété, et il fallait connaître personnellement l'individu pour n'y être pas pris.....

On ne saurait (cependant) sans danger donner de l'éclat à cette affaire, parce que si le public sait par qui ce prêtre a été tué, on ne pourra plus avec fruit employer la même mesure. Ce sera, comme on dit, une mine éventée. D'ailleurs, les hommes qui ont concouru à la mort de ce *fanatique* et le commissaire qui les a mis sur pied, seraient infailliblement sacrifiés tôt ou tard à la vengeance des dévôts, qui ne leur pardonneraient jamais d'avoir mis la main sur l'oint du Seigneur..... *D'après l'engagement que j'avais pris avec mes braves contre-chouans, je leur ai compté de suite 100 francs* lors de la remise du procès-verbal. Ainsi, voilà environ 200 francs que je débourse pour la délivrance de mon pays..... »

Signé : Loysel.

III.

Procès-verbal de l'assassinat de l'abbé Sorette, rapporté par ses meurtriers.

(Archives Nationales, F 7, 7521, n° 61. Copie de Dom Anger, O. S. B.)

« L'an VII° de la R. F., le 15 frimaire, environ midi (5 déc. 1798), je soussigné Morel, gendarme national à la résidence de Fougères (Ille-et-Vilaine), certifie qu'en vertu d'*ordres supérieurs*, accompagné d'un détachement de la garde nationale de Fougères, nous nous sommes transportés sur les communes de Parigné, Saint-Germain et Le Châtellier, à nous désignées pour receler les *prêtres réfractaires*, les émigrés et les chefs de chouans.

Arrivés devant le ci-devant presbytère du Châtellier, nous avons aperçu un homme vêtu d'une veste de drap couleur lie de vin, d'une culotte de panne de la même couleur, d'un gilet blanc en étoffe, de guêtres brunes, de souliers fins, d'un bonnet rouge et d'un chapeau rond auquel était attachée une cocarde tricolore avec deux épingles en croix. Les mouvements de fuite que cet individu a manifestés à notre aspect nous ont engagé à l'arrêter sur-le-champ et à lui demander son passeport. Du premier instant, il nous a déclaré se nommer François Gautier, laboureur, et, pour le constater, il nous a présenté un passeport de l'administration de Fougères en date du 18 germinal an VI (7 avril 1798). Plusieurs d'entre nous l'ont bientôt reconnu pour être le prêtre Sorette, soumis par les lois à la déportation et rentré sur le territoire de la République (1). Sommé de nous dire son nom et sa profession, il nous dit « s'appeler Sorette, que sa profession émanait de la Religion catholique, apostolique et romaine, et qu'il était sur terre le vicaire de J.-C. ; que, par conséquent, sa personne était sacrée et inviolable ».

____

(1) Il n'avait jamais quitté le territoire français.

16

Après nous avoir en vain anathématisés, nous lui avons déclaré l'arrestation de sa personne ; alors il nous a tenu ces propos : « Je le sens
» bien, je suis au Jardin des Olives ; il serait en mon pouvoir de me
» délivrer moi-même, mais les fidèles soldats de J.-C. sont là. Ils vont
» m'arracher de vos mains, c'est moi qui, dans cette contrée, dirige cette
» puissance (*sic*). Si la grâce vous touche encore, délivrez-moi vous-
» mêmes ; ce bienfait sera récompensé sur terre. Je vous ferai fournir
» une somme suffisante et j'intercéderai le reste de mes jours pour vous
» auprès du Ciel. »

Indignés de ce charlatanisme, nous l'avons sommé de nous suivre.
Des cris mille fois répétés : «« A moi, mes amis », se font entendre.
Le détachement a continué sa marche. « Quoi, s'écria-t-il, mes ouailles,
» ils ne sont que 6 ou 7, et vous ne me délivrez pas ? Ah ! si *Jolicœur*
» était là, pas un de vous, scélérats républicains, n'échapperait à la
» mort. Je commande la Mort, je commande la Vie ! »

Malgré ces menaces, on continuait la route. Arrivés à la hauteur que
l'on distingue vis-à-vis du château de la Vieuville, nous avons aperçu un
attroupement, attiré sans doute par les cris de ce révolté depuis le point
du départ. « A moi ! s'est-il écrié. Fidèles, sauvez votre pasteur. Arra-
» chez-le des mains des impies. *Je porte votre Dieu*, c'est moi qui suis
» chargé de nourrir vos âmes, et vous m'abandonnez..... » Au même
instant, il force les rangs, il touche au terme de sa délivrance. Plusieurs
de ses ouailles poussent des cris, il va nous échapper. On le poursuit.
En vain lui crie-t-on : « Halte-là ! Obéissance à la Loi ! » Le rebelle
est près de s'enfoncer dans un bois. C'est là qu'on arrêta par les armes
celui qu'on n'a pu vaincre par les conseils. Plusieurs coups de fusils
sont dirigés sur lui et son cadavre reste étendu sur la commune du Châtellier, près d'un moulin voisin de la Vieuville, en descendant du côté
du bourg du dit Châtellier.

Nous déclarons en outre avoir saisi sur la personne de Sorette un
petit sac ajusté sous ses vêtements, lequel renfermait plusieurs instruments que l'on reconnaît pour tenir au métier de prêtre, tels que HOS-
TIES, *boîte à huile*, étole, surplis, etc. Le tout a été remis au dit commissaire du Pouvoir Exécutif près l'administration à Fougères. »

Signé : MOREL, gendarme national.

Pour copie conforme. Signé : LOYSEL.

IV.

ON AVISE LE MINISTRE DE LA JUSTICE DE L'ASSASSINAT COMMANDÉ DU PRÊTRE SORETTE.

(Archives Nationales, F 7, 7521, nº 61. Copie de Dom Anger, O. S. B.)

« Pontallié, commissaire du Directoire Exécutif près l'administration
du Département d'Ille-et-Vilaine, au Ministre de la Police générale, le
21 frimaire an VII (11 décembre 1798).

Citoyen ministre. Je vous adresse ci-joint copie du procès-verbal d'arrestation du nommé Sorette, prêtre insoumis, qui, par son fanatisme et son hypocrisie, cherchait à ranimer l'esprit de révolte dans les environs de Fougères et avait déjà réussi à en rendre les environs dangereux aux républicains. Le scélérat, comme vous le verrez par le procès-verbal, ayant voulu s'échapper des mains de ceux qui venaient l'arrêter pour se jeter parmi un rassemblement de paysans que ses cris, souvent répétés, avaient attroupés, a reçu la juste punition de tous les forfaits qu'il avait commis ou fait commettre.

Il était porteur d'un passeport qui ne lui appartenait pas et qui avait été obtenu de la municipalité de Fougères, par un laboureur nommé François Gautier, domicilié à Saint-Georges-de-Reintembault. Ce dernier, ressemblant un peu au prêtre Sorette, lui avait donné ce passeport pour s'en servir d'autant plus sûrement qu'il avait été donné par une municipalité connue par son patriotisme et son intégrité. Le dit Gautier en avait obtenu un autre de l'administration de Saint-Georges. Malheureusement, on ne peut poursuivre cet individu, *car il serait indispensable* [pour cela] *de faire connaître le nom de ceux qui ont arrêté Sorette,* et ce serait les livrer à la vengeance des Fanatiques, qui ne leur pardonneraient jamais d'avoir mis la main sur ce qu'ils appellent l'oint du Seigneur. »

Signé : PONTALLIÉ.

V.

ACTE DE DÉCÈS DE L'ABBÉ SORETTE, LE 5 DÉCEMBRE 1798.
(Extrait du registre des décès de l'an VII de la République, pour la commune du Châtellier.)

« Aujourd'hui seize frimaire, septième année républicaine, à sept heures du matin, par devant moi, Julien Morazin, agent municipal chargé des registres destinés à constater les actes de naissances et décès de la commune du Châtellier, canton de Saint-Georges-de-Reintembault, district de Fougères, département d'Ille-et-Vilaine, sont comparus les cytoyens Gilles Mauduit et Jean Delaunay, tous les deux laboureurs et domiciliés dans ladite commune, lesquels nous ont déclaré que *Joseph Sorette,* prêtre. âgé de quarante-deux ans, fils de défunts Pierre Sorette et de Françoise Murie, est décédé hier à une heure après midi. D'après cette déclaration, certifiée véritable par les ci-dessus dénommés, je me suis sur le champ transporté au lieu de son décès et, après m'en être assuré, j'en ai rapporté le présent acte, ayant requis les citoyens Gilles Mauduit et Jean Delaunay de signer avec moi ; ils ont déclaré ne savoir le faire, les mêmes jour et an que devant.

» A signé : J. MORAZIN, agent. »

Pour copie conforme au registre. En mairie du Châtellier, le trente décembre mil neuf cent vingt-six.

Le maire : MURIE.

RELATION DE LA MORT DE M. SORETTE, TELLE QU'ELLE A ÉTÉ CONSIGNÉE EN 1835 PAR M. L'ABBÉ GILOT, RECTEUR, SUR LE REGISTRE DE LA PAROISSE DU CHÂTELLIER.

« Faisaient du ministère au Châtellier à la fin de la Révolution : MM. Louvel, recteur de Villamée ; Courtillé, recteur de Parigné, et Sorette, curé d'office de cette paroisse.

» Ces MM. se cachaient tantôt à la Vardais, tantôt au Rocher et tantôt aux environs du vieux presbytère. MM. Louvel et Courtillé échappèrent à la mort, mais M. Sorette fut victime de son zèle et de sa charité. Le 15 frimaire, an VII de la République, comme il se rendait le matin pour faire l'absoute de Pierre Despas, décédé au Haut-Villiers, il fut tout à coup rencontré et arrêté, près du Vieux Presbytère, par une colonne de sans-culottes, en tête de laquelle marchait le sanguinaire citoyen Deshayes, de Fougères. Il prit la fuite. On le poursuit à toutes jambes et, après une demie heure de course, ils l'atteignirent au dessous du village de Montmerson, tout près du moulin de la Vieux-Ville. Une fusillade se fait entendre, c'était le glas de M. Sorette ; il s'affaissa, percé de plusieurs balles, dans le coin d'un champ appelé la Baye. Non contents de lui avoir donné la mort, ces monstres altérés du sang de prêtres s'amusèrent encore à lui passer leurs baïonnettes à travers du corps. »

BIBLIOGRAPHIE. — Tresvaux du Fraval, *Hist. de la Persécution révolutionnaire en Bret.*, op. cit., t. II, p. 338. — Bruté de Rémur, *Souvenirs de la Persécution révolutionnaire* (*Revue de Bretagne et de Vendée*, t. IX, p. 218-224). — Guillotin de Corson, *Les Confesseurs de la Foi*, etc., op. cit., p. 136-141. — Abbé Jean Macé, *Quatre siècles d'Histoire, ou Saint-Germain-en-Coglès*, 2 in-12, Rennes, 1926, t. II, p. 71-77.

Guillaume DUVAL

Né à Montours, le 22 août 1747, recteur de Laignelet, l'an 1787, assassiné par des révolutionnaires dans la forêt de Fougères, le 10 février 1799.

Né au village de Brezel en la paroisse de Montours, le 22 août 1747, d'une famille originaire de Saint-Germain-en-Coglès, Guillaume Duval était fils de Julien Duval et de Gillette Delourme, qui donnèrent encore le jour à deux autres fils ainsi qu'à trois filles. Mgr des Laurents, évêque de Saint-Malo, lui conféra le sacerdoce à Saint-Méen, le 19 septembre 1772. (Pour ses autres ordinations, cf. p. 283.)

Nommé d'abord vicaire à Coësmes cette même année, il fut en la même qualité transféré en 1779 au Châtellier et en 1781 à Notre-Dame de Vitré. C'est là qu'il fut pourvu, sur la présentation de l'abbé d'Évron, de la cure de Laignelet, laquelle lui valait 3.057 livres de revenu net. Il en prit possession le 20 mars 1787. Il signa en 1790 l'adresse du clergé fidèle à l'évêque de Rennes et refusa de prêter serment à la Constitution quoique ayant été alors élu procureur de sa commune.

Bientôt la tourmente révolutionnaire se montra de plus en plus menaçante pour l'Eglise de France. Mais M. Duval « qui, de bonne heure, avait prévu les dangers du schisme, en avait tellement prévenu son peuple, que pas un de ses paroissiens n'y participa, et que, lorsqu'un intrus (M. Desrues) arriva à Laignelet, le 29 mai 1791, il ne put trouver personne pour lui servir la messe et dut quitter sa paroisse au bout de quelques mois. Les habitants de Laignelet réclamèrent en vain au district de Fougères un pasteur de leur choix. Le 28 novembre 1791, on leur répondit en mettant comme condition *sine qua non* la prestation du serment de l'abbé Duval. Une conduite si chrétienne de la part de son troupeau le lui rendit encore plus cher, et il résolut de ne pas s'en séparer. Il laissa donc partir pour l'exil son vicaire et son ami, M. Brette, mort depuis chanoine de Rennes, et sut se soustraire à la loi de la déportation. Ce digne pasteur resta pendant plus de cinq ans caché dans sa paroisse ou dans les environs, affermissant ses ouailles dans la Foi par l'exercice du saint ministère, et les édifiant par ses exemples » (1).

---

(1) Abbé TRESVAUX *Histoire de la Persécution en Bretagne*, II, 315.

« C'était, écrit de lui Mgr Bruté dans ses *Souvenirs*, op. cit., t. IX, page 249, un homme d'une contenance pleine de sérénité et dont le fond du caractère était la douceur. Il était cependant d'une audace extrême et ne craignait rien quand il s'agissait de remplir ce qu'il jugeait son devoir. Aussi son courage, poussé souvent jusqu'à l'héroïsme, lui avait-il mérité le surnom glorieux de *Guillaume-sans-Peur.* »

On raconte que, revenant un jour de baptiser un enfant à Montours, et ayant aperçu de loin une patrouille républicaine sur la route, loin de songer à fuir, il mit à son chapeau une belle cocarde tricolore qu'il avait en poche et, entonnant la *Marseillaise*, il passa sans broncher et sans être reconnu devant les soldats.

Il se cacha souvent, durant les mauvais jours, chez un de ses paroissiens nommé Jean Le Bossé, que nous voyons signer la déclaration de son décès. Il se réfugia aussi parfois, écrit l'abbé Macé, à la Tertraie, où habitait sa famille, alors revenue se fixer à Saint-Germain.

Au printemps de 1795, la tranquillité sembla vouloir renaître ; quelques églises furent même rendues au culte et le clergé fidèle put momentanément y exercer son ministère. Les premiers mois de 1797 furent aussi marqués par un ralentissement de la persécution religieuse. On possède encore le registre des baptêmes et mariages que fit à Laignelet M. Duval en 1797, du commencement de janvier à la fin de septembre. A cette dernière date, il lui fallut de nouveau se cacher, et cela d'autant plus que le Commissaire du Directoire Exécutif près l'administration cantonale de Fougères, avec l'approbation de l'administration départementale d'Ille-et-Vilaine, avait organisé des bandes d'individus, qui, déguisés sous le costume des paysans du pays fougerais, avaient mission, à raison d'une prime de 100 francs par tête, d'exterminer le clergé catholique.

« Des jeunes gens de Fougères, écrit le colonel de Pontbriand, un contemporain, à la page 399 de ses *Mémoires*, publiés en 1897 chez Plon à Paris, ne rougirent pas de s'associer à ces expéditions (sanguinaires). Deux d'entre eux assassinèrent eux-mêmes, près l'ancien couvent de Saint-François, le respectable M. Duval, curé de Laignelet et frère d'un célèbre chirurgien de Rennes (1). Il allait porter les secours de son ministère à un mourant : quoique déguisé en paysan, il fut reconnu par l'un d'eux et reçut deux coups de fusil à la fois. Un jeune homme qui l'accompagnait fut manqué. »

Il y a, croyons-nous, quelques détails inexacts dans cette version. Voici du reste la relation traditionnelle de la mort du recteur de Laignelet :

Le 22 pluviôse an VII (10 février 1799), Guillaume Duval, en compagnie de la domestique de son presbytère, Jeanne Letellier, était venu passer la journée au village du Pressoir en Laignelet, chez un bon paysan, appelé Pierre Godard. On y vint lui demander de se rendre au

---

(1) François-Louis Duval (1760-1825), fondateur de l'Ecole de médecine de Rennes. Cf. KERVILER, *Bio-Bibliographie bretonne*, t. XIII.

village de la Fieffe, pour y baptiser l'enfant d'un nommé Perrin. Il voulut partir aussitôt, mais la famille Godard le retint, parce que des patriotes de Fougères étant venus pêcher dans l'étang de l'ancien couvent des Cordeliers, au milieu de la forêt de Fougères, y faisaient ce jour-là grand tapage.

Quand vint le soir, l'abbé Duval refusa d'attendre plus longtemps et partit à la tombée de la nuit, suivi de Jeanne Letellier, sa fidèle domestique. Arrivés près du ruisseau de la Grande-Rivière, là où il coupe l'ancien chemin de La Bazouges, ils aperçurent les patriotes qui s'en revenaient de Saint-François ; aussitôt ils se jetèrent dans les taillis, le recteur d'un côté, sa domestique de l'autre. Malheureusement M. Duval avait été vu, sinon reconnu. Tuer un curé était une bonne affaire pour les patriotes ; l'un d'eux tira sur le fuyard, et ses deux coups de fusil atteignirent le vénérable prêtre ; M. Duval put encore faire quelques pas, mais il ne tarda pas à tomber pour ne plus se relever, au lieu dit le « Saudre Emoussé » (1).

Lorsque les misérables assassins se furent éloignés, après avoir fouillé le cadavre encore chaud, la pauvre domestique toute tremblante retourna à la maison du Pressoir et y dit en arrivant : « Venez vite, on a tiré sur Monsieur le Recteur, bien sûr qu'il est tué ! » Le père Godard et ses deux fils, Pierre et Jean, prirent immédiatement une lanterne, et, guidés par Jeanne Letellier, se mirent à la recherche de l'abbé Duval, mais ils ne purent réussir à le trouver. Le lendemain seulement, étant retournés dans la forêt, ils rencontrèrent son cadavre, tombé à une centaine de mètres du lieu où il avait été tiré.

Le corps du martyr demeura deux jours dans la forêt, comme le prouve l'acte de décès que nous donnerons plus loin.

L'abbé Tresvaux raconte que « le chirurgien qu'on avait chargé de faire l'ouverture du cadavre, éprouva un grand étonnement, ainsi que ceux qui assistaient à l'opération, en voyant que le corps de M. Duval avait conservé les couleurs d'un homme vivant, et qu'au premier coup de bistouri, *il en sortit un sang vermeil et limpide.* Il fut inhumé dans le cimetière de sa paroisse et près de la porte principale de l'église de Laignelet » (2).

L'assassinat de M. Duval fit verser bien des larmes aux bons chrétiens du pays de Fougères ; mais l'on égara les soupçons sur l'assassin en les faisant porter tout d'abord sur un traître nommé Bois-Martel, et plus connu sous le sobriquet de *Joli-Cœur.* Le véritable assassin s'appelait Gabriel Deshaies, garde général de la forêt de Fougères, qui, ainsi que les documents que nous publions plus loin l'établissent péremptoirement, poussé par sa prêtrophobie et sa cupidité, avait, selon son dire, « terrassé M. Duval d'un coup de feu à une distance de vingt à trente pas ». (Cf. plus loin, les pièces officielles.)

---

(1) Communication de M. l'abbé Desrées reproduite par G. DE CORSON, *op. cit.*, p. 142.
(2) TRESVAUX, *Hist. de la Perséc.*, op. cit., II, p. 315, qui s'était renseigné près la belle-sœur de l'abbé.

Les objets dérobés sur le cadavre encore chaud de M. Duval par son meurtrier, sont tout à l'honneur de ce prêtre si dévoué et si actif ; en voici l'énumération, telle qu'elle figure à la date du 19 février 1799 aux *Arch. d'I.-et-V.*, série L, 446.

D'après ce document, Deshaies s'empara d'une espèce de petite bourse de carton, couverte en soie, contenant un petit purificatoire dans lequel se trouvait renfermée une *hostie ;* d'un petit coco en forme d'œuf, contenant une petite boîte d'étain, renfermant des *huiles ;* enfin, d'un chapelet de cou, auquel était attachée une petite médaille, représentant d'un côté une figure et, de l'autre, un soleil. Il s'y trouvait pareillement attaché un petit Christ en bois étranger.

Nous ne pouvons mieux terminer cette notice qu'en inscrivant ici l'acte de décès de l'abbé Duval, rédigé par un de ses confrères martyrisé comme lui pour le nom de Jésus-Christ.

Lorsque le pieux abbé Gavard, vicaire à Parcé, — duquel nous parlerons bientôt, — apprit l'assassinat du recteur de Laignelet, il écrivit ce qui suit sur le touchant registre de Parcé, qu'il eut le courage de tenir au plus fort de la Terreur :

« Vénérable et discret Messire Guillaume Duval, recteur orthodoxe de la paroisse de Laignelet près Fougères, a été assassiné et massacré dans la forêt de Fougères, près le couvent de Saint-François, dans le temps que par un saint zèle et animé par la charité, qui ont toujours fait son caractère propre et particulier, il se transportait dans un lieu où son ministère exigeait sa présence. Il avait longtemps affronté les plus grands dangers pour porter les secours de la religion, et prodigué sa vie pour le salut des âmes : il avait plusieurs fois passé au milieu des cantonnements de soldats furieux contre les catholiques et surtout contre les ministres de la Religion romaine. Dieu l'appela à lui par une mort qui lui fut donnée *en haine de la Religion* et qu'il avait *pardonnée* par avance (1). »

Qui pouvait mieux faire l'éloge de ce martyr que le prêtre destiné à souffrir lui-même le martyre quelques mois plus tard ? (Cf. p. 240.)

« Le souvenir de M. l'abbé Duval, nous a écrit M. le recteur actuel de Laignelet, s'est, après plus d'un siècle, conservé vivant dans le pays où sa mémoire est toujours vénérée.

En 1913, à l'occasion d'une mission, M. l'abbé Nogues a fait ériger une croix en granit sur le bord de la route, tout près du village du Pressoir, à la mémoire de l'héroïque abbé Duval. A l'occasion de cette cérémonie, il engagea ses paroissiens, lorsqu'ils passeraient devant ce calvaire, à réciter un *Pater* et un *Ave* pour obtenir la conservation de la Foi parmi eux. Puissent-ils se montrer toujours fidèles à cette pieuse pratique ! »

---

(1) Archives paroissiales de Parcé.

La mort de M. Duval et les révolutionnaires.

M. le Vicomte P. de Pontbriand, à la page 404 de son ouvrage intitulé *Le Général de Boisguy*, édité chez Champion à Paris (s. d.), écrit à propos de la mort de l'abbé Duval :

« Racontant ce lugubre incident dans la *Chronique de Fougères*, le sous-préfet Lemas dit que l'abbé Duval fut reconnu et arrêté par un garde forestier, nommé Deshayes ; que, sommé de se rendre, « il riposta par un coup de fusil » ; que, « malgré son habileté réputée », il manqua le garde, qui, à son tour, lui cassa le bras d'un coup de feu et le saisit ; qu'à ce moment, Deshayes « le renversa sur le sol et le saigna, comme il avait saigné tant de républicains » ; enfin, que la ville [de Fougères] illumina spontanément en signe de réjouissance à la nouvelle de ce meurtre. »

« Autant d'assertions, ajoute M. de Pontbriand, que M. le Vte Le Bouteiller, dans le *Journal de Fougères* en juin 1893, a mis l'auteur au défi d'appuyer du moindre témoignage et du moindre commencement de preuves. Chose, ajoute-t-il, étonnante, [l'auteur] ne lui a pas répondu et, dans son dernier ouvrage, *Un District breton*, ces détails ne sont pas reproduits. »

Le jacobin Lemas avait, en effet, largement usé de l'amplification dans l'article précité et l'on doit reconnaître que ce n'est pas ainsi qu'un auteur consciencieux écrit l'histoire. On trouvera ci-contre, textuellement reproduites, les pièces officielles dont Lemas avait certainement pris connaissance, et dans lesquelles l'assassin responsable de la mort de M. Duval raconte son forfait. Nous n'y voyons point relatée cette affaire telle que Lemas nous la décrit.

Pour justifier ses moyens « révolutionnaires » d'exterminer le clergé catholique, il est certain que le commissaire Loysel juge bon de charger de tous les crimes en général l'abbé Duval. Nous nous contenterions de le voir l'en inculper d'un seul et de le solidement prouver. *Quod gratis asseratur, gratis negatur.* Le témoignage du commissaire Beaugeard, qui répète, sans les vérifier, les assertions de Loysel, n'a ni plus ni moins que la valeur de celles-ci. Or, nous avons vu qu'elles n'en avaient pas : 1° parce que trop intéressées, et 2° parce qu'elles ne sont étayées sur aucune preuve. Quant au sous-préfet jacobin Lemas, dans son *District breton pendant les guerres de l'Ouest,* in-8°, Paris, 1894, p. 289 et sq., il ne fait que reprendre les arguments de Loysel, organisateur patenté, comme nous l'avons vu à propos de M. Sorette, de l'assassinat des curés insermentés. Du reste, nos lecteurs vont pouvoir juger de la valeur qu'il faut attacher aux accusations grandiloquentes du commissaire Loysel en en prenant connaissance (1).

---

(1) Après fructidor an V. un rapport de police signale le recteur Guillaume Duval comme disparu sans passeport et le note comme « un ennemi déclaré de la Révolution » (Arch. Nat., F 7, 5133).

Documents officiels.

LES SENTIMENTS DES PAROISSIENS DE LAIGNELET POUR LEUR RECTEUR.
(Archives d'Ille-et-Vilaine, L 438.)

« Le 13 novembre 1791, on écrit que le sieur Duval était très aimé de ses ouailles, mais il ne voulut pas prêter serment et un sieur Desrues fut élu à sa place, mais il fut détesté dans sa paroisse parce que constitutionnel. Du reste, sa présence était absolument inutile à Laignelet, car, dans l'espace d'un mois, il y célébra les obsèques de 12 personnes décédées sans le secours de son ministère. Ce voyant, Desrues se décida donc à se rendre aux vœux réitérés des habitants d'une paroisse de la Mayenne qui le réclamaient pour curé. Mais, auparavant, croyant faire plaisir à un de ses parents qui avait accepté un poste constitutionnel dans le Maine-et-Loire, il l'engagea, pour se rapprocher de son pays, à venir administrer à sa place la paroisse de Laignelet. Ce parent étant arrivé à Fougères, Desrues s'en fut le chercher, mais en regagnant leur domicile, les deux intrus furent assaillis l'un et l'autre, tant et si bien que le nouveau venu, épouvanté, ne demeura que trois jours à Laignelet. Son sacristain, qui ne recueillait pour émoluements que des injures et des affronts, donna sa démission.

» Le 28 novembre suivant, les paroissiens de Laignelet déclarent qu'ils sont privés de tout secours religieux. Ils n'ont personne pour baptiser les nouveaux nés, administrer les mourants ou inhumer les trépassés. Ils demandent, en conséquence, à choisir un prêtre dont ils assureront le salaire jusqu'aux prochaines élections. »

Les administrateurs du district de Fougères, soupçonnant que les habitants de cette localité souhaitaient le retour de leur ancien curé Duval, leur répondirent « qu'ils ne peuvent espérer le voir revenir parmi eux tant qu'il n'aura pas prêté serment. Par reconnaissance et par affection pour ses anciens paroissiens, ajoutèrent-ils, il pourrait bien leur témoigner son amitié en prêtant le serment. D'autre part, les habitants de Laignelet ne peuvent lui payer son traitement, car l'Assemblée Nationale a défendu de lever des impôts sur une commune sans sa permission. »

RAPPORT DU CITOYEN DESROYERS, COMMISSAIRE DU DIRECTOIRE
EXÉCUTIF PRÈS LE CANTON DE SAINT-BRICE-EN-COGLÈS.
(Reproduit d'après Lemas, qui donne comme références Archives d'Ille-et-Vilaine, L 316.)

« La commune de Saint-Germain-en-Coglès est infernale..... Il y règne le plus mauvais esprit (lire : contre les institutions révolutionnaires). Elle est conduite par le nommé Coustaux, prêtre-curé de Princé ; le prêtre Guillet, que je crois de Saint-Ouen-la-Rouerie ; par le nommé Duval, recteur de Laignelet, dit *Guillaume-sans-Peur* (1), parmi les chouans où il 's'est signalé comme eux. »

---

(1) Ce surnom de Sans-Peur ne prouve rien plus à notre avis que l'héroïsme dont faisait continuellement preuve l'abbé Duval en exerçant depuis cinq ans son ministère dans une contrée ravagée par la guerre civile. Quant à des faits précis contre ce prêtre, le commissaire Desroyers n'en articule aucun.

CORRESPONDANCE ÉCHANGÉE ENTRE LES AUTORITÉS DE FOUGÈRES ET CELLES DE RENNES CONCERNANT L'ASSASSINAT DU RECTEUR DE LAIGNELET.

(Archives d'Ille-et-Vilaine, série L, copies communiquées par M. l'abbé Julien Hervé.)

I.

« Loysel, commissaire du Directoire Exécutif près l'administration municipale de Fougères, au Commissaire près le Département d'Ille-et-Vilaine, le 23 pluviôse an VII (11 février 1799).

Citoyen, sur les 4 heures de l'après-midi de ce jour, un coup de tonnerre s'est fait entendre au milieu des ouragans et tempête par nous éprouvés depuis le matin. *La foudre a tombé* sur le clocher du temple de cette commune, ci-devant église Saint-Léonard. *Le feu y a pris d'une manière effrayante.* Je m'y suis aussitôt rendu avec l'administration, le commandant de la force armée et une foule de citoyens. Les pompes ne pouvant monter jusqu'à cette hauteur, il a fallu aviser à d'autres moyens pour éteindre le feu qui faisait des progrès et menaçait d'embraser tout l'édifice et les maisons voisines. On s'est procuré des seaux et de l'eau qu'on a portée à force de bras jusqu'au haut de la tour, à l'endroit du beffroy, par le petit escalier qui y conduit ; mais on aurait fait vainement tous ces préparatifs, si deux couvreurs intrépides, les frères Langelier, n'avaient eu le courage de se cramponner le long de la couverture, après s'être ouvert un passage à coups de hache, et d'arriver à l'endroit où le feu était le plus animé. On les voyait du dehors, dans la rue, travailler avec un zèle, une intrépidité vraiment digne d'éloges, à sauver le clocher dont la chute, s'il eût été consumé, pouvait occasionner une perte considérable, outre la communication du feu qui se serait faite de proche en proche à l'aide du vent qui était toujours très grand.

On peut dire qu'en général tous les bons citoyens se sont prêtés avec ardeur à éteindre le feu, qui était d'autant plus alarmant dans la circonstance, *que le fanatisme l'attribuait déjà à la vengeance du Ciel, qui, sans doute, était irrité de la mort d'un saint prêtre*, tué, dit-on, la nuit dernière du côté de Laignelet, on ne sait par qui. Ce prêtre, c'est le nommé *Duval*, grand égorgeur de son métier, le tout au nom de J.-C. Il s'appelait, de son nom de guerre ou de chouan, *Guillaume-sans-Peur.* S'il est réellement mort, le pays est délivré d'un de ses plus cruels ennemis et la République d'un bourreau. »

Signé : LOYSEL.

II.

Du même au même, le 25 pluviôse an VII (13 février 1799) :

« Citoyen. Ce que je ne faisais que vous faire pressentir avant-hier sur la mort du prêtre Duval, ci-devant recteur de Laignelet, canton de Fleurigné, se vérifie pleinement. Le brave républicain qui en a délivré le pays m'est venu hier soir raconter comment l'affaire s'est passée, avec des circonstances si frappantes, qu'il n'est pas possible de douter de la vérité des faits. Mais, pour sa sûreté personnelle, il désire que son nom soit ignoré. Je ne le dirai qu'à vous confidentiellement.

C'est le nouveau garde général de notre forêt, cet ancien défenseur de la patrie, *Gabriel Deshays ; le même qui*, avec le gendarme Morel et quelques autres, *nous délivrèrent du prêtre Sorette* en frimaire dernier. Il avait avec lui deux jeunes républicains de cette commune, dont il m'a dit les noms et qui, comme lui, sont pleins de zèle pour la bonne cause.

Il a été réellement forcé de l'arrêter d'un coup de fusil, et même, comme il se faisait tard, [le 22 pluviôse (10 février), à 6 heures le soir], il était réellement prêt à lui échapper, *lorsqu'il le terrassa à vingt ou trente pas d'un coup de fusil*, après l'avoir bien reconnu de près et en lui parlant. Les habitants l'enterrèrent le lendemain et le juge de paix du canton a dû le faire exhumer depuis pour le faire reconnaître. Nul doute que ce soit lui.

Deshays m'a prié de réclamer la récompense promise. Si vous le jugez à propos, je lui compterai 100 francs sur les fonds qui me restent, c'est-à-dire tout ou peu s'en faut, mais le Ministre de la Police m'en a fait espérer d'autres (1).

Je vous assure, Citoyen, que le monstre dont on vient de nous délivrer doit être mis au rang des premiers égorgeurs du pays, et ce mot doit s'entendre dans le sens littéral. Non seulement il provoquait au meurtre des patriotes, mais on regarde comme très certain qu'il a maintes fois trempé la main dans leur sang. Il était d'une férocité peu commune, Boisguy lui-même n'était rien auprès. Scélérat, en un mot, d'autant plus dangereux qu'il était revêtu de *ce caractère prétendu sacré et ineffaçable*, qui en impose à la classe ignorante et stupide *de laquelle il se faisait obéir comme s'il eût été Dieu lui-même.*

Vous ne sauriez imaginer la joie que les Républicains éprouvent de cette heureuse délivrance. Je vous fais passer avec cette lettre différents papiers et *brimborions [parmi lesquels* UNE HOSTIE] qui m'ont été remis, comme trouvés sur lui et qui [sont propres] à prouver sa qualité de prêtre. »

Signé : LOYSEL.

III.

Du même au même, le 29 pluviôse an VII (17 février 1799) :

« Citoyen. Par votre lettre du 27 (N° 1661), vous me dites que la mort du prêtre Duval, que je vous ai annoncée par la mienne du 23, sans en être absolument certain, vous a été confirmée et que vous avez en mains *les ustensiles qui servaient à l'exercice de son culte.*

Ceci me paraît assez singulier : L'auteur de la mort de ce *fanatique*

---

(1) Ce Deshays écrivait, vers 1850, M. des Buffards propriétaire du château de la Folletière « est mort poursuivi par l'image de ses victimes qu'il implorait et maudissait tour à tour pendant son effroyable agonie ».

a-t-il donné à deux personnes différentes les ustensiles dont vous me parlez ? Si c'est à moi seul qu'il les a donnés, c'est de moi seul que vous les avez reçus. En effet, je vous en ai envoyé ce qui m'a été remis, dans le paquet que j'ai déposé à la poste le 25 et qui n'a dû partir que le 26 au matin. Comment se fait-il que vous les ayez reçus assez à temps pour me l'annoncer par votre lettre du 27 ?.....

Je vous demandais, dans la lettre d'envoi, si vous consentiez que je compte 100 francs de récompense au républicain qui nous a délivrés de ce prêtre sanguinaire. Je réitère la même demande, car il m'est venu depuis pour savoir si j'avais eu réponse de vous à cet égard.

.....Il s'en faut bien que je mette les autres brigands qui ont péri en parallèle avec Duval. Rien de ce qui a péri depuis longtemps dans ce pays n'a mieux mérité la mort que les républicains leur doivent en punition de leurs crimes. En comptant le *prêtre Sorette*..... j'en compte quinze, depuis deux mois et demi environ, qui ont cessé de souiller le sol sacré de la Liberté, et tout cela, Citoyen, *est dû aux mesures secrètes et administratives*, bien plus qu'à la force armée..... »

Signé : Loysel.

IV.

Le Commissaire du Directoire Exécutif près l'administration centrale de l'Ille-et-Vilaine, au commissaire Loysel, le 2 ventôse an VII (20 février 1799) :

« Citoyen. Vous êtes surpris que j'aie pu vous annoncer le 27 la réception d'objets trouvés sur le prêtre Duval, mis par vous à la poste le 25 dernier et partis le 26 au matin. Vous serez moins surpris quand vous saurez que la distribution des lettres de mon quartier est très exacte et que votre paquet me fut remis le 27 au midi, que je vous ai répondu le 27 au soir. Je n'ai reçu de qui que ce soit d'autres effets que ceux que vous m'avez envoyés. J'attends que le secrétaire ait pu me faire un inventaire pour vous transmettre copie qui vaudra accusé de réception plus ample.

.....J'avais invité le brigadier Chapin de prendre chez moi *400 francs pour être utilisés comme je vous l'ai mandé précédemment.* Il a perdu mon invitation. Vous trouverez incluse une inscription de pareille somme en votre nom sur le préposé à Fougères. » Signé : Beaugeard.

V.

Rapport du même au Ministre de la Police, pour lui annoncer l'assassinat du prêtre Duval.

(Cité par Lemas : *Un District breton*, op. cit., p. 289, qui donne pour références
Arch. d'Ille-et-Vil., L. 312.)

« *Ce brigand,* écrit Beaugeard, *reconnu et arrêté par un ancien militaire aujourd'hui garde de forêt, était sur le point de lui échapper, lorsqu'il fut obligé de le terrasser d'un coup de feu, à la distance de vingt à trente pas.* Le commissaire du Directoire Exécutif de Fougères m'assure que ce coquin était d'autant plus dangereux qu'il doit être mis au rang des premiers égorgeurs du pays et que, non content de pousser au meurtre des patriotes [lire : jacobins], il avait maintes fois lui-même trempé ses mains dans leur sang. Il était d'une férocité si outrée que Boisguy, l'infâme Boisguy lui-même, n'en approchait pas. Il avait au-dessus de ce dernier l'avantage de son caractère prétendu sacré et indélébile, qui, en en imposant à la multitude stupide et ignorante, lui donnait un ascendant incroyable. Tous les vrais républicains se réjouissent d'être délivrés de cet égorgeur sacré. Ils espèrent beaucoup la tranquillité de ces contrées de sa mort justement méritée. »

VI.

Notes de M. l'abbé Piron concernant M. Duval.

Lettre du Ministre à l'Administration d'Ille-et-Vilaine, le 16 ventôse an VII (6 mars 1799) :

« J'ai reçu votre lettre du 1er de ce mois (19 février 1799) me confirmant que le nommé Duval, prêtre réfractaire, surnommé Guillaume-sans-Peur, a été tué d'un coup de fusil par le garde du bois qui l'avait arrêté et auquel il était sur le point d'échapper. »

VII.

A propos de la mort du traître Boismartel, dit « Joli-Cœur », le commissaire Loysel entre dans de nouveaux détails sur M. Duval.

Le commissaire Loysel écrit, le 3 ventôse an VII (21 février 1799), au Commissaire du Directoire Exécutif près le Département d'Ille-et-Vilaine :

« .....Avant-hier, 1er ventôse, à la pointe du jour, sept hommes bien armés, qui ne sont pas encore connus, entrèrent dans sa demeure, où il était encore au lit et le tuèrent sur-le-champ de trois coups de feu, après lui avoir, dit-on, reproché d'être la cause de la mort du ci-devant recteur de Laignelet, de ce saint prêtre dont la scélératesse surpassait à coup sûr celle de *Joli-Cœur* lui-même, mais qui, ayant reçu de Dieu tous les pouvoirs, ne devait compte qu'à lui, disent les fanatiques, de ses bonnes ou mauvaises actions.

..... [Joli-Cœur] n'a véritablement que ce qu'il a mérité, mais, dans l'état actuel des choses....., c'est un malheur pour nous qu'il se soit fait tuer avant d'avoir rempli à l'entier sa promesse. Car, sans parler de la *quantité de prêtres* dont nous sommes infestés, il y a encore 7 à 8 égorgeurs dont il est bien intéressant pour nous de nous défaire.

Ce qui a donné lieu de croire que [Joli-Cœur] a trempé dans la mort du prêtre Duval, c'est que, deux ou trois jours auparavant, il l'était allé trouver et ils *avaient eu ensemble* une querelle de mots. Duval lui reprochant avec aigreur de livrer ses camarades aux républicains, et Joli-Cœur lui déclarant sans détour qu'il les ferait prendre jusqu'au dernier, tant qu'il en connaîtrait de l'espèce de ceux qui avaient été fusillés jusqu'à ce moment. Ils se quittèrent en se promettant des repentirs (*sic*) réciproques et Joli-Cœur en traitant l'autre de Foutu-Calóan. Leur conversation ayant été assez publique, on s'est persuadé aisément que chacun d'eux avait songé à se défaire de l'autre, et il y a de fortes présomptions que le frère de la servante de Duval était l'un des meurtriers de Joli-Cœur.

Mais ce qui est plus inquiétant, c'est que le brave *Deshays* n'a pu faire son coup si secrètement qu'il ne soit très vivement soupçonné, ou plutôt regardé presque généralement comme l'auteur de la mort de ce méchant prêtre, en sorte que ses jours sont singulièrement compromis..... Je lui ai conseillé de se tenir bien sur ses gardes, autrement, il périrait infailliblement, et ce serait une perte réelle pour le pays. »

Signé : LOYSEL.

VIII.

ACTE DE DÉCÈS DE M. DUVAL, RÉDIGÉ LE 13 FÉVRIER 1799.

(Extrait des registres de l'état civil de Laignelet, pour l'an VII. Copie de M. l'abbé Nogues.)

« Le 24 pluviôse, an VII de la R. F., devant moi Michel Godard, agent municipal de la commune de Laignelet, ont comparu Jean Lebossé, âgé de 42 ans, et Jean Paris, âgé de 32 ans, tous les deux demeurant au bourg de Laignelet, lesquels m'ont déclaré que Guillaume Duval, ci-devant prêtre et recteur de la commune, fils de Julien et de Gilonne Delorme, âgé de *51 ans*, est décédé le 22 pluviôse à 7 heures du soir, au Gué du Saudre Emoussé, en la forêt commune de Laignelet, d'une *mort violente*, et, d'après cette déclaration que les témoins ci-dessus ont dite véritable, d'après les ordres du Juge de Paix et Officier de police judiciaire du district de Fleurigné et d'après le *procès-verbal* (1) du cadavre du défunt en date du 25 du présent mois, je me suis sur-le-champ transporté au lieu du décès, où je me suis assuré de la mort de Guillaume Duval et en ai rédigé le présent acte sous mon seing, les dits jour et an. »

Signé : Michel GODARD.

BIBLIOGRAPHIE. — Tresvaux du Fraval, *Hist. de la Persécution révolutionnaire en Bret.*, op. cit., t. II, p. 315. — Bruté de Rémur, in *Revue de Bretagne et Vendée*, t. IX, p. 224-225. — Lemas, *Un District breton*, op. cit., p. 286-289. — Le *Journal de Fougères*, répondant à la *Chronique de Fougères* en juin 1893. — Guillotin de Corson, *Les Confesseurs de la Foi*, etc., op. cit., p. 141-144. — Abbé Jean Macé, *Quatre siècles d'Histoire ou Saint-Germain-en-Coglès*, etc., op. cit., t. II, p. 79-86.

---

(1) Ce procès-verbal est malheureusement introuvable.

François-Jean-Pierre GAVARD

Né à Saint-Ouen-la-Rouerie, le 18 novembre 1754, vicaire à Parcé, massacré
à Servon, près Rennes, le 25 mai 1799.

JULIEN GAVARD et Jeanne Maillard, paroissiens de Saint-Ouen-de-la-Rouerie, eurent l'honneur de donner le jour à deux prêtres, François-Jean-Pierre-Marie et René-Julien ; l'aîné d'entre eux — auquel nous consacrons cette notice — versa son sang pour Jésus-Christ ; le cadet, vicaire à Mellé avant la Révolution, survécut à la tourmente et mourut recteur de Billé, où son nom, durant bien longtemps, a été recommandé aux prières nominales.

François Gavard, tonsuré en 1774, fut promu au sacerdoce le 18 septembre 1779, le jour même que son jeune frère recevait la tonsure. Il fut ensuite envoyé en qualité de vicaire, d'abord à Izé, durant trois ans, puis à Parcé en 1782.

Au moment de la Révolution, le clergé de Parcé se composait de trois prêtres : Julien Le Saulnier, recteur depuis 1783 ; François Gavard, son vicaire, et René Duclos, prêtre habitué. Ce dernier fort âgé, car il avait été ordonné prêtre en 1748, s'était retiré en Parcé, sa paroisse natale, au village de la Racinais, en 1770 ; grâce à sa vieillesse, il y demeura relativement tranquille jusqu'au 23 janvier 1793, date de son arrestation suivie de son incarcération à la Trinité.

A Parcé, cependant, la Constitution civile apporta l'agitation et le trouble. Déjà en octobre 1790, des individus s'étaient crus autorisés à « commettre des irrévérences durant les offices », et la municipalité fut invitée à faire maintenir l'ordre et la décence dûs aux temples ». Bientôt, sur le refus du recteur et du vicaire de prêter serment, on élut un curé constitutionnel pour cette localité. L'installation de ce dernier eut lieu le 22 mai 1791 et fut fertile en incidents. Le sacristain et les trésoriers refusèrent le concours à l'intrus ; la population, à part de rares exceptions, lui fit grise mine, tant et si bien que, déconcerté, l'assermenté annonça son projet d'abandonner sa cure « à cause du peu de confiance que lui témoignaient ses paroissiens ». A cette nouvelle, le district lui répondit le 28 mai 1791 en l'exhortant, « au nom du patriotisme », à ne pas abandonner son poste ». On menaça même la municipalité et les *anciens prêtres* de se voir poursuivis extraordinairement et même arrêtés par la force publique, s'ils ne cessaient immédiatement toute opposition au curé Guérin.

Obligé de s'éloigner de Parcé, à la suite de l'arrêté du Directoire d'Ille-et-Vilaine du 14 juin de cette année (Cf. p. 2), l'abbé Gavard se retira dans sa famille à Saint-Ouen-de-la-Rouerie et, de sa retraite, continua de s'intéresser à Parcé où la paix ne se faisait point. Aussi demanda-t-il en vain à revenir « pour y cultiver une petite propriété dont son industrie lui avait facilité l'acquisition ». Satisfaction ne fut point donnée à sa requête, « car, écrivait-on au district, on l'eût suivi comme un prophète » ; du reste, ajoutait-on, « si le curé constitutionnel n'a de relation avec ses ouailles que par les injures qu'il en reçoit, il faut sans doute l'attribuer aux correspondances perfides de l'ancien vicaire. » (Cf. p. 246, 247 et 284.)

Jugeant sa situation intenable, le curé intrus donna irrévocablement sa démission. Pour lui succéder, arriva un sieur Hubaudière, qui, bien que né dans la paroisse, n'y fut pas accueilli avec plus d'aménité. Son installation fut troublée par de violentes rumeurs dans l'assistance, laquelle finalement quitta l'église en tumulte avant la fin de la cérémonie. Dénoncé comme l'un des organisateurs de cette manifestation, l'abbé Gavard fut arrêté dès le soir même et incarcéré à Fougères, d'où, le 29 mai 1792, on le transféra avec ses complices présumés à Rennes, où il comparut devant le Tribunal criminel qui, le 21 juillet suivant, dut l'acquitter faute de preuves.

« Nulle part, écrit M. l'abbé A. Leray, depuis cette époque jusqu'à la fin de 1794, il n'est question de la présence de l'abbé Gavard à Parcé. Celui-ci cependant ne s'exila pas et passa caché les mauvais jours de la Terreur tant à Parcé qu'à Saint-Ouen-de-la-Rouerie, son pays natal. »

Après le traité de la Mabilais, François Gavard pensa pouvoir sortir des cachettes où il célébrait le Saint Sacrifice. Dès le mois de février 1795, il exerçait les fonctions de son ministère dans la chapelle Sainte-Anne, dépendant du château de Mué, en Parcé.

Le 4 avril suivant, l'intrépide vicaire commença la rédaction d'un registre paroissial qu'il termina le 28 avril 1799, quelques semaines avant sa mort. Ce cahier, précieusement conservé et fort intéressant, renferme non seulement les actes de baptêmes et de mariages de la paroisse de Parcé, mais encore ceux de plusieurs paroisses voisines, car les habitants des alentours venaient volontiers trouver M. Gavard pour qu'il leur administrât les sacrements. Le registre ne contient pas moins de cinq cent quarante-quatre actes de baptême et quatre-vingt douze actes de mariage. De plus, le pieux confesseur de la Foi y a inséré quelques faits lui semblant, à juste raison, dignes d'intérêt.

Il nous apprend ainsi que le 3 mai 1795, lui-même, assisté du vénérable M. Duclos, réconcilia l'église et le cimetière de Parcé « en présence d'un peuple innombrable, accouru de toutes les paroisses voisines ».

Ailleurs, il mentionne la bénédiction de plusieurs croix élevées sur le territoire de sa paroisse, notamment en mai, juin et août 1797, aux lieux dits le Bas-Bourg, les Perrières, la Villeray, la Rue et le Quartier (1). Enfin, M. Gavard signale parfois l'arrestation et le martyre des prêtres du voisinage ; nous avons vu comment il rend compte de la mort de l'abbé Duval ; voici maintenant ce qu'il dit d'un autre confesseur de la Foi :

« Le 10 du mois d'avril 1799, M. de Villegérard, curé (c'est-à-dire vicaire) de la paroisse de La Celle-en-Coglais, a été arrêté par un cantonnement de soldats en patrouille et conduit, en haine de la religion romaine, dont il est un ministre très zélé et très exemplaire, dans la prison de Fougères. Le 12, il a été conduit à Rennes pour comparaître devant les tribunaux. Dieu sait ce qu'il en sera décidé. Qu'il le conserve dans sa miséricorde et le rende à l'Eglise (2) ! » Ces lignes, si touchantes dans leur simplicité, ne rappellent-elles pas ce qu'écrivaient les martyrs des premiers siècles ?

Dans ce même registre de M. Gavard sont aussi quelques actes de baptêmes faits par Julien Maigné, recteur de Javené, encore un vaillant confesseur de la Foi qui demeura caché dans le pays pendant toute la Révolution.

Que de peines cependant avaient à supporter ces bons prêtres ! A peine M. Gavard était-il rentré dans l'église de Parcé, « désolée et entièrement ravagée », le 24 avril 1795, qu'il lui fallait de nouveau l'abandonner le 18 septembre suivant et recommencer sa vie errante dans les villages, où des caches lui étaient préparées. En avril 1797, il put sortir de nouveau et recommencer le culte public, mais au prix de mille précautions et souvent au péril de sa vie ! Bientôt survinrent les proscriptions de fructidor.

Bien que l'abbé Gavard, pour donner le change aux Révolutionnaires, eût demandé à Parcé, le 22 vendémiaire an VI (13 octobre 1797), un passeport « pour une île britannique, d'où il certifierait sa résidence aussitôt qu'il y serait descendu », l'on croyait si peu à son départ, que, un an après, en vendémiaire an VII (octobre 1798), « il avait tout récemment, racontait un rapport de police, réuni aux Noës une vingtaine de confrères, dont Beaugendre d'Izé et Hunault de Billé ». Mais en quel endroit précis habitait-il ? Ce n'était point chose facile à déterminer. Il passait cependant pour se retirer parfois chez son cousin Jean-Louis au village de la Rue, et c'est là qu'on l'arrêta le 23 mai 1799 (4 prairial an VII), d'après un *procès-verbal* qu'a compulsé M. l'abbé Arsène Leray aux *Arch. d'I.-et-V.* (3).

---

(1) Communication de M. l'abbé Pirotays.

(2) M. de la Villegérard trépassa recteur de la Celle-en-Coglais en 1830.

(3) François Gavard, arrêté en Parcé, chez Jean-Louis Gavard, le 4 prairial an VII (23 mai 1799) (Archives dép., 2 V, Police, 9ᵉ liasse). — Jean-Louis Gavard, fut arrêté le même jour. Dans ses réponses devant les juges à Fougères, il dit que M. Gavard, le prêtre, était son cousin au maternel, qu'il le cachait dans un grenier à foin depuis trois semaines et qu'il a assisté à sa messe seulement une fois, avec sa famille seule. Jean-Louis Gavard fut conduit d'abord à Vitré, puis à Fougères..., etc,.. *(Greffe de Fougères).*

Immédiatement dirigé sur Vitré et le lendemain mis en route sur Rennes, sous l'escorte de six fusiliers et d'un caporal commandés par un sergent, l'abbé Gavard marchait depuis le matin, lorsque, sur les limites de Noyal-sur-Vilaine, il reçut deux coups de feu de ses gardiens, qui l'étendirent raide mort, au moment, déclarèrent-ils, où il essayait de s'enfuir.

L'excuse traditionnelle qui légitime tous les assassinats des révolutionnaires reparaît encore ici : « Nous avons été obligés de tirer sur le fuyard » est une phrase stéréotypée, qui ne reparaît que trop souvent dans les rapports des militaires de la Révolution. Aussi les autorités n'en furent-elles pas dupes. Cependant, lisons-nous aux *Archives d'Ille-et-Vilaine* sur des documents que nous reproduisons p. 249 et sq., elles se contentèrent d'infliger à l'escorte un simple blâme « pour avoir d'elle-même fait justice et de s'être livré à un acte de nature à soulever le peuple ».

L'assassinat n'était cependant que trop réel, si bien que dans une lettre en date du 9 prairial, le commissaire du Directoire Exécutif près le canton de Noyal-sur-Vilaine faisait savoir que « les circonstances de cet événement offraient matière à amples réflexions. Le corps de la victime, dit-il, était couvert de contusions et *il est prouvé* qu'elle a été fusillée à bout portant ». (*Arch. d'I.-et-V.*, série L 446. Cf. p. 248.)

Voici maintenant, d'après le récit qu'en a rédigé M. Guillotin de Corson dans ses *Confesseurs de la Foi*, op. cit., p. 146, comment périt M. Gavard : L'auteur précité a recueilli fidèlement les traditions concernant cet événement, spécialement celles rapportées par Tresvaux du Fraval, et les a reproduites ainsi.

« Un misérable, joignant l'hypocrisie à la trahison et sachant où M. Gavard se réfugiait, alla le trouver à la Rue chez son cousin, le dimanche 19 mai, fête de la Sainte Trinité, et lui demanda s'il serait encore dans la même maison le jeudi suivant, jour de la Fête-Dieu. Ce respectable prêtre avait alors les fièvres ; il désira savoir de l'homme qui l'interrogeait pourquoi il lui faisait cette question. Celui-ci lui ayant dit qu'il voulait venir se confesser ce jour-là, M. Gavard lui répondit qu'il n'était pas probable qu'il fût débarrassé de la fièvre à cette époque, et lui fit ainsi connaître qu'il ne changerait pas de maison. C'en fut assez pour le traître. Il alla aussitôt le dénoncer à un détachement de soldats cantonnés au bourg de Taillis, près de Vitré.

Le jeudi, 23 mai, M. Gavard célébra la messe de grand matin, et toujours tourmenté par la fièvre il se chauffait, lorsqu'un enfant de la famille dans laquelle il se trouvait vint avertir qu'on voyait beaucoup de soldats courir autour de la maison. Il s'empressa de se renfermer dans sa cachette, et aussitôt les soldats, étant entrés, fouillèrent pendant trois heures. Ils réussirent enfin à découvrir le réduit qui renfermait le pauvre prêtre et ils voulaient le fusiller dans le lieu même : « Ne me faites pas de mal, leur dit-il, je me rends. » La troupe était commandée par un officier humain, qui défendit à ses soldats de tirer, et qui, voyant l'état de maladie et de saisissement dans lequel était M. Gavard, lui fit donner un verre d'eau pour se remettre. Il lui demanda s'il était prêtre. « Oui, je le suis », répondit sans hésiter le ministre de Jésus-Christ, qui fut emmené aussitôt par la troupe.

L'officier lui dit : « Suivez-moi le plus près possible ; je ne suis plus maître de mes soldats, ils sont ivres. » En le conduisant au bourg de Parcé, il lui fit voir la dénonciation et le nom du dénonciateur.

De Parcé, le détachement se rendit à Saint-M'Hervé, où le prisonnier coucha dans une chambre et fut gardé par un factionnaire. Le lendemain, on le mena au bourg de Taillis, et l'officier, toujours rempli de bons procédés à son égard, le fit dîner avec lui. M. Gavard voulant lui verser à boire, ce brave homme lui dit : « Monsieur l'abbé (c'est ainsi qu'il le nomma toujours, malgré qu'on ne se servît alors que du mot citoyen), quoique je porte un habit bleu, je connais encore mon devoir, c'est à moi à vous servir. » Il ajouta : « Vous étiez bien en sûreté dans votre cache : si j'avais le bonheur de vous conduire à Rennes, vous ne seriez pas moins en sûreté entre mes mains. » Après le dîner, on dirigea M. Gavard sur Vitré, où il fut mis en prison (1). »

Le samedi, 25 mai, l'abbé Gavard devait partir pour Rennes à cinq heures du matin (c'était du moins l'assurance qu'on avait donnée à son domestique qui l'accompagnait). Il espérait aussi être conduit par le commandant qui lui avait témoigné de la sympathie ; mais de nouveaux ordres changèrent tout. Dès trois heures du matin, un détachement fit sortir l'abbé Gavard de sa prison. L'escorte suivit la route de Rennes et traversa Châteaubourg ; mais, arrivé à quelque distance au-delà, au pont d'Olivet, en la paroisse de Noyal-sur-Vilaine, elle s'arrêta et, quittant la grande route, entra dans un chemin qui conduit au bourg de Servon. A peine M. Gavard y eut-il fait quelques pas, qu'on lui signifia que sa dernière heure était venue ; immédiatement il fut, en effet, fusillé.

« Le corps du martyr, écrit le chanoine Guillotin de Corson, fut apporté dans les prairies qui sont au pied du bourg de Servon, près du château du Gué ; certain médecin vint en faire l'autopsie, et, dans sa rage révolutionnaire, en enleva le cœur et le porta dans une maison du bourg de Servon, que l'on montre encore ; là, si l'on en croit la tradition persistant dans la localité, le cœur du saint prêtre fut apprêté et mangé par les cannibales qu'engendrait la République jacobine ! »

Un habitant du pays, nommé Bricet, recueillit ensuite les vénérables restes de l'abbé Gavard et les inhuma dans le cimetière paroissial de Servon.

L'abbé Tresvaux fait remarquer, en terminant, les châtiments qui atteignirent les bourreaux du saint vicaire de Parcé : « Son dénonciateur éprouva bientôt les effets de la colère divine ; il devint infirme et il était perclus de tous ses membres lorsqu'il mourut. Un de ceux qui avaient arrêté le confesseur de la Foi se brûla la cervelle, en prison, d'un coup de pistolet, pour éviter le dernier supplice. Un autre mourut en impie,

---

(1) Abbé Tresvaux, *Histoire de la Persécution en Bretagne*, etc., op. cit., II, 855.

après avoir ordonné, par son testament, qu'on l'enterrât dans son jardin (1). » La patience de Dieu finit par se lasser et sa justice atteint toujours, tôt ou tard, les coupables, termine le pieux auteur.

Ajoutons que sur un registre tenu par M. Guibourg, recteur de Dourdain, qui passa toute la Révolution caché dans le pays et décéda en 1813, par conséquent contemporain des événements qu'il raconte, M. l'abbé A. Leray a relevé la note suivante :

« M. Gavard, surpris chez son père le 23 avril 1799 et amené à Vitré le 24, fut dirigé le 25 à 10 heures du matin sur Rennes, sous la surveillance de cinq soldats que la relève de Châteaubourg remplaça par des forcenés capables de tout mauvais coup. L'abbé Gavard n'avait donc rien de bon à espérer de ses nouveaux gardiens. Pourtant, arrivé au Pont-Olivet, à Noyal-sur-Vilaine, il leur demanda de faire halte. Ce fut son malheur. « Tu es fatigué, b... de calotin ? passons dans le champ voisin, où tu reposeras tout à ton aise ! » Le repos qu'on lui ménageait, c'était le repos de la mort. A peine, en effet, avait-il franchi le talus qu'on le fusilla à bout portant. Le champ dans lequel était mort Gavard dépendant de la commune de Servon, la municipalité de cette dernière vint dans la soirée faire la levée du cadavre. »

De toutes ces relations, soit documentaires, soit traditionnelles, que nous venons de rapporter, nous croyons pouvoir légitimement conclure que l'abbé François Gavard, après avoir héroïquement rempli son devoir en demeurant toute la Révolution caché dans le pays pour y faire du ministère, y fut arrêté comme prêtre catholique réfractaire à la loi du serment, que c'est comme tel qu'il fut inhumainement massacré par une soldatesque indisciplinée toujours prête à assouvir sa rage contre le clergé catholique, et que c'est à bon droit qu'il figure parmi les victimes religieuses de la Révolution française.

Documents officiels.

Acte de baptême de M. l'abbé Gavard.

(Archives départementales d'I.-et-Vil. Extrait de la série G. Registres paroissiaux mis en dépôt par la commune de Saint-Ouen-la-Rouërie. Registre de 1754, folio 26 r°).

« François-Jean-Pierre-Marie, fils légitime de Julien Gavard et de Janne Malard, son épouse, qui demeurent en ce bourg, fut né le dix-huitième novembre mil sept cent cinquante-quatre, a été, le même jour, baptisé par moy, curé, soussigné. Parrain : honorable garçon François Gavard ; marraine : h. Thérèse-Marie Malard. »

Signé : François GAVARD ; Marie MALARD ; BAZIN, curé.

---

(1) *Histoire de la Persécution en Bretagne*, op. cit., II, 357.

Ordinations de l'abbé François-Jean-Pierre-Marie Gavard, paroisse de Saint-Ouen-de-la-Rouerie (Royrie) :

Prêtrise : le 18 septembre 1779, chapelle Sémin. épiscopal.
Diaconat : le 16 septembre 1778, par Evêque de Saint-Malo.
Sous-Diaconat : le 20 septembre 1777, chap. Sém. épiscopal.
Ordres mineurs : le 21 septembre 1776, chap. Sém. épiscopal.

Non-prestation de serment de l'abbé Gavard.

(Arch. d'I.-et-Vil. Extrait de la série L. Prêtres réfractaires, liasse 438.
District de Fougères).

1. — « Département de l'Isle et Vilaine. Etat de tous les fonctionnaires publics ecclésiastiques du District de Fougères, qui ont prêté le serment ou qui ont cru devoir le refuser. Savoir : ..... *A refusé :*

A Parcé..... Gavard, vicaire..... Arrêté en Directoire, à Fougères, le 26 mars 1791. »

Signé : Gaultrays ; Delatouche ; Blot ; Le Breton.

On refuse a l'abbé Gavard l'autorisation de revenir habiter Parcé.

2. — *Lettre du prêtre Gavard* à MM. du Directoire du Département d'Ille-et-Vilaine :

« Messieurs. Vous représente François Gavard, cy-devant vicaire de Parcé près Fougères, que, dans toutes les circonstances possibles, il a donné des preuves non équivoques de sa parfaite soumission aux lois de l'Etat. En s'y soumettant, quelque rigoureuses qu'elles lui parussent, il savoit que le bien général devoit être préféré au bien particulier ; c'est ce qui arriva lors de votre arrêté du mois de juin dernier, qui imposoit aux Ecclésiastiques fonctionnaires qui auroient été remplacés l'obligation de se retirer dans le lieu de leur naissance ou à trois lieues de leur paroisse.

Le soussigné était, pour lors, vicaire dans la paroisse de Parcé près Fougères ; mais, ayant été remplacé dans le même temps, il obëit à la Loy générale, sans murmure et sans réclamation.

Cependant, il vous prie, Messieurs, d'observer que ce ne fut pas sans éprouver des dommages considérables pour lui ; il abandonna ses propriétés qu'il faisait valloir ; un ménage qu'il laissa à la garde de quelques voisins, des provisions de bois et autres qui ont été volées pour la plupart, etc., et se retira à 7 lieues, dans le lieu de sa naissance, où il se mit dans une pension, au payement de laquelle il a dépensé le peu qu'il pouvait avoir pour lors. Cependant, comme tous les autres citoyens, il a exactement payé les impôts et autres subsides mis sur ses propriétés, et elles seraient maintenant sa ressource en les cultivant. D'ailleurs, la *municipalité de Parcé, dont il a été membre*, n'aurait jamais pensé à l'éliminer, si votre arresté n'avait été porté, parce qu'elle connaissait son caractère doux, ami de la paix et du bon ordre et incapable de troubler la Société.

Le soussigné vous suplie de prendre ses raisons en considération et de lui permettre de retourner dans une maison qu'il n'a abandonnée que par obéissance à une Loi que vous avez portée et dont vous pouvez suspendre l'exécution, par égard à la légitimité de ses motifs. Il est, avec un très profond respect, Messieurs, votre très humble et très obéissant serviteur. »

Signé : Fr. GAVARD, prêtre.

Saint-Ouen-de-la-Rouërie, près Antrain, le *9 janvier* 1792.

« Renvoyé au Directoire du district de Fougères, pour donner les observations et son avis. A Rennes, ce *16 janvier* 1792. »

Signé : BERTIN, président.

Le Directoire du District de Fougères, au vu de la requête du prêtre Fr. Gavard, après avoir parlé d'embarras causé dans le District par la *Désertion civique*, ajoute, dans sa délibération : « Tout ce désordre est visiblement l'ouvrage du sieur Gavard, prêtre, dont les instructions dangereuses ont perverti une paroisse qui, auparavant la Constitution, était fort tranquille. Par ces considérations, le Directoire, après avoir oüi le procureur-syndic, est d'avis qu'il n'y a lieu à délibérer sur la requête de François Gavard, ci-devant vicaire, et qu'il sera tenu de se conformer aux arrêtés du Département, des 14 juin et 15 décembre derniers, sous les peines qu'il sera vu appartenir. Du *26 janvier* 1792. »

Pour expédition conforme. Signé : BARON.

Les administrateurs arrêtent de « tarder de délibérer sur cette requête, jusqu'après l'expiration du délai accordé aux Ecclésiastiques, par l'arrêté du Conseil du 15 avril présent mois, pour faire la déclaration qui y est exigée d'eux. Fait à Rennes, le *19 avril* 1792, l'an 4° de la Liberté ».

ACTE DE DÉCÈS DE L'ABBÉ GAVARD, LE 4 JUIN 1799, *d'après le registre de sépultures de la commune de Noyal-sur-Vilaine pour l'an VII.*

(Extrait des Archives d'I.-et-Vil., série E. Registres paroissiaux).

« Du seize prairial de l'an VII de la R. F. u. et ind., devant nous, Charles-Marie Noblet, faisant et agissant pour l'agent de cette commune, ont comparu Jean Gavard, marchand, et François Marias, laboureur, demeurans commune de St-Ouen-la-Roierie, lesquels nous déclarent que le cadavre d'un inconnu, trouvé mort dans le chemin des Rochers, en cette commune, le six de ce mois (25 mai 1799), dont le lief en a été fait par le Juge de paix de ce canton, et a été inhumé, aux fins de ses ordres, dans le cimetière de Servon, aussi le même jour, est celui de

François-Jean-Pierre-Marie Gavard, ex-curé de Parcé, et qu'ils en sont d'autant plus sûrs que, quand ils ont fait, le matin de ce jour, leur déclaration devant ledit Juge de paix, ils ont reconnu les effets qu'on avait trouvés sur ledit cadavre, lors de la descente, et déposés au greffe de la Justice de paix de Noyal, pour appartenir audit feu Gavard, leur frère et beau-frère, et nous ont requis d'en rapporter acte.

De tout quoi nous leur avons décerné acte pour valoir et servir ce que de raison, lesdits jour, mois et an que devant, sous le seing dudit Gavard et le nôtre, ledit Marias ayant déclaré ne savoir signer. »

Signé : Jean GAVARD. NOBLET.

L'ASSASSINAT DU PRÊTRE GAVARD, D'APRÈS LES DOCUMENTS
RÉVOLUTIONNAIRES.

(Archives d'I.-et-Vil., série L, liasse 446 : « Prêtres réfractaires, dossiers individuels »).

1. — Le 7 prairial an VII. (26 mai 1799). Le Commissaire du Directoire Exécutif près le canton de Noyal-sur-Vilaine, au Citoyen commissaire près l'administration centrale du Département :

« Citoyen. Je m'empresse de vous annoncer l'événement malheureux arrivé hier matin sur mon canton : Sur les 9 heures, *plusieurs coups de fusils ont été entendus ;* et, peu de temps après, on a trouvé un homme assassiné à peu de distance de la grand'route de Paris. Le juge de paix a descendu sur-le-champ sur les lieux, accompagné de l'agent ; mais, jusqu'à ce moment, on n'a pu se procurer des renseignements certains sur la nature de ce meurtre. Un..... témoin dépose avoir vu deux militaires courir de toutes leurs forces près la grande route, à la même heure que les coups de fusils se sont faits entendre. D'autres personnes répandaient le bruit, hier au soir, que c'était un prêtre insoumis que l'on conduisait de Vitré à Rennes. Je vais prendre tous les renseignements possibles ; etc..... »

Signé : A. DEVARD.

2. — *Le même au même.* — Noyal, le 9 prairial an VII (28 mai 1799) :

« Citoyen. J'avais promis de vous transmettre les renseignements que j'aurais pu me procurer..... Voici à quoi ils se bornent (*sic*) : Le particulier assassiné est un prêtre réfractaire, et inscrit sur la liste des émigrés. Il était conduit par un détachement qui devait l'amener à Rennes, et qui l'a fusillé en la commune de Noyal. Le chef de ce détachement, dans son rapport au général, prétend qu'on ne s'est porté à cette extrémité qu'en le voyant fuir. *On n'a point de preuves du contraire ;* MAIS LES APPARENCES SEMBLENT DÉMENTIR CE FAIT : 1° *Il est prouvé qu'il a été fusillé à bout portant ;* 2° il avait des contusions sur le corps. D'ailleurs, si on ne voulait s'assurer que de sa personne, il n'aurait pas dû être isolé. *Le procès-verbal rapporte qu'on lui avait enlevé une partie de ses vêtements,* et qu'on a trouvé, à côté de lui, une bourse de toile vuide où l'on appercevait encore l'empreinte de monnaie. Les circonstances de cet événement offrent matière à d'amples réflexions, qu'il ne m'appartient pas de vous retracer. Salut et fraternité. » Signé : A^t DEVARD.

3. — *Le Commissaire du Directoire Exécutif près le Département d'Ille-et-Vilaine, au Général Roulland,* commandant la subdivision territoriale : *(Minute non signée.)*

« Rennes, le 9 prairial an VII (28 mai 1799).

Citoyen Général. L'arrestation, la mort du prêtre Gavard m'ont déjà été annoncées par deux commissaires du Directoire Exécutif. Je ne vous dissimulerai pas que cet événement paraît affecter d'une manière sensible les vrais amis de l'Ordre et de la Sûreté publique. Les formes violées, la Loy méconnue, tout fait craindre avec raison les suites funestes que peuvent avoir de *pareils actes arbitraires de la part de la force armée,* si l'on ne s'empresse de la rappeler aux vrais principes. Vous dénoncer un abus, c'est m'assurer que vous le ferez cesser.....

Accusez-moi, s. v. p., réception de la présente ; agréez mon salut fraternel. »

4. — *Réponse du Général Roulland au Commissaire du Directoire Exécutif près le Département d'Ille-et-Vilaine, concernant l'assassinat du prêtre Gavard :*

Du Quartier Général de Rennes, le 12 prairial an VII (31 mai 1799).

« Citoyen Commissaire. Je vous envoie ci-joint copie du procès-verbal rendu par les soldats de la 3ᵉ demi-brigade d'Infanterie légère formant le détachement chargé de conduire de Vitré à Rennes le nommé Gavard, prêtre insoumis, lequel a été tué en voulant s'évader, ainsi que le porte cet acte (1). Je suis bien fâché de cet événement ; mais il est impossible maintenant d'y remédier.

Je vous salue bien fraternellement. » Signé : ROULLAND.

5. — *Le Commissaire du Directoire Exécutif près l'administration centrale d'Ille-et-Vilaine annonce au Ministre de la Police la mort du prêtre Gavard :*

Rennes, le 13 prairial an VII (1ᵉʳ juin 1799).

« Citoyen Ministre. Le 5 de ce mois, la force armée découvrit et arrêta le nommé Gavard, prêtre réfractaire, caché dans les environs de Vitré. Le 6, le commandant de cette compagnie le remit entre les mains d'un sergent, ayant avec lui un caporal et 6 fusiliers, pour l'escorter jusqu'à Rennes, où il devait être remis aux autorités constituées. Ce Gavard (suivant le procès-verbal dont j'ai reçu copie) tenta, à quelques lieues

---

(1) Cet acte rédigé par les assassins et naturellement tout à leur avantage, est aujourd'hui perdu.

de Vitré, de se soustraire par la fuite à la vigilance de ses gardiens. Il gagna un champ de genêts, dans lequel il fut repris. Une seconde fois, à une lieue et demie de Châteaubourg, il profita pour s'échapper du moment où une partie de l'escorte poursuivait un homme armé qu'elle vit fuir à toutes jambes au travers la campagne. En vain le sergent lui cria, différentes fois, d'arrêter ; il était sur le point de se sauver quand il fut atteint et tomba mort de deux coups de feu.

Cet événement, dont m'instruisit le général Roulland, me donna lieu de lui faire observer combien il était à craindre qu'il se renouvelât. Je lui fis sentir que de pareils actes, de la part de la force armée, ne pouvaient qu'alarmer les vrais amis de l'ordre, etc.

Accusez-moi, je vous prie, Citoyen Ministre, réception de la présente. »

Paris, le 29 prairial an VII.

« Le Ministre de la Police générale de la République, au suppléant du Commissaire près l'administration centrale d'Ille-et-Vilaine.

J'ai reçu, Citoyen, votre lettre du 13 de ce mois..... Salut et fraternité. »

Signé : Duval.

Supplément aux Actes des prêtres Clément et Chilou.

(Cf. présent volume, p. 39 et 114.)

LES INSTRUCTIONS DE L'ABBÉ CLÉMENT AUX PAROISSIENS DE BRIELLES,
le 5 juin 1791.

(Extrait du n° 297 (25 juin 1791), p. 325, du *Journal des départements, districts et municipalités* de la ci-devant province de Bretagne).

« Le sieur Clément, vicaire non assermenté de Brielles, a cru devoir faire son petit prône le 5 de ce mois à la post-communion de la première messe. « J'ai des avis fort intéressants à vous donner, dit-il à ses paroissiens, et, dans les circonstances actuelles, il est nécessaire que je vous trace les règles de la conduite que vous avez à tenir. Vous entendez dire que les brefs du Pape sont faux, et moi je vous dis qu'ils sont vrais ; que M. Le Coz, évêque prétendu de Rennes, est excommunié par M. de Girac, qui n'a point cessé de l'être et qui a toujours les mêmes pouvoirs.

» Les prêtres qui ont fait le serment, les nouveaux élus sont aussi excommuniés et n'ont aucun pouvoir, les tenant de M. Le Coz, qui n'en a aucun. Leurs messes, confessions et autres sacrements sont autant de sacrilèges et l'Eglise nous défend expressément de communiquer avec eux dans les exercices de la Religion, etc. »

Telles étaient les pieuses et pacifiques règles de conduite que le sieur Clément avait à donner à ses paroissiens. Il fut, par ordre de la municipalité de Brielles, arrêté le même jour et dénoncé le 6 au tribunal de La Guerche, décrété de prise de corps le 7 et jugé définitivement le 18 juin.

Il a été condamné à deux ans de bannissement du ressort du district de La Guerche, avec défense d'en approcher plus près de quatre lieues, à 3 livres d'amende et aux dépens. Il n'a pas cru devoir relever appel de ce jugement. »

ARRESTATION DU PRÊTRE MICHEL CHILOU.

(Cette pièce, copiée aux Arch. d'I.-et-Vil., par M. l'abbé Julien Hervé, annule celle publiée à la p. 114 de notre présent volume).

« L'an II de la République Française, le 28 messidor après-midi, soussigné Jean Pattier, huissier et fusilier de la garde nationale de Montfort-la-Montagne, certifie, sur les avis qui ont été donnés, que...... François Louessard, demeurant au Bas-Monclair en la commune [de Saint-Gilles], et Pierre Lormée, demeurant au Gué Busson, *recelaient des prêtres réfractaires ;* qu'en ces deux derniers lieux, les prêtres y célébraient le sacrifice de la messe ; desquels avis reçus et fait part verbalement au citoyen Gérard, lieutenant au 15°, faisant fonctions d'adjudant de place, et au citoyen Esnault, commandant la garde nationale de Montfort-la-Montagne, le citoyen Esnault a commandé à 11 gardes nationaux du dit Montfort, moi compris, et le citoyen Gérard à 21 volontaires du bataillon Marat, lui compris. Tous ensemble avaient pris la route pour nous rendre au lieu de la Croix, près le chef-lieu de la commune de Clayes. (Suit le détail de leurs opérations dans cette localité, qui n'ont aucun rapport avec le prêtre Chilou.)

De suite, nous nous sommes rendus au lieu dit du Bas-Monclair, en la demeure de François Louessard, commune de Saint-Gilles. Parlant au dit Louessard, nous lui avons demandé s'il n'avait en ses maisons personne de suspect aux termes de la loi : a répondu que « non ». Vérifiant les appartements, tous gardés au dehors, nous avons trouvé un homme couché dans un grenier dans un lit, sur de la paille (*sic*), composé d'une couette, un matelas, un traversain, draps de lit, couvertures ; lequel nous avons reconnu pour être Michel Chilou, prêtre de la commune de Romillé, lequel avons arrêté avec le dit François Louessard..... (Suit le détail des autres opérations qui se passèrent tant à la Haudinais qu'à la Gesnerais, en Saint-Gilles, lesquelles n'ont aucun rapport avec l'abbé Chilou.)

.....Pour tout quoi..... nous l'avons conduit avec les ci-devant dénommés à la maison d'arrest du dit Montfort-la-Montagne, où nous les avons de suite chargés sur le registre de la geôle. De tout quoi nous avons rapporté le présent procès-verbal, le 29 messidor an II. »

Signé : PATTIER.   GÉRARD.

INTERROGATOIRE DE LOUESSARD, RECELEUR DU PRÊTRE CHILOU,
DEVANT UN ADMINISTRATEUR DU DISTRICT DE MONTFORT,
le 17 juillet 1794.

(Extrait des Archives d'I.-et-Vil., série B, dossier 257 du Tribunal criminel d'I.-et-Vil.
Procès de Tostivint et Chilou, prêtres, etc.).

« Du 29 messidor, an II de la R. F. u et ind., aux 4 heures de l'après-midi, à l'administration du Directoire de district de Montfort-la-Montagne, devant nous, Pierre-Bon Alliou, administrateur, a été, par la force armée, amené un homme de la taille de 4 pieds 10 pouces, cheveux, barbe chateing, yeux gris, nez petit et gros, bouche grande et lèvre grosse, menton rond ; lequel nous a dit se nommer François Louessard, cultivateur, demeurant au Noës Monclaire, commune du Bourg Gilles, district de Rennes, et avoir été pris chez lui, ce matin, par la force armée, et amené à la maison d'arrest de cette commune.

Interrogé s'il sait les motifs pourquoy il a été arresté ? — Dit qu'il présume que c'est parce qu'on a trouvé couché chez luy un prestre nommé Chislou.

A lui demandé depuis quand ce prestre est chez lui, et s'il était seul ? — Dit que, le jour d'hier, une heure avant le jour, plusieurs particuliers frapèrent à sa porte. Il se leva et l'ouvrit. Entra Pierre Chislou, son fils, et Chislou, prêtre, qui engagèrent l'interrogé de leur donner à boire et à manger, et qu'ils avaient faim ; et il leur en donna ; que, après, Pierre Chislou et son fils s'en retournèrent, et Chislou, prestre, fut se coucher dans une chambre ; qu'il passa le restant du jour chez lui, interrogé, sans savoir ce qu'il y fist, étant allé tuer un cochon chez Joseph

Demai, à la Motte, en Bourg Gilles. Et, de retour en sa demeure, il demanda à son épouse si Chislou, prestre, y était encore; qu'elle lui répondit qu'il y était ; et qu'elle lui avait arrangé un lit pour se coucher ; qu'effectivement il se coucha, et qu'aux environs des trois heures du matin, de ce jour, la force armée, entrée chez lui, La saisit *(sic)* ledit prestre.

A lui demandé combien de fois Chislou, prestre, a couché chez lui ? — Dit qu'il y a couché les deux nuits dernières et qu'il n'y aurait pas couché sans Pierre Chislou, frère du prestre, de Tramabou, en la commune de Bourg Gilles.

Interrogé s'il a connaissance que Chislou, prestre, ait couché chez son frère Pierre, ou en quelques autres endroits ? — Dit n'avoir nulle connaissance.

A lui demandé si ce prestre n'a fait aucunes fonctions dans sa demeure ? — Dit que non.

Interrogé s'il n'a pas connaissance que les prestres sont les autheurs des malheurs qui arrivent par les passages des Brigands et des Chouans, et s'il n'a pas été avec eux ? — Dit que non.

A lui demandé s'il ne connaissait pas la Loi qui défend de recevoir des prestres et de les alimenter ? — Dit ne pas la connaistre et que, s'il l'avait connue, il ne l'aurait pas reçu chez lui.

A lui demandé s'il assiste aux Décades, s'il est de la Garde Nationalle de sa commune et s'il est Républiquain ? — A dit assister aux Décades, avoir été notable, mais que, depuis deux ans, il ne l'est plus ; n'avoir jamais été de la Garde Nationalle, et qu'il est Républiquain, sans savoir ce que c'est.

Représenté à l'interrogé qu'un Républiquain est celui qui aime et chérit la Constitution, paye sans murmures ses impositions, et cherche l'occasion de déjouer les complots des Ennemis de la chose publique. — A dit avoir satisfait à toutes ses obligations sans murmures.

A lui demandé s'il ne connaît point quelques autres prestres réfractaires, et si Chislou ne lui a pas laissé chez lui quelques effets ou argent en dépôt ? — A dit nier *l'interrogat.*

Telles sont ses interrogatoires, déclarations et négations, qu'il a déclaré estre véritables ; a déclaré ne pouvoir signer, ne voyant plus, étant âgé de soixante-trois ans, quoique de le [faire] sommé après lecture.

Arresté en Directoire, à Montfort-la-Montagne, le dit jour et an que devant.

Signé : ALLIOU.

DOCUMENTS COMPLÉMENTAIRES

I.

Adresse du Clergé du diocèse de Rennes a son évêque, Mgr
Bareau de Girac, en adhésion a l'exposé des Principes formulé
par les membres de l'Assemblée Nationale et adopté en son
entier par le premier pasteur de Rennes.

(De l'imprimerie de Grapart, libraire, place du Palais, à Rennes, — Bibliothèque Nationale,
Ld 4 3151 ; reproduit d'après une copie communiquée par Dom Anger, O. S. B.)

« Monseigneur,

Pénétré de cette vérité importante qu'il n'appartient qu'aux Evêques
et aux Souverains Pontifes de prononcer sur les matières de Foi et de
tracer aux fidèles des règles de discipline, nous devions au peuple, dans
les circonstances où se trouve l'Eglise, l'exemple d'une soumission prompte
et sans réserve.

Nous devions à vous, Monseigneur, et à vos illustres confrères, l'hommage public de notre respect, pour des décisions devenues aujourd'hui
celles de l'Eglise de France par l'adhésion des Evêques de ce royaume
à l'Exposition des Principes sur la Constitution civile du Clergé.

Après y avoir reconnu la doctrine de nos Pères dans la Foi, nous y
adhérons de cœur et d'esprit. Nous sommes résolus de vivre et mourir
dans ces principes, qui seront à jamais la règle de notre conduite et la
base de notre enseignement. Il ne sera pas dit que les prêtres d'un grand
diocèse aient, un seul instant, oublié quel malheur aurait été pour eux
de désobéir à leur Evêque, de quel crime dont ils se chargeraient devant
le Souverain Juge.

Nous croyons avec le grand Bossuet que le Fils de Dieu, ayant voulu
que son Eglise fût Une, l'a bâtie solidement sur l'Unité et a établi et
institué la primauté de Pierre pour l'entretenir et la cimenter. Nous
croyons encore, avec l'illustre évêque de Meaux, que si les auteurs de
la réformation prétendue eussent aimé l'Unité, ils n'eussent pas aboli le
gouvernement épiscopal qui est établi par Jésus-Christ lui-même et que

l'on voit en vigueur dès le temps des apôtres, ni méprisé la chaire de saint Pierre, qui a un fondement si certain dans l'Evangile et une suite si évidente dans la tradition. L'Eglise de France a prononcé. On attend d'un moment à l'autre la décision du Souverain Pontife ; alors nous dirons avec saint Augustin : « La cause est finie, *causa finita est.* » Fasse le Ciel que l'erreur finisse aussi ! Tel est le plus ardent de nos vœux.

Agréez, Monseigneur, l'hommage de nos principes comme un sentiment dû à votre zèle et à vos vertus.

Nous sommes avec un profond respect, Monseigneur, vos très humbles serviteurs.

Signé : Ager, prêtre, sous-diacre d'office à Toussaints de Rennes. — Allot (de Montigné), curé à Chelun. — Anger, recteur de Thorigné. — Aubrée, recteur de Saint-Aubin-d'Aubigné. — Auffray, prêtre.

Badier, prêtre, diacre d'office à Saint-Jean de Rennes. — Barbedette, curé à Chantepie. — Baslé, curé à Montautour. — Basmeul, curé à Cintré. — Battais, curé à Saint-Aubin-d'Aubigné. — Bichoret, curé à Villepot. — Beltor, ancien gardien de l'Hôpital général de Rennes. — Bénis, recteur de Mouazé. — Bénist, curé à Saint-Germain-sur-Ille. — *Bernard*, prêtre de l'Hôpital général de Rennes (Cf. présent volume, p. 17 et sq.) — Beuchères, curé à Martigné. — Brard, curé à Saint-Grégoire. — Bienvenue, recteur de Saint-Aubin de Rennes. — *Bodin*, recteur de La Chapelle-St-Aubert. (Cf. présent vol., p. 188.) — Bodin, recteur de Chelun. — Baillet, prêtre de Toussaints de Rennes. — Boissel, sacriste de Saint-Aubin de Rennes. — Bossard, prêtre, diacre d'office de Saint-Etienne de Rennes. — Julien Bouessée, recteur d'Argentré. — Bouquerel, curé à Tresbœuf. — Brault, curé à Pocé. — Breteau de la Guérettrie, curé à Saint-Germain de Rennes. (Cf. G. de Corson, *Les Confesseurs de la Foi*, p. 237.) — Brot, curé à Nouvoitou.

Cabaye, prêtre, professeur au collège de Rennes. — Cadoux, recteur-prieur de Saint-Ouen-des-Alleux. — Caillet, prêtre. — Callière, recteur de La Chapelle-Erbrée. — Capellier, prêtre, directeur des Hospitalières de Saint-Yves. — Carron, vicaire à St-Germain de Rennes. — Chausseblanche, recteur de Chevaigné. — Chauvel, curé à l'Hermitage. — Chauvin, prêtre. — Chenays, curé à Saint-M'Hervé. — Chêvé, diacre d'office de St-Aubin de Rennes. — Chevet, curé à la Croix de Vitré. — Cochard, curé à Ercé, près Gosné. — Courcier, chefcier du chapitre de La Guerche. — Crosson, curé à Corps-Nuds. — Coirre, curé à Bourgbarré.

Davoine, curé à Balazé. — De Bléry, principal du Collège. — Debroïse, diacre d'office de Saint-Sauveur de Rennes. — De Châteaugiron, professeur au Collège. — Dechefdubois, prêtre. — Decombes, recteur de Pléchâtel. — Decombes, chapelain des Dames de la Trinité de Rennes. — De Corsin du Chesneblanc, chanoine de la cathédrale de Rennes. — De Fayole, chanoine de Rennes. — De Forsanz, recteur de Saint-Etienne de Rennes. — De Kergré, prêtre. — De la Bigne, prêtre de l'Hôpital général de Rennes. — De la Croix, chanoine de Rennes. — De la Croix-Herpin (Paul-Thomas), prêtre. — De la Croix-Herpin (Jacques), prêtre. — Pierre Delaire, prieur-recteur de La Bazouges-du-Désert. — Delanoë, recteur de Saint-Germain-sur-Ille — Delanoe (*sic*), curé à Saint-Germain de Rennes. — De Ravenel de Bois-Teilleul, chanoine de Rennes. — De Romilley, chanoine honoraire de Rennes. — De Saint-Do, curé à Laillé. — Desbouillons, prêtre. — Deschamps, prêtre, sous-diacre d'office de Saint-Etienne de Rennes. — Deshaies, curé à Saint-Georges de Rennes. — Desnos, curé à Corps-Nuds. — Desprès, recteur de Saint-Germain de Rennes. — Desnieux, curé à Saint-Jean de Rennes. — Douillet, recteur de Châtillon-en-Vendelais. — Drouin, prêtre. — Dublot, prêtre. — Dubuisson, diacre d'office de la cathédrale de Rennes. — Duclos, curé à Toussaints de Rennes. — Duclos, curé à Forges. — Duclos, prêtre de St-Erblon. — Dufey, prêtre. — Dufour, recteur de Forges. — Dumond, prêtre. — Du Pargo, chanoine-trésorier de l'église de Rennes.

Eon, recteur de Brie. — Ermenier.

Falaise, curé à Moigné. — Faligant, professeur au collège de Rennes. — Ferron, prêtre. — Fertigné, curé à Vern. — Fournier, chanoine et official de Rennes.

Gaignard, prieur-recteur d'Arbrissel. — *Garnier*, prêtre, chantre de Saint-Germain de Rennes. (Cf. sur lui : *Hist. du Pays de Dinan*, t. Ier, p. 310. Ce prêtre fut assassiné par les soldats bleus au Quiou, en 1796.) — Gascher-Duval, chanoine de Rennes. — Gautier, recteur de Chavagne. — Gautier, chapelain des Petites Ursulines de Rennes. — Gautier, prêtre. — Gautier (Yves), prêtre de Bruc. — Gesnouel, recteur de Saint-Laurent de Rennes. — Gérard, sous-diacre d'office à Saint-Germain de Rennes. — Giffart, curé à Chauvigné. — Gigon, vicaire à Chancé. — Grissel, prêtre de l'Hôpital général de Rennes. — Gobaille, l'aîné, sous-diacre d'office à l'église cathédrale de Rennes. — Gobaille, cadet, prêtre. — Gobaille, prêtre de Saint-Germain de Rennes. — Godard, recteur de l'Hermitage. — Godard, curé à Nouvoitou. — Gelin, prêtre, chantre à Saint-Germain de Rennes.

Haloche, curé à Saint-Martin de Vitré. — H. Hardy, prêtre. — Harel, directeur des Grandes Ursulines de Rennes. — Harel, prêtre de l'Hôpital général de Rennes. — Hélo, prêtre, sous-chantre de l'église de Rennes. — Heuzé, curé à Poligné. — Hillion, curé à Vern. — Hirou, curé à Ercé. — G. Hutau, recteur de Montautour.

Jamois, curé à Erbrée. — Jollivet, recteur de Lalleu. — Jounot, curé à Balazé.

La Coquerie, curé à La Bazouges-la-Pérouse. — Lajat, recteur de Romagné. — Lambert, curé à Melesse. — Langlois, prêtre. — Lavenant, chapelain des Dames du Colombier, Rennes. — Le Barbier, recteur de Saint-Sauveur et grand pénitencier du diocèse de Rennes. — Le Bernier, prêtre. — Le Breton, aumônier de St-Yves. — Le Breton, professeur au Collège. — L'Ecrivain, recteur de Laillé. — Le Forestier, supérieur de l'Hôtel de Kergus. — Le François, directeur de la Visitation. — Legoût, vicaire à Pléchâtel. — Le Maître, chanoine de Rennes. — Le Mintier, archidiacre du Désert. — Le Mintier, chanoine de Rennes. — Le Pez, recteur de Bruz. — Le Pez, curé à Bruz. — Leray, curé à Chanteloup. — Leray, curé à Brie. — Le Saint, recteur de Moigné. — Lesné, curé à Mordelles. — Lesné, prêtre de Cintré. — Letort, curé à Visseiche. — Letanneur, prêtre de Mordelles. — Levesque de la Mesrie, recteur de Sainte-Croix de Vitré. — Levesque, recteur de Chartres. — *Loaisel de la Villedeneuc*, chantre et chanoine de Rennes. (Cf. *Hist. du Pays de Dinan*, t. II, p. 23.) — Louis, curé de Rannée. — Loizance, curé à Saint-Etienne de Rennes. — Le Lorre, curé à Chevaigné.

Marion, prêtre. — Maugendre, prêtre. — Marchand, curé à Tresbœuf. — Marquer, recteur de Saint-M'Hervé. — Massiot, curé à Saint-Hélier de Rennes. — Miaude, curé à Saint-Armel. — Millaux, professeur au collège de Rennes. — Moisina, curé à Saint-Sauveur de Rennes. — Mahé, curé à Mouazé. — Mahé, prêtre. — Morand, curé à Bourgbarré. — Moranne, curé à Martigné. — Monnier, curé à Melesse. — Monnier, curé à Orgères. — Mouazé, curé à Gosné. — Moulin, recteur de Notre-Dame de Vitré.

Nouail, curé à Chavagne.

Ollivier, prêtre.

Paschoux, ancien recteur de Tresbœuf. — Paigné, recteur de Saulnières. — Percevaux, recteur de Tourie. — Perrier, curé à Mordelles. — Petit, curé à Saint-Laurent de Rennes. — Petit, d'Arbrissel. — Pichon, prêtre, sacriste de Saint-Jean de Rennes. — Prévost de Bourgerel, chanoine de Rennes. — Prioul, curé à Cintré.

Rebulet, curé à Toussaints de Rennes. — Regnault, recteur de Saint-Médard-sur-Ille. — Ricault, recteur de Sougéal. — *Rolland de Rengervé*, curé à Saint-Sauveur de Rennes. (Cf. G. de Corson, *Les Confesseurs de la Foi*, p. 3.) — Rouxel, recteur de Pocé. — Rouyer, curé à Saint-Martin de Vitré. — Rozé, recteur de Piré. — Rouault de la Tribonnière, recteur de Toussaints de Rennes.

Saquet, recteur de Saint-Martin de Rennes. (Cf. présent vol., p. 154.) — Saudraye, recteur d'Ercé, près Gosné. — Sevin, curé à Chartres. — Simoneau, curé à Melesse. — *Sorette*, professeur au Collège. (Cf. présent volume, p. 216.)

Taburet, curé de Torcé. — Tafforeau, curé à Erbrée. — Thébault, curé au Rheu. — Thomas, prieur de Romazy. — Thomas, curé à Chanteloup. — Thouin, recteur de Moussé. — Tison, vicaire à Saint-Erblon. — Touchet, recteur de Saint-Hélier de Rennes. — Travers, professeur émérite au Collège. — Trouvé, recteur d'Eancé.

Vannier, recteur de Châtillon. — Vaugeois, recteur de Mordelles. — Veillard, curé à Bâzouges-la-Pérouse. — Villeneuve, prêtre. — Vincent, vicaire à Pléchâtel.

Nota. — Le diocèse de Rennes étant composé d'environ 200 cures, la liste des adhérents serait beaucoup plus considérable s'il avait été possible de leur faire parvenir l'adresse avant le 24 septembre 1790, jour où les dernières signatures ont été reçues. Persuadés qu'il faut « *rendre à César ce qui est à César et à Dieu ce qui appartient à Dieu* », les ecclésiastiques ci-dessus déclarent qu'ils obéiront à la puissance temporelle dans tout ce qui est de son ressort et qu'ils se feront toujours un devoir sacré de montrer au peuple l'exemple de la parfaite soumission.

Supplément. — Anger, curé à Lécousse. — Binel, curé à Saint-Léonard de Fougères. — Brodin, curé à Piré. — Beaulieu, recteur de Saint-Sulpice de Fougères. — Brettes, curé à Laignelet. — Bourget, curé à Noyal-sur-Vilaine. — Boissel, recteur de Guipel. — Berthelot, recteur de Poligné. — Bodin, recteur de Betton. — Bruneau, curé à Saint-Médard.

Colet, curé à Bain. — Couanon, curé à Piré. — Canet, prêtre, docteur en théologie. — Chedor, curé à Noyal-sur-Vilaine. — Chevy, ex-recteur de Vieux-Viel. — Chantrel, curé à Poligné. — Caillepain, prêtre.

Decombes, prêtre de Saint-Georges. — Meneust des Aunaly, recteur de Saint-Léonard de Fougères. — *Delaunay*, prieur-recteur de Rillé. (Cf. présent volume, p. 116.) — *Duval*, recteur de Laignelet. (Cf. présent volume, p. 229.) — (F.) de Mésange, recteur de Romagné. — Dubois, prêtre de St-Sauveur de Rennes. — Daëen, recteur d'Amanlis. — Dufeu, recteur de Pancé. — Duval, recteur de Betton. — De Villegirard, curé à La Celle-en-Coglès.

Foucault, chapelain de Saint-Léonard de Fougères. — Fontaine, recteur de Cesson.

Goret, directeur des Ursulines de Fougères. — Genest, directeur des Urbanistes de Fougères. — Gendrot, curé à Pancé. — Gourdu, prêtre.

Hardy, curé à Brain. — Hamard, recteur de Coglès. — Jambin, curé à La Chapelle-Janson. — De Kergâté, prêtre.

Lebon, doyen de Bain. — Laîné, curé à Saint-Léonard de Fougères. — Le Bêchu, prêtre de Saint-Sulpice de Fougères. — Loiseleux, sacriste de Saint-Sulpice. — Lucas, prêtre de Janzé. — Le Monier, curé à Saint-Jacques-de-la-Lande. — Laigner, recteur de La Celle-en-Coglès. — Le Tranchant, recteur d'Acigné. — Levêque, curé à Acigné.

Malle, recteur et maire de La Chapelle-Janson. — Menuel, gardien de l'hôpital Saint-Louis à Fougères. — Margerie, chapelain à Saint-Sulpice de Fougères. — Magné, recteur de Javené. — Martin, curé à La Celle-en-Luitré. — Michelais, recteur de Noyal-sur-Vilaine.

Picard, recteur de Beaucé. — Poupart, sacriste de Saint-Léonard de Fougères. — Paris, curé à St-Martin de Janzé. — Pallié, curé à Gévezé. — Pollet, curé à Brécé. — Pihier, curé à Coglès.

Rollandin, curé à Beaucé. — Ruault, recteur de Vezin. — Renault, prêtre.

Simon, l'aîné, chapelain à Saint-Sulpice de Fougères. — Simon, le jeune, prêtre de Saint-Sulpice de Fougères. — *Sourdin*, curé à Saint-Pierre de Janzé (Cf. présent vol., p. 205). — Saulduny, curé à Betton.

Tual, curé à La Chapelle-Janson. — Tréhu, curé à Cesson.

Vannier, prêtre de Saint-Léonard de Fougères. — Vincent, gardien de l'hôpital Saint-Nicolas.

II.

LISTE DES ECCLÉSIASTIQUES D'ILLE-ET-VILAINE RENFERMÉS A SAINT-MELAINE QUI FURENT CONDAMNÉS A LA DÉPORTATION *et dirigés sur Saint-Malo, le 8 septembre 1792, afin d'être embarqués pour Jersey.* (Cf. présent vol., p. 6.)

(*Arch. I.-et-V.*, L 443. Nous devons à l'obligeance de M. l'abbé *Arsène Leray*, ancien recteur de Moutiers et à sa science profonde de l'époque révolutionnaire de nombreux renseignements sur ces ecclésiastiques. Nous indiquons par un astérique ceux de ces personnages auxquels nous avons consacré une notice dans un de nos deux volumes de l'*Hist. du Pays de Dinan*.)

Pierre Anger, vicaire à Lécousse, 45 ans.
Pierre-Michel Agu, diacre d'office, Toussaints de Rennes, 43 ans.
Pierre Alloyer, recteur de Saint-Léger, 33 ans.
Mathurin Aubert, vicaire à Merdrignac (C.-du-N.), 40 ans.
Germain Boulard, cordelier, 30 ans.
Simon Le Prévost de Bourgerel, chanoine de Rennes, 56 ans.
Alexis Bossard, diacre d'office, Saint-Etienne, Rennes, 52 ans.
Pierre Bourget, vicaire à Noyal-sur-Vilaine, 51 ans.
Fidèle Blesteau, carme, de Pont-l'Abbé, 42 ans.
J.-F.-Joseph Beillet, chantre, Toussaints de Rennes, 38 ans.
Pierre-Vincent Bouchet, recteur de Lécousse, 38 ans.
Pierre Boutemy, recteur de la Valette, 54 ans.
Philippe Berthelot, recteur de Poligné, 50 ans.
Joseph Bitault, recteur de Veneffles, 52 ans.
Jacques-Mathurin Bouvet, vicaire à Vergéal, 39 ans.
Thomas Bouessel (ou Boissel), sacriste, Saint-Aubin, Rennes, 50 ans.
Pierre Besnard, chapelain, Hôpital général, Rennes, 39 ans. (Cf. présent vol., p. 17.)
J.-B. Blot, vicaire à Domagné, 30 ans.
Louis Bricault, vicaire à La Fontenelle, 38 ans.
*Joseph Basmeule, grand carme de Rennes, 56 ans.
Joseph-Mathurin Bercegeay, recteur de Vieux-Viel, 40 ans.
Pierre-François Cotelle, bénédictin de Solesmes, 51 ans.
Louis-Marie Chef-du-Bois-Sonnet, ex-jésuite, 58 ans.
*Guillaume Chartier (de Trigavou), curé d'office de Dingé, 48 ans.
Guy Carron, vicaire, Saint-Germain, 33 ans.
Jean-Marie de Châteaugiron, professeur au collège de Rennes, 41 ans.
Pierre-Esprit Capelier, directeur, Dames-Saint-Yves, Rennes, 45 ans.
Julien Carissand, prêtre de Rennes, 25 ans, natif de Noyal-sur-Seiche.

Jean-François Chalmel, prêtre de Combourg, 51 ans.

Jean Coupé, vicaire à Romazy, 28 ans.

Michel Cogranne, prêtre du Tremblay, 27 ans.

Yves Cudenec, grand carme, frère lai.

Joseph Crosson, vicaire à Corps-Nuds, 26 ans (Cf. G. de Corson : *Les Confesseurs de la Foi*, p. 36.)

Jean Debroize, diacre d'office, Saint-Sauveur, Rennes, 32 ans.

Louis Decombes, chantre, Saint-Georges, Rennes, 44 ans.

François-Joseph Decombes, recteur de Pléchâtel, 54 ans.

Pierre Derbrée, vicaire à Sougéal, 36 ans.

François Desnos, vicaire à Corps-Nuds, 35 ans.

Alexis-Augustin Dubuisson, recteur de Poilley, 41 ans.

Jean Duchesne, chanoine de Vitré, 46 ans.

Louis-Marie Dufay (ou Dufey), directeur Hôpit. St-Yves Rennes, 48 a.

Henri-Marie-François Dufeu, recteur de Pancé, 54 ans.

Pierre-Jean Dufour, recteur de Forges, 54 ans.

Henri-Joseph Dufresne de Virel, chanoine de Troyes, 36 ans.

Julien Duhamel, vicaire à Broons-sur-Vilaine, 36 ans.

François Dupré, vicaire à Hirel, 37 ans.

Louis Duval, grand carme de Tours, 29 ans.

Etienne Feuvrier, prêtre de Saint-Just, 39 ans.

Jean Filly, prêtre de Goven, 58 ans.

Jean-François Fouassier, recteur de Vergéal, 58 ans.

Luc Garnier, chantre, Toussaints de Rennes, 52 ans.

René-François Gascher du Val, chanoine de Rennes, 57 ans.

Pierre Gautier, chantre, Saint-Jean de Rennes, 45 ans.

Trinité Gaultier, bénédictin de Saint-Melaine, 27 ans.

François Gaultier (ou Gautier), recteur de Chancé, 49 ans.

Julien Gauthier (ou Gautier), vicaire à Châtillon-sur-Seiche, 49 ans.

Jean Gérard, sous-diacre d'office, Saint-Germain, Rennes.

Joseph Gervy (de Pleurtuit), recteur, Le Vivier-sur-Mer, 61 ans.

Nicolas Gilbert, diacre-récollet, Bernou (Vannes).

Joseph-Marie Gobaille, prêtre, Saint-Germain, Rennes, 31 ans.

René Gobaille, prêtre, Saint-Sauveur, Rennes, 37 ans.

Michel-François Godard, recteur de Nouvoitou, 52 ans.

*Joseph Gohin, chantre, Saint-Germain, Rennes, 42 ans.

François Goret, vicaire à Cuguen, 42 ans.

Charles-Pierre Gouallic, prieur, Bénédictins du Tronchet, 49 ans.

François Goyar, ancien recteur de La Bazouges-sous-Hédé, 57 ans.

François Grabot, chantre, Toussaints de Rennes, 42 ans.

Greslier, tonsuré de Nantes, 24 ans.

Jean-Baptiste Gresseau, cordelier de Rennes, 35 ans.

Julien Guélé, prieur de Landal, 45 ans.

Guihenneuc, vicaire à Nort, Nantes, 30 ans.

Urbain-André Guémen, vicaire à Andouillé, 55 ans. Recteur de Chancé en 1821.

Jean Hacquart, recteur de Broons-sur-Vilaine, 49 ans.

François Hamart, cordelier, Rennes, 28 ans.
Jean Hardy, chapelain de Saint-Georges, 42 ans.
Jean Hattais, vicaire à Domagné, 26 ans.
*Julien Hervé (de Saint-Jacut), recteur de Saint-Rémy-du-Plein, 48 ans.
Nicolas-Marie Hervoche, recteur de Corps-Nuds, 44 ans.
Michel Heuzé, chapelain à Crévin, 37 ans.
Toussaint Hillion, recteur de Vern, 49 ans.
Jean Hiroux, vicaire à Fercé (Loire-Inférieure), 32 ans.
Jean-Michel Jollivel, recteur de Domalain, 45 ans.
Jean-Baptiste Jolly, prieur de Sens, 45 ans.
François Jouanne, recteur de Saint-Ouen-de-la-Rouerie, 58 ans.
Jean Le Ban, recteur de La Fontenelle, 65 ans.
François Le Bel, vicaire à Saint-Ouen-des-Alleux, 34 ans.
Yves Le Bon, doyen de Bain-de-Bretagne, 48 ans.
Honoré Le Coursonnais, bénédictin d'Angers, 42 ans.
Mathurin Le Go, bénédictin de Saint-Melaine, 58 ans. (Cf. sur lui
    notice de Dom Blayo in *Rev. de Bret.*, sept. 1910, p. 119.)
Jean Le Gou, vicaire à Pléchâtel, 28 ans.
Julien Le Maréchal, vicaire à Ossé, 27 ans. (Cf. présent vol., p. 135.)
Jacques Le Pez, vicaire à Chantepie, 56 ans.
*François Le Souchu, bénédictin d'Evron, 40 ans.
Le Tailleur, chapelain du Bon-Pasteur, Rennes.
Charles-François Le Vacher, cordelier, 34 ans.
Joseph-Marie Laîné, prêtre de Saint-Malo.
Victor de La Moussaye, cordelier du couvent d'Amboise, 35 ans.
Charles La Noë, chapelain de Saint-Cyr, Rennes, 40 ans.
Alexis Louaison, bénédictin du Mans, 44 ans.
Toussaint Louaison, bénédictin de Saint-Vincent du Mans, 44 ans.
François Mahé, chapelain de Saint-Nicolas, Châteaugiron, 52 ans.
Pierre Malherbe, bénédictin de Quimperlé, 39 ans.
Louis-Pierre Maugendre, prêtre de Saint-Aubin, Rennes, 28 ans.
Hyacinthe Ménager (ou Le), cordelier de Vannes, 52 ans.
Charles Ménard, vicaire à Visseiche, 35 ans.
Julien-Pierre Miaude, vicaire à Saint-Armel, 36 ans.
Alphonse Michelais, recteur de Noyal-sur-Vilaine, 58 ans.
Julien-Jean Mollié, vicaire à Mouazé, 28 ans.
Jean Morazin, vicaire au Ferré, 58 ans.
Pierre Morel, bénédictin de Solesmes, 47 ans.
Jean Moulnier, recteur d'Ercé-en-Lamée, 40 ans.
François Nicol, chapelain en Dol, 47 ans.
François Nicol, gardien des Récollets de Vitré, 41 ans.
Pierre-Julien Pacorin, vicaire à Poilley, 28 ans.
Pierre Pasty, chapelain des prisons, Rennes, 47 ans.
François-Marie-René Pelletier, recteur de La Celle-Guerchaise, 45 ans.
Paul-Alexandre Pairier, chantre à la Cathédrale, 47 ans,
Noël Petit, vicaire d'Arbrissel, 38 ans.
Jean Pillet, chanoine de La Guerche, 44 ans.

Pierre Piolaine, bénédictin de Vertou, 51 ans.
Guillaume Pithoys, prêtre à Guichen, 54 ans.
Olivier-François Plaine, recteur de Pleine-Fougères, 44 ans.
Joseph Pontallier, sous-diacre de Rennes, 22 ans.
*Julien Poussin (de Pleudihen), vicaire à Saint-Rémy-du-Plein.
Thomas Préciaux, vicaire à Saint-Domineuc, 31 ans.
Jean Primault, vicaire à Domloup, 33 ans.
Esprit Ravenel de Boisteilleul, chanoine de Rennes, 52 ans.
Charles-Jean Regnault, recteur de Saint-Médard-sur-Ille.
Augustin Rio, carme déchaussé, dit le P. Augustin, 47 ans.
Michel Robidel, recteur du Sel-de-Bretagne, 43 ans.
Jean-Jacques Roisard, recteur de Marcillé-Robert, 45 ans.
Georges Rocher, prêtre à Combourg.
Jules Saivin, vicaire à Chartres, 37 ans.
François Sauveur, vicaire à La Couyère, 30 ans.
Joseph Sellier, chantre à Saint-Sauveur de Rennes, 41 ans.
Guillaume Soufflet (ou Soufflenne), prêtre à Plélan, 33 ans.
René Taburet, de La Châteigneraie, officier collégiale Vitré.
François Thébault, vicaire au Rheu, 29 ans.
Pierre Thomas, prieur de Romazy, 63 ans.
François Vaugeois, recteur de Mordelles, 48 ans.
Etienne Viel, recteur de Torcé, 40 ans.
Jean-Augustin Visseiche, recteur de Villepot, 53 ans.

RELIGIEUX.

Dominicains : P.-M. Le Barazer ; Coste ; Jean Carvennec ; *Claude Gauguelin ; Mathurin Gicquel ; François Giraudot ; Jean Hamonic : *Joseph Le Maître ; Jean-Marie Marcère (ou Marcel) ; *Marc Pain ; Mathurin Panager ; *Palix de Galleriot ; Jean-Joseph Sébillot ; Le Gaër, frère convers.

Cordeliers : Louis-Jean Gendrot ; Jean-Florent Breton ; Vincent Jégo, frère convers.

Capucins : Charles Chevrier ; Joseph Dubois, dit P. François-Marie ; Jean Guillard ; *François Gallais, prêtres ; — Guillaume Gaubert ; Pierre Jouan ; Charles Mercier ; Jean Grandin ; Jean de la Goublaye ; Mortier, frères convers ; — J.-B. Hubert, dit le P. Dominique ; René Pesnault, dit le P. Emmanuel ; J.-B. Ruault ; Alexis Sevestre, dit le P. Fidèle ; Talvard, prêtres ; — Joseph Segretain, convers.

BIBLIOGRAPHIE. — Sur l'exode de ces prêtres de Rennes à Saint-Malo, lire le récit que nous en a laissé l'abbé de Châteaugiron, l'un des déportés, in *Vie de l'abbé Carron* par un bénédictin de la Congrégation de France, in-8°, Paris, 1866, p. 293-294 ; — Le récit fait par l'abbé Coupé, vicaire à Romazy, au P. Barruel, publié en 1926 par les *Annales de Bretagne*, n°s 1-2, p. 139-141 ; — Tresvaux du Fraval : *Histoire de la Persécution révolutionnaire en Bretagne*, 2 in-8°, Paris, 1845, t. Ier, p. 401-406 ; — P. Delarue : *Le District de Dol*, documents inédits, t. VI, in-8°, Rennes, 1910, p. 261 et sq. Cet auteur explique nettement que les bons bourgeois francs-maçons du Directoire d'Ille-et-Vilaine voulaient, malgré la loi, déporter ces prêtres à La Guyane, et que seule une raison d'économie les fit reculer.

III.

RÉSUMÉ DU COMPTE RENDU AU MINISTRE ROLLAND DE LA CONDUITE ADOPTÉE PAR L'ADMINISTRATION CENTRALE DU DÉPARTEMENT D'ILLE-ET-VILAINE A L'ÉGARD DES PRÊTRES INSERMENTÉS QU'ELLE VEUT DÉPORTER HORS D'EUROPE (*6 septembre 1792*).

(Archives Nationales, F 19, 431.)

« A raison des événements du 10 août 1790, le Conseil général du Département d'Ille-et-Vilaine a cru devoir prendre des mesures urgentes relatives aux ecclésiastiques qui n'avaient pas prêté le serment d'allégeance exigé le 15 avril précédent (Cf. texte, p. 3). Il avait donc résolu de les réunir au Grand Séminaire de Rennes, puis de les déporter au Mont-Saint-Michel, laissant à chacun, s'il le voulait, le soin de gagner les pays étrangers. Sur les entrefaites, l'Assemblée Législative a pris le 26 août une mesure générale dont on a reçu la teneur à Rennes le 31 de ce même mois.

Sous la pression des députés des huit sections de Rennes, les membres du Conseil général d'Ille-et-Vilaine ont décidé que tous les ecclésiastiques insermentés détenus à Saint-Melaine, autres que les infirmes, seraient conduits à Saint-Malo, pour être de là transportés à Port-Louis, d'où ils seront déportés à La Louisiane. On doit mettre en route sous une escorte de 200 hommes, tant de troupes de ligne que de gardes nationaux, 192 ecclésiastiques tant réguliers que séculiers. On a fixé leur première étape à Tinténiac, où ils doivent trouver le gîte et le couvert grâce aux soins de la municipalité.

Mais les futurs déportés réclament et objectent que l'on ne peut embarquer pour La Louisiane que ceux qui y consentiront. D'autre part, plusieurs de ces prêtres, n'étant pas fonctionnaires publics, ne sont pas astreints à la loi du serment. En conséquence, le Conseil général demande le 6 septembre que l'on opte entre les réclamations des pétitionnaires des districts rennais et les réclamations des ecclésiastiques. En attendant de statuer, comme il y a parmi eux des capucins qui sont encore revêtus de leur froc monastique, alors prohibé, on décide de leur allouer à chacun 50 écus afin de se procurer un costume convenable, mais en se réservant de retenir à chacun cette somme sur leur traitement. »

Sur l'internement des ecclésiastiques fidèles à Saint-Melaine et leur déportation, lire les pages documentaires qu'a publiées P. Delarue : *Le*

District de Dol, etc., t. VI, in-8°, Rennes, 1910, p. 230-265. Suivant cet auteur (cf. p. 261), c'est à La Guyane que le Directoire d'Ille-et-Vilaine voulait du même coup déporter ces malheureux. Seule la considération d'une grosse économie à réaliser (cf. p. 262) décida les autorités malouines à ne pas exécuter les ordres de leurs supérieurs et à embarquer ces prêtres pour l'île de Jersey.

Du reste, d'après une lettre du ministre Rolland en date du 15 septembre 1792, l'arrêté des administrateurs d'Ille-et-Vilaine était absolument illégal, mais ces jacobins avant la lettre, qui avaient toujours le mot « Loi » plein la bouche, n'étaient pas à une illégalité près quand il s'agissait de persécuter des prêtres. — Sur le séjour des insermentés rassemblés à Saint-Melaine et leur déportation à Jersey, lire Tresvaux du Fraval : *Hist. de la Persécution révolutionnaire en Bret.*, t. Ier, in-8°, Paris, 1845, p. 375-379 et 399-406. Voir encore les deux récits ci-dessous qui ont paru postérieurement à l'ouvrage de Tresvaux et le complètent.

IV.

Récit par l'abbé de Châteaugiron, l'un des exilés, de l'exode des prêtres insermentés d'Ille-et-Vilaine de Rennes a Saint-Malo, le 8 septembre 1792, pour être embarqués pour Jersey.

(Texte reproduit in *Vie de l'abbé Carron*, par un bénédictin de la Congrégation de France, in-8°, Paris, 1866, p. 293-294.)

« L'ordre fut donné pour se tenir prêt à charger les voitures à trois heures, le 8 septembre, pour partir à quatre. Il fut impossible de clore l'œil avec le tumulte qui se fit dans la maison par les sentinelles qu'on avait doublées et les préparatifs tumultueux que chacun faisait. A deux heures, tout le monde était debout. Dès trois heures, R...t criait par toute la maison et ne se contenait plus. Non, je ne crois pas que toutes les poissardes en fureur, réunies ensemble, fussent capables d'imaginer les grossières horreurs que cet homme nous vomit ; mais rien ne peut égaler la brutalité avec laquelle il traita quelques-uns d'entre nous. D. Cotelle, bénédictin, rongé de goutte, demandait à marcher le long du pavé, plutôt que de monter dans une charrette qu'on n'avait même pas eu la précaution de garnir de paille ; il le fit prendre par des gardes et jeter dans la charrette. Enfin, après nous avoir tenus dans la cour jusqu'à six heures, il s'avisa de vouloir nous faire fouiller pour voir si nous n'avions point les saintes huiles, parce qu'un traître de domestique avait dénoncé que M. le recteur de Pléchâtel avait été administré. Enfin nous partîmes, sous la conduite du sieur R....t. Il est impossible de te peindre l'insolence, la brutalité perfide de ce drôle et de son adjudant C....

A une heure, nous arrivâmes à *Tinténiac*. Après avoir essuyé les huées et les injures de la foule, on nous fit entrer dans l'église et nous y restâmes jusqu'à trois heures sans secours, sans vivres. Alors, M. R....t fit apporter un grand baquet dans l'église pour faire ses besoins et nous dit d'un ton ironique : « Messieurs, vous avez faim, moi aussi ; vous n'avez point mangé, ni moi non plus ; l'étapier nous a manqué de parole. Je puis vous procurer un demi-bœuf, dont on va faire de la soupe. » — De la soupe et du bœuf, un samedi, à des prêtres, à des hommes morts de faim et de fatigue et obligés de se coucher sur le pavé, faute de sièges pour s'asseoir ! On le refusa, et tout ce qu'on put obtenir fut du cidre, du pain noir et des œufs durs.

A quatre heures, l'insolent monta en chaire et fit l'appel nominal, en se permettant les plus lâches et les plus impudentes plaisanteries sur chacun de ceux qu'il nommait. Il avait son chapeau sur la tête et, à mesure qu'il appelait, il fallait défiler devant lui pour passer à l'autre côté de l'église. J'étais nu-tête à mon ordinaire, lorsqu'il m'appela : Je pris le chapeau de mon voisin et me couvrit pour passer devant lui. Il sentit la leçon et se découvrit. En descendant de chaire, il vint me demander si je n'avais besoin de rien ? Je répondis que je n'avais pas plus besoin que mes confrères, que nous manquions de tout. J'étais enroué à ne pas ouvrir la bouche. D..., le chirurgien, m'envoya du lait chaud et P... me fit, malgré la défense du sieur R....t, parler aux demoiselles Tuffin de Sesmaisóns qui me demandaient. Ces demoiselles nous envoyèrent une soupe maigre et douze matelas. Comme j'étais malade, on envoya une soupe maigre et une couverture de plus pour moi. Nous donnâmes un matelas à l'abbé de Bourgerel qui était malade, et comme la paille qu'on apporta à sept heures était mouillée, nous distribuâmes les matelas aux vieillards et aux infirmes, qui les mirent en travers sous leurs têtes pour servir d'oreillers. On était ainsi six sur chacun, trois d'un sens et trois de l'autre.

A trois heures du matin, personne n'avait dormi lorsque M. R....t fit sonner la trompette et battre le tambour pour partir, ce qui ne put s'exécuter qu'à six heures. Depuis ce moment, plus de repos. Toute la route ne fut qu'une longue suite d'outrages et d'injures. On nous faisait arrêter dans les bourgs où la canaille était assemblée. On leur faisait crier : « Vive la Nation ! Au diable les calotins ! » Nos gardes même étaient les premiers à les encourager, et le sieur J..., espèce de terrasseur (*sic*), ne cessait de jouer sur son sifflet : « *Çà ira.* Çà ira. » Tous n'étaient pas de même : MM. C..., S... M..., et A... surtout, eurent pour nous toute espèce d'attentions. S... M... ne quitta pas notre voiture.

R....t n'avait encore rien pourvu pour cette journée, et, à trois heures de l'après-midi, lorsqu'il nous fit descendre sur le glacis du fort de *Châteauneuf*, nous ne trouvâmes encore que du pain et du cidre. Quelques gardes nationaux de Rennes, qui sont là en garnison, nous procurèrent quelques secours : B... et D... me procurèrent un peu de bouillon de soupe ; J..., le chirurgien, me donna des poires. Voilà tout ce que je pris après être sorti de Saint-Melaine, avec l'écuellée de lait de Tinténiac. Nous trouvâmes le long de la route des électeurs de Rennes qui s'en retournaient et nous accablèrent d'injures. MM. F... et Lanjuinais arrêtèrent la voiture du recteur de Corps-Nuds pour demander si j'étais de la bande. On leur dit que oui ; ils s'écrièrent : « Tant mieux ! »

Nous fûmes sur le point d'être assassinés à Saint-Servan et sur la grève. Tout ce qu'il y a de plus immonde à Rennes s'y étaient rendus. M..., Saint-J..., S... criaient à perdre haleine et soulevaient contre nous la populace ivre, après deux jours de fête. On nous fit attendre une demi-heure sur la grève au milieu de cette canaille, qui ne proférait que des paroles de mort. Enfin, nous entrâmes au château (de Saint-Malo), à sept heures et demie..... Il nous fallut attendre une heure dans la première cour..... Nous entrâmes au château. On nous appela l'un après l'autre. On nous mit douze par douze dans chaque chambre, avec six lits, une chandelle, plein une terrine de soupe faite avec de la graisse de mouton, deux draps de serpillière rousse pour chaque lit et trois cuillères pour douze..... On se coucha tout habillé et personne ne dormit. A trois heures, la garde vint, ouvrit notre porte et compta les têtes. Le capitaine, que je sus le lendemain se nommer Allanic, dit : « Pauvres bougres, ils étaient accoutumés à être mieux », et il nous dit : « Bonne nuit, Messieurs. »

Le lendemain, dès huit heures du matin on nous assembla dans la cour pour faire un appel nominal, et cette cérémonie se répéta tous les jours tant que nous fûmes au château. »

V.

Récit fait par l'abbé Coupé, vicaire de Romazy, au P. Barruel, du voyage de Rennes a Saint-Malo par les prêtres insermentés déjà rapporté précédemment.

(Copie prise sur le n° 1-2 des *Annales de Bretagne* de l'année 1926, p. 139-141. Texte communiqué par le chanoine Uzureau.)

« Depuis longtemps, on nous menaçait de déportation. Enfin le décret qui l'ordonnait fut lancé (le 26 août 1792). Il n'est peut-être pas de département où il ait été mis à exécution d'une manière plus cruelle qu'à Rennes. On nous le lut un lundi matin (3 septembre) et ce ne fut que le jeudi de la même semaine (6 septembre), à neuf heures du soir, qu'on nous annonça que nous partirions le samedi suivant. Le décret assujettissait à la déportation les fonctionnaires publics seulement ; (mais) on n'(en) excepta que les sexagénaires et les infirmes qui sont encore renfermés aujourd'hui. Encore, pour constater les infirmités de ces derniers, eut-on soin de faire venir un médecin révolutionnaire, qui, ne traitant pour ainsi dire aucun de nous, n'accordait de certificats qu'à ceux dont les infirmités étaient absolument apparentes.

Les condamnés à la déportation adressèrent une requête dans laquelle ils représentaient que la majeure partie d'entre eux tenait encore à la société par des rapports immédiats : quelques-uns étaient tuteurs, curateurs, fermiers, etc. ; tous avaient à pourvoir aux moyens de subsister sur une terre étrangère ; ils priaient seulement les corps administratifs de vouloir bien leur accorder 24 heures pour terminer leurs affaires. Ils allaient même jusqu'à proposer de se faire accompagner de deux gardes nationaux chacun, qu'ils paieraient à leurs frais. Une si juste demande leur fut refusée. Il leur faut partir, pour plusieurs sans aucun argent que celui que des confrères généreux voulurent bien partager avec eux. Ce fut le samedi 8 septembre que nous nous mîmes en route. Plusieurs de ceux qui avaient pu se procurer quelque argent avaient loué des voitures à leurs frais, pour éviter les insultes de la populace. Pour les autres, et c'était le plus grand nombre, on les plaça dix à dix, comme des galériens, sur des charrettes ; il n'y avait pas même de foin. Escortés de 250 hommes (200 de pied et 50 de cavalerie), nous nous acheminâmes vers Saint-Malo. Nous n'avions point alors de passeports et plusieurs de nos conducteurs se plaisaient à nous dire qu'on nous menait à la Guyane.

La première journée, nous fîmes sept lieues. A notre arrivée à *Tinté-niac* (c'est le nom de la paroisse où nous nous arrêtâmes), on nous fit entrer deux à deux dans l'église et nous n'eûmes pour vivres que ce que les pauvres fidèles voulurent bien nous donner, ou plutôt ce que quelques gardes nationaux, moins cruels que d'autres, voulurent bien leur permettre de nous passer. La sensibilité de ces bons habitants était si grande que plusieurs de nous eurent des couettes, des matelas et de la paille pour se coucher, mais aussi plusieurs n'eurent autre chose que la pierre.

Le lendemain, nous fîmes halte près de *Châteauneuf*. Il était deux heures de l'après-midi, et plusieurs de nous étaient encore à jeun. Nous croyions aller dîner là. Point du tout. On nous plaça sur le glacis d'un fort éloigné d'un quart de lieue de la paroisse. Nos conducteurs, pour la majeure partie, furent dîner dans les auberges, mais plusieurs des prêtres ne mangèrent que ce que la Providence leur fit trouver dans la générosité de leurs confrères qui avaient mis quelques provisions dans leurs voitures, ou dans celle des habitants de l'endroit.

Sur la route, nous rencontrions assez souvent des âmes sensibles, que le triste spectacle que nous offrions faisait pleurer, mais nos conducteurs inhumains poussaient la cruauté jusqu'à vouloir leur interdire ces larmes par les menaces et les forcer à crier : « Au Diable les Aristocrates ! » A une lieue de Saint-Malo, les chemins étaient bordés d'une populace attroupée à cet effet. Elle nous accompagna jusqu'à la ville. Les uns nous accablant d'invectives, les autres nous montrant des poignards et beaucoup répétant sans cesse les airs de : «*Ah ! ça ira* », etc. Presque aucun de nous ne s'imaginait aller jusqu'à Saint-Malo. Enfin cependant nous y arrivâmes le 9 septembre, vers les 7 heures et demie du soir. On nous fit aussitôt entrer au Château. Le lendemain de notre arrivée, on fouilla nos malles. Le surlendemain, on nous prit notre argent. Cinq hommes étaient occupés à cet office. Le maire était spectateur, le greffier écrivait la somme qu'on prenait et deux autres étaient employés à chercher dans les paillasses. Il est vrai qu'on nous donna des lettres de change pour notre argent, mais outre qu'on perd encore quelque chose sur ces lettres, il y en avait une, dit-on, qui n'était point à vue et sur laquelle il fallut perdre beaucoup, parce qu'on n'avait pas le moyen d'attendre dans ce château. Nous étions renfermés à clef depuis six heures du soir jusqu'à huit heures du matin. »

VI.

Liste des Prêtres qui furent transférés de l'abbaye Saint-Melaine au couvent de la Trinité, converti en prison, *à la suite de l'arrêté du Directoire d'Ille-et-Vilaine du 5 septembre 1794.* (Cf. le présent volume, p. 8.) — Le 13 octobre 1793, ces ecclésiastiques furent conduits au Mont-Saint-Michel, en exécution des ordres donnés le 7 précédent par le représentant Pocholle aux administrateurs d'Ille-et-Vilaine. Ils ne recouvrèrent leur liberté qu'au printemps de 1795. Sur leur régime alimentaire, cf. p. 120-121.

(*Arch. I.-et-V.*, L 443. Nous devons à la connaissance approfondie de la période révolutionnaire ainsi qu'à l'obligeance de M. l'abbé Arsène Leray de précieux renseignements sur ces ecclésiastiques. Nous indiquons par un astérisque ceux qui ont fait l'objet d'une notice dans l'un de nos deux volumes de l'*Hist. du Pays de Dinan.*)

Joseph Allot de Montigné, vicaire à Chelun, venu de Saint-Melaine, sorti de la Trinité, le 6 oct. 1792, pour s'en aller à Nantes s'embarquer pour l'Espagne (1).

Jean-Antoine Artur, 68 ans, chanoine de La Guerche, né à Oudon, Nantes, † au Mont-Saint-Michel le 29 septembre 1794.

Jean Aubrée, 68 ans, curé d'Aubigné, † le 11 mai 1793.

*Pierre-Emmanuel-Auguste Aubut, 54 ans, cordelier de Dinan.

Guy-Julien Beaudour, 63 ans, vicaire de Vieux-Vy.

Mathurin Bécherie, 74 ans, chapelain de la Gavouyère, à Saint-Aubin-d'Aubigné.

J.-B.-Marie Belletier, 76 ans, chapelain à l'Hôpital général de Rennes, né à Rennes, † au Mont-Saint-Michel le 7 avril 1794.

René-Julien Yvon de Béranger, chanoine de La Guerche, 67 ans.

Nicolas Biard, 65 ans, recteur de Moulins.

J.-B. Bienvenue, 60 ans, vicaire à Saint-Aubin de Rennes.

Vincent-François Bodin, 60 ans, recteur de Chelun.

J.-B. de Boissel, chapelain de l'hôpital de Vitré, entré le 6 octobre 1793.

Jean-Henri Bordère, 64 ans, dominicain, ex-sacriste.

Charles Bordère, 41 ans, dominicain.

François Bodiguel (frère Vincent), 53 ans, convers capucin.

Julien-Louis Boscher, 66 ans, recteur de Montours.

Jean Bouestel, chapelain de Besnard-en-Maxent, entré le 31 oct. 1793.

Pierre Boué, 78 ans, prêtre d'Amanlis, entré le 29 mars 1793.

Claude-Marie Bouilland, 60 ans, recteur de Guipry, entré le 5 nov. 1792, † le 10 décembre suivant.

J.-B. Boullé, 83 ans, prêtre de Saint-Jean de Rennes.

André Boutry, 76 ans, recteur de Vieux-Vy, entré le 15 octobre 1792.

Pierre Bouvier, curé de Saint-Jean, d'Ercé-en-La-Mée, entré le 8 juillet 1793 venant de la Tour Le-Bat, où il avait été incarcéré le 20 juin précédent. Évadé entre le 26 septembre et le 4 octobre 1793.

---

(1) Voir sur ce prêtre : Paris-Jallobert : *Journal Historique de Vitré*, in-4°, Vitré, 1880, p. 487. Il desservit au printemps de 1795, l'église Sainte-Croix de Vitré.

Nicolas-Pierre Brasseur, entré le 5 octobre 1792, parti le 7 octobre 1792 pour Jersey.

Maurice-Marin Briand, 59 ans, vicaire au Grand-Fougeray, entré le 10 novembre 1792.

Pierre-François Brouard, vicaire à Riallé (Loire-Inf.), parti pour Jersey le 7 octobre 1792.

*Nicolas Brochardière (de Moncontour), 66 ans, bernardin de Thorigny.

Julien Butet, 62 ans, recteur de Marcillé-Raoul.

François Charlet du Pré, 75 ans, recteur de Mecé, né à Rennes, † au Mont-Saint-Michel le 20 février 1795.

Pierre Charnal, 71 ans, prêtre de Saint-Malo, entré le 2 octobre 1793.

François Chausseblanche, 65 ans, recteur de Chevaigné.

André Chauvin, 66 ans, ex-cordelier.

Pierre-Guillaume Chauvin, 79 ans, carme.

Julien Chercil de Kergaté, 63 ans, ex-jésuite.

Charles Chevrier (le P. Victorin), 59 ans, capucin.

Claude Collignon, 68 ans, augustin de Malestroit, entré le 17 nov. 1792.

René de la Courte, chanoine de Saint-Malo, entré le 29 sept. 1793. Né à St-M'Hervé, † au Mont-Saint-Michel le 15 juin 1794, à 82 ans.

Jean-Baptiste Le Corsin, chanoine de Rennes.

Jacques Daligault, 26 ans, précepteur à La Chapelle-Saint-Aubert, diacre de Louvigné-du-Désert, entré le 20 mai 1793.

Yves Danet, 69 ans, prieur des Carmes déchaussés, † à l'hôpital Saint-Yves le 8 décembre 1793.

Jean-Baptiste Debroïse, 47 ans, bénédictin de Saint-Melaine, entré le 13 février 1793. (Cf. sa notice par Dom Blayo in *Revue de Bret.*, juillet 1910, p. 120.)

Jean-François Decombes, 55 ans, recteur de Pléchâtel, parti pour Jersey le 5 octobre 1792.

Anne-Jean de la Croix, 61 ans, chanoine de Rennes.

Louis-André Delaunay, 74 a., recteur de Médréac, entré le 18 fév. 1793.

Yves-Jean-Baptiste Delaunay, 68 ans, prieur-recteur de Rillé. (Cf. présent volume, p. 116.)

Adrien Delatouche, 70 ans, prêtre de Vendel, entré le 20 mai 1793, † à Saint-Méen le 4 décembre suivant.

Pierre-Claude Delatouche, 83 ans, recteur de Vendel, † au Mont-Saint-Michel le 30 décembre 1793, âgé de 84 ans.

Jacques Denis, 68 ans, chapelain à Saint-Melaine-sur-Vilaine, entré le 7 avril 1793, † à l'hôpital Saint-Méen le 18 décembre suivant.

Laurent Derennes, 66 ans, prêtre de Langon, entré le 5 avril 1793.

J.-B. Deromé, 48 a., chapelain de la Mine de Bruz, entré le 5 oct. 1793. Originaire de Normandie, il fut condamné à mort à Caen, le 19 septembre 1798.

René Derouin de Blanchenoë, 62 ans, chapelain à Martigné-Ferchaud.

Augustin-Pierre Deslyons, 62 ans, recteur de Saint-Gilles.

Jean Desbouillons, 46 ans, ex-recteur de Bazouges-sous-Hédé, devenu vicaire à Saint-Germain de Rennes.

Julien-Michel Deschamps, 40 ans, s.-d. d'office à St-Etienne de Rennes.

Michel Desmoyteaux, 50 ans, vicaire à Marcillé-Raoul.

Julien Despas, 59 ans, vicaire à Monthault.

Hippolyte Desvaux, 60 ans, minime.

Jean-François Dravenel [frère Auguste], Directeur de l'Ecole libre de Saint-Malo, entré le 20 juillet 1793.

Pierre-Paul-Gilles Dréo, vicaire à Châteaubourg, † le 9 mars 1793, âgé de 38 ans.

J.-B. Dubois, 61 ans, prêtre de Quimper, chapelain à Pipriac. Incarcéré le 18 avril 1793 à la Porte-Saint-Michel. Entré à la Trinité le 16 juin suivant.

René Duclos, 71 ans, prêtre de Fougères (*alias* prêtre à Parcé), entré le 7 avril 1793.

Julien Dufeu, chanoine de Vitré, entré le 11 octobre 1793.

Pierre Dufresne, chapelain à Saint-Méloir, 38 ans. Retourné à La Bellière, son pays natal, y fut condamné à la déportation et dirigé sur Bordeaux, mais les Vendéens barrant les routes, entra le 6 mai 1793 à la Tour Le-Bat. Fut ensuite interné à la Trinité. (Cf. présent volume, p. 275.)

Bernard Dufresne, ex-bernardin, entré le 30 septembre 1793.

Alexandre Dulattay, 52 ans, lazariste.

Denis Dupont, 82 ans, vicaire à St-Etienne-en-Coglès. Entré le 1ᵉʳ décembre 1792.

Jean-Marie Durand, 59 ans, prêtre à Guichen.

Pierre-Marie Duval, 36 ans, carme et directeur de Carmélites.

Louis Duval, 29 ans, carme, s'évada de la Trinité dans la nuit du 12 au 13 octobre 1793.

Nicolas Faligant, 37 ans, professeur au Collège de Rennes, entré le 19 décembre 1792, venant de la prison de Saint-Hélier où il était depuis un an (1).

J.-Guillaume Foucault, 64 ans, prêtre de Saint-Léonard de Fougères.

Philippe Fouet, 60 ans, chanoine de Champeaux, † le 9 mars 1793.

Mathurin Fournier, principal du collège de Vitré, entré le 6 oct. 1793. † à Saint-Méen le 15 octobre 1794.

Pierre-Pelage Fournier, 66 ans, chanoine de Rennes et official.

Pierre Gaignard, 69 ans, vicaire à Arbrissel.

*René Garnier, 64 ans (de Tréfumel), chantre à St-Germain de Rennes.

Jean Garnier (le P. Célestin), 67 ans, capucin.

Jean Gauttier, 57 ans, recteur de Chavagne, arrêté le 11 oct. 1792. Entré le lendemain.

Pierre Gendrot, 75 ans, vicaire à Pancé.

Louis Gérard, 42 ans, vicaire à Les Brulais, entré le 11 octobre 1792.

René Gilles, 62 ans, minime.

---

(1) Voir la biographie que P. Delarue a consacrée en 1910 à cet ecclésiastique, in-8° de 78 p., Rennes, chez Plihon et Hommay.

Gilles-Julien Gosselin (de Carnet, Manche), arrêté au Ferré le 21 septembre 1793, entré le 11 octobre suivant.

Jacques-Jean Graffard, 50 ans, prieur des grands-carmes de Rennes.

Thomas-Pierre Greslard, 64 ans, semi-prébendé à Rennes.

Mathurin-Jacques de la Grézillonnais, 64 ans, ex-chanoine de St-Malo.

Claude-Pierre Guellerin, 69 ans, ex-trinitaire de Rieux, entré le 12 janvier 1793.

Placide-Paul Guérin, 60 ans, ex-jésuite, chapelain à La Couyère.

Michel-Martin Guerry, 43 ans, minime.

Julien-Pierre Gueusset, vicaire à Montreuil-sous-Pérouse, arrêté le 19 mars 1793, interné à la Trinité le 8 juillet suivant.

Pierre Guimarel, 30 ans, chapelain à Saint-Jean-de-Bains, arrêté le 5 février 1793, interné le surlendemain.

Yves Guyomard, 44 ans, dominicain de Vitré.

Théodore Hardy, 68 ans, convers carme.

Guillaume-Marie Harel, 73 ans, directeur d'Ursulines.

Jean Harel, 69 ans, prêtre de l'Hôpital général de Rennes, entré le 12 avril 1793.

André-Thomas Hélo, 36 ans, chantre à la Cathédrale de Rennes.

Jacques-Pierre Herpin, 65 ans, ex-jésuite. † le 27 juillet 1793.

Paul-Thomas Herpin (Herpin-De la Croix), 67 ans, ex-jésuite.

Jérôme Hilliard, arrêté à La Chapelle-des-Fougerets. Interné à la Trinité le 12 août 1793. † à l'infirmerie de la Porte-Saint-Michel le 17 janvier 1794.

Nicolas Hubert, chapelain de Saint-Thée, en Saint-Jouan-des-Guérets. entré le 12 août 1793.

Georges Hubert, 63 ans, eudiste, professeur de Séminaire. (Cf. sur ce religieux : P. Dauphin : *Hist. des Séminaires de Rennes et de Dol*, in-12, Rennes, 1910, p. 128.)

Charles Huet, 50 a., prêtre d'Argouges (Manche), entré le 20 mai 1793.

François Jamin, 62 ans, dominicain de Rennes.

Jean Jauny, chapel. à la Prévostais, en Guichen, entré le 12 mars 1793.

Pierre-Jean Jehors, 67 ans, prieur des bénédictins du Mans.

Olivier Juhel, recteur de St-Père-Marc-en-Poulet, entré le 3 avril 1793. † au Mont-Saint-Michel le 27 octobre 1793.

Pierre-Joseph Julienne, 50 ans, recteur de Saint-Senoux, entré le 19 octobre 1793.

Julien Landais, 73 ans, natif de Fougères, curé de la Celle en Normandie.

Pierre Langlois, vicaire à Lalleu, sorti de prison le 17 mai 1791 pour entrer à la Trinité.

Joseph Le Barbier, 70 ans, grand pénitencier, recteur de Saint-Sauveur de Rennes,

Julien Le Breton, chanoine de Saint-Malo, entré le 9 octobre 1793.

J.-B. Le Corbin, chanoine de Rennes, entré le 30 mars 1793.

Mathurin Le Camus, 65 ans, chapelain du Grand-Bois à Bazouges-sous-Pérouse.

François Leffondré (frère Louis), 80 ans, convers capucin.

Yves Le Gaudu (P. Césaire), 43 ans, capucin.

Georges-Michel Le Grand, 32 ans, vicaire à Marcillé-Robert, entré le 18 juin 1793, s'évada entre le 26 septembre et le 4 octobre suivant.

Anne-François Le Marchand, prieur-recteur de Saint-Uniac; natif de Guignen, † au Mont-Saint-Michel le 13 janvier 1795, âgé de 70 ans.

René Le Marié, 59 ans, recteur de Balazé.

J.-B. Le Mercier de Montigny, 32 ans, prêtre de Fougères, entré le 20 mars 1793. (Cf. G. de Corson : *Les Confesseurs de la Foi*, op. cit., p. 7, et *Hist. du Pays de Dinan*, t. II.)

Jean Le Moine, recteur de Cancale; entré le 30 septembre 1791.

Louis Le Monnier (dit le P. Ange), 70 ans, gardien des Capucins de Rennes, † le 16 avril 1793.

François Le Pelletier, 63 ans, recteur de La Chapelle-Chaussée.

Jacques Le Pez, 64 ans, recteur de Bruz.

Pierre Le Pez, 42 ans, vicaire à Bruz, entré le 15 mars 1793 ; puis incarcéré à la maison d'arrêt, il fut réintégré à la Trinité le 6 avril suivant.

Claude-Marie Le Poitevin, 44 ans, bénédictin de Saint-Gildas, entré le 18 novembre 1792, venant de Saint-Méen.

François Le Rays, 66 ans, recteur de Chanteloup.

Le Rendu, 60 ans, prêtre de Belval, au diocèse de Coutances.

François-Julien Le Tessier, 32 ans, eudiste, professeur au Séminaire de Rennes, entré le 20 novembre 1792.

Julien Le Tranchant, 58 ans, vicaire au Ferré.

Paul Le Tranchant, 28 ans, diacre, natif du Ferré, entré le 11 oct. 1793.

Pierre-Joachim Loyseleux, 76 ans, chapelain de la prison de Fougères, entré le 20 décembre 1792. † au Mont-Saint-Michel, le 13 janv. 1795.

Jean-Marcel Loy, 60 ans, recteur du Ferré.

François-Michel Lucas, 54 ans, cordelier.

René-François Macé, 63 ans, principal du Collège de Vannes.

Pierre Macé, 76 ans, chantre à Saint-Germain de Rennes.

Joseph Mainguy, 69 ans, carme.

Guy-François Margerie, 55 ans, obitier à Saint-Sulpice de Fougères, entré le 23 mai 1793.

*Julien-Eloy Margely, vic. à Pleslin (C.-du-N.). entré le 23 mars 1793.

Bonaventure Marie, 70 ans, chanoine régulier de Saint-Pierre de Rillé.

Michel Marion, 76 ans, chapelain des Dames-Budes à Rennes.

Pierre Masson, 62 ans, recteur de Saint-Grégoire.

Joseph-François Mathurin, 82 ans, vicaire à Cancale, entré à la Trinité le 29 sept. 1793, puis transféré à l'hospice St-Méen le 19 oct. suivant.

Pierre Maugendre, 72 a., chanoine de La Guerche, entré le 18 juin 1793.

Menard, 40 ans, recteur d'Aucey (Manche), entré le 23 avril 1793.

Jean Menuel, 69 ans, gardien de l'hôpital Saint-Louis de Fougères, entré le 20 décembre 1792.

Claude-Jean Moisina, 73 ans, sacriste et vicaire à St-Sauveur de Rennes.

Julien Morin, 43 ans, recteur de Langouet.

Jean-Baptiste Morin, 36 ans, vicaire à Louvigné-de-Bais.

Joseph Morin, chanoine de Saint-Malo, entré le 29 septembre 1793.

Jean Mottais, 61 ans, recteur de Saint-Gondran, entré le 5 oct. 1792.

Léonard Neveu, 29 ans, sous-diacre, natif de Pacé, entré le 17 mai 1793 venant de la Tour Le-Bat.

Louis-Jean-Joseph Nouail, 41 a., vic. à Chavagne, entré le 12 oct. 1792.

*Laurent Oléron (de Corseul), 58 ans, capucin de Saint-Servan.

Jean Ollivier, 77 ans, chanoine de Champeaux.

Mathurin Oresve, 62 ans, prêtre de Talensac.

Alain-Marie Orange, 32 ans, prêtre de l'Hôpital général de Saint-Malo en Saint-Servan, entré le 8 juin 1793.

Jean Paitel, 55 ans, recteur de La Croisille dans le Maine, retiré à Vitré, entré le 14 avril 1793.

Jacques Perdriel, 59 ans, chapelain à Combourg.

Joachim-Joseph Perdriel, aîné, 65 ans, proviseur de l'Hôtel de Kergus.

François Perrière de l'Etanchet, originaire d'Angers, chanoine de La Guerche. Entré le 17 mars 1793. Suivit les Vendéens quand ils ouvrirent les portes du Mont-Saint-Michel.

Charles Pichon, 63 ans, sacriste de Saint-Jean de Rennes.

Jean Pichon, 71 ans, carme, directeur des Carmélites.

J.-B. Pitou, 60 ans, recteur de Monthault.

Pierre-François Pitel, chapelain de La Ville-ès-Nonais ; arrêté à Saint-Servan le 6 septembre 1793, interné à la Trinité le 29 suivant.

Tobie Pithoys, 64 ans, prêtre de Guichen.

Julien-Gilles Pitteu, 73 ans, bénédictin.

Guillaume-Pierre Poisson, 51 ans, curé de Bains, entré le 7 nov. 1792.

*Guillaume-Malo Potier (de Dinan), chanoine de Saint-Malo, entré le 29 septembre 1793.

Léonard Poupard, 70 ans, prêtre sacriste à Saint-Léonard de Fougères.

Marie-Joseph Raimbault, 44 ans, carme de Rennes.

Pierre-François Renault, 57 a., chapel. de la maison de force de Rennes.

Samson Renault (frère Agathange), 57 ans, convers capucin.

Pierre-Marie-Anne-Louis Ribault, 42 ans, chapelain des Fougerais en Chanteloup, entré le 30 novembre 1792.

Pierre-Gabriel-Denis Richet, 57 ans, recteur de Domloup.

Vincent Richard (le P. Pacifique), 63 ans, capucin.

Nicolas Richer, chapelain à Saint-Malo, entré le 29 septembre 1793.

François-Ange de Rommilley, 74 a., chanoine et archidiacre de Rennes.

Pierre Roussel, 42 ans, vic. à Pluherlin (Morb.), entré le 16 avril 1793.

Julien Rouxel, 55 ans, recteur de Pocé, entré le 8 juillet 1793.

Augustin Royer, 64 ans, recteur de Saint-Christophe-des-Bois, entré le 30 octobre 1792.

Alexandre-Basile Rozy, chanoine et vicaire général de Saint-Malo, entré le 29 septembre 1793.

Pierre Ruault, 80 ans, recteur de Vezin, entré le 18 avril 1793, venant de la Tour Le-Bat.

Denis Ruffelet, 65 ans, carme de Rennes.

René-Louis Russé, 22 ans, natif de Lude, clerc tonsuré d'Angers. Avait pris un passeport pour Saint-Briac le 5 mars 1793. Il y fut arrêté le 12 suivant et conduit à Saint-Malo. Le 21 juillet 1792, on l'interna à la Trinité, d'où il s'évada vers la fin de septembre. Ayant été repris, il fut envoyé au Mont-Saint-Michel. Les Vendéens lui rendirent sa liberté.

Pierre de Saint-Jean, 83 ans, recteur de Domalain. † le 23 mars 1793.

François-Marie Saint-Malon, 68 ans, recteur du Clion (Nantes), amené le 16 janvier 1793 par la gendarmerie.

Jean Saudraye, recteur d'Ercé-sous-Gahard, entré le 20 mai 1793.

François Savary, 52 ans, de Port-de-Roche.

Jean Seigneur, 60 ans, convers capucin.

Joseph Sevin, vic. à Longaulnay, entré le 8 oct. 1793 ainsi que le suivant.

Julien-Marie Sevin, recteur de Longaulnay.

J.-B. Lesnard de Siochan, 68 ans, ex-jésuite, de St-Jean-des-Guérets.

Joachim Théaud, 63 ans, recteur de St-Thurial, entré le 30 nov. 1792.

Mathurin Thébault, vicaire à Chasné, entré le 7 octobre 1792.

Jean Thouin, 63 ans, recteur de Moussé.

Siméon Thomas, recteur d'Izé, entré le 31 mars 1793.

Marin Turquetil des Landelles, prêtre de N.-D. de Vitré, entré le 6 octobre 1793. † à Vitré en 1826.

Guillaume-Julien Vannier, 75 ans, prêtre de Fougères, entré le 22 décembre 1792.

Jean Vincent, 67 ans, gardien de l'Hôpital Saint-Nicolas à Fougères.

Jean Vitré, 74 ans, vicaire à Vignoc, entré le 8 octobre 1793.

Louis-Marie de Villeneuve, 58 ans, ex-jésuite.

<h1 style="text-align:center">VII.</h1>

LISTE DES 38 ECCLÉSIASTIQUES QUI PÉRIRENT A LA SUITE D'UN JUGEMENT JURIDIQUE SUR LE TERRITOIRE DE L'ARCHIDIOCÈSE DE RENNES.

VILLE DE RENNES

A. — COMMISSIONS BRUTUS MAGNIER ET VAUGEOIS.

Pierre-Joseph Denoual, 32 ans, prêtre réfractaire, vicaire à Gommené (C.-du-N.), condamné le 2 frimaire an II (22 nov. 1793) par application de la loi du 18 mars 1793 et de l'article VI de celle du 19 de ce même mois.

Hyacinthe-Rolland de Rengervé, 37 ans, prêtre réfractaire, vicaire à Saint-Sauveur de Rennes, revenu de la déportation, condamné le 27 frimaire an II (17 décembre 1794) par application de la loi des 29 et 30 vendémiaire an II (20 et 21 oct. 1793).

Jean-Baptiste Le Mercier de Montigny, 34 ans, prêtre réfractaire, vicaire à Taillis, condamné le 12 nivôse an II (1er janvier 1794), comme « étant demeuré en France malgré la loi ».

Pierre Dufresne, 38 ans, prêtre réfractaire, natif de La Bellière (Manche), chapelain à Saint-Méloir-des-Ondes, condamné le 13 nivôse an II (2 janvier 1794), pour le même motif que le précédent.

Joseph Bougerie, 27 ans, prêtre réfractaire, vicaire à Orgères ; condamné le 13 prairial an II (1er juin 1794), comme « ayant suivi les chouans ».

Jeanne-Reine Féval (Fille de la Sagesse sous le nom de Sœur Véronique), 43 ans, condamnée à mort le 14 nivôse an II (3 janvier 1794), ainsi que *Marie-Olive Le Loheu*, de la même congrégation, 35 ans, comme « ayant suivi les brigands ». La première était native de Saint-Malo, la seconde d'Etables. Leur principal crime était d'avoir soigné les malades et les blessés des Vendéens.

B. — Tribunal criminel d'Ille-et-Vilaine.

J.-B. Besnard, chapelain de l'Hôpital général de Rennes. (Cf. présent volume, p. 17.)

Joseph Pontgérard, vicaire d'Augan (Morbihan). Arrêté le 30 novembre 1792 dans les eaux de Jersey par une corvette républicaine, comme il retournait dans cette île avec des secours pour les prêtres proscrits. Condamné le 19 ventôse an II (9 mars 1794) par Bouaissier, Hunault et Lebreton. Deux juges avaient opiné pour la déportation seulement. Lebreton fut choisi comme compartiteur. On lui appliqua la loi du 29 novembre 1792 concernant les émigrés rentrés. Or, les prêtres de sa catégorie étaient classés déportés et non pas émigrés.

Jean-Marie Chênu, simple prêtre à Saint-Servan, condamné le 11 germinal an II (31 mars 1794) par Bouaissier, Huhay, Demeaux et Le Saulnier, jugement appuyé sur les art. V, X et XIV de la loi des 29 et 30 vendémiaire an II. (Nous n'avons pas pu retrouver les pièces de son procès.)

Anne-Guillaume Herbert, simple prêtre à Louvigné-de-Bais. (Cf. présent volume, p. 42.)

René Clément, vicaire à Brielles. (Cf. présent volume, p. 36.)

Mathurin Boutier, simple prêtre à La Mézière, condamné le 12 floréal an II (1er mai 1794) par Bouaissier, Huhay, Demeaux et Le Saulnier. Cet ecclésiastique avait soutenu n'avoir pas dit la messe depuis dix-sept mois et s'être uniquement adonné au labourage. Il s'était de lui-même constitué prisonnier pour procurer la liberté à son frère qu'on avait incarcéré jusqu'à ce qu'il ne l'eût représenté, quoiqu'ils ne demeurassent pas ensemble. — *Pierre-Julien Oresve*, vicaire auxiliaire à Bédée. (Cf. p. 70.)

Joseph Emery, ex-vicaire de Goven ; — *Joseph Crosson*, ex-vicaire de Corps-Nuds ; — *Julien Gautier*, vicaire à Bruz, condamné le 28 messidor an II (16 juillet 1794) par Bouaissier, Denoual, Nouail et Jouslain, par application des art. V, X et XIV de la loi des 29 et 30 vendémiaire an II (20 et 21 oct. 1793). Leurs dossiers furent, en 1801, adressés au ministre de la Justice sur demande de cette administration, sous prétexte que les intéressés avaient trempé dans la chouannerie. Seule, leur condamnation figure aux *Arch. d'I.-et-V.*

Charles Pairier, simple prêtre à Miniac-sous-Bécherel. (Cf. présent volume, p. 82.)

Jean-Baptiste Tostivint, vicaire à Evran, *Alexis de Bédée* et son épouse, condamnés le 7 thermidor an II (25 juillet 1794) par Bouaissier, Denoual, Nouail et Jouslain, par application de la loi des 29 et 30 vendémiaire et du 22 germinal an II (20-21 oct. 1793). Les époux de Bedée furent condamnés comme receleurs, malgré leurs dénégations formelles. M. Tostivint avait été saisi dans un jardin non clos. La commune de Landujan avait fourni sur le compte de M. et Mme de Bedée les certificats les plus honorables. (Cf. présent volume, p. 92.)

Michel Chilou, simple prêtre à Romillé. (Cf. présent volume, p. 117.)

Thomas Cottier, simple prêtre à Pipriac, condamné le 6 thermidor an II (24 juillet 1794) par Bouaissier, Denoual, Nouail et Jouslain, par application des art. V, X et XIV de la loi des 29 et 30 vendémiaire an II (20-21 octobre 1793).

Jean-Bapt^e Delaunay, prieur-recteur de Rillé. (Cf. prés. vol., p. 116.)

Jean-René Ogé (dit le P. Barthélemy), récollet de Saint-Malo, et *Angélique Glatin*, sa receleuse. (Cf. prés. vol., p. 128.)

Julien Le Maréchal, vicaire à Ossé, et *Marie-Anne* et *Marie-Madeleine de Renac*, ses receleuses. (Cf. présent volume, p. 135.) Le bruit public courut que les recherches pour trouver M. Le Maréchal étant demeurées vaines, une des demoiselles de Renac décela sa présence, sur promesse qu'on le ferait évader et qu'elles ne seraient pas compromises ?

Julien Saquet, recteur de St-Martin de Rennes. (Cf. prés. vol., p. 154.)

Pierre Restif, simple prêtre à St-Jouan-des-Guérets, *Jeanne Moulin* et *Guillemette Gautier*, domestiques à la Motte-aux-Chauff. Condamnés le 16 septembre 1794 par Nouail, Denoual, Le Béchu et Camus, par application des articles sus-visés des lois des 29 et 30 vendémiaire an II. La déclaration du prêtre chargea les deux servantes, dont la condamnation à mort ne fut pas exécutée. S'étant déclarées grosses, elles obtinrent un sursis qui leur sauva la vie.

Maurice Martinet, Frère des Ecoles chrétiennes. (Cf. prés. vol., p. 178.)

Jean Gortais, chapelain à Port-de-Roche ; — *Barthélemy Robert*, vic. à Guipry ; — *Marc Le Roux*, vicaire à Saint-Malo-de-Phily. (Cf. prés. vol., p. 164.)

Raoul Bodin, recteur de La Chapelle-Saint-Aubert; les trois sœurs *Boullé*. (Cf. prés. vol., p. 188.) L'une d'elles, Catherine, était carmélite.

Bertrand Tual, clerc minoré d'Irodouër, condamné le 8 vendémiaire an III (9 oct. 1794) par Hunault, Mouezey, Beziel et Nouail, par application des art. V, X et XIV de la loi des 29 et 30 vendémiaire an II. bien que l'inculpé eût assuré avoir quitté en 1790 l'habit ecclésiastique, pour exercer la profession de menuisier, puis celle de laboureur.

Michel Sourdin, vicaire à St-Pierre de Janzé. (Cf. prés. vol., p. 205.)

Total des condamnations à mort par le *Tribunal criminel :* 36, plus 7 autres prononcées par la commission *Brutus-Magnier.*

C. — CONSEIL DE GUERRE DE REDON.

Michel Desprès, prêtre de Bains, exécuté à Redon le 3 octobre 1793.

Julien Racapé, vicaire à Brain, exécuté à Redon le 1er novembre 1793.

Les pièces du procès de ces deux prêtres sont demeurées introuvables jusqu'ici.

D. — COMMISSION MILITAIRE O'BRIÉN A SAINT-MALO.

Le 9 décembre 1793 : *Charles-Marie Morna*, prêtre, natif et vicaire des Aubiers (Deux-Sèvres), 42 ans, prévenu d'avoir fait partie de l'armée vendéenne. Avouant avoir suivi cette armée dans ses divers mouvements depuis Varades jusqu'à Dol, et avoir dit aux Vendéens qu'ils combattaient pour une bonne cause, fut condamné à être fusillé le 20 frimaire an II, à trois heures de l'après-midi (10 déc. 1793).

Le 11 décembre 1793 : *Alexis Michot*, prêtre, vicaire de Saint-Jean-de-Liversay, originaire d'Argentan-le-Château, 30 ans. Avouant avoir suivi l'armée des Vendéens de Varades à Dol, fut condamné à être fusillé le 22 frimaire an II, à trois heures de l'après-midi (12 déc. 1793).

Le 1er janvier 1794 : *Jean Barbin*, 42 ans, natif d'Amiens, vicaire de St-Laurent-des-Autels, fut condamné à être fusillé le lendemain 13 nivôse an II (2 janvier 1794), comme convaincu d'avoir fait partie de l'armée des Vendéens.

Le 10 janvier 1794 : *Pierre Blancvillain*, prêtre, natif de la Jumellière, 33 ans ; *Thomas Collin*, prêtre, 28 ans, vicaire à Basseroche-sous-Lucé, originaire d'Avrillé ; *Jean-Maurice de Genouillac*, 66 ans, chartreux, natif d'Angers, reconnus coupables d'avoir fait partie de l'armée vendéenne, furent condamnés à être fusillés le lendemain, 22 nivôse an II (11 janvier 1794), ainsi que *Jeanne Vanmine*, 39 ans, religieuse de Fontevrault. (Cf. sur Genouillac : *Tresvaux*, op. cit., I, p. 535.)

Jean Dugats, prêtre, 33 ans, natif de Nantes ; *Jean Pitoys*, prêtre, recteur de Vildé-Bidon, natif de Hédé ; *Pierre Rouxel*, prêtre, vicaire et natif de Bains, arrêtés comme prévenus d'avoir fait partie de l'armée vendéenne et décédés en détention à St-Malo, furent cependant condamnés à mort le 18 janvier 1794, « *ad terrorem populi* ».

Charles Saint-Pez, recteur d'Aucaleuc. (Cf. présent volume, p. 51.)

Total des condamnations à mort : 11, dont 8 furent réellement exécutées.

Récapitulant toutes ces condamnations à mort, nous obtenons le chiffre de 55, dont 51 furent exécutées : 38 prêtres, 1 séminariste, 1 Frère des Ecoles chrétiennes, 4 religieuses et 7 laïques coupables d'avoir donné asile à des prêtres, périrent alors à la suite d'un jugement juridique.

LES ECCLÉSIASTIQUES D'ILLE-ET-VILAINE QUI PÉRIRENT A LA SUITE DE L'EXPÉDITION DE QUIBERON.

Julien-Pierre Gauthier, vicaire de la trêve de Treffendel, secrétaire de Mgr de Hercé, 29 ans, natif de Plélan, condamné le 9 thermidor an III (27 juillet 1795). Exécuté à Auray.

Jean Gérard, né le 27 août 1765, à Montauban-de-Bretagne, du mariage de Jean et de Guillemette Mesnage, prêtre à Saint-Méen le 29 mai 1791, vicaire à Saint-M'Hervon, condamné le 9 thermidor an III (27 juillet 1795). Exécuté à Auray le lendemain.

Urbain-René de Hercé, évêque de Dol-de-Bretagne, grand aumônier de l'expédition, 69 ans, natif de Mayenne, condamné le 9 thermidor an III (27 juillet 1795). Exécuté le lendemain à Vannes. (Sur ce prélat, cf. abbé Robert : *Urbain de Hercé*, in-8°, 1900.)

Louis-René-Patrice Le Gall, 31 ans, prêtre de Bréal. Condamné le 27 juillet 1795, exécuté le lendemain à Auray.

LISTE DES PRÊTRES ASSASSINÉS AU COURS DE LA RÉVOLUTION DANS LE DÉPARTEMENT D'ILLE-ET-VILAINE.

Joseph Barré, de Maure, vicaire à Saint-Ganton, mis à mort à La Chapelle-Bouëxic, juin 1793 (1).

Julien Le Moine, de La Chapelle-Bouëxic, vicaire à Cancale, mis à mort le 4 mai 1793 dans la forêt de la Muce (?).

Joseph Morel, de Carfantain, vicaire à La Fresnaye, mis à mort à Baguer-Pican par les Vendéens en novembre 1793. Pour la bibliographie de ce prêtre, cf. *Hist. du Pays de Dinan*, t. II, art. Trébedan.

Jacques Royer, de Rennes, recteur de Dompierre-du-Chemin, assassiné en Luitré en mai 1794. (Cf. son décès à la fin du présent volume.)

---

(1) M. Barré était, le 21 mai 1793, chez son père à la Houisais, village très voisin de Bovel. Quelques jours plus tard, il était à la Chapelle-Bouëxic et dans les troubles de l'Ouest, liasse 9 M. 18, ancien classement, se trouve une lettre non datée de Louis Fosse au Comité de surveillance de Guipry, dans laquelle il annonce « qu'hier on prit les prêtres Barré et Lemoine dans le bois de la Chapelle. Ils ont été fusillés ce matin » (Arch. d'Ille-et-Vil., notes A. Leray).

Julien Trouvé-Delabarre, de Martigné-Ferchaud, recteur d'Eancé, assassiné à Eancé en mai 1795.

Noël Le Mée, de Plélan-le-Grand, vicaire à Saint-Péran, assassiné près la chapelle du Coudray le 13 janvier 1796.

Pierre Hazard, de Paimpont, vicaire à Saint-Péran, assassiné près de Saint-Maugan le 17 mars 1796.

Jean Crespel et *Pierre Tiengou*, de Médréac, assassinés dans cette paroisse le 23 mars 1796.

Ambroise Janvier, de Quédillac, chapelain à Landujan, assassiné à Médréac le 5 avril 1796.

Joseph Sorette, *Guillaume Duval* et *François Gavard*. (On trouve leurs biographies au cours du présent volume, p. 216, 229 et 240.)

Pierre Bourdin, né aux Graviers à La Mézière, de François et d'Anne Milon, ordonné prêtre à Dol le 11 décembre 1789, vicaire à Guipel depuis le 17 juillet 1790, ne s'exila pas et, une nuit qu'il se rendait de La Mézière à Vignoc, il fut tué, aux environs de la Beuzonnaye, d'un coup de fusil par un nommé Robert, dit Montauban, parce qu'il était originaire de Montauban-de-Bretagne. (Notes Leray.)

Michel Jeusset, né le 3 juin 1749, de Marin et de Jeanne Chicot, ordonné prêtre à Rennes le 4 avril 1767, vicaire pendant deux ans à Saint-Germain-du-Pinel, prit possession le 25 juin 1769 d'une prébende à la collégiale de La Guerche et fut tué à Villepot au cours de la Révolution, — écrit M. l'abbé A. Leray, sans préciser davantage.

BIBLIOGRAPHIE. — Sur ces prêtres, consulter Guillotin de Corson : *Les Confesseurs de la Foi de l'Archidiocèse de Rennes*, op. cit., et les références qu'il indique. Malheureusement, cet auteur n'a pas étudié les pièces originales. — Pour Denoual et Lemercier de Montigny, cf. A. Lemasson : *Les Actes des prêtres insermentés guillotinés du diocèse de Saint-Brieuc*, op. cit., t. II, p. 44 et sq., et *Hist. du Pays de Dinan*, op. cit., t. II, article Broons. — Sur Pontgérard, Racapé et Després, cf. le P. Le Falher : *Les Prêtres du Morbihan victimes de la Révolution*, in-8°, Vannes, 1921, p. 31, 5 et 2. — Sur les fusillés de Saint-Malo, cf. H. Harvut : *Les Fusillés du Talard*, in-8°, Saint-Malo, 1907. — Sur les victimes de Quiberon, cf. E. de la Gournerie : *Les Débris de Quiberon*, in-12, Nantes, 1886 ; — Abbé Robert : *Expédition des Emigrés à Quiberon*, in-8°, Paris, 1899.

LISTE DES ECCLÉSIASTIQUES SE RATTACHANT AU TERRITOIRE
DE L'ARCHIDIOCÈSE DE RENNES, QUI PÉRIRENT DANS LA NOYADE DE
NANTES DU 16 NOVEMBRE 1793.

(Extrait de A. LALLIÉ : *Les Noyades de Nantes*, in-8°, Nantes, 1879.)

Pierre Costard, né à Saint-Jean de Saint-Méen, 74 ans, prêtre habitué du Loroux, titulaire des chapellenies de Beauchêne et des Tronchons, enfermé à Saint-Clément, puis sur *la Gloire* ; noyé dans la nuit du 16 novembre 1793.

François Foulon, 31 ans, vicaire de Mernel, canton de Maure. Emprisonné au Bouffay le 9 avril 1793, il en sortit le 11 juin pour aller aux Carmélites, où l'envoyait une décision du tribunal révolutionnaire présidé par Phelippes-Tronjolly en date du 5 de ce même mois.

Siméon-François de Lamarre, né en Saint-Germain de Rennes, 69 ans, curé de Bouvron dans le canton de Blain, titulaire des bénéfices du Bois-Jeannot et de la chapelle Saint-Georges. Transféré du Séminaire à Saint-Clément le 6 juin 1793.

René-Joseph-François Le Grand, né à Redon le 26 août 1725, capucin au couvent de la Fosse à Nantes. Entra au Château le 23 août, 1792. Transféré aux Carmélites le 10 septembre suivant.

Louis-Alexandre Le Normant, né à Nantes, paroisse Saint-Denis, 62 ans, bachelier de Sorbonne, pourvu de Toussaints de Rennes le 19 janvier 1757. Fut pourvu de La Bazouges-du-Désert par permutation le 22 janvier 1770. Devint chanoine et grand chantre de Dol le 20 janvier 1784. Il fut en même temps chapelain de Notre-Dame de Dol dans l'église Saint-Similien de Nantes. Il habitait cette dernière ville et y répondait aux appels en 1792. Envoyé au Séminaire le 25 août de cette année, il demanda à être déporté en Espagne, fut embarqué sur le *Télémaque* le 14 septembre, mais s'étant trouvé malade avant le départ de ce navire, il fut autorisé par le Conseil de la commune de Nantes à revenir en cette ville, où il fut renfermé avec les autres prêtres.

Alexis-Julien Lucas, de Redon, 31 ans, fut amené au Bouffay par les gendarmes le 22 mai 1793 et une prime de 100 l. accordée à son capteur. L'abbé Lucas pour se cacher s'était fait imprimeur et avait passé un contrat d'apprentissage avec le directeur d'une des imprimeries de Nantes, mais ces précautions ne l'empêchèrent pas d'être reconnu et signalé comme prêtre réfractaire. Traduit comme tel devant le tribunal révolutionnaire de Nantes, il fut condamné à la déportation et incarcéré provisoirement aux Carmélites, où il entra le 11 juin 1793.

Joseph Maussion, né à Redon, 73 ans, recteur d'Oudon dans le canton d'Ancenis. Conduit au Séminaire le 31 juillet 1792, déclara vouloir, vu son âge, demeurer en France, et fut alors transféré du Séminaire aux Carmélites.

Armel Pouessel, né à Toussaints de Rennes le 6 août 1722, fit profession comme récollet le 24 décembre 1740. Ancien lecteur de théologie, ancien provincial et visiteur général. Résidait à Nantes lors de la Révolution. Demanda vainement au district de cette ville d'être dispensé de venir aux appels journaliers comme étant atteint d'hydropisie. Enfermé au Séminaire, il y déclara le 8 septembre qu'il resterait en France, vu son âge. Envoyé aux Carmélites. (Cf. P. Armel in *Annales Franciscaines*, 1925.)

Liste des Ecclésiastiques appartenant au département d'Ille-et-Vilaine qui périrent a La Guyane en 1798, à la suite de la loi du 5 fructidor an V.

(D'après Manseau : *Les Prêtres et les Religieux déportés*, etc., t. II, in-8°, Lille, p. 291, et Victor Pierre : *La Terreur sous le Directoire*, in-8°, Paris, p. 424 et sq. Cf. *Arch. Ille-et-Vil.*, L. 445.)

Bécherel (Augustin-Jacques-Pierre), né à Saint-Aubin de Rennes le 12 septembre 1754, de Me Charles-Marin, sieur de la Hardounière, et de demoiselle Marie Coste ; ordonné prêtre à Rennes le 12 septembre 1779, signa l'année de sa prêtrise sur les registres de Rannée, puis fut envoyé vicaire à Villepot. Le 26 février 1792, la gendarmerie l'y recherchait inutilement.

Saisi le 9 vendémiaire an VI (30 septembre 1797), il était emmené à la prison du Bouffay de Nantes et condamné le 22 octobre suivant à la déportation. Dirigé sur Rochefort, il fut embarqué sur *la Décade* le 23 avril 1798, arriva à La Guyane et y décéda à Roura, près de Cayenne, le 12 septembre 1798. (Notes communiquées par M. l'abbé *Arsène Leray*.)

Bougeard (Jean-Baptiste), né le 2 octobre 1763 à Iffendic, de Me François et de demoiselle Renée-Perrine Aubrée, fut ordonné prêtre à Saint-Méen le 6 juin 1789, mais n'occupait point de poste dans le diocèse et vivait dans sa famille en 1790. Mais bien que n'étant pas soumis à la loi du serment, il fut cependant signalé par la municipalité d'Iffendic comme réfractaire. Après la loi du 26 août 1792, il prit le 16 octobre suivant un passeport pour s'en aller à Redon s'embarquer pour l'Espagne comme réfractaire. Il revint d'Espagne en 1795 et fit du ministère à Iffendic et Saint-Gonlay. Obligé de se cacher au mois de septembre de cette année, il reparut en 1797 et dut disparaître à nouveau après le 19 fructidor an V. Accusé de « fanatiser en secret les populations », il fut recherché par la police. Saisi aux Vaux-Avelin, chez ses parents, il fut écroué à la Tour Le Bat le 17 décembre 1797 et condamné à la déportation le 12 février 1798. Mis en route le 26 de ce mois à destination de Rochefort, *via* Nantes, il fut embarqué le 23 avril suivant sur la *Décade* pour La Guyane. Il y décéda à Konanama d'une fièvre putride, du scorbut et de la gale, le 22 septembre 1798. (Notes communiquées par M. l'abbé *A. Leray*.)

Le Corre (Alexis-Marie-Jean-René), né le 14 janvier 1768 à Martigné-Ferchaud, de Clet-Alexis, sieur de Kercadiou, et de Marie Averty, fut ordonné diacre à Dol, le 19 décembre 1789. Comme tel, il souscrivit à la Déclaration de fidélité à Mgr de Girac, en février 1791.

Il vécut de 1790 à 1792 à Martigné chez le menuisier Génie, de 1793 à 1795 chez Jean Gauthier, puis à Châteaubriant en 1796, enfin à Noyal et à Bruz en 1797, et surtout à Martigné.

« Le Corre n'est encore que diacre, rendait compte un rapport de police, mais il n'en est pas moins dangereux. Avant le 18 fructidor an V, ce fieffé mauvais sujet insultait les vrais patriotes, et quoique depuis cette époque il se soit réfugié dans sa coque, semblable aux oiseaux nocturnes qui n'attendent que les ténèbres pour se mettre en campagne et aller chercher leur proie, cet oiseau, non moins carnassier, qui a été chouan, sorti de sa tanière, se porte partout où il espère faire de nouveaux prosélytes. Je le crois très digne de figurer à Madagascar avec ses anciens confrères. » (Lettre du commissaire du Directoire à Martigné du 2 novembre 1797.)

Arrêté le 27 décembre de cette année et incarcéré à la Tour Le Bat, M. Le Corre fut condamné à la déportation le 21 février 1798 et dirigé le 26 suivant sur Rochefort, où il arriva le 12 mars suivant. Embarqué d'abord sur la *Charente*, puis transféré ensuite sur la *Décade* le 23 avril, cet ecclésiastique arriva à Cayenne vers le milieu du mois de Juin de cette année. Il décéda à Sinnamary le 11 février 1799. (Notes communiquées par M. l'abbé *A. Leray.*)

Additions.

Acte de décès de Michel Després, prêtre de Bains.

« Le 23 octobre 1793, l'an deux de la République française, une et indivisible, devant nous Toussaint Du Bourblanc, officier public soussigné, à la maison commune de Redon, ont comparu le citoyen Georges Pavin, sécrétaire-greffier de cette commune, natif de Redon, y demeurant et âgé de 53 ans ; assisté de Jean Evrard, enterreur, âgé de 65 ans, demeurant au fauxbourg de cette ville, — lesquels ont déclaré que le citoyen *Michel Despré*, prêtre, ci-devant résident à Bains et natif de la paroisse de Bains, fils de….. Despré, laboureur, et de….., son épouse est décédé ce jour et a été inhumé aussi ce jour, au cimetierre de cette paroisse, en leur présence.

Evrard, interpellé de signer, a refusé, déclarant ne le savoir faire ; ledit citoyen Pavin a signé avec nous. »

Signé : PAVIN.　　　Du BOURBLANC, officier public.

Acte de décès de Julien Racapé, prêtre de Saint-Just.

« Le 1ᵉʳ novembre 1793, l'an deux de la République française, une et indivisible, devant nous Pierre Pellan, officier municipal, faisant pour le citoïen Pierre-Jacques Hunault, officier public, absent, soussigné, à la maison commune de Redon, ont comparu le citoïen Georges Pavin, sécrétaire-greffier de cette commune, natif de Redon, y demeurant et âgé de 53 ans, — assisté de Jean Evrard, enterreur, âgé de 65 ans, demeurant fauxbourg de cette ville, — lesquels ont déclaré que *Julien Racapé*, prêtre ci-devant résident à Brin et natif de la paroisse de Saint-Just, fils de…..Racapé, laboureur, et de….. son épouse, est décédé ce jour et a été inhumé aussi ce jour au cimetierre de cette paroisse en leur présence.

Evrard, interpellé de signer, a refusé, déclarant ne savoir le faire ; ledit citoïen Pavin a signé avec nous. »

Signé : PAVIN. PELLAN, aîné, municipal.

ACTE DE BAPTÊME DE GUILLAUME DUVAL.

L'acte de baptême de M. Duval est introuvable. Le registre de l'année 1747 où il doit figurer n'existe pas aux *Arch. d'I.-et-V.*, où sont déposés maintenant les registres paroissiaux autrefois conservés au greffe de Fougères. D'autre part, M. Pautrel, président de la Société Archéologique de Fougères, n'a pu retrouver les registres de 1747 et 1748 à la mairie de Montours.

TITRE CLÉRICAL ET ORDINATIONS DE L'ABBÉ DUVAL.

(Registre des insinuations du diocèse de Rennes aux Arch. d'I.-et-V., série G.
Copie de M. René du Guerny, Docteur en Droit, Rennes.)

« L'an 1770, le 18e jour du mois de juin, après midy, devant nous, notaires de la juridiction de Bonteville, soussignés, ont personnellement comparu honorables personnes, Julien Duval et Gillette de Leurme, son épouse, elle de luy au contenu du présent à sa requète bien et duement authorisée, ensemble demeurant au village de la Teurterais, paroisse de S. Germain en Coglais, lesquels pour seconder le pieux dessein de maitre *Guillaume Duval*, leur fils, clerc minoré, de parvenir, sous le bon plaisir du Reverendissime évèque de Rennes, aux ordres sacrés du sous-diaconat, ce qui ne pouvant être admis, sous au préalable être assuré pour le moins en fond de la somme de 60 livres de rente, pour sureté de titre sacerdotal, à ces causes les dits Duval et femme ont solidairement et un seul pour les tenir, crèè et assigné sur l'hypothèque général de tous leurs biens et par specialité sur les immeubles et héritages leur appartenant, situés au village et environs de Haut-Brezel, paroisse de Montours, consistant en maison, pièce de terre et prés, relevant de notre ditte juridiction, scavoir la somme de 60 livres de rente annuelle en nature de titre sacerdotal, au profit du dit Me Guillaume Duval, leur fils, icelle rente franche et quitte de toute charge et imposition quelconque, laquelle commencera à courir du jour qu'il sera reçu au sous-diaconat. Et, en cet endroit, ont comparu Valentin Chèrel, Sr de la Basiclais, et René Garnier, Sr de la Haute-Touche, les deux paroisses de S. Germain, lesquels ont déclaré bien connaître les dits héritages et qu'ils excèdent la dite somme de 60 livres de revenu annuel...

» Controllé à S. Brice le 25 juin 1770. »

Signé : CHEVALIER.

M. Duval reçut le sous-diaconat le 22 septembre 1770, le diaconat le 19 septembre 1771 et la prêtrise à Saint-Méen le 19 septembre 1772.

Documents complémentaires a l'appui de la conduite de l'abbé Gavard vis-a-vis de la Constitution Civile.

(Communication de M. Pautrel, président de la Société Archéol. de Fougères).

A. — *Procès-verbal du District de Fougères du 24 mai 1791*. — « ..... a été représenté que le maire et les off. municip. de la paroisse de Parcé se sont refusés à assister à l'installation du curé élu dans cette paroisse..... » (l'intrus Guérin).

B. — *Procès-verbal du District du 26 janvier 1792*, à propos de la requête de M. Gavard. — « .....Le s^r Gavard est un de ceux qui méritent le plus être éloignés de la paroisse qu'il n'a plus voulu servir.

» Il était sans doute *officier municipal*, et il est malheureux qu'il l'ait été ; son influence malfaisante a jeté le germe des troubles qui ont agité et agitent la paroisse.

» Aussitôt qu'un curé constitutionnel fut nommé et installé, il fut persécuté. (Il l'est encore.) Gavard habitait, près du bourg, sa petite closèrie d'acquisition (*Le Noyer*) ; il y confessait, prêchait, consultait et endoctrinait, avec le mystère qui accompagne partout les manœuvres de cette espèce. Il célébrait sa messe à l'église paroissiale ; le peuple y affluait ; il était suivi comme un prophète.

» Lorsque le curé venait officier, l'église était déserte.....

» Un autre Gavard, son disciple en fait d'incivisme, fut poussé à la place de maire. Il la remplit de manière que le Département, par sa délibér. du 31 août, le suspendit provisoirement de ses fonctions.

» A la saint-Martin dernière, lorsqu'il a été question de réformer comme dans les autres communes une partie de la municipalité, l'assemblée n'a pu avoir lieu parce que le désordre soufflé par les inspirations des Gavard, ci-dev. vicaire et maire, y régnait. Leurs partisans..... prétendirent qu'ils ne feraient point le serment prescrit par la loi, et qu'on se contenterait de celui qu'ils voudraient bien arranger, sur le plan de leurs maximes inconstitutionnelles..... etc.

» *Tout ce désordre est visiblement l'ouvrage du sieur Gavard, prêtre,* dont les instructions dangereuses ont perverti une paroisse qui auparavant la Constitution était fort tranquille.

» Par ces considér., le District..... est d'avis qu'il n'y a lieu à délibérer sur la requête de François Gavard, ci-dev. vicaire..... »

C. — *Séjour de M. Gavard à Parcé, en 1793 et 1794.* — M. Piron a écrit : « (*M. Gavard*) *ne tarda pas à revenir à Parcé*. Le Carnet de La Celle-en-Luitré (tenu par M. René Savary, prêtre réfugié à La Celle) mentionne l'inhumation *faite par lui, le 25 décembre 1793,* d'un homme et de sa femme ; et plus tard, son cousin (J.-L. Gavard), dans son procès, dira que, pendant la Chouannerie, M. Gavard habitait sa maison du Noyer (à Parcé)..... »

La mort de l'abbé Royer, d'après les documents officiels.

(Communication de M. Pautrel, président de la Soc. Arch. de Fougères,
d'après les documents de l'abbé Piron.)

Procès-verbal du District de Fougères, 19 floréal an II (8 mai 1794)
(*Arch. dép. d'Ille-et-Vil.*, série L) :

« Sur la déclaration de quelques particuliers d'avoir reconnu le *scélérat*
tué, pour être *Joseph Royer, curé inconstitutionnel* de Dompierre-du-
Chemin, et sur ce que le procès-verbal (1) rapporté par les officiers qui
commandaient le détachement, dont partie étaient de la garde nationale
de Fougères, qui atteste *que c'était un prêtre ;* les effets trouvés sur lui
donnent d'ailleurs une preuve morale ; et voulant récompenser le zèle des
patriotes qui manifestent, par tous les moyens qui sont en eux, le désir
d'exterminer les ennemis de la République, les administrateurs, ouï l'agent
national provisoire du District de Fougères, arrêtent que la prime de
100 livres, accordée par la loi, sera délivrée au citoyen Cheverel, capitaine commandant, par le receveur du district, laquelle somme sera dis-
tribuée aux Volontaires et gardes nationales qui ont concouru à la prise
de ce SCÉLÉRAT PRÊTRE. »

> Signé : GAULTRAYE, JAMIN, CHARDON, LEMÉTIVIER, QUANTIN,
> LE PROVOST, DELATOUCHE, BARON, membres du
> Directoire du district de Fougères.

---

(1) Cf. sur M. Royer, que G. de Corson nomme Jacques Royer, la notice que celui-ci
lui a consacrée aux p. 110-113 de ses *Confesseurs de la Foi*, et les références qu'il y donne.

TABLE DES MATIÈRES

PRÉLIMINAIRES

LES ACTES DES PRÊTRES INSERMENTÉS

PAGES DOCUMENTAIRES

www.ingramcontent.com/pod-product-compliance
Lightning Source LLC
LaVergne TN
LVHW021628060726
842527LV00003B/578